관계의 변화를 일으키는 뇌기술
관계의 기술

Transforming Fellowship
19 Brain Skills That Build Joyful Community

By Chris M. Coursey

Copyright © 2016 Chris M. Coursey
Published by Shepherd's House, Inc.
P.O. Box 2376 East Peoria, IL. 61611
U.S.A.
All rights reserved.

Korean translation copyright © 2017 by Togijangi Publishing House
2F, 71-1 Donggyo-ro. Mapogu, Seoul 04018, Korea

This Korean edition is published by arrangement with Chris M. Coursey

본 저작물의 한국어판 저작권은 저자 Chris M. Coursey와의 독점계약으로
한국어 판권을 '도서출판 토기장이'가 소유합니다.
저작권법에 의하여 한국 내에서 보호를 받는 저작물이므로 무단 복제를 금합니다.

특별한 표기가 없는 모든 성경 구절은 개역개정성경을 인용한 것입니다.

관계의 변화를 일으키는 뇌기술

관계의 기술

크리스 코시 지음 | 손정훈 옮김

토기장이

차례

서문 관계에 대한 새로운 이야기
들어가는 글 지속적인 변화를 가져오는 관계의 기술

CHAPTER 1
좀처럼 일어나지 않는 삶의 변화 … 29

CHAPTER 2
관계 기술은 왜 그렇게 찾아내기 어려웠는가? … 61

CHAPTER 3
1번 뇌기술: 기쁨을 나누라 … 97

CHAPTER 4
2번 뇌기술: 자신을 진정시키라 … 111

CHAPTER 5
3번 뇌기술: 둘 사이에 유대를 형성하고 애착을 동기화 하라 … 127

CHAPTER 6
4번 뇌기술: 감사를 표현하라 … 143

CHAPTER 7
5번 뇌기술: 가족 간의 유대를 형성하라 … 161

CHAPTER 8
　　6번 뇌기술: 고통으로부터 마음의 핵심가치를 파악하라 … 175

CHAPTER 9
　　7번 뇌기술: 이야기를 동기화 하라 … 189

CHAPTER 10
　　8번 뇌기술: 성숙의 수준을 파악하라 … 207

CHAPTER 11
　　9번 뇌기술: 한숨을 돌리라 … 231

CHAPTER 12
　　10번 뇌기술: 비언어적 이야기를 나누라 … 249

CHAPTER 13
　　11번 뇌기술: 여섯 가지 감정에서 기쁨으로 돌아가라 … 265

CHAPTER 14
　　12번 뇌기술: 여섯 가지 큰 감정 가운데서도 자기답게 행동하라 … 285

CHAPTER 15
　　13번 뇌기술: 영안(靈眼)으로 하나님이 보시는 것을 보라 … 303

CHAPTER 16
  14번 뇌기술: 사르크(Sark, 육신)를 멈추라 … 321

CHAPTER 17
  15번 뇌기술: 교류를 지속하면서 자신을 진정시키라 … 339

CHAPTER 18
  16번 뇌기술: 고(高)에너지 반응과 저(低)에너지 반응을 인식하라 … 359

CHAPTER 19
  17번 뇌기술: 애착의 유형을 파악하라 … 377

CHAPTER 20
  18번 뇌기술: 다섯 가지 레벨의 고통을 분별하고, 뇌가 정체되어 있는 부분에 개입하라 … 401

CHAPTER 21
  19번 뇌기술: 복합적 감정을 처리하고 기쁨을 회복하라 … 433

나가는 글 관계를 새롭게 하는 변화를 일으키라
부록 열아홉 가지 뇌기술 요약

서문

관계에 대한
새로운 이야기

우리 엄마는 매주일 아침마다 우리 형제들을 침대에서 끌어내 교회에 가게 하곤 하셨다. 그 첫 단계는 침실의 불을 켜는 것이었다. 그래도 반응이 없으면 선풍기를 끄셨고, 그래도 소용이 없으면 이불을 들추면서 노래를 부르셨다. "얘들아 일어나라! 이제 일어날 시간이다. 일어나 빛을 발하렴!"

그러나 교회에 가는 것은 내게 성가신 일처럼 여겨졌다. 차라리 나는 아빠와 함께 집에 남아 TV를 보고 싶었지만 엄마는 전혀 개의치 않으셨다. 비가 오건 눈이 내리건 상관없이 엄마는 우리를 열심히 깨우셨고, 우리는 일어나 교회로 갔다. 엄마는 늘 최선을 다하셨지만 우리는 어쩔 수 없이 교회에 늦게 도착하곤 했다. 내 유년시절의 기억 중 하나는 하나님께서 교회에 계시기 때문에 그곳에 가기 위해 준비한다는 느낌이었다. 하나님의 말씀을 들으러 그분의 집에 가는 것이었기 때문에 나는 주일예배를 위해 제일 좋은 옷을 입었고, 머리를 단정히 빗었으며, 이빨도 닦았는데 이건 정말 중요한 일이었다!

우리는 찬송가와 오르간 소리로 가득 찬 교회에 도착했고, 곧 목사님은 불같은 메시지를 선포하시면서 가장 적절한 때에 회중들이 "아멘" 하게 만드셨다. 목사님은 땀을 많이 흘리시면서 복도 사이를 오가셨는데, 나는 그분의 열정을 존경했다. 나는 설교를 통해서 하나님에 대해 배웠고, 훗날 20대가 되어 깊이 의지하게 될 가치관의 기초를 확립했다. 교회 성도들은 만면에 웃음을 띠고 있었고, 모두 다 행복해 보였다. 나는 마음속 깊은 곳에서 행복하지 않다는 것을 알았지만, 어떤 이유 때문인지 하나님의 집에서 그런 말을 해선 안 된다고 생각했다.

우리 부모님은 젊은 나이, 그러니까 엄마가 열입곱 살, 아빠가 열아홉 살 때에 결혼하셨다. 결혼한지 1년 만에 누나가 태어났고, 형과 내가 연년생으로 태어났다. 아버지는 마을에 있는 큰 트랙터 공장에서 일하는 거친 노동자였는데 내가 여섯 살 때, 노동자들이 파업하는 바람에 일자리를 잃으셨다. 수입이 없어지자 우리는 집을 잃었고, 푸드 스탬프(식권)에 의지해 살아갈 수밖에 없었다. 우리는 곧이어 또 다른 아픔을 겪게 되었는데, 할아버지께서 심장 마비로 갑작스럽게 돌아가신 일이었다. 집에서 일어나는 다툼과 아버지의 음주 습관은 곧 가족의 기쁨의 수준에 경종을 울렸다. 이렇게 굴곡진 때에 우리 가족에게 일어난 일들은 놀라운 구원의 방법으로 내게 역사해서 훗날 내가 추구하게 될 사역의 방향을 정해 주었다. 18번 뇌 기술에서 살펴보겠지만, 뇌가 인식하는 다섯 가지 고통의 수준 중 한 가지인 상실의 고통은 처리하기 가장 힘든 수준의 고통이라고 할 수 있다. 이 고통스러운 순간들이 우리 가족의 세계를 뒤흔들어 놓았다. 우리는 그 상황에 압도 당했고 상처를 입었다. 그래서 결국

셜리 할머니 집에 들어가 살게 되었다. 대부분의 다른 젊은 부모들처럼 엄마와 아빠는 생계를 이어가기 위해 애쓰셨지만, 자녀 양육과 일과 가정이 주는 엄청난 압박을 견뎌낼 수 있을 만큼 온전히 훈련받은 분들은 아니셨다. 우리에게는 늘 무언가가 부족했고, 나는 그 모든 과정 가운데 하나님이 도대체 어디 계신지 의문을 품기 시작했다.

어떤 면에서 교회에 출석하는 것은 찬송가를 부르고 우리를 구원하시는 하나님에 대해 듣기를 즐겨하는 엄마의 마음을 시원하게 하는 통풍구와 같았다. 대부분의 사람들처럼, 엄마도 실제적인 문제들에 대해 실질적인 답을 얻기 원하며 교회에 나가셨다. 어렸을 당시에 나는 교회 공동체가 우리 가족이 겪고 있는 어려움에 깊숙이 개입하기에는 역부족이라는 인상을 받았다. 예배가 끝나고 나면, 사람들은 설교 말씀과 날씨에 대해 이야기했지만, 어느 누구도 슬픔 가운데 있는 우리 가족을 어떻게 도와주어야 할지 알지 못했다. 그들의 의도는 선했고 믿음은 견고했지만, 무엇인가가 빠져 있었다. 시간이 흐르면서 아버지는 결국 술병을 내려놓으셨지만, 대신 내가 그 술병을 들게 되었다. 나의 음주 습관은 내 인생에 결핍된 것들을 채우려는 고통스런 시도였지만 결국은 실패하고 말았다.

이 책은 나와 가족, 그리고 나의 세계에서 결핍되었던 것들에 대해 하나님께 간구하며 수년간 도움을 청한 결과, 발견하게 된 보물들을 담고 있다. 그래서 나는 이 책이 오늘날의 많은 교회들, 특히 고통과 문제들로 씨름하는 성도로 가득 찬 교회들에게 해결책을 제시해 줄 것이라고 믿는다. 또한 이 책이 서구 교회들이 잃어버린 신뢰를 되찾아서 '문제'보다 더 큰 '관계'를 지킬 줄 아는 성숙하고 기쁨 가득한 성도들을 키워낼 수 있으리라 생각한다.

뇌과학과 성경, 그리고 짐 와일더 박사의 연구 덕분에 이제 나는 답을 알게 되었다. 혹시 궁금한 분이 계실지 모르겠는데, 나는 한 해 두 번이나 음주운전으로 적발된 후에야 술을 끊게 되었다. 앞서 언급한 대로 바닥에까지 떨어진 이후에 목사가 되었다. 나는 사람들을 훈련시키겠다는 목적을 가지고 목회 상담가로 처음 사역을 시작했다. 1997년 짐 와일더 박사를 만났을 때, 나는 인생모델에 대해 배웠고, 하나님께서 우리를 어떻게 기쁨의 관계를 위해 창조하셨는지에 대한 설명을 들었다. "기쁨"이라는 단어를 들었을 때, 머릿속에 전구가 켜지는 느낌을 받았다. 이어서 나는 감정적인 성숙함에 대해 배웠고, 또 인간이 온전히 성숙하고 만개하기 위해서 "다세대 공동체(3세대 이상이 함께 모여 이루는 공동체로 기쁨을 주고받으며 성숙의 과정에 서로 역동적으로 영향을 주고받는 관계를 말한다-역자주) 가운데 다양한 생애 주기"를 살아가고 있는 다른 이들을 얼마나 필요로 하는지에 대해 듣게 되었다. 나와 내가 아는 모든 사람이 인생의 형통한 때나 불행한 때에 상관없이 우리와 관계하시는 하나님의 임재를 느끼며 살아갈 수 있다는 사실을 깨달았을 때, 나는 이 주제에 더욱 관심을 갖게 되었다.

하나님이 우리와 함께 하심을 의미하는 '임마누엘'은 관계적인 하나님이 성령을 통하여 당신의 자녀들과 관계를 맺을 때 얻게 되는 경험이다. 이것은 내 인생을 송두리째 바꾸어 놓은 대 발견이었다. 당시에 나는 짐 박사와 함께 이렇게 흥분되는 주제에 대해 책을 집필하고 훈련 프로그램을 디자인하게 될 줄은 미처 생각도 하지 못했다. 더욱 좋은 것은 성숙 훈련(THRIVE training)이라고 불리는 훈련 패키지인데, 여기서 우리는 열아홉 가지 관계적 뇌기술을 익히도록 훈련시킨다. 사실 그 대부분은 우리의 뇌가 생후 첫 3년 동안 익혔어야만 했던 기술들이다. 슬프게도, 우리 대부분은 이러한 기술 가운데 몇 가지만을 익히고 있기 때문에 사랑하는 사람들을 견고하게 세우고, 그들에게 우리가 배운 것들을 전수해 주기 위해 특별한 노력이 필요하다.

엄마가 이와 같은 기술을 배워서 아기들에게 전수해 줄 수 있다는 사실은 뇌과학의 연구 결과에도 분명히 나타난다. 그러나 여전히 존재하는 큰 의문은 성인들도 필수적인 뇌기술을 훈련받고 다른 성인들에게 전수할 수 있느냐 하는 것이다. 지금까지는 이와 같은 일을 하고 있는 개인이나 기관을 찾을 수 없었지만, 이제 곧 우리는 직접 "그렇다"고 환호하는 소리를 듣게 될 것이다. 우리는 기쁨으로 가득 찬 환경 속에서 다 함께 이 같은 기술들을 배우고 연습할 수 있을 뿐 아니라 그렇게 해야만 한다. 우리는 이러한 기술을 "관계적 뇌기술"이라고 부르기도 하고 "온유한 보호자 기술"이라고도 부른다. 그것은 이 기술을 연마할 때 우리 내면에 온유한 보호자의 성품이 나타나서 자신과 타인 안에 있는 연약함에 대해 온유하게 반응하게 되기 때문이다. 관계적 뇌기술을 확고히 갖게 되면 우리는 우리 가족과 공동체 안에서 좋은 목자가 될 수 있다. 그러나 이러한 기술들을 습득하지 못하면 "가해자"나 "피해자"의 기질이 드러나서 우리의 연약함을 덮쳐 버리거나 그것을 숨기게 된다. 공격하거나 피하여 숨는 행위는 가장 해로운 방식으로 기쁨의 수준을 저하시킨다. 나와 친구들인 짐 와일더, 에드워드 쿠리, 쉴리아 서튼은 이러한 내용을 담아 「기쁨은 여기서 시작된다」(두란노)라는 책을 공동 집필했다.

당신이 손에 쥐고 있는 이 책은 성숙 훈련과 Connexus 프로그램 공동체를 위한 놀라운 훈련 패키지에서 배우는 열아홉 가지 뇌기술의 서론 격에 해당한다. 온유한 보호자 기술은 그리스도의 삶을 가족과 공동체, 교회와 학교, 그리고 세상 속에서 관계적으로 표현해 낼 수 있도록 도와준다.

열아홉 가지 뇌기술은 경험적이고 관계적인 것이기 때문에 나는 이 책을 저술하는 동안 일종의 긴장을 경험했다. 우리는 사람들과 관계를 맺으면서 새로운 기술을 연습한다. 그런데 우리 뇌가 그러한 기술들을 경험하도록 창조되었음에도 불구하고 그것들을 글로 옮겨 적는 것은 마치 일평생 해가 지는 풍경을 본 적이 없는 사람에게 숨 막히게 아름다운 그 광경을 설명하려고 애쓰는 것과 같았다. 비록 일몰을 지켜보는 경험이 얼마나 경이롭고 숨 막히는 것인지 말할 수 있고, 최선을 다하여 그 현상을 설명할 수는 있겠지만, 결국 그 황홀하고 화려한 일몰을 직접 눈으로 목격하는 것만 한 설명은 있을 수 없다. 말로써는 그 순간을 완벽하게 재현해 낼 수 없기 때문이다.

나는 이 책을 쓰면서 그것이 참으로 사실임을 절감했다. 왜냐하면 독자들도 결국은 이 기술들을 직접 경험해 보아야 하기 때문이다. 이러한 모순을 해결하기 위해 나는 장마다 각 기술을 살짝 맛볼 수 있는 "행동 단계"들을 소개하면서 직접 생각해 보고 실천할 수 있는 활동 리스트를 제공했다. 그 다음으로는 이 기술들을 더 심도 깊게 체험해 볼 수 있는 추가적인 자료들로 "다음 단계"를 꾸몄으며, 마지막으로 각 개인의 삶에 이 기술을 적용해 볼 수 있도록 "적용 단계"를 추가했다. 내가 소개하는 이야기들은 훈련 과정에서 얻게 된 간증들로 모두 가명을 사용했으며 구체적인 내용들은 재구성했다. 각각의 기술을 설명하는 부분은 하나님의 마음을 돌아보는 것으로 먼저 시작한다. 각각의 기술 가운데 하나님이 가치 있다고 여기시는 부분과 관련하여 임마누엘의 하나님과 교류하고자 하는 내 노력의 결과물이 바로 이 책이다. 아무쪼록 모두가 이 책을 즐길 수 있기를 바란다.

인생모델(Life Model)의 짐 와일더 박사에게 감사드리며 아울러 여러 연구 자료를 제공해 준 알란 쇼어 박사(UCLA), 다니엘 시걸 박사(UCLA), 베젤 반델 콜크 박사(보스턴 의대), 그리고 나와 함께 배움의 공동체를 만드는 것을 도와준 동료들과 친구들, 가족들에게 감사의 뜻을 전한다. 나는 이 책의 원고를 준비하는 것을 도와준 짐 박사와 감수를 맡아준 젠 호프, 완다 모르간 박사에게 특별한 감사를 드린다. 많은 분들이 음으로 양으로 이 연구 과정이 잘 진척될 수 있도록 도와주셨는데, 특히 이 모든 여정에서 한마음으로 동역해 준 아내 젠에게 감사한다. 사랑하는 그녀의 도움이 없었더라면 이 일은 불가능했을 것이다!

온 세상 모든 사람이 함께 모이기를 기뻐하며, 분노로부터 자신을 회복하고, 관계를 문제보다 더 소중히 여기며, 압도 당한 상태를 금방 인식하고, 주님의 눈으로 서로를 바라보게 되는 그런 세상을 한번 상상해 보라! 아무쪼록 이 책을 통해 여러분의 세계에 결핍된 것들에 대한 좋은 대답과 해법을 발견하고 큰 용기를 얻게 되기를 바란다.

"양들의 큰 목자이신 우리 주 예수를 영원한 언약의 피로 죽은 자 가운데서 이끌어 내신 평강의 하나님이 모든 선한 일에 너희를 온전하게 하사 자기 뜻을 행하게 하시고 그 앞에 즐거운 것을 예수 그리스도로 말미암아 우리 가운데서 이루시기를 원하노라 영광이 그에게 세세무궁토록 있을지어다 아멘"(히 13:20-21).

들어가는 글

지속적인 변화를 가져오는 관계의 기술

　93세이신 우리 할머니는 우리 가족과 함께 사신다. 아들들에게 나이트 할머니라는 애칭으로 불리는 그분은 경이로운 기억력을 가지고 계셔서 삶에서 기억하는 이야기들을 나누기 즐겨하신다. 할머니가 즐겨 나누시는 이야기 중 한 가지는 일도, 먹을 것도, 돈도 없으면서 걱정거리만 많았던 대공황 시절의 이야기이다. 할머니의 가족은 먹을 것이 많지 않았지만, 할머니의 엄마, 그러니까 증조할머니는 동네에 굶주린 이웃들과 가족들을 위해서 여분의 음식을 만들곤 하셨다고 한다. 할머니는 "그 시절엔 뭐든지 조금씩 먹어야 오래 갔단다" 하고 말씀하셨다. 또한 그 힘겨운 시절에 감사하게도 일자리가 있으셨던 할머니의 아버지에 대해서도 이야기하곤 하셨다. 매주마다 증조 할아버지 베르그는 형제들이 일을 해서 자기 가족들을 부양할 수 있도록 일부러 일을 쉬셨다고 한다. 사람들은 너도 나도 도움을 필요로 했기 때문에 가족들은 자신들의 필요를 채우고 또 다른 이들에게 나누기 위해서 가진 모든 자원을 총동원해야만 했다. 헬라어로 "코이노니아"(Koinonia)[1]라는 말이 바로 이렇게 "자원을 모두 모은다"라는 뜻이다. 이 단어는 성경에 20여 차례 등장하는데, "교제하다", "함께 참여하다", "함께 나누다", "모음과 나눔"을 뜻한다. 교제라는 말이 듣기 좋지만 코이노니아라는 단어가 함축하고 있는 풍성한 의미를 고스란히 전달해 주지는 못한다. "모아진 자원들"이라고 하면 돈을 떠올리기 쉬운 반면, 조화로운 공동체에서 이루어지는 관계적인 용량에 대해 떠올리는 것은 쉽지 않다. 하나님은 서로 깊이 의지하도록 우리를 창조하셨다. 그래서 우리들의 성품과 정체성, 그리고 관계 기술이라는 엄청난 노다지를 감정적·정신적·신체적·영적 창고에 모아진 자원들로부터 캐낼 수 있기를 원하셨다. 인간의 발달에 대해 가장 긴 시간 동안 연구한 하버드 연구원들의 결과에 의하면 깊고 친밀하며 개인적인 관계야말로 행복한 삶에 가장 핵심을 이룬다는 사실을 보여 준다. 이는 인간에게 공동체가 필요함을 확증해 주었다. 한 몸의 일부로서 우리 각 사람은 진정한 변화가 일어나는 데에 필요한 요소들을 가지고 있지만 관계적 자원을 동원하는 일은 드물다. 우리는 관계적 자원이 깜짝 놀랄 수준으로 급격히 줄어들고 있는 시대에 살고 있다. 그러나 관계적 용량을 키우기에 오히려 지금보다 더 적기는 없다.

---

[1] 코이노니아: 본래 그리스도의 제자들이 물질과 고난을 모두 함께 나눈 것을 묘사하기 위해 쓰인 단어지만, 이 책에서는 그리스도를 닮기 위해 각 구성원들이 가지고 있는 역량, 특별히 각자가 가지고 있는 열아홉 가지 뇌기술의 일부를 함께 모아 서로의 부족함을 채우며 성장시키는 풍성한 자원으로 활용하는 것을 의미하며 이러한 공동체를 코이노니아 공동체라 부른다.

우리는 우리 자신들보다 훨씬 더 큰 무엇인가의 일부분이다. 우리가 각 사람의 힘을 한 데 모으고 장점들을 교환하지 않는다면 우리는 여러 모양으로 교착상태에 빠지거나 위축되거나 침체됨을 면치 못하게 될 것이다. 이제는 진정으로 변화될 때이다. 그러나 몸의 다양한 지체들이 "헤세드"[2]에 의해 인도함을 받지 못한다면 이러한 변화는 일어날 수 없다. 헤세드란 자비, 인애, 신실한 사랑, 긍휼, 그리고 선하심이라는 말로 다양하게 번역된 히브리어로 나중에 자세히 설명하도록 하겠다. 사랑이 충만한 공동체에서 헤세드는 우리를 진정한 변화로 이끈다. 또한 헤세드는 개인적 혹은 집단적인 변화의 결과물이기도 하다. 나는 지난 50년간 신뢰를 잃어버린 교회, 특히 서구 교회가 그것을 되찾기 위해서는 개인의 차원에서, 또 집단의 차원에서 반드시 질적 변화가 일어나야 한다고 믿는다. 자, 이제 잠시 뇌에 대해 이야기 해 보도록 하자.

뇌

인간의 뇌는 3파운드밖에 되지 않지만 우리가 말하고, 생각하고, 행동하는 모든 것을 관장하는 놀라운 예술 작품이다. 뇌는 우리 전체 체중의 2%도 안되지만 우리 몸이 쓰는 에너지 전체의 1/5을 사용한다. 뇌는 훌륭한 역할을 많이 감당하지만 그중에도 우리의 결정을 좌

---

[2] 헤세드: 신의 사랑. 어떠한 조건 때문이 아닌, 각자의 허물에도 불구하고 베푸는 조건 없는 사랑에 해당한다. 헤세드 공동체는 이러한 끈끈한 사랑으로 맺어진 관계를 소중히 하는 공동체로서 보호자의 속성을 가진 이들이 많은 공동체이다. Chesed는 hesed로 표기되기도 한다.

우하고, 타인과 관계 맺는 일을 주관하며, 매우 독특하게 섞여 있는 개인의 취향을 결정한다. 뇌는 우리에게 무엇을 먹을지, 언제 잠자러 갈지, 그리고 온라인상에 무엇을 올릴지도 말해 준다. 심지어 지금 이 순간에도 당신의 뇌는 당신이 이 페이지에서 읽고 있는 문자들을 해석하도록 부지런히 일하고 있다. 정말 인상적이지 않는가?

잘만 훈련되면, 뇌는 우리의 관계를 지속시키고, 결혼생활을 더욱 풍성하게 만들며, 우정을 더 깊어지게 하고, 세상을 변화시키는 기쁨의 교회를 만드는 하나님의 도구가 될 수 있다. 우리 뇌는 우리와 함께 있는 것을 진심으로 기뻐하는 사람이 곁에 있을 때 가장 잘 기능한다. 기쁨과 여러 자원이 만나게 되면, 우리는 시시각각 엄청나게 변화하는 환경에 효과적으로 반응할 수 있게 하는 비밀스런 관계의 기술들을 배울 수 있다.

서문에서 언급한 바와 같이, 짐 와일더 박사와 나는 일생 동안 최적의 관계적, 감정적, 영적, 정신적인 건강을 얻기 원하는 사람들이 반드시 익혀야 할 열아홉 가지의 뇌기술을 찾아냈다. 이상적인 상황이라면 우리는 세 살이 끝날 때즈음에 이와 같은 기술의 대부분을 습득할 수 있다.[3] 열아홉 가지 뇌기술을 완전히 익히지 못하면 고집스럽고 고통스러우며 정체된 모습으로 간신히 살아가게 된다. 뭔가가 빠져 있다고 느끼게 된다. 사람들과 환경에 단순히 반응하며 살아가게 된다. 마음속 깊은 곳에 무언가가 더 있을 것이라 믿지만, 도저히 그

---

3 이 기술의 "씨앗들"은 연습을 통해 일생 동안 자라가도록 심겨져야 한다.

곳에 도달할 수 없는 까닭에 두려움에 기초한 결정들을 내리게 된다.

우리는 무감각해진 것을 의식하지 못하거나 아니면 자신을 더 기분 좋게 하거나 잠잠하게 하고, 더 안정감을 느끼게 해 주는 활동을 끊임없이 추구하게 된다. 관계는 혼란스러워지거나 심한 경우에는 마찰을 빚는다. 내면과 겉으로 드러나는 모습이 일치하지 않는다. 간단히 말하자면, 우리는 길을 잃고 자신이 진정으로 되기를 원했던 사람의 껍데기만 남은 듯한 공허함을 느끼게 된다. 어느 순간엔가 추진력을 잃어버리고, 관계적 용량은 줄어들기 시작한다. 어떤 이들은 현재의 조건이 앞으로도 달라지지 않으리라는 믿음 때문에 삶을 포기한 채 희망을 잃어버리고 살아간다. 우리는 그럭저럭 하루를 살아간다. 천국에 이를 때까지 얼마나 더 숨죽이고 살아야 할지 난감해 한다. 어떤 이들은 이렇게 사는 것이 정상이라 여길 수도 있겠지만, 우리는 동정심 많고 온유한 모습으로 생기를 공급하며, 아버지의 길로 우리를 인도하는 선한 목자를 닮아가는 삶을 새로운 목표로 삼을 수도 있다.

조금만 집중하여 노력하고 훈련한다면, 우리도 효율적이며 우아하고 품격 있게 세상을 상대할 수 있는 자신감 넘치고, 정서적으로 안정되며, 똑똑한 사람이 될 수 있다. 나이가 많든 적든 상관없이 우리는 이 책에 소개된 열아홉 가지 뇌기술을 습득할 수 있다. 약간의 조율이든 대대적인 혁신이든 변화를 시도하기에 지금보다 더 나은 때는 없다. 예수님과의 개인적인 관계를 맺은 이후에 관계적 뇌기술 훈련을 받는 것보다 우리 인생에서 더 나은 투자는 없을 것이다. 열아홉 가지 뇌기술을 배우는 과정에는 인간 간의 상호 교류와 연습, 그리고 시간이 필요하다. 우리는 고통에 대해 숙달하는 것이나 상호 간의 고요함을 유지하는 법과 같은 고난도의 기술을 익히기에 앞서서 기쁨이나 잠잠함 같이 상대적으로 쉬운 기술에 집중하여 시작하고자 한다. 우리가 불러 모은 다양한 자원의 사람들 중에는 우리가 강한 분야에 약하고, 우리가 약한 분야에 강한 사람들이 있다. 우리가 열아홉 가지 뇌기술을 모두 습득하게 되면, 그 기술은 우리를 서로 긴밀히 연결시켜 주어 문제들이 우리의 관계를 해치지 못하게 할 것이다. 갈등 가운데서도 여전히 호기심을 잃지 않으며 스트레스를 받는 상황에서도 융통성을 발휘하게 될 것이다. 또한 감정을 조절함으로써 창의적이고 의미 있는 방식으로 사람들과 끊임없이 소통하게 될 것이다. 우리는 자신의 가치를 표현하는 이야기들을 나누고 성품을 전달함으로써 듣는 자들로 하여금 주목받고 있으며 영감 받고 있다고 느끼게 할 것이다.

열아홉 가지 뇌기술을 숙지하게 되면, 우리 안에 내성이 생겨서 고통 가운데 있을 때에도 스트레스와 아픔을 잘 견뎌낼 수 있게 될 것이다. 사람들과 교류할 때마다 우리의 관계는 명작을 그려 낼 수 있는 캔버스가 될 것이다.

비행기에서 사용하지 못한 기술들

나는 일전에 비행기 건너편 좌석에 앉아 있던 어느 십대의 인생에 큰 변화를 줄 수 있었던 기회를 놓친 때를 생생하게 기억하고 있다. 집중해서 책을 읽고 있는 동안 나는 이 십대 소년이 나를 쳐다보고 있는 것을 눈치챘다. 소년은 열네 살이나 열다섯 살 정도로 보였다. 나는 십대 아이들이 그러하듯 젊은 성인을 호기심 어린 눈으로 우러러보고 있는 것을 느낄 수 있었다. 나는 소년에게 예수님에 대해 소개해 주고 싶은 강한 감동을 느꼈지만, 왠지 두려움이 생겨 그 생각을 지워버렸다. 그러나 마음속에 충동은 점점 더 커져갔다. 나는 여행을 마칠 때까지 혼자 머릿속으로 논쟁을 벌였다. "하지만 주님, 저 아이는 부모와 함께 앉아 있는데요. 그런데 제가 뭐라고 말해야겠습니까? 그 아이 부모가 뭐라고 이야기하겠어요?"

내 의심과 두려움, 그리고 불신이 결국 아무 말도 못하게 했다. 곧 비행기는 착륙했고 우리는 터미널에서 헤어져 서로 반대 방향으로 걸어갔다. 나는 소년을 돌아보며 그를 따라가야 할까 잠시 생각도 해 보았다. 바로 그 순간 하나님이 에스겔 선지자에게 파수꾼이 치뤄야 할 대가와 그 중요한 역할에 따르는 책임에 대해 말씀하시는 성경 본문이 떠올랐다. 그리고 소심해져서 경고의 나팔을 불지 않았던 파수꾼 때문에 생겨난 결과에 대해 생각해 보았다. 나는 하나님의 기쁨에 대해 나눌 수 있는 기회를 놓쳐 버린 것에 대해 수치스러웠고 죄책감까지 느꼈다. 그러나 이 경험은 나의 성품 중에 주목해 볼 만한 중요한 무엇인가가 있음을 깨닫게 해 주었다.

잠시 기도한 이후에 내 안에 무엇인가가 여전히 결핍되어 있음을 깨달았다. 이 경우에 나는 두려움을 잠잠하게 하는 법(11번 뇌기술)과 관계적이면서도 당당함을 잃지 않고 내 마음을 나눌 수 있는 용기를 얻는 법(12번 뇌기술)을 배울 필요가 있었다. 아이러니하게도 이 상황에서 나는 13번 뇌기술을 사용하여 임마누엘 하나님의 인도하심을 분명히 느낄 수 있었지만, 하나님의 마음을 관계적으로 반영하는 것에는 실패했다. 두 가지의 간단한 기술만 익혔더라면 이러한 상황을 반전시켜서 무언가 의미 있고 아름다운 상황으로 만들 수 있었을 것이다. 나는 임마누엘 하나님께 더 담대히 말할 수 있는 기회를 주시고, 내가 그분을 사랑하는 것처럼 형제 자매들을 사랑할 수 있는 용기를 달라고 간구했다. 나는 심지어 부흥할 수 있는 기술도 익히게 해 달라고 기도했다. 지금도 나는 그 소년을 위해 기도한다.

공항에서 사용하지 못한 기술들

하나님은 더 많은 기회를 달라는 내 기도를 들으신 것이 분명했다. 왜냐하면 내가 익힌 새로운 기술들을 연습하고 하나님의 임재가 내 인생을 어떻게 변화시켰는지 증거할 수 있는 기회가 계속해서 내게 주어졌기 때문이다. 한 가지 에피소드가 특히 기억에 남는다. 11번과 12번 뇌기술을 익힌 후에 일어난 일이다. 나는 여행하다가 공항에서 한 남자를 만나게 되었다. 이번에는 기술이 부족한 사람이 내가 아니라 그였다. 그는 상태가 매우 안 좋았고 감정은 점점 고조되어 갔다. 그는 도움을 필요로 했고, 나는 그에게 「기쁨은 여기서 시작된다」에 나오는 한 이야기를 들려주었다.

비행기에 탑승하려고 줄을 서 있는데 만석이라는 안내방송이 나왔다. 마지막 비행기였기에 하룻밤을 묵어야 하는 상황이었다. 줄을

서 있던 한 승객이 갑자기 화를 냈다. 그는 격분하여 자기 가방을 내던지며 욕설을 퍼부었다. 고함 소리가 터미널 안에 울려 퍼졌다. 승객들은 흩어졌다. 이 남자는 더 이상 관계의 모드에 있지 않았다. 내가 창구로 걸어갈 때도 그는 터미널 안을 돌아다니며 아무나 제복을 입은 사람에게 소리를 질러댔다. 사람들은 그의 시뻘게진 얼굴과 격한 감정에 겁을 먹는 기색이 역력했다. 어느새 그는 눈을 부릅뜬 채 땀을 뻘뻘 흘리고 있었다. 그가 창구에 가까이 왔을 때 나는 그에게 다가가야겠다는 강한 부담감을 느꼈다. 그는 수렁으로 빠져들고 있었다. 기쁨을 되찾도록 누가 진지하게 도와주어야 했다. 그래서 나는 심호흡을 한 뒤 그에게로 걸어갔다. 그가 나를 때려눕히지 않을까 하는 생각도 잠시 들었다.

"일진이 아주 안 좋아 보입니다." 내가 인정하는 투로 말하자 그는 "정말 (비속어) 안 좋네요"라고 쏘아붙였다. 잠시 우리의 눈이 마주쳤다. 내가 다시 말했다. "저는 예수님을 따르는 목사입니다. 함께 기도해도 된다면 영광이겠습니다." 다행히 그가 "뭐, 그러시던가요"라고 중얼거리는 바람에 나는 안도했다. 우리는 터미널 한복판에 서서 고개를 숙였다. 나는 그의 어깨에 손을 얹고 잠시 가만히 있었다(2번 뇌기술). 그 다음 임마누엘 하나님께 우리의 고통에 함께해 주시고, 이 일을 그분의 눈으로 보게 해 달라고 청했다(13번 뇌기술).

그는 눈물을 주르르 흘리며 이렇게 설명했다. "저는 치료차 여행하던 중이었습니다. 최근에 중증 암 진단을 받았거든요. 제게는 하루가 귀한데 비행기가 취소되는 바람에 아내와 딸들과 함께 보낼 값진

시간을 잃었습니다." 우리는 잠시 슬픔을 함께 나누었다. 갑자기 그가 "잠깐만요! 할 일이 있습니다"라고 말했다. 그러더니 자기가 돌아다닌 경로를 되밟으면서 자신이 기분 상하게 했던 항공사 직원들에게 일일이 사과했다. 그는 몇 분 후에 돌아와 내게 말했다. "그러잖아도 하나님과의 관계를 회복해야겠다는 생각이 늘 있었습니다. 이번에 경험하게 된 시련 전체가 혹시 하나님의 음성이 아닌가 모르겠네요." 그의 눈은 기쁨으로 반짝거렸고 안면 근육도 풀려 있었다. 이튿날 아침에 보니 그는 새 성경책을 옆구리에 끼고 환하게 웃으며 비행기에 오르고 있었다.

나는 하나님의 은혜로, 그리고 열아홉 가지 뇌기술을 오랫동안 연습한 덕분에 그 자리에 오랫동안 머물러 있으면서 "구명 조끼"를 그에게 던질 수 있었다. 그는 감정이 격해 있는 상황 속에서도 그와의 관계를 유지할 수 있도록 훈련된 뇌를 가진 사람의 도움이 필요했다. 즉, 그의 뇌의 감정 조절 센터는 그에게 2번 뇌기술을 통해 단순히 잠잠해지도록 이끌 수 있는 다른 사람을 필요로 했다. 2번 뇌기술은 우리로 잠시 멈추어 서서 숨을 고를 여유를 준다. 우리 모두는 어느 정도 물에 들어갈 수 있다. 어떤 사람은 물속에서 첨벙거리는 것에 익숙하고, 또 어떤 사람은 해변에서 즐겁게 뛰어놀 준비가 되어 있다. 당신은 어떤 부류의 사람인가?

이상적인 상황이라면 우리 모두는 열아홉 가지 뇌기술을 이미 다 습득하고 있어야 한다. 왜냐하면 우리 주변은 그러한 기술을 사용했던 사람들로 가득 차 있기 때문이다. 그러나 안타깝게도 그렇지가 않다.

하지만 우리는 영속적인 변화를 경험하기 위해 기다릴 필요가 없다. 이 책은 사람들이 예수님에게 받은 마음[4]을 잘 표현하고, 문제가 생기더라도 신속하게 복귀할 수 있는 관계 기술의 풍성한 삶의 비전을 제시한다. 또한 사랑을 탁월하게 표현하도록 한다. 결국, 은과 금은 사라져 버리지만[5] 얼마나 잘 사랑했는가, 그리고 그 사랑을 얼마나 잘 표현했는가가 영원히 지속되는 유산을 만들어 낸다.

기쁨

인격에 대해 말하자면, 관계적인 기쁨은 개인의 인격이 형성되고 표현되는 데에 가장 근본적인 구성 요소라 할 수 있다. 우리의 인격은 약한 자들, 그리고 강한 자들과의 끊임없는 교류를 통해 만들어진다. 우리는 삶을 함께 나눈다. 우리는 열아홉 가지 뇌기술을 가진 사람들로부터 도움을 받고, 그러한 기술이 없거나 약한 사람들에게 나누어 준다. 기쁨은 우리가 새로운 뇌기술들을 배우는데 기초가 되며, 또한 이미 가지고 있는 기술들을 강화시키는 반석이 된다. 기쁨은 우리와 우리가 맺는 관계들을 변화시킬 뿐 아니라 우리가 좋아하는 사람을 보거나 혹은 생각하는 것만으로도 얼굴에 미소가 가득하게 한다. 이 미소는 "나는 너를 만나게 되어서 기쁘다"는 것을 스스로 표현하는 도장과도 같은 것이다.

---

[4] 「예수님 마음담기」, 짐 와일더 외, 토기장이
[5] 야고보서 5:3

신경학적으로 말하자면, 기쁨이란 누군가가 우리를 바라볼 때 반가움으로 그 눈이 빛나는 반응을 보이게 되는 것을 의미한다. 그 사람은 우리 엄마나 아빠, 형제나 자매, 친구나 동역자, 이발사나 은행원이 될 수도 있다. 우리가 전하는 기쁨을 받은 사람들은 자신이 존중 받는다는 느낌을 받게 된다. 연습과 경험을 통해, 기쁨은 기술을 얻으려는 우리의 항해에 바람 역할을 해 준다. 새로운 뇌기술을 배우는 것은 기쁨으로부터 시작한다.

어렸을 때 열아홉 가지 뇌기술을 배운 사람들은 자신이 어떻게 그것을 습득하게 되었는지 잘 기억하지 못한다. 습관이나 반사 작용처럼 자동적으로 나타나서 자신도 모르게 그 기술을 사용하게 되기 때문이다. 즉, 무의식적으로 그렇게 하는 것이다. 그래서 다른 사람들이 자신처럼 반응하지 않거나 회복하지 못하는 것을 보면 쉽게 오해한다. "이제 좀 그만 안달하면 안되나요?" "이제 화 좀 그만 내세요!" 사람들이 이런 우리의 조언을 들으면 얼마나 좋겠는가? 그런데 사실 우리는 사람들이 계속해서 부딪히는 빙산 아래에 무엇인가가 더 있다는 사실을 깨닫지 못하고 있다. 이 문제는 그들의 동기나 의지가 부족해서가 아니라 관계적 뇌기술이 부족해서 생기는 결과이다. 우리는 관계적 뇌가 사람이 생각하고 느끼며 반응하고 살아가며 사랑하는 바에 미치는 영향을 쉽게 잊어 버린다. 하지만 연구 결과는 사람들이 죽은 듯이 지내는 희생자가 되거나 공격적인 가해자가 되는 대신 온유한 보호자가 되기 위해서 관계적 뇌기술을 반드시 배워야 함을 계속해서 보여 준다.

뇌의 가소성으로 인해 새로운 경험은 뇌의 신경망을 재구성할 수 있게 하므로 우리는 새로운 기술들을 배울 수 있다. 그러한 기술을 가지고 있는 사람과 나누는 즐거운 교류의 경험은 새로운 기술을 습득할 수 있게 해 준다. 분노의 감정을 잘 조절함으로써 당신을 격려해 주는 사람을 떠올려 보라. 또 쉽사리 흥분하는 사람은 어떤가? 너무나 오랫동안 열아홉 가지 뇌기술은 레이더에 잡히지 않았다. 새로운 기술을 익히기에 필요한 언어나 제대로 된 훈련 과정도 없었다. 인생모델 덕분에 우리는 이제 적합한 언어를 소유하게 되었고, 훈련 과정도 생겨나게 되었다. 이제 필요한 것은 당신뿐이다.

이어지는 두 장에서는 열아홉 가지 뇌기술의 역사와 맥락에 대해 다루게 될 것인데, 우리 삶에 변화가 더디게 일어나는 이유와 관계의 기술을 규정하기가 어려운 이유를 함께 살펴보도록 하겠다.

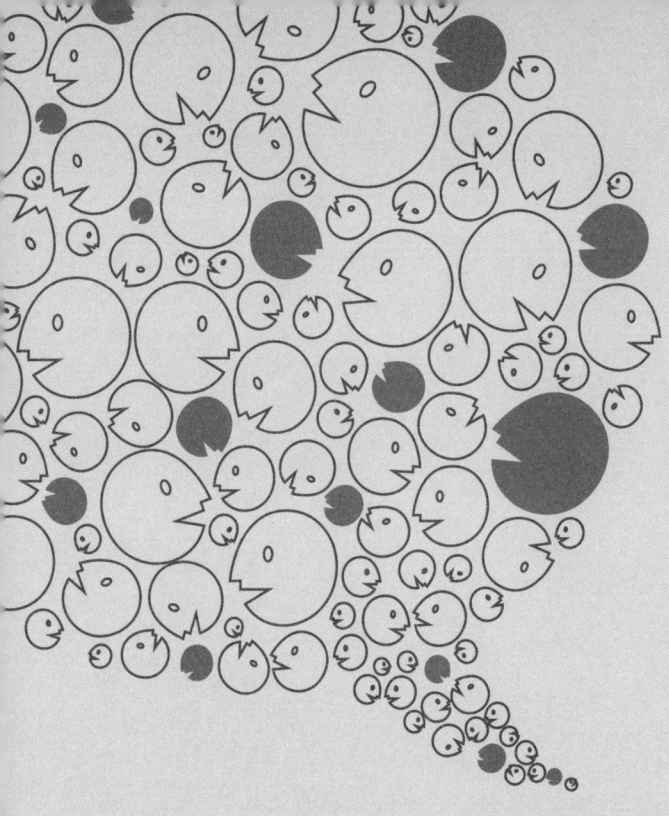

CHAPTER 1

좀처럼 일어나지 않는
삶의 변화

이 책의 배경이 되는 인생모델은 그리스도인들, 상담자들, 사역자들이 그들의 생활 가운데, 또 일 가운데 실제로 일어나는 변화의 분량에 대한 불만족으로부터 생겨났다. 어려움을 뚫고 절정을 맛보았던 경험이 있는 자들이라도 그들이 발견한 것을 계속 간직하는 것은 매우 어렵다. 게다가 사람들은 저마다 그 원인과 해결책에 대해 서로 상반된 견해를 가지고 있다. 치유와 축사, 갱신, 책임성, 교육, 회복, 기도, 성경공부, 그리고 영적 은사에 대해 장미빛 약속을 제공하는 수많은 시도들이 전 세계를 휩쓸어 왔다. 각각의 프로그램들이 환상적인 성공담들을 가지고 있긴 하지만, 정직하게 말해 5년 뒤에 나타나는 변화의 증거는 미미하며 참석자 대부분이 그러한 경험을 하지 못하거나 얻은 작은 변화도 유지하지 못하고 있음을 알 수 있다. 이러한 운동을 일으켰던 리더들 역시 개인의 미숙한 성품이나 과로 혹은 동역에 실패함으로 인해 이를 오래 지속하지 못했고, 그렇게 그들의 경력도 끝나버리고 말았다. 기대한 만큼의 변화는 일어나지 않았다. 왜 그랬을까?

만약 당신이 자신의 성품을 변화시키거나 다른 사람들의 삶에 변화를 일으키고 그것을 유지하도록 돕기 위해 애썼다가 그 미미한 결과에 실망해 본 사람이 아니라면, 어쩌면 이 책은 그다지 흥미를 끌지 못할 수도 있다. 30년간의 연구 결과 우리가 얻은 결론은 대부분의 사람들이 기대했던 대답이 아니었다. 사실 그 대답은 대부분의 사람들이 예상하지 못한 것이었다. 그래서 수많은 훌륭한 프로그램들이 사람들이 기대했던 문제의 원인을 밝히려다가 실패했던 것이다. 만약 당신이 평범한 대답을 원한다면, 책을 잘못 골랐다. 문제에 대한 해답이 항상 믿어왔던 것과 다를 때, 우리들의 첫 반응은 대부분 "그건 실제로 중요하지 않아"라고 말하는 것이다. 25년 동안 사람들에게 해결책을 말해 온 경험으로 미루어 볼 때 이것은 사실이었다. 해결책은 더 많은 치유, 축사, 믿음, 성경공부, 치료, 회복 그룹, 교육, 다이어트, 약물, 영적 은사, 예배 혹은 더 나은 선택도 아니었다. 이와 같은 해결책에 바탕을 둔 프로그램들은 이러한 요소 한두 가지가 부족한 사람들을 도왔을지는 몰라도, 그 어떤 것도 지속적인 변화를 주지는 못했다. 어쩌면 이 말이 당신을 화나게 할지도 모르지만, 위의 모든 방법을 다 해 본 사람들이라면 이 책이 신선한 공기와도 같이 느껴질 것이다. 깊이 심호흡을 해 보기 바란다!

이 책은 "관계 기술의 결핍"이 우리가 그토록 원했던 변화를 이루지 못하도록 발목을 잡은 요인이었음을 증명해 줄 것이다. 우리는 관찰과 말씀 연구, 그리고 과학을 통해 우리가 어떻게 이러한 결론에 도달했는지 보여 줄 것이며, 또한 왜 대부분의 제자도, 복음 전도, 교회 성장, 영적 형성, 그룹 모임, 사역 모델들이 관계 기술을 의미 있게 향상시키고 지속적 변화를 이끌어 내는 데에 실패했는지 보여 줄 것이다. 처음에는 문제를 해결하고자 시작된 모델들이 의도치 않게 관계보다 문제 해결 자체에 매달리게 되는 경우가 자주 있다. 변화의 속도를 느리게 만드는 것은 믿음이나 지식, 헌신 혹은 신뢰의 부족이 아니라 비관계적인 태도이다.

이 책의 기초를 이루게 된 30년간의 연구 결과에 비추어 볼 때, 히브리어를 잘 읽거나 노래를 잘 하거나 혹은 악기를 잘 연주하는 것처럼 압박 중에도 고통을 잘 견뎌내는 거룩한 성품을 개발하기 위해서는, 그리고 뇌가 세상을 바라보고 사람들에게 반응하도록 하기 위해서는 열아홉 가지 구체적인 뇌기술이 필요하다. 우리가 가해자가 아닌 온유한 보호자로서 말씀에서 배운 것을 실천할 수 있기 위해서는 이러한 관계의 기술들이 필요하며, 이것은 또한 우리를 치유와 구원 안에 머물게 해 준다. 양떼와 함께 푸른 초장에 누우려면 우리는 사자의 생활방식을 뒤로 하고 먼저 풀을 뜯어 먹는 법부터 배워야만 한다.

관계적 뇌기술은 본질적으로 모두 관계적이다. 왜냐하면 우리는 존재의 중심에 관계적인 정체성을 가지고 있기 때문이다. 성품은 다른 사람과의 관계 가운데 우리가 자신을 어떻게 바라보는지를 표현하는 것이다. 만약 관계적 뇌기술을 훈련하는 것이 단순히 정보만을 나누는 것이라면, 우리는 그것들을 배우기 위해 관계가 필요하지 않을 것이다. 관계 기술이 어떻게 습득되고 다른 사람들에게 전달되는지 설명하겠다. 이것은 제자도와 교제에서 핵심이다. 그러나 자세한 것을 나누기 앞서, 문제의 결론을 먼저 소개하겠다. 거룩한 성품을 만드는 관계 기술은 반드시 "끈끈한 사랑"으로 알려져 있는 헤세드가 있어야만 전달될 수 있다. 우리를 *끈끈하게* 이어주는 헤세드 없이 지속적인 변화란 일어나지 않는다. 약간의 헤세드가 있다면 변화가 일어날 가능성이 있다.

관계 기술이 없는 헤세드는 서로에 대해 분명히 관심이 있음에도 불구하고 끊임없이 상처를 주고받을 수밖에 없는 사람들에게 잔혹하고 가슴 아픈 기억만을 남겨 준다. 헤세드가 없는 관계 기술은 심지어 조작적이고 잔인하기까지 하다. 교육, 권위, 영적 은사, 부, 건강, 지성 중 그 어느 것도 헤세드나 관계 기술을 제공해 주지 못한다. 물론 헤세드 없이는 이러한 관계 기술을 배울 수 없지만, 헤세드가 많다고 해도 그것이 관계 기술을 제공해 주는 것은 아니다.

헤세드는 다른 사람이 어떤 부정적인 행동을 하든, 혹은 그 일을 얼마나 자주 하든 상관없이 여전히 그들과 함께 있기를 원하는 사람에 대한 강한 애착이다. 우리는 그것을 사랑이라고 부를 수 있지만, 애착은 우리가 보통 "사랑"이라고 생각하는 것보다 상대방에 더 깊이 빠져서 도저히 벗어날 수 없는 상태를 의미한다. 헤세드는 우리를 하나로 묶는데, 하나님은 구약에서 253차례나 헤세드로 묘사되었다. 신약에서는 헤세드를 번역할 때 "아가페"라는 단어를 사용했다. 고린도전서 13장은 헤세드로 알려진 *끈끈한 사랑*을 잘 묘사한 본문이다. 오늘 그 본문을 다시 읽어 보는 것도 좋겠다.

관계 훈련을 받기 이전과 이후의 삶

인생모델에 관심을 갖기 시작한 대부분의 사람들처럼, 에이미와 게리도 기독교인으로서 자신들의 삶에 일어난 변화의 정도가 미미한 것에 실망하고 있었다. 그들은 자신들의 삶을 하나님께 헌신했고, 영성 수련회와 교회의 각종 소그룹에 참석했을 뿐 아니라 결혼상담까지 받았지만 무언가가 빠져 있다는 느낌을 지울 수가 없었다. 그러나 그들이 관계 기술을 배우고 난 뒤에는 모든 것이 달라졌다. 곧 그들은 가족으로서 그 기술을 연습하기 시작했다. 에이미는 게리의 기쁨이 증가할 때 자신을 진정시키고 쉬는 법을 배워서 게리가 불안감 대신 자신감과 평안을 누릴 수 있게 해 주었다. 이 새로운 기술은 에이미와 게리에게 닻과 같은 역할을 해 주었고, 그들은 자신들이 기억하는 한 처음으로 안정감과 소망, 나아가 기쁨까지 느낄 수 있게 되었다.

그들의 변화된 모습을 눈치챈 몇몇 사람들은 "두 분 모두 무언가가 좋은 쪽으로 달라진 것 같아요. 요즘 무슨 일이 있나요?"라고 물어보기까지 했다.

세상에 나와 있는 모든 영적 진보와 자기 개발 서적들은 자신들이 도움을 주었던 사람들을 지목할 수 있다. 그렇다면 이들의 이야기가 뭐가 다르다고 할 수 있을까? 에이미와 게리의 이야기가 불러 일으키는 중요한 질문에 대해 답할 수 있기 위해 우선 그들의 삶에 무슨 일이 일어났는지 한번 살펴보자.

관계 기술이란 무엇인가?

관계 기술은 우리의 삶과, 이해, 동기, 시간, 분위기, 가치, 태도, 행동, 그리고 우리 안의 마음과 생각을 중심으로 일어나는 것은 무엇이든지 조정하도록 돕는 종합적인 능력(set of abilities)을 말한다. 관계 기술은 단순히 사람들과 만날 때 지켜야 할 규칙이나 세계인의 지도 같은 것을 넘어서서, 타인의 삶에 어떤 일이 벌어지고 있는지에 대해 우리가 흔히 몇 마디 말로 표현하는 것보다 훨씬 더 많은 사실을 한눈에 알게 해 준다. 관계 기술은 언제 침묵을 지켜야 하고 언제 목소리를 높여야 하는지 분별하게 해 준다. 관계 기술은 반사회적 인격장애자처럼 행동하지 않도록 공감의 능력을 제공해 준다. 관계 기술은 우리로 하여금 사랑받고, 이해받으며, 특별히 대접받고, 적절히 교정되고 있다고 느끼게 해 준다. 또한 이 기술들은 무언가가 잘못되었을 때 이전으로 다시 돌아갈 수 있도록 도와준다. 관계 기술은 우리가 세상에서 어떻게 다른 사람들과 조화롭게 지낼 수 있는지 이해를 돕게 해줌으로써 동기를 부여해 준다. 관계 기술을 가진 사람들은 그러한 기술이 없는 사람들이 도무지 "감을 못 잡고" 있을 때에도 "감을 잡는다."

결국, 관계 기술은 인식의 정확도에 대한 문제이다. 최고의 관계 기술은 나 자신과 다른 사람들을 보고 대할 때 마치 하나님이 하시듯 대할 수 있게 해 준다. 그러므로 요한은 "누구든지 하나님을 사랑하노라 하고 그 형제를 미워하면 이는 거짓말하는 자니"(요일 4:20)라고 말할 수 있었다.

관계 기술은 뇌를 사용하는가?

브렌트 목사는 인생의 대부분을 목회에 헌신했다. 그가 가장 큰 열정을 가지고 있는 것은 사람들이 살아 계신 하나님을 만나는 것을 보는 일인데, 그것은 그의 교회가 진정한 영적 성장의 척도로 강조하는 것이기도 했다. 그런데 최근 브렌트 목사는 하나님의 임재를 체험하고 기쁨을 맛보았던 많은 성도들이 해로운 중독과 깨진 결혼생활, 우울증, 그리고 그들의 성장을 저해하는 무수한 문제거리들과 여전히 씨름하고 있다는 사실 때문에 낙심하고 좌절해 있었다. 브렌트 목사는 어떤 사람들은 "하나님을 만나는 경험"을 한 후에 지속적인 변화를 경험하는 반면, 어떤 사람들은 여전히 꽉 막힌 상황에 갇혀 허우적대고 있는 것을 보았다. 그러던 어느 날 친구가 「기쁨은 여기서 시작된다」를 가져다 주었을 때, 그는 비로소 자신의 성도들에게 무엇이 빠져 있는지 발견할 수 있었다. 즉, 진보를 경험한 사람들은 어느 정도 수준의 관계 기술을 가지고 있었고, 다른 사람들에게는 그것이 없었던 것이다. 그제야 브렌트 목사는 문제를 이해하게 되었고 스스로 해답을 제시할 수 있게 되었다.

우리 중 누구도 관계 기술을 어떻게 배웠는지 기억하지 못하기에 우리 대부분은 그저 "그것들을 가지고 있는" 것처럼 보인다. 특별히 그리스도인들은 구원을 통해서, 그리고 영적인 존재를 통해서 온전히 새로운 인격이 빚어진다는 사실을 믿는다. 그러나 많은 사람들이 이와 같은 영혼의 변화를 위해서 뇌의 변화를 필요로 하지 않는다. 만약 한 번이라도 선한 그리스도인이 알츠하이머로 고생하거나 뇌에 충격을 받거나 뇌손상을 입는 것을 본 적이 있다면, 이로 인해 성격의 중요한 부분, 자제력, 타인에 대한 이해, 그리고 윤리적 행동을 주관하는 부분이 소실될 수 있다는 것을 알고 있을 것이다. 치유 사역을 하는 어느 리더의 이야기이다. 그는 갑자기 쓰러져 뇌에 손상을 입었는데 그 뒤로부터 야비한 언어와 행동을 보였다. 그래서 여성 주변에 접근하는 것이 허락되지 않았다. 음식은 열쇠로 잠근 장에 따로 보관해야 했는데, 그 이유는 그가 손이 닿는 곳에 있는 음식은 무엇이든지 먹어치웠기 때문이다. 관계를 주관하는 뇌의 부분이 죽어서 그는 거짓말을 했고 속였으며 무엇이든지 훔치려고 했다. 신유의 은사가 있는 많은 사역자들이 그의 치유를 위해 기도했지만, 그는 변하지 않았다.

나는 마취에서 깨어나는 과정에서 이와 비슷한 경험을 했다. 수술을 마치고 집으로 돌아오는 길에 아내 젠이 도넛 가게에 들어갔는데, 나는 내가 다 먹으려고 아내에게 12개 세트를 사 달라고 졸랐다. 나는 사랑하는 아내에게 하나도 나눠 주지 않고 모두 내가 먹을 계획이었다. 나의 윤리적인 나침반이 몽롱한 뇌 속에 잠들어 있었던 것이다. 그날 늦게야 비로소 뇌가 깨어났는데, 정상으로 돌아온 내 모습을 보고 아내는 특별히 더 안심해 했다. 관계 기술은 그저 잘 작동하는 뇌를 필요로 하는 것이 아니라 적절하게 훈련된 뇌를 필요로 한다. 이제 그 훈련에 대해 한번 살펴보자.

관계 기술은 왜 배워야 하는가?

노라는 너무도 자녀를 가지고 싶었다. 어렸을 때부터 가족을 이루는 것이 꿈이었다. 노라와 남편이 마침내 자녀를 갖게 되었을 때, 뜻하지 않은 일이 생겼다. 노라가 아이를 양육하는 일에 그만 압도 당하고 만 것이다. 버거운 감정으로 인해 무기력함을 느낄 때, 그녀는 안내와 지지를 구하고자 친구를 찾았고, 자녀 양육 책들을 읽었으며, 교회에서 하는 세미나를 들었다. 이를 통해 영감을 받기는 했지만, 효과는 그다지 오래 지속되지 않았다. 지치고 절실했던 그녀는 도움을 구하며 기도했다. 어느 날 노라의 언니가 그 다음 주에 그녀가 사는 도시에서 열리는 "다시 빛나는 기쁨"[1]이라고 불리는 결혼 세미나를 소개해 주었다. 공동체의 도움을 받아 노라와 그녀의 남편이 그 훈련에 참석했는데 그 세미나는 그녀의 인생을 변화시켰다. 그들 부부는 잠잠하기, 압도된 감정 인지하기, 기쁨 찾기, 임마누엘 하나님과 교류하기를 비롯한 몇 가지 기술들을 실천했다. 이것들은 그녀와 남편에게 결핍되어 있던 단지 몇 가지 기술에 불과했지만, 그것은 그녀가 받았던 고통을 잘 설명해 주었다. 이것은 그녀가 간절히 기도하게 되는 계기가 되었고, 오래지 않아서 기쁨과 평안, 잠잠함이 그녀를 관계적이고 견고한 자아로 회복시켜 주었다. 어린아이를 한번 생각해 보라. 아이가 막 태어났을 때 원숙한 사회적 기술을 가지고 있던가? 엄마도 충분한 숙면이 필요하다는 사실을 잘 이해하고 있던가?

---

[1] "다시 빛나는 기쁨"(Joy Rekindled) 주말 결혼 세미나는 크리스와 젠 코시 부부에 의해 만들어졌다.

충분히 이성적인 방법으로 자신을 절제하며 반응하던가? 아기는 자라나면서 주변으로부터 좋은 습관만 배우게 될 것인가? 침대에 성경책만 가져다 놓으면 다른 사람들에게 따뜻하고 친절한 아이로 자라날 것인가? 아기를 훈련시키는 방법이 그들이 나아갈 길에 어떤 영향을 미치게 될 것인가?

한 걸음 더 나아가 보자. 만약 아이가 엉터리 문법을 쓰는 사람들의 말만 들으면서 자라난다면 후에 그리스도인이 되었을 때, 어느 날 갑자기 완벽한 문법을 구사하게 될 수 있겠는가?

만약 사람들이 문맹이라면, 그들이 갑자기 자기 모국어나 성경의 원어인 헬라어, 히브리어를 자유자재로 읽을 수 있게 될 것인가? 물론 아니다. 그렇다면 왜 우리는 새로운 것을 학습하지도 않으면서 우리의 관계를 좌우하는 학습된 패턴이 바뀌게 될 것을 기대하는가?

경험에 비추어 볼 때 (그리스도인들을 단순히 관찰해 본 바에 의하면) 많은 사람들이 별다른 변화를 이루지 못하고 살아감을 본다. 우리는 좀처럼 변화되지 않은 모습으로 살아왔다. 우리가 어떻게 관계 기술을 배웠는지 잘 의식하지 못하는 데에는 그만한 이유가 있다. 우리가 무엇을 해야 하고 무엇을 느껴야 하며 어떻게 반응해야 하는지 아는 것만으로 충분하지 않은 것도 동일한 이유 때문이다. 그 이유는 뇌에서 발견되며, 특히 뇌가 어떻게 새로운 기술을 학습하는지와 관련이 있다.

빠른 경로 - 느린 경로

우리가 의식적인 생각에 강하게 의지하는 반면, 성격을 좌우하는 뇌의 영역은 의식의 영역, 단어와 집중된 관심의 영역보다 훨씬 빠르게 반응한다. 이러한 뇌의 처리 속도 차이는 의식적인 생각과 의지, 그리고 선택을 느린 경로에 놓이게 하고, 우리의 반응, 인식, 관계 기술을 빠른 경로에 놓이게 한다. 관계 기술과 교류의 속도가 우리가 의식적으로 관찰할 수 있는 것보다 훨씬 더 빠르기 때문에 우리는 이러한 반응이 "자동적"이라고 생각하지만 그것은 사실이 아니다. 사실 우리가 느린 경로를 통해 배운 것은 빠른 경로로 옮겨지지 않는다. 그러므로 '원수를 사랑해야지'와 같은 좋은 생각을 해도 공격을 당하면 이와 다르게 반응하게 되는 것이다. 이것에 대해서는 다음 장에서 더 깊이 다루도록 하겠다.

타고난 가해자 - 학습된 온유한 보호자

모든 사람은 관계 기술 면에서 볼 때 약점을 가지고 태어난다. 좋은 관계 기술은 언제나 헤세드를 포함하며 보호적이지만, 우리 모두는 가해자의 본능을 타고 났다. 아기들에게는 세상의 모든 것이 먹거리이다. 무엇을 집든지 다 입으로 들어간다. 이와 같은 가해자의 본능은 결코 사라지지 않으며 없앨 수도 없다. 그러나 학습을 통해 보호자의 기술을 가해자의 본능보다 더 강하게 만들 수는 있다. 양떼 가까이 다가가도 안전하도록 사자가 소처럼 여물 먹는 법을 배우는 것이다.

기술을 훈련하고 연습함으로써 우리들은 가해자가 가진 욕망을 잠재우는 법을 배울 수 있다. 곧 알게 되겠지만 관계적이고 온유한 보호자의 기술들은 헤세드가 있을 때에만 계발될 수 있다.

관계 기술은 어떻게 학습되는가?

엘리옷은 몇 년 전에 창업하여 바닥에서부터 일으켜 세운 사업체를 성공적으로 경영하고 있었다. 그의 직원들은 한 가지 점만 제외하고는 그를 위해 일하는 것을 좋아했다. 엘리옷은 분노의 감정을 조절하고 다시 기쁨으로 돌아가는 것을 전혀 배우지 못해서 고객들과 친구들을 잃어버리곤 했다. 엘리옷은 갈등 상황이 벌어지거나 누군가가 그의 리더십을 비판하면 곧 냉정을 잃었다. 어느 날 엘리옷의 담임목사가 그가 관찰한 이러한 내용을 엘리옷에게 나누었다. 그들은 진심 어린 대화를 했고, 후에 엘리옷은 그의 친구들이 지금껏 해 온 말이 맞다는 사실과 그의 내면에 바뀌어야 할 부분이 있음을 깨닫게 되었다. 여러 번에 걸친 집중 훈련과 연습을 통해 그는 마침내 그에게 결핍되어 있던 기술을 배우게 되었고, 삶 속에 실천할 수 있게 되었다. 11번 뇌기술인 "기쁨으로 돌아가기"는 그가 수치를 경험하거나 비난을 받는 순간에도 문제보다 관계를 더 소중하게 여길 수 있도록 훈련시켜 주었다. "기쁨으로 돌아가기"는 그를 완전히 새로운 존재로 변화시켰으며 그 결과 엘리옷과 그의 직원들, 그리고 고객들은 모두 깊은 만족을 얻게 되었다.

관계 기술의 습득은 생후 2년간 뇌 발달에 핵심을 이룬다. 대부분의 관계 기술은 아기들이 누구와 가장 먼저 애착을 형성하든 그 사람과 직접 교류할 수 있는 충분한 시간이 주어진다면 그로부터 그대로 전수되어진다. 이것이 전수의 단계이다. 일단 그 기술을 획득하게 되면, 아이들과 어른들은 고난이 오거나 강력한 감정을 강력한 감정을 느낄 때에도 효과적으로 쓸 수 있을 정도의 관계 기술을 키워가는 연습을 하게 된다. 그러나 사람들은 자신들이 습득한 기술만을 반복적으로 연습한다. 만약 어떤 기술이 부족한 사람으로부터 훈련을 받았다면, 당신은 무엇을 놓쳤는지 알지 못하고 그와 동일한 기술의 결핍 상태로 자라나게 될 것이다. 마지막으로 우리는 자신이 가지고 있는 기술들을 사용해야겠다는 동기부여가 필요한데 이것은 발전시켜야 할 기술과 관련된 요소들 중에서 가장 어려운 것에 속한다. 동기 부족은 인생의 후반부에, 빠져 있는 기술을 습득하기 어렵게 만드는 요소 중 하나인데, 약하거나 결핍된 관계 기술을 보충하는 것은 깊이 있는 변화를 이루어 내는 지름길이다. 이러한 주제들을 하나하나 다루어 보도록 하자.

학습에 필요한 요소들

관계적 뇌기술은 우리와 함께 있는 것을 기뻐하는 사람들과 신뢰를 주고받는 가운데 얼굴을 마주 대하고 있을 때에만 획득할 수 있는 기술이다. 관계 기술을 획득하기 위해서는 기쁨이 충만한 관계와 환경이 필수적이다. 존경하는 사람과 안전한 유대관계를 맺을 때 우리 뇌는 사실상 그들의 뇌와 유사하게 변화되고 그들의 삶의 방식을 그대로 따라가게 된다. 그들의 정체성의 일부를 복제해 우리 것으로 삼는 것이다. 우리는 그들 혹은 그러한 "종족"의 한 사람처럼 되고, 그들은 우리에게 일종의 부모와 같은 존재가 된다. 이것은 우리가 의식하는 것보다 훨씬 더 빨라서, 일단 그 과정이 시작되고 나면 우리가 의식적으로 그것이 미칠 결과를 통제할 수가 없고 선택의 여지도 사라져 버리게 된다. 이 과정은 느린 경로가 아닌 빠른 속도로 교류하는 사고 공유 상태[2]를 경로로 이용한다. 누군가가 우리의 영혼과 생각에 깊이 들어오도록 허락하면 그 둘의 정체성은 뚜렷이 바뀌어 나타나게 될 것이다. 둘 사이의 유대가 형성되고 심화될 것이다. 헤세드가 없으면 이단과 같이 기형적이고 성적이며 역기능적이고 조작적인 관계가 매우 강해지게 되고, 심지어 위험에 빠질 수도 있다.

적절한 관계를 유지할 수 있다면 하나님과 다른 사람들 모두 획득 단계에서 누락된 관계 기술의 원천이 될 수 있다. 우리는 나중에 왜 하나님이 이러한 기술 습득에 필수적인 분이신지를 연구할 것이다. 그러나 비록 하나님이 새로운 기술의 근원이시더라도, 그러한 기술은 다른 인간과의 연습 없이는 우리에게 어떤 유익도 주지 못할 것임을 먼저 분명히 밝혀 둔다.

---

[2] 사고 공유란 두 사람 사이에 공유된 정신적·감정적 상태를 말하는 것으로 둘 사이에 동일한 뇌 활동과 화학반응이 나타나게 되는 것을 말한다. 우리는 서로 사고 공유 상태로 인해 함께 울기도 하고 기뻐하기도 한다.

연습에 필요한 요소들

새로운 관계 기술을 습득하려면 많은 연습이 필요하다. 기술을 연마하기 위해서 친밀한 관계가 필요한 것도, 내가 습득하지 못한 기술을 소유한 사람이 필요한 것도 아니다. 연습은 동료들과 함께 하는 것이 가장 좋다. 대부분의 제자 훈련, 소그룹, 상담, 회복, 결혼 및 지원 그룹은 실습 모델을 기반으로 하는데, 이때 소그룹원들은 이미 해야 할 일을 알고 있기에 연습만 하면 된다. 코칭, 격려, 책임감, 치유 및 축사는 모든 막힘을 제거하고 연습을 격려하기 위해 사용된다. 또한 연습에는 관계에 대한 헌신과 관계 기술 개발 요소에 대한 최소한의 투자가 필요하다.

동기부여에 필요한 요소들

동기부여는 관계 기술을 개발할 때 가장 많은 주의를 요하는 요소이다. 우리는 친절하게 행동하고, 원수를 사랑하며, 우리를 해치는 사람들을 용서하고, 인내로 고난을 이겨내며, 악을 선으로 갚도록 동기부여받는 일이 거의 없기 때문에 실생활에서 결코 사용하지 않는 기술을 배울 수 있다. 우리에게 친절을 베풀 수 있는 능력이 없다는 것이 아니라 단지 그렇게 하고 싶지 않은 것뿐이다.

결론적으로 말하자면 변화와 성숙에 관한 대부분의 프로그램은 전구를 바꾸는데 얼마나 많은 심리학자들이 필요한가에 대해 사람들이 하는 우스갯소리를 생각나게 한다. 사실 아무리 많은 이론가들이 있어도 전구를 바꾸는 일은 한 사람만 있으면 충분한 것이다. 문제는 바뀌어져야 할 전구가 바뀔 마음이 있느냐는 것인데, 이것이 바로 동기부여의 문제이다.

우리에게 알려진 최고의 프로그램들은 사실 이미 동기부여를 받은 상태로 참여하는 사람들에게만 효과가 있다. 그들이 의욕을 상실하게 되면 프로그램은 실패하게 되고, 운영자들은 내담자가 바닥을 치는 절망을 경험하고 다시 동기를 부여받을 때까지 기다려야 한다.

특히, 우리가 가지고 있지 않은 새로운 관계 기술을 배우는 데에는 대부분의 사람들이 동기부여를 받지 못하고 있으며, 반드시 필요한 이 훈련을 받을 필요성도 느끼지 못하고 있다.

그러나 동기부여에는 다른 어떤 관계 기술 개발 요소보다도 훨씬 더 많은 관계적 투자가 필요한데 다른 사람에게 이 정도의 투자를 고려하는 개인이나 프로그램은 찾아보기가 쉽지 않다.

사실 높은 수준의 헤세드가 없다면 아무도 그렇게 하지 않을 것이다. 또 반대로 관계 기술을 온전히 다 사용하지 못한다면 헤세드는 단지 끈적한 난장판만 만들게 될 것이다.

하나님이 모든 회복에 적극적으로 참여하셔야만 하는 또 하나의 근본적인 이유가 있다. 하나님은 지침을 주실 뿐만 아니라 결핍된 기술의 온전한 모델을 보여 주심으로써 동기를 부여하는데 필요한 확장된 관계의 한 부분을 보여 주실 수 있기 때문이다. 하나님만 홀로 일하시거나 사람만 홀로 일할 수 없기 때문이다.

관계 기술은 왜 사라지고 있는가?

아메드는 집중력이 약해서 고통을 받고 있는 기업가이다. 그래서 회의를 할 때 동료들은 그가 집중력을 잃어버려 마음이 콩밭에 가 있기 전에 그에게 중요한 내용을 빨리 전달하기 위해 애쓴다. 이러한 자신을 변화시켜 보고자 아메드는 여러 해 약도 복용해 보고 여러 프로그램에도 참석해 보았지만 소용이 없었다. 그런데 2번 뇌기술을 배웠을 때 모든 것이 달라졌다. 이 기술을 배우고 연습하게 되면서 아메드의 친구들과 동료들은 그에게 일어난 놀라운 변화를 감지하게 되었고 무슨 일이 일어났는지 그에게 묻기 시작했다. "이제 완전히 다른 사람이 된 것 같아요. 매우 침착해요. 도대체 무슨 일이 일어난 거죠?"

관계 기술의 자신감을 개발시키는 데에는 사람들과의 교류가 반드시 필요하기 때문에 꼭 물어보아야 할 세 가지 핵심 질문이 있는데 그것은 다음과 같다. 1) 사람들과 직접적으로 교류하는데 얼마나 많은 시간을 사용하는가? 2) 자신보다 관계 기술이 더 좋은 사람과 대면 접촉을 하는가? 3) 배우고 있는 기술들을 사용하도록 동기부여해 줄 만큼 높은 수준의 기쁨을 오랫동안 충분히 유지할 수 있는가? 미국인들이 디지털 스크린을 들여다보고 조작하는데 하루 평균 아홉 시간 정도를 쓴다는 사실은 그것이 관계 기술의 개발에 직접적인 방해 요인이라는 것을 증명해 준다. 미디어를 소비하는 중에는 어떤 관계 기술도 사용되지 않는다. 빠르게 이동할 수 있는 도시생활은 우리로 하여금 가족 중 나이 많은 세대와 교제하기보다는 알고 지낸지

1-2년밖에 되지 않아 신뢰 수준이 낮고 진정한 관계 기술을 개발하기 어려운 사람들과 교제하는데 대부분의 시간을 쓰게 한다. 전쟁과 AIDS, 난민 문제와 약물 중독은 사회적 네트워크를 더 망가뜨렸고, 그 결과 나타난 사회적 기술의 부족은 비정상적인 상태를 형성해 가고 있다. 더 자세한 내용은 「기쁨은 여기서 시작된다」의 10장을 참고하기 바란다.

여우원숭이들은 사라져 간다

잘 기획된 다큐멘터리를 보았다. 그것은 마다가스카르에서 왜 여우원숭이들이 사라져 가는지, 그리고 그들의 서식지를 회복시키고 생물 종의 다양성을 확보하기 위해 어떠한 노력들이 필요한지를 이해하기 쉽게 설명해 주었다. 관계 기술을 가진 사람들이 요양원과 마을에서 하나둘 나이들어 죽어가고 있다. 반면 우울증과 주의력 결핍, 자폐증과 행동장애를 앓다가 중독에 빠지거나 갱단에 가입하고 감옥에 가든지, 이혼하고 성 정체성에 혼란을 겪는 어른으로 성장하는 아이들의 숫자는 점점 증가하고 있다. 이처럼 변화된 삶을 살아가는 사람들은 점점 줄어들고 있다. 사람들은 영적인 것이든 감각적인 것이든 개의치 않고 무엇이든 강력해 보이는 쪽으로 몰려들고 있다. 더 큰 힘이 모든 문제의 해결책인 듯이 보이기에, 가장 강력한 가해자가 되기를 원한다. 오늘날 어떤 음료수나 예배가 최고였을 때 사람들은 "정말 강력했다"라고 표현한다. 우리는 여우원숭이가 자기 서식지를 되찾아야 하는 것처럼 잃어버린 관계 기술들을 되찾을 필요가 있다.

두려움 · 외상 대 온유한 보호자와 관련한 정체성의 전수

우리가 가진 관계 기술의 총합이 우리의 정체성을 형성한다. 즉, 우리가 다른 사람을 어떻게 바라보고 대하느냐에 따라 우리의 정체성이 결정된다는 것이다. 우리는 가해자나 먹이가 되든지, 아니면 양떼와 함께 있는 온유한 보호자가 될 수 있다.

이러한 관계 기술의 개발과 전수 과정이 헤세드 대신 두려움이나 미움에 의해 힘을 얻어 진행된다면 동기를 부여하기 위해 필요한 관계적 투자의 양은 훨씬 줄어들게 된다. 우리는 미워하는 사람과 하루를 보내지 않아도 쉽게 증오하는 사람이 될 수 있다. 이것들은 다른 사람들을 대적하거나 급습할 수 있는 범위 내로 상대방을 유혹하는데 쓰였던 가해자의 기술이거나 그것의 변형된 형태에 해당한다. 위험한 리더들은 다른 사람들을 조작하고 통제하기 위해 두려움을 주입하고자 할 때 그들이 가진 기술을 사용한다. 타락은 또다른 타락을 낳는다. 반면 헤세드는 다른 사람이 경험하고 있는 고통(우리가 준 고통까지 포함한 고통)을 나누어 지고자 하는 깊은 헌신에서부터 나온다.

관계 기술을 회복하기 위해 기독교인들이 무엇인가를 해야 하는가?

짐 와일더는 열두 살에 절망으로 가득 찬 채 서 있었다. 그는 바로 앞 주에 청소년 캠프에 다녀왔고, 마지막 날 밤 자신의 인생을 하나님께 드렸다. 그런데 한 주도 지나지 않아서 그는 동생 때문에 평상심을 잃고 말았다. 그는 앞으로도 자신이 하나님을 기쁘시게 하지

못하고, 헌신의 약속도 지키지 못할 것임이 뻔해 보였다. 짐과 같이 대부분의 사람들이 자신들의 삶에 더 많은 변화를 경험할 수 있기를 원하지만, 그들이 그토록 바라는 그런 종류의 변화를 보여 주는 사람을 찾기는 어렵다. 대신 그들은 또래들처럼 행동하면서 옛 모습으로 돌아간다. 당시에 짐 와일더는 동생에 대한 분노를 조절하고 그를 사랑하지 못한 것이 가족과 그가 속한 공동체 사람들 대부분에게 결핍되어 있는 관계 기술 때문이라는 사실을 이해하지 못했다. 후에 짐은 깊이 있고 영원히 지속되는 변화를 가져오는 요소가 무엇인지 연구하고, 그 답을 실천에 옮길 방법을 기획하며, 모든 교인의 일상적인 삶에 해답을 제공하는 팀의 일원이 되었다.

우리의 목표

인생모델을 개발한 팀은 지금까지 해왔던 것을 더 열심히, 더 오랫동안 하는 대신 성과가 있는 모든 것들, 성과가 있어야 했는데 그렇지 못했던 것들, 성과가 있었지만 오래 지속되지 못한 것들, 오래 지속되었지만 결국 나쁜 결과를 가져온 것들, 부분적인 성과만 거둔 것들, 그리고 성과가 없어야 하는데 의외로 좋은 성과를 거두었던 사례들을 모두 다 연구해 보길 원했다. 그리고 또 왜 그런 결과가 나왔는지를 설명하는 모델을 만들기 원했다. 그 모델은 하나님의 창조 질서와 그분의 말씀, 그리고 하나님의 사람들의 경험과 일치해야 했으며, 인류의 역사 가운데 상대적으로 최근에 만들어진 문화나 방법에만 제한되는 것이 아니어야 했다.

이 모델은 왜 어떤 사람들은 약물과 치료를 필요로 하고, 왜 어떤 사람들은 장애가 생겨나는지 설명해 주어야 했고, 또 어떻게 가족을 양육하고, 교회를 운영하며, 그들의 문화나 인종 혹은 언어와 상관없이 끔찍한 경험 이후에 어떻게 자신들의 문화를 재건할 수 있을 지도 설명해 주는 것이어야 했다.

또 이 모델을 적용할 때, 한 세대에서 다음 세대로 계속 이어질 수 있는 변화가 가능해야 했고, 또한 우리가 소위 복음이라고 부르는 좋은 소식들이 동시다발적으로 퍼져나갈 수 있어야만 했다. 복음으로 귀결되지 않는 회복은 불완전한 것이다.

인생모델 개발팀은 효과가 있는 요소들을 단순히 수집하거나 우리가 목격하는 현상들을 설명해 주는 이론(마치 과학이나 신학 같이 들리지만 어떤 면에서는 한쪽으로 치우친 면이 없지 않은)을 만들기 보다 실제로 성과를 거두는 모델을 창조하고자 애썼고, 이 모델에 바탕을 둔 효과적인 대안을 제시하고자 애썼다. 더 나아가 이 모델이 실제로 기능을 하는지 여부도 시험해 보아야 했다.

만약 이 모델이 잘 기능한다면 그것이 가장 간단한 해답이 될 것이고, 따라서 전파하기에도 가장 쉬운 것이 될 것이다.

이상적인 모델

모델을 만드는 데에는 여러 가지 방법들이 있다. 대부분은 통계적인 것이다. 중년 남성의 모델을 원하는가? 그렇다면 다수의 중년 남성의 표본을 측량하고 시험하여 평균을 내고 편차를 측정하면 그 답을 얻을 수 있다. 하지만 평균적인 사람을 만들어 내는 것이 우리 목표가 아니라면 어떨까? 사람들을 변화시켜서 평균적인 사람보다 훨씬 더 나은 존재로 만들기를 원한다면 어떨 것인가? 그렇다면 우리는 이상적인 개발의 목표를 찾고 그 목표를 이룰 수 있도록 이상적인 모델을 만들어야 할 것이다. 각각의 나이나 생애 주기에 맞는 이상적인 인간의 모델이 어쩌면 우리가 개발해야 할 "인생 모델"인 것이다.

그리스도인의 이상

그리스도인들은 최소한 세 명의 이상적인 인간이 이 땅 위에 살다 갔다고 믿는다. 첫 두 사람은 곧 타락하고 말았기에 모든 인생이 이상적인 모델로 삼기에는 흠이 너무 많다.[3] 세 번째 인간이 "두 번째 아담, 예수"이다. 이 두 번째 아담을 통해서 수많은 사람들이 변화되었고, 그분은 새로운 삶의 모델이 되셨다. 비록 예수님은 이 땅에서 33년밖에 살지 못하셨지만 임마누엘(하나님이 우리와 함께 하신다)로 함께 계셨기 때문에 우리는 모든 인생에 필요한 가이드와 모범을 예수님께로부터 제공받는다.

결국 우리에게 이상적인 삶, 변화된 삶의 모델이란, 하나님이 창조하신 모습, 그리고 예수님께서 보여 주신 모델과 가르침에 정확히 일치해야 하는 것이다. 우리는 처음부터 끝까지 하나님, 그리고 타인

---

[3] 아담과 이브

들과 관계적인 삶을 살도록 창조되었다. 이 새로운 피조물과 그분의 나라 안에는 복음의 핵심적인 원리들과 그분의 위대한 두 가지 명령이 포함되어 있다. 만약 우리가 주님께서 우리 마음속에 창조하신 새로운 정체성에 따라 살아가면, 우리는 각각의 나이와 생애 주기에 맞는 정체성을 최대한 발휘하는 존재로 변화되어 살아가게 될 것이다. 그러한 삶을 예수님이 주신 마음으로 살아가는 것[4]이라고 할 수 있다.

허물과 자아

새로운 정체성을 키워 나가는 것은 새로운 성장과도 같다. 우리는 우리 삶에서 잡초를 제거할 필요가 있다. 정원을 가꾸는 것은 단지 잡초만 제거하는 것이 아니다. 우리는 새로운 식물들, 즉 이전에는 그곳에 존재하지 않았던 식물을 우리 삶에 심을 필요가 있다. 우리는 오랜 시간에 걸친 양육이 필요하다. 또 여러 가지 원인으로 인해 잘 성장하지 않을 수 있으므로 가지치기로 모양을 잡아 줄 필요가 있다.

우리는 어쩔 수 없이 기형이 되는데, 성경은 기형화 된 우리의 모습[5]을 일컬어 "죄악"이라고 부른다. 인간으로서 우리는 기형화 된 자신을 최대한 합리화하려 애쓰고, 또 숨기려 하지만, 우리가 그 기형을 자신의 가장 큰 약점으로 여기는 마음은 직간접적으로 우리 자신

---

4 「예수님 마음담기」.
5 더 자세한 내용은 JIMtalks 오디오 레슨 Vol. 30을 들어보라.

을 훨씬 덜 관계적인 존재로 만들어 버린다. 그러나 변화는 우리 자신의 약점(허물)을 관계의 세계의 충만한 빛 가운데로 가져오기를 요구하는데, 그러지 않으면 우리는 깊이 있고, 오래 지속되는 변화를 경험하지 못하게 된다.

만족스러운 변화를 원하지만

많은 노력에도 불구하고 변화가 미미하다면 우리는 더 이상 노력하지 않게 된다. 우리의 삶에 큰 변화가 일어나지 않았다면 우리는 다른 사람들로 하여금 자기 문제를 가지고 우리에게로 혹은 우리 교회로 나아 오도록 초대하지 않을 것이다. 또한 다른 사람들이 "그런데 당신은 왜 아직도 그렇게 사나요?" 혹은 "그럼 왜 그렇게 실천하지 않나요?"하고 물어올까 봐 다른 이들에게 자신이 믿는 바를 말하려 하지 않을 것이다. 인생모델에 깊은 관심을 갖게 된 사람들은 지금까지 배운 대로 온갖 좋은 것을 다 해 보았지만, 만족스러운 변화를 경험하지 못했기 때문에 여기까지 찾아오게 된 경우가 대부분이다.

자기 홍보

만약 변화의 수단이 분명하게 보여지고, 필수적인 요소들이 가능한 간단하게 소개되며, 참가자들의 노력이 합당한 열매로 돌아오기만 한다면, 변화의 바람은 스스로 번져가게 될 것이다. 복음은 언제나 하나님의 신령한 바람이 불어오는 가운데 매우 강한 전염성을 가지고 스스로 퍼져 나간다. 우리의 목표는 이 책에 소개된 각각의 관

계 기술들이 이 같은 정도의 전염성을 가지고 퍼져 나가게 하는 것
이다. 우리는 아직 그 목표에 이르지 못했다.

교회의 일상적인 부분

그렇다면 어떻게 변화의 바람이 전 세계에 미치게 할 수 있을까? 모두가 서구식 교육을 받고 유능한 교수들과 의사들의 인도를 받게 해야 할까? 이것은 현실적이지도 않거니와 그렇게 되지도 않을 것이다. 다음 장에서 살펴보겠지만 관계 기술들은 오직 관계를 통해서만 확산되고 헤세드가 있을 때에만 적절히 자라나기 때문에 이 기술을 전파할 수 있는 유일한 기관은 기독교 교회뿐이다. 그 대답은 전 세계의 교회를 서구의 교회처럼 만들어서 그들도 변화에 관한 한 서구 교회가 얻은 것과 같은 결과를 얻게끔 만드는 것이 아니다. 우리의 대안은 예수님을 따르는 모든 제자의 일상적인 삶에 적용되어야만 한다.

약자와 강자[6]가 함께 이루는 공동체의 회복

약자와 강자가 함께 있을 때에만 진정한 의미의 변화가 일어나게

---

6 강자, 약자 그리고 가해자, 피해자, 보호자: 세상의 기준과 다른 분류. 강자와 약자를 나누는 기준은 진정한 기쁨을 누리고 나누며 어떤 부정적인 감정에도 기쁨으로 돌아오는 능력이 있는가 하는 여부이다. 가해자(약탈자), 피해자(먹이), 보호자를 나누는 기준은 상대방과의 관계 속에서 수행하는 역할이다. 가해자와 피해자는 현재 처한 위치 때문에 그러한 역할을 할 뿐 사실상 동일한 속성을 가지고 있다. 피해자도 상황이 바뀌면 언제든 가해자가 될 수 있고, 가해자도 실은 자신보다 강한 자로부터 늘 피해의식을 갖는다. 보호자는 언제나 상대를 보호와 관계의 대상으로 인식함으로 품고 교제한다. 가해자와 피해자는 사실상 모두 약자에 해당하고, (온유한) 보호자 만이 진정한 강자에 해당한다.

될 것이다. 강자와 약자에 대해 말하면 온갖 종류의 두려움이 사람들의 마음에 찾아든다. 왜냐하면 실질적으로 모든 인간 사회가 약자를 (노예 삼거나 죽이는 것은 아닐지라도) 무시하고, 학대하고, 착취하기 때문이다. 남들에게 상처 주기를 원치 않는 사람들은 누군가를 "약자"라고 부르는 것에 반대한다. 그러나 데살로니가전서 5장 14절은 약자에 대해 분명히 언급하며, 강한 자가 그들을 어떻게 도와주어야 하는지에 대해 말하고 있다.[7] 강자와 약자는 하나님의 나라와 관련하여 사용되는 용어이고, 그 나라에서 마주하게 될 현실의 한 모습이기도 하다.

뇌의 관점에서 바라본다면, 약자란 관계 기술의 일부 혹은 많은 부분을 상실해 버려서 아무리 노력해도 자기 주변에 기쁨의 수준을 높이지 못하고 낮추기만 하는 사람들이다.[8] 우리는 흔히 그러한 사람들을 도와주기보다는 회피하는 경향이 있다. 그러나 약자와 강자에 대해 명확히 하기를 원한다면, 우리는 한 가지 더 관찰할 부분이 있는데, 그것은 필수적인 관계 기술에 결핍이 있을 때 우리가 양떼와 함께 있는 선한 목자라기보다는 가해자나 피해자 같이 생각하고 행동한다는 것이다.

이 사실을 좀 더 분명하게 말해 보겠다. 약자들은 여전히 가해자처럼 행동한다. 더 약한 자는 피해자 같이 행동하든지 아니면 「기쁨

---

7 "또 형제들아 너희를 권면하노니 게으른 자들을 권계하며 마음이 약한 자들을 격려하고 힘이 없는 자들을 붙들어 주며 모든 사람에게 오래 참으라"(살전 5:14).
8 유일한 예외는 아기들이며 우리는 그들이 당연히 연약한 것을 안다. 아기들은 연약함에도 불구하고 기쁨과 즐거움의 근원이 된다.

은 여기서 시작된다」에서 묘사한 바와 같이 먹이처럼 행동한다.[9] 약해 진다는 것은 기쁨이 낮아진다는 것을 의미하며, 자기 주변에 기쁨으로 가득 찬 사람들을 만들 수 있는 능력도 낮아진다는 것을 의미한다. 그러므로 약자 중 많은 사람들이 대통령 선거에 출마하며, 무기를 사고, 갱단을 이끌며, 회사 최고 경영진으로 올라간다. 또 돈을 벌고 모으며, 잘 차려 입고, 최고의 유기농 음식을 먹으며, 식스팩 복근을 위해 운동하고, 멋진 것만 추구하며, 교회를 담임하고, 학교를 운영하며, 빚을 얻기도 한다. 그들은 자기가 원하는 것이면 무엇이든 얻을 수 있고 또 실제로 얻기 때문에 자신들이 약자임을 쉽사리 깨닫지 못한다. 그들은 다른 사람들에게 자신의 생각을 쉽사리 드러내지만, 정작 가장 중요한 생각은 남에게 절대로 알려 주지 않는다. 이들은 이 땅에서 주인 행세를 하지만 약한 자들이다. 자비롭고 자신들이 선호하는 대의를 따르는 훌륭한 자선가처럼 보이지만, 실상 그들은 가해자에 불과하다. 이러한 가해자들을 두려워하는 사람들도 가해자만큼이나 연약한 자라는 사실은 부연할 필요가 없다. 왜냐하면 온유한 보호자가 가지고 있는 관계 기술 없이 인간의 마음을 지배하고 있는 가해자의 시스템을 벗어날 수 있는 사람은 아무도 없기 때문이다. 가해자와 피해자를 혼합한 결과는 거대한 착취, 조작, 심지어 혁명과 복수가 먹이 사슬을 뒤엎어 버렸을 때에도 나타나는 피해자에 대한 강탈이다.

그렇다면 강한 자는 어떠한가? 강한 자는 쉽게 멸시 받는다. 왜냐하면 그들이 남의 약점을 이용하여 "승리"할 기회가 있을 때조차도

---

[9] 「기쁨은 여기서 시작된다」

그렇게 하지 않기 때문이다.

위대한 사도 바울은 그러한 사람을 "가난하지만 많은 이를 부요케 하는 자"[10]라고 했고, 히브리서 기자도 강한 자는 자주 헐벗고, 배고프고, 정처없이 세상을 돌아다니며 살아간다고 했다.[11] 또 강한 사람은 하고 물어올까봐 다른 이들에게 자신이 믿는 바를 말하려 하지 않을 것이다. 강한 자는 고통을 잘 견디며 공격 당할 때에도 가해자가 되지 않는다. 욥도 그러한 단계를 지났으며 그는 자신들이 강하고 욥이 약하다고 생각했던 그의 약한 친구들을 위하여 기도했다. 가해자의 관점으로 바라보면 강한 자를 리더십의 지위에서 탈락시키고 참여하지 못하게 하는 방법은 항상 존재하였다. 그러나 왕국의 관점에서 바라볼 때 (혹은 「임마누엘 일기」[12]의 저자들이 부르듯이 아이사이트(isight), 즉 임마누엘 하나님의 관점에서 바라볼 때) 죽임 당한 어린양이 실은 유다의 사자[13]임이 입증되었다.

머지않아 당신은 왕국의 눈으로 세상을 바라보는 이 기술이 13번 뇌기술인 "영안으로 하나님이 보시는 것을 보라"임을 발견하게 될 것이다.

많은 서구 교회들이 순수한 교리와 적절한 가치가 사람들의 삶에 변화를 가져올 것이라 생각하며 그렇게 실천해 왔다. 그러나 그 증거는 그다지 설득력이 없다.

---

10 고린도후서 6:10
11 히브리서 11:32-40
12 「임마누엘 일기」짐 와일더, 애나 강, 존 & 성심 롭노우 저, 토기장이
13 요한계시록 5장

순수한 교리를 지키려 애쓰고, 사회악에 대해 목소리 높여 말한 사람들의 무리 가운데서 온유한 보호자로서 관계 기술을 익히고, 변화된 삶과 충만한 기쁨으로 천국 백성 답게 사는 사람들을 얼마나 많이 발견할 수 있을까? 예수님께서는 에베소 교회와 같은 공동체에게 다음과 같이 말씀하셨다.

"에베소 교회의 사자에게 편지하라 오른손에 있는 일곱 별을 붙잡고 일곱 금 촛대 사이를 거니시는 이가 이르시되 내가 네 행위와 수고와 네 인내를 알고 또 악한 자들을 용납하지 아니한 것과 자칭 사도라 하되 아닌 자들을 시험하여 그의 거짓된 것을 네가 드러낸 것과 또 네가 참고 내 이름을 위하여 견디고 게으르지 아니한 것을 아노라 그러나 너를 책망할 것이 있나니 너의 처음 사랑을 버렸느니라 그러므로 어디서 떨어졌는지를 생각하고 회개하여 처음 행위를 가지라 만일 그리하지 아니하고 회개하지 아니하면 내가 네게 가서 네 촛대를 그 자리에서 옮기리라 오직 네게 이것이 있으니 네가 니골라당의 행위를 미워하는도다 나도 이것을 미워하노라 귀 있는 자는 성령이 교회들에게 하시는 말씀을 들을지어다 이기는 그에게는 내가 하나님의 낙원에 있는 생명나무의 열매를 주어 먹게 하리라"
(계 2:1-7).

헤세드가 풍성하고 약자와 강자가 어울리는 그분의 거룩한 성산, (왕국 표현대로 하자면) 곧 표범이 아이들과 함께 누우며 아무도 다치거나 멸망하지 않는 곳에서 변화는 일어난다. 하지만 당신은 "이 구절에는 관계 기술에 대한 말이 없지 않습니까?"라고 말할지도 모른다. 그러나 헤세드가 풍성한 환경 속에서 우리가 제자가 되고 제자를 낳으면, 우리는 자연히 관계 기술을 배우게 될 것이고, 놀라운 변화가 그 뒤를 따라오게 될 것이다. 그럴 준비가 되어 있는가?

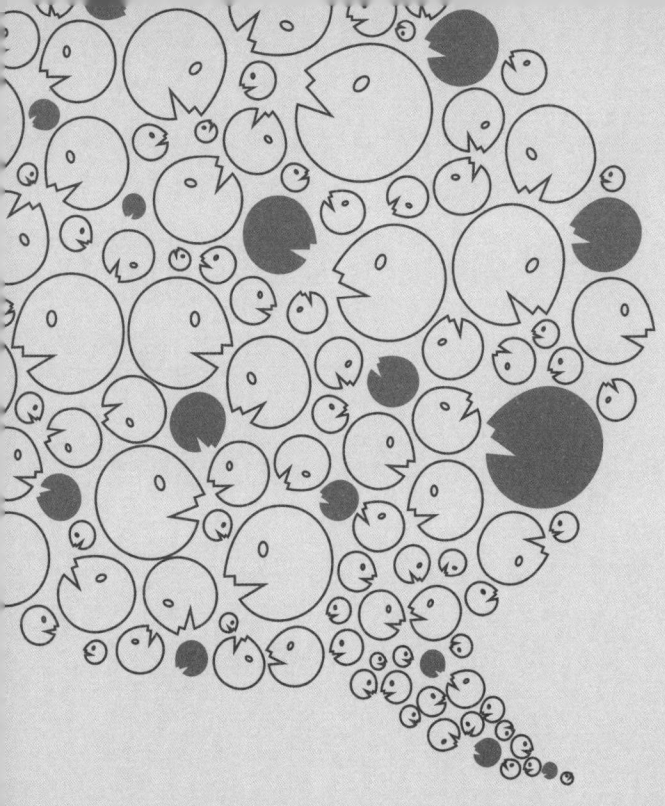

CHAPTER 2

관계 기술은 왜 그렇게 찾아내기 어려웠는가?

왜 열아홉 가지 뇌기술인가?(세 가지나 스물일곱 가지가 아닌)

관계 기술에 대한 뇌과학의 연구 성과가 더욱 명확해지면서 인생모델팀은 그 기술을 훈련시키고 강화할 방법을 개발하고 테스트했다. 그러나 이 일을 위해 만들어진 연습 방법은 없었다. 비록 과학적 근거와 순서는 명확했지만, 아무도 각각의 기술별로 학습과정을 나누어 만드는 것을 시도해 보지 못했다. 그때 개발자 중 한 명이자 훈련된 교사였던 아내 젠이 특별한 기술들을 헤아려 보기로 결심했다. 우리가 훈련에 필요한 기술의 목록을 모두 만들었을 때 그 숫자는 19개가 되었다. 후반에 필요한 몇 가지 기술들은 초기의 기술들을 필수 조건으로 하지만, 이와는 별도로 번호를 매겼다. 그것들은 따로 배울 필요가 있었기 때문이다.

열아홉 가지 뇌기술은 어떻게 확인되고 발전되었는가?

인생모델이 처음 만들어졌을 때, 우리는 본래 관계적 뇌기술을 찾으려는 의도가 없었다. 다만 사람들이 변화하도록 도울 수 있는 방법에 대해 서로 다른 사람들, 즉 전문가와 전문가, 전문가와 기독교인, 또 기독교인과 다른 기독교인 사이의 견해차를 줄이기 위한 방법을 찾고 있었다. 축사, 중독 치료, 외상 회복, 행동 및 약물 기반 접근법에 대한 견해 차이는 차라리 소소한 것이었다. 육아에 사용되는 원리들은 치료나 교회 생활에 사용되는 것과는 당연히 크게 달랐다. 이러한 다양한 그룹은 어느 정도의 변화를 희망했으나 그 변화의 수준이 너무도 미미해 실망하곤 했다.

변화를 이룩하고 그것을 유지한 사람들과 그렇지 못한 사람들과의 비교

쉐퍼드 하우스(Shepherd's House)의 상담센터가 남캘리포니아에 문을 열었을 때, 약 200개 교회에서 소개를 받고 온 내담자들이 몰려들었다. 우리는 그들을 돌보면서 몇 가지 패턴을 발견했다. 감정에 문제가 있는 사람들은 수많은 장점과 예술적 능력, 상당한 지능에도 불구하고 현저한 미성숙성을 보인다는 것이었다. 또한 그들은 학대를 경험한 것으로 밝혀졌다. 생애 초기에 학대를 경험한 사람에게 미성숙함이 더 크게 나타났다. 그것은 마치 학대와 외상이 영향을 미쳐서 해당 생애 주기의 핵심적인 부분에 성숙을 막은 듯 보였다.

몇 차례의 경험을 통해, 우리 상담팀은 특징적인 미성숙의 패턴을 보고 내담자가 학대를 경험한 시기를 예측할 수 있었다. 물론, 해결책은 외상을 해결하는 데 있는 듯 보였다. 그러나 내담자가 외상을 극복하고 고통에서 놓임을 받는다고 해서 그것이 즉시 성숙함으로 바뀌는 것은 아니었다. 사실, 그들은 성숙이 멈춘 그 자리에서부터

다시 성장을 시작해야 했다. 이 시점에서 더 많은 성숙을 이루려면, 그들은 시기를 놓쳐버린 동일한 종류의 훈련과 자원을 필요로 했다. 약간의 도움을 받자 그들은 그동안 뒤처졌던 1년 동안의 성숙도를 1개월 정도의 속도로 따라잡으면서 회복되어 가는 듯이 보였다. 그러나 몇몇 사람은 예외였다. 그들은 아무리 노력해도 변화를 얻거나 그들이 얻은 자그마한 변화마저도 유지하지 못했다. 우리는 그 이유를 알아야 했다.

한두 해 동안 관찰해 본 결과, 우리는 중요한 단서를 찾아냈다. 성숙을 체험하며 진보를 이루고, 그 열매를 유지하며, 심오한 변화를 경험하고 있는 사람들은 주변에 생물학적 가족을 대신할 수 있는 "영적·사회적" 가족을 둔 사람들이었다. 이러한 대체 가족의 대부분은 해당 지역 교회에서 발견되었다. 변화하지 않은 사람들은 "교회 가족"을 찾거나 유지하지 못하는 사람들이었다. 영적 가족이 뭔가를 공급하고 있는 것이 틀림없었다. 그것이 무엇인지는 분명하지 않았지만, 사랑과 수용, 그리고 지지가 포함된 것으로 보였다. 우리는 깊고 지속적인 변화에 헤세드의 공동체가 중요함을 배웠다. 좀 더 연구한 결과, 사람들이 가족들로부터 무언가를 받을 필요가 있으며, 가족으로부터 그 "무언가"를 받지 못한 사람들은 그들이 받았던 외상으로 인해 삶을 변화시키지 못하고 제자리에 꽉 막혀 있게 된 것이 분명했다. 또한 그들이 공동체를 찾을 수만 있다면 그 공동체로부터 필요한 무엇인가를 공급받을 수 있음이 확실했다. 이 무엇인가가 추가될 때 깊은 변화가 일어났다. 치료사들은 외상을 치료하는 것은 잘했지만 결핍된 무엇인가를 효과적으로 제공해 주지는 못한다는 것도 알게 되었다.

대학원에서 가르쳐 주지 않는 것

1970년대 대학원에서는 "치료사들은 태어나는 것이지 만들어지는 것이 아니다"라고 가르쳤다. 그래서 그 당시의 해결책은 졸업이 예상되는 인원보다 더 많은 학생을 받는 것이었다. 감정 이입과 정서적인 기술을 필요로 하는 훈련 과정을 지나면서 (적성에 맞지 않는) 불쌍한 입학생들은 첫 해에 제적되고, 특별한 그 "무엇인가"를 가지고 있는 학생들만 학업을 계속해서 졸업할 수 있었다.

잠재력이 있는 대학원생들에게서 측정되거나 훈련될 수 없지만 사람들의 삶에 심오한 변화를 가져오는 바로 그것은 온전한 인격을 만드는데 필수적인 관계적 뇌기술 세트와 동일한 것임이 증명되곤 했다. 온유한 보호자로서 헤세드가 충만한 공동체에 온전히 참여하고자 할 때 우리 뇌가 반드시 배워야 할 기술들이 있다. 열아홉 가지의 뇌기술이 없으면 아무리 노력한다 해도 사람의 인격은 옛날의 패턴으로 되돌아가 또다시 붕괴하게 된다.

과학

인생모델팀은 어떤 과학적 근거를 발견하기 전에 이미 성숙과 치유의 요소 대부분을 개발했다. 우리는 이상적인 모델을 만들고 있었기 때문에 사람들이 이상적인 위치에 있으려면 평균적으로 어디쯤에 있어야 하는지 측정해 볼 필요가 없었다. 과학적 근거를 발견하기 전까지 우리는 사람들이 자신의 가족과 공동체로부터 정확히 무엇을 필요로 하는지, 그리고 이와 같이 깊이 있는 변화를 가져오는데 필수적인 요소들이 어떻게 전수되는지 여전히 밝혀내지 못하고 있었다.

다마지오(Damasio)와 우반구 시험

안토니오 다마지오 박사는 뇌손상으로 인해 정체성을 완전히 상실하고 악화된 환자들의 케이스를 연구하기 시작했다. 그는 뇌손상을 입기 전에는 좋은 인간관계와 가치관을 가지고 있었지만 뇌손상 이후 자신의 인격을 보여 주던 가치관을 완전히 상실해 버린 사람들을 연구했다. 이 연구를 통해 다마지오 박사는 조절 센터나 그것으로 들어가고 나오는 연결 통로가 손상되면 (센터를 완전히 고립시킴으로) 그러한 변화가 나타난다고 결론 지었다. 그는 또한 심리학적, 신경학적 테스트가 불가능했던 1980년대에는 우뇌의 기능을 평가할 방법이 없음도 발견했다. 그는 뇌의 비언어적, 비물리적 필수 부분을 확인하기 위해서 완전히 새로운 시험 세트를 개발해야만 했다. 그리고 일단 시험 수단이 개발되자, 우리가 소위 인격이라고 부르는 것이, 우뇌 시스템이 무엇인가를 학습하거나 손상될 때 강한 영향을 받음을 분명히 알게 되었다. 이처럼 중요한 부분이 손상을 입게 되면 사람들은 타인을 향해 가해자로 돌변하는 것이었다. 비언어적 우반구에 대한 요약이 여기에 있다. 네 가지 레벨에 대해서는 이 책의 후

반부에서 다루게 될 것이다.

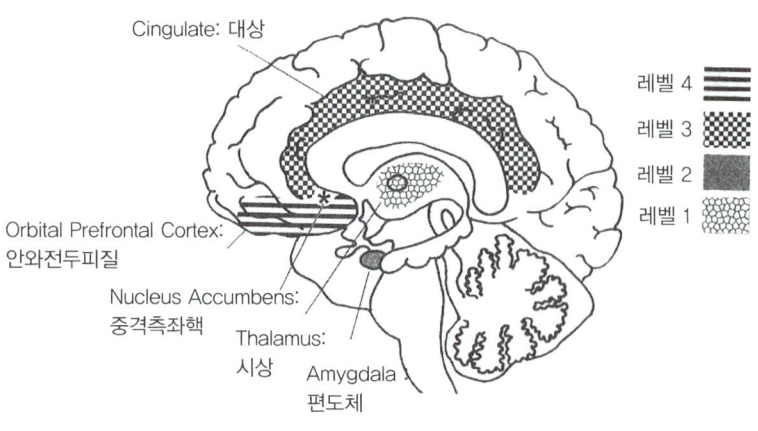

짐 와일더의 허락 하에 사용함

뇌의 시대

1990년대는 역사상 최초로 살아 움직이는 뇌를 스캐닝해서 연구할 수 있게 되었기 때문에 "뇌의 시대"라고 불렸다. 그때까지만 해도 우리가 뇌에 대해 알고 있던 것은 모두 죽은 뇌로부터 관찰한 내용이었다. 뇌가 죽기 전에 무슨 일을 하고 있었는지 아는 것은 그것이 어떻게 기능하는지 이해하는데 도움이 될 것이라는 사실은 충분히 상상해 볼 수 있다. 다마지오 박사가 손상된 뇌와 비교 연구를 통해 우뇌가 어떻게 기능하는지 발견하는 동안, 그는 또 살아 있는 뇌를 연구함으로써 성격과 가치를 주관하는 우뇌의 인격 부분이 감정과 인간관계도 주관한다는 사실을 발견할 수 있었다.

사실, 이곳(뇌 그림의 4 레벨)은 우리의 정체성이 형성되고 작동하는 곳이었다. 뇌의 이런 부분에 변화가 생기면 일시적인 혹은 영구적인 정체성의 변화가 생겨나는 것이다. 게다가 이곳은 뇌 전체에서 지배적인 영향을 미치는 부분이었다. 정체성을 결정하는 부분은 우리가 어떤 결정을 내리기도 전에 우리의 선택 자체를 통제했다.

뇌가 우리 정체성의 근원이라고 말하기는 다소 조심스럽지만, 실제로 작동하는 우리의 정체성의 한계를 제공한다고 설명할 수는 있을 것이다. 다시 말해, 우리가 마음으로는 믿음의 사람이라고 느낄 수 있지만 정체성 센터의 한계에 직면하면 그러지 않으려고 결심해도 어쩔 수 없이 두려움과 걱정에 따라 행동하게 될 수도 있다는 것이다. 손상된 뇌를 가진 사람의 행동을 지켜 본 적이 없는 사람만이 이러한 주장을 의심할 것이다.

쇼어와 그의 이론

17년간 도서관에서 리서치 저널을 연구해 온 UCLA의 알란 쇼어 박사는 정체성 발달이라는 학문의 영역 체계를 수립했다. 성품이 발현되는 정체성 센터의 발달은 태어나자마자 바로 시작되지 않고 생후 1년 반 뒤에야 집중적으로 이루어지기 시작한다. 쇼어는 손상된 뇌로부터 우리가 배운 뇌 그림의 나머지 절반을 추가할 수 있었다. 우리의 정체성과 성격은 우리와 함께 있기를 기뻐하는 사람과의 사이에서 형성된 애착관계를 통해 발달한다. 누군가와 함께 누리는 기쁨의 경험은 정체성 센터를 자극하여 더 오래되고 강한 뇌를 복제하면서 성장하게 한다. 만약 그러한 복제의 대상이 되는 뇌가 완전한 관계 기술 세트를 보유하고 있다면 젊은 뇌도 역시 온전한 세트를 갖추게 된다. 그러나 만약 나이든 사람의 뇌가 어떤 기술들을 결핍하고 있다면 이러한 기술들은 복제되는 과정에서 역시 생략되게 된다. 요컨데 복제의 대상이 되는 뇌(나이든 사람의 뇌)는 복제하는 뇌(젊은 뇌)에 모든 것을 전송하지만 막상 복제되어야 할 기술들은 빠지게 되는 것이다. 나이든 뇌가 그 기술을 가지고 있고, 복제하는 뇌를 가동시킬 수 있을 만큼 충분한 면대면 교류가 이루어질 때, 관계 기술은 기쁨이 충만한 관계를 통해 학습된다.

사고 공유 상태(mutual mind state)를 이루는 기쁨이 넘쳐나는 곳에서만 복제의 과정이 이루어진다. 1장에 언급된 사고 공유는 생각을 공유하는 것을 말하는데, 이 생각의 공유 상태는 우리의 의식적인 사고보다 훨씬 더 빠르게 작동하고 변하기 때문에 직접 관찰해서는 그것이 어떻게 작동하는지 의식적으로 정확히 확인하기가 어렵다. 우리는 이러한 뇌의 과정을 "빠른 경로"이라고 부르는데 심오한 변화가 일어나거나 혹은 실패하는 곳이 바로 이 빠른 경로이다. 의식적인 사고를 통한 느린 뇌의 처리 과정을 통과하는 변화의 시도는 실패할 수밖에 없다. 우리가 누구인지를 명확히 밝혀 주는 관계적 정체성은 우리가 온전히 기능하는 숙련된 관계적 정체성의 소유자가 되는 법을 학습할 때 기쁨의 속도(Speed of Joy, 기쁨이 전파되는 것만큼 빠른 속도)로 갱신되어야 한다.

깊은 변화를 체험한 사람들이 더욱 성숙한 그리스도인(온유한 보호자)들로 이루어진 사랑의(헤세드의) 공동체로부터 받은 "그 무엇"인가가 무엇이냐는 질문에 대한 답이 여기 있었다. 그들이 그것을 어떻게 배웠느냐에 대한 답도 여기 있었다. 오래 지속되는 변화를 위해 사람들이 무엇을 필요로 하는지에 대한 답도 여기 있었다. 자신들이 얻은 성과를 지키지 못하고 수년 동안 치료사의 도움을 받아야만 했던 사람들을 관찰해 본 결과, 그들은 관계에 대해 가해자·피해자 스타일의 사고방식을 보여 주었고, 온유한 보호자가 될 수 있도록 가르쳐 줄 온유한 보호자의 기술과 헤세드로 충만한 공동체를 찾지 못했다.

이러한 새로운 과학은 우리가 어떻게 하나님이 본래 창조하신 그러한 존재가 될 수 있는지 알려 주었다. 하지만 우리가 어떠한 종류의 사람이 되어야 하는지에 대한 답을 줄 수는 없었다. 단지 정체성을 구성하는 두 가지 핵심 요소가 1) 관계와 2) 기쁨이라는 것을 확인해 주었을 뿐이다. 말씀을 연구하기 시작했을 때, 우리는 하나님께서 우리가 어떤 존재가 되어야만 하는지 알려 주기 원하시고 이를 위해 필요한 세 가지 요소가 하나님 그리고 또 다른 사람들과 1) 기쁘고 2) 평화로우며 3) 관계적인(헤세드의 방식으로) 존재가 되는 것임을 발견했다. 하나님이 바로 과학이 발견한 뇌의 설계자셨던 것이다.

의식 너머가 아닌 의식의 저변을 바라보기

프로이트 이래 심리학은 무엇이 우리의 삶과 선택을 이끄는지에 대한 답을 얻고자 의식의 저변을 관찰해 왔다. 과학도 그렇게 의식의 저변을 관찰하면서 더 빠르고 강력한 사고의 시스템을 찾아 의식 너머를 바라보는 것에서부터 주의를 돌려 저변에 주목했다. 그러나 쇼어가 개인과 그룹으로서 우리의 정체성을 형성하는 일에 집중된 빠르고도 강력한 정체성의 체계를 발견하게 되자, 마침내 과학이 우리가 어떻게 이 시스템을 배우고 유지할 수 있을지에 대해 다양한 조언을 쏟아내기 시작했다. 비록 재훈련이 가능하다는 증거가 있지만, 어느 누구도 훈련 방법을 개발하기 위해 이와 같은 새로운 과학을 사용해 본 적이 없었다. 그러한 시도가 위험해 보였던 데는 몇 가지 이유가 있었다.

전문 상담가가 겪는 딜레마

전문적인 상담은 내담자의 "사전 동의"에 기초해서 이루어진다. 다시 말해, 상담 과정 중에 어떤 일이 이루어질지에 대해 사전에 정보가 주어지고 그 과정과 결과에 대해 이해하고 동의한다는 뜻이다. 그러나 뇌의 빠른 경로 시스템은 변화가 다 일어나고 난 후에야 비로소 그것을 이해하게 될 정도의 빠른 속도로 우리의 인식을 초월하여 일어난다. 더군다나 이 시스템은 한쪽 뇌를 "원하는 대로"가 아니라 "있는 그대로" 다른 쪽 뇌에 복제한다. 그래서 자신의 뇌를 자기 자녀에게 물려주듯이 누군가에게 시간당 얼마의 사례를 주면 내 뇌를 영구적으로 복제할 수 있게 해 주겠다고 말하는 것은 다소 위험해 보인다.

전문 상담가가 갖는 두 번째 문제는 관계 기술을 복제하고 훈련시키는 상호 교류의 상태가 양방향으로 작동하는 과정이라는 사실이다. 누가 더 강한 뇌의 소유자인지에 따라 양방향으로 복제가 일어나는 것이다. 물론 치료자는 자신이 더 강하며 낫다고 생각할 수 있다. 그러나 정체성 센터의 어떠한 부분에서 그것이 사실과 다를 때 복제는 정반대 방향으로 일어난다. 그럼에도 불구하고 이 모든 과정은 기쁨과 헤세드의 사랑을 통해 일어나야 하기에, 치료자가 내담자를 사랑하고 내담자도 마찬가지 감정을 보여야 하는 것이다.

전문적인 상담에서 분화(detachment)는 객관적인 돌봄의 기본으로 여겨진다. 치료자가 내담자와 개인적이고 친밀한 사랑의 애착관계를 맺기 시작하는 순간, 빨간 경고의 깃발이 들려지기 때문이다. 하지만 관계적 뇌기술은 참여자 모두가 정체성의 변화와 함께 지속적인 유대관계를 맺도록 디자인 되었다. 이제 우리는 전 생애에 걸쳐 서로에게 속한 사람이 되는 것이다. 이것은 의식적인 선택이나 사전 동의보다도 훨씬 더 강력한 것이어서 통상 직업 윤리는 이러한 관계를 철저히 금지시킨다. 게다가 우리의 판단이 유대관계를 이끄는 것이 아니라 깊은 유대관계가 언제나 우리의 판단을 인도하게 될 것이기 때문이다.

마지막으로, 이러한 변화는 되돌릴 수가 없고 이 변화가 좋은 것인지 결정할 어떤 직업 윤리 기준도 존재하지 않는다는 것이 문제이다. X박사가 그 자신의 뇌를 다른 사람에게 복제하고 그 사람으로 하여금 X박사를 평생토록 사랑하게 만드는 것을 누가 허락해 줄 수 있단 말인가? 우리가 자기 자녀에게 그렇게 할 수 있을지는 모르겠지만, 사람들이 공적으로 그러한 일을 할 수 있도록 허락하는 것은 전혀 전문가적인 태도가 아니다.

그러나 그리스도인들은 공유된 가치를 대안으로 가지고 있고, 완전히 이해하지는 못하지만 이 생애와 그것을 넘어서까지 영향을 미치는 영원한 관계를 형성하도록 자신의 성품을 바꾸는 것에 동의했기 때문에 위의 문제들로부터 자유할 수 있다. 그리스도인들은 공동체를 형성할 뿐 아니라 온유한 보호자들로 구성된 헤세드 그룹을 발전시키도록 격려 받는다. 그들은 원수를 사랑하도록 배우고, 우리도 한때 그러한 존재였음을 온전히 이해하면서 다른 이들이 악한 자나 가해자가 되지 않도록 가르친다. 우리는 또한 온유한 보호자로서 헤세드의 공동체에 온전히 참여하고자 할 때 우리 뇌가 마스터해야 할 기술들을 배우고 가르치도록 도전 받는다. 대부분의 사람들이 인생모델에 관심을 갖게 되는 것은 이 모델이 기독교적 유산을 이어받은 것을 알고 있지만, 지금까지 살아오는 동안 만난 기독교인들로부터는 이러한 것을 전혀 경험해 보지 못했기 때문이다. 그러나 이제는 모든 것이 변할 것이다.

우리는 어떻게 시대를 앞서 달려갈 수 있었는가?

앞서 말한 바와 같이 인생모델의 대부분은 과학에 앞서서 완성되었다. 영적 가족들이 제공했던 "그것"이 무엇인지에 대한 미스테리는 너무도 완벽하게 숨어 있어서 관계 기술과 뇌 발달에서 그 답을 찾게 되리라고는 아무도 생각하지 못했다. 사실, 1990년대 어느 날 쇼어 박사의 강의 브로슈어가 짐 와일더의 책상 위에 놓였을 때만 해도 그는 강연자나 그 주제에 대해 전혀 알고 있지 못했다. 그때 왠지 모르게 누군가 그 강연에 참석하면 좋겠다는 생각이 그의 마음을 강하게 사로잡았다. 그래서 인턴 한 사람이 주말 동안 강연회에 보내졌고 시리즈로 된 강연 테이프를 가지고 돌아왔다. 거기에는 5년 뒤 2003년에 출판하게 될 원고의 일부를 쇼어 박사가 읽는 내용이 포함되어 있었다. 그 인턴은 "우리가 인생모델에서 썼던 모든 내용과 그것이 일어나는 나이까지 일치되게 적혀 있는 뇌과학 연구 논문이 여기 있습니다"라고 말했다. 와일더 박사가 이끄는 그 팀은 강연자의 책이 출판되기 이미 5년 전에 그 강의 내용을 좀 더 쉬운 용어로 풀어서 해석하고 있었던 것이다. 그 뒤로는 그 이론을 실생활에 실험해 보는 과정이 이어졌다.

부모들과 아기들 외에는 시험을 해 보지 않은 이유가 무엇인가?
쇼어가 엄마들과 9개월 된 아기들이 어떻게 관계 기술을 배우는지 조심스럽게 설명했지만, 유아기 때 관계 기술의 중요한 부분을 놓쳐 버린 성인들에게는 동일한 훈련이(연구가) 시도되지 않았다. 전 세계를 뒤흔든 9·11의 비극이 벌어진 것이 바로 이때였고, 그 가운데 이 책의 저자가 등장한다.

실험(젠과 나는 성숙 훈련을 개발했다)
어느 날 갑자기 비행기들이 공중에서 쏟아져 내려와 서구 사회에 충격과 공포를 가져오기 전까지, 나라 이곳저곳에서 학회에 참석하는 것은 매우 인기 있는 일이었다. 그 비극이 있은 직후에 학회 참석율은 현저하게 감소했다. 긴급한 이유가 없으면 사람들은 여행도 삼갔는데, 상담자들이 여행하는 몇 가지 이유 중 하나는 인생모델이 소개하는 신경학과 영적 치유의 요소들에 대해 배우기 위해서였다. 당시 짐 와일더는 그 모델에 대해 말만 하는 데에 진절머리가 나 있었다. 왜냐하면 누구도 진정한 변화를 가져올 수 있는 행동으로 이끌도록 훈련시키지 못했기 때문이다. 가르침은 이제 훈련에 자리를 내어 주어야 했는데, 과연 어떻게 그 훈련을 시작해야 할지가 문제였다. 어느 누구도 이런 종류의 훈련을 시도해 본 적이 없었다. 그래서 우리는 일단 다른 사람들을 훈련시킬 수 있는 일종의 학회 형식으로 훈련을 개발하고 테스트하는 것을 돕기로 했다. 우리는 만약 9·11 이후 어떤 날짜까지 25명의 사람들을 모을 수만 있다면 그 훈련 모임을 갖고 그 모임을 "성숙"(THRIVE)이라고 명명하기로 했다. 마지막 마감일까지 23명이 등록을 했는데, 전화벨이 울리면서 마침 두 사람이 추가로 등록을 마쳤다. 이제 첫 번째 성숙 훈련을 위해 앞으로 나아갈 수 있는 녹색등이 켜진 것이다.

우리는 가장 가까운 관계인 엄마·아기의 관계로부터 시작해 그 다음에는 영구적인 유대관계를 가지고 있는 성인들에 대한 훈련을 시작하기로 했다. 우리 계획에는 몇 가지 미지의 요소들이 있었지만, 과학적 근거와 동기, 그리고 새로운 기술을 배우고 기존에 가지고 있던 기술을 강화시킬 수 있는 훈련 방법이 있었다. 처음 며칠간 우리는 흥분으로 가득찼다. 무언가 깊고 심오한 일이 벌어지고 있음이 분명했다. 참석자들은 우리의 관찰이 옳았음을 다음과 같은 말로 확인해 주었다. "이 훈련이 이런 것인 줄 진작 알았더라면, 더 많은 사람들을 데리고 왔을 거예요!"

우리는 이 첫 번째 훈련 모임을 통해 많은 것을 배웠다. 가장 중요한 교훈 중 하나는 "감정의 용량"이 갖는 중요성이었다. 기쁨을 일구어 나가는 것이나 치유에 이르는 과정은 사람들에게 흥미로운 일이었지만, 또 다른 일이 일어나고 있었다. 짐과 나는 실제로 세 가지의 개별적인 훈련 트랙을 하나로 통합했는데, 이에 사람들은 당황했고 한 주에 소화하기에는 너무 많은 분량임이 드러났다. 소방 호스로부터 물을 마시려는 시도는 효과를 거두지 못했다. 우리는 참가자들의 용량에 맞도록 속도를 낮출 필요가 있었다. 우리는 서로 분리되어야 하는 세 가지 작업을 동시에 수행하고 있었던 것이다. 그 세 가지는 1) 기쁨과 안식으로 감정의 용량을 늘리는 것 2) 부정적인 감정으로부터 돌이키는 것 3) 뇌가 알고 있는 다섯 가지 고통스런 감정에 대한 해결책을 배우는 것이었다.

우리는 관점을 수정했고 훈련 과정에 변화를 주었다. 이제 우리는 세 가지 각각 구별되어 있지만 서로 연결되어 있는 훈련 과정을 가지고 있다. 각각의 훈련 과정이 집중하는 것은 1) 기쁨 자체 2) 기쁨으로 돌아가기 3) 고통의 해결이다. 우리는 훈련 과정 초기에 기본적인 기술을 배우고 난 뒤 더 많은 것이 요구되는 기술로 넘어갔다. 이 세 가지 트랙은 우리 정체성을 이루는 상위 세 가지 핵심 요소에 집중하는데, 그것은 "나는 관계적이다", "나는 내 마음으로 바라본다" 그리고 "나는 생명의 근원이다"이다. 우리는 또 새로운 기술을 훈련하고 기존의 기술을 강화할 수 있도록 다양한 연습과 활동을 도입한 훈련 환경을 만들었다.[1] 그 과정에서 우리는 기술을 배우는 데에서부터 그 기술을 널리 알리는 데로 초점을 옮겼다. 다시 말해, 우리는 사람들에게 먹고살 물고기만 준 것이 아니라 물고기를 어떻게 잡을지를 배워서 자기가 속한 공동체 사람들도 어떻게 물고기를 잡을지 가르쳐 주도록 훈련시키기를 원했다. 기술을 획득하는 것과 기술을 널리 알리는 것은 성숙 훈련 패키지의 중요한 두 가지 요소이다.

또 다른 중요한 요소 한 가지를 첨가하는 것이 우리 훈련의 선명함을 더해 주었다. 아내 젠은 앞서 언급한 바와 같이, 우리가 훈련시키고 있는 실제적인 기술들을 주의 깊게 헤아려 본 뒤 모두 열아홉 가지 뇌기술이 있음을 발견했다. 초기에 우리는 가르치는 것을 하루 일과에 포함시켰다. 그러나 훈련 형태를 최적화시키기 위해 가르치는 것을 없애고 경험적이고, 직접적인 훈련에 오롯이 집중했다. 이제 우리는 모든 이론과 가르침을 적용할 수 있도록 성숙 강의 DVD와 온라인 코스를 묶어 가정용 성장 패키지로 제공할 수 있게 되었다.

빅토리아는 초기 성숙 훈련 모임 중 하나에 참석한 후, 친구들과 기쁨을 연습해 보고는 작은 기쁨이 얼마나 큰 차이를 만들어 낼 수 있는지 그 즉시 느끼게 되었다. 성숙 훈련을 통해 배운 열아홉 가지

---

[1] 학습의 과정을 조정하고 수정하면 우리는 새로운 기술을 더욱 빨리, 어떤 경우에는 두 배나 빨리 학습할 수 있다.

뇌기술을 실천하게 되면서, 아내이자 엄마요 할머니, 그리고 부부와 가족 상담가인 빅토리아의 삶은 놀랍게 변화되었다. 빅토리아는 "온유한 보호자의 기술을 배움으로 인해 내 삶과 결혼, 가족과 사역이 깊이 변화되었어요. 마치 내 마음과 성품이 매일매일 예수님을 더 닮아가는 것처럼 느껴져요!"라고 고백했다.

Connexus 프로그램과 성숙 훈련: 진정한 정체성은 유대관계가 형성되는 곳에서부터 발전한다.

두 사람의 유대관계를 통해 관계적 뇌기술 훈련이 어떻게 이루어지는지 규명했으니, 성숙 훈련은 다음 단계의 도전, 즉 영구적인 유대관계를 형성하지 못하고 있는 어른들에 대한 훈련을 해결하기 위해 사용되어야 했다. 물론, 문제의 난이도가 더 높고 결핍된 기술도 더 심각할 수 있었다. 짐 와일더는 에드 코리(Ed Khouri)와 함께 Connexus(커넥서스)라 불리우는 프로그램을 개발하기 시작했는데, 이것은 오늘날 개인들과 그룹들, 그리고 전 세계의 공동체들을 놀랍게 변화시키고 있다.

우리는 이 훈련을 누구나 쉽게 시작할 수 있는 방법을 찾다가 유대관계를 맺고 있는 파트너 없이도 누구나 참여할 수 있는 "성숙: 진정한 정체성"을 "출발 트랙"으로 개발했다. 이것은 사람들이 두려움과 고통 대신 기쁨과 평안을 동기로 삼아 자신들의 삶과 관계를 "정상화" 시키도록 돕는 기본적인 뇌기술의 토대를 제공해 준다. 또한 우리 정체성의 일곱 가지 부분에 초점을 맞추는데, 그것은 "나는 소속감을 창조한다", "나는 먹는다", "나는 쉰다", "나는 기도한다", "나는 나눈다", "나는 논다" 그리고 마지막이지만 여전히 중요한 "나는 감사한다"이다. 우리는 또한 짧은 시간에 기쁨을 끌어올리기 원하는 교회들과 그룹들이 주말을 이용해 프로그램을 진행할 수 있도록 보다 짧은 버전의 프로그램도 마련했다.

"다시 빛나는 기쁨"(Joy Rekindled)과 "바쁜 커플들을 위한 30일간의 기쁨"

젠과 나는 성숙 훈련에 참석하기를 간절히 원하지만 집에 어린 자녀가 있어서 주중에 집을 비울 수 없는 커플들로부터 많은 요청을 받기 시작했다. 주변에 알고 지내는 많은 커플들을 돌아볼 때, 그들은 자녀를 양육하며 일상에 압도된 채 바쁜 삶을 살아가고 있었다. 실제로 주중에 집을 비울 수 없는 커플들을 위한 특별한 훈련 프로그램이 절실히 필요했다. 우리는 또한 결혼생활과 가정생활에 기쁨의 뇌기술을 사용할 수 있지만 역시 시간을 따로 내기 어려운 친구들을 발견했다. 곳곳에 이러한 필요들을 보면서 우리는 결혼생활에 큰 영향을 주는 성숙 훈련 내용의 일부를 약간 수정하기로 결정했다. 그리고 새로운 연습 내용을 개발한 뒤 그것들을 한 데 모아 짧은 훈련 프로그램을 만들고 "다시 빛나는 기쁨"이라고 명명했다. 이것은 기쁨으로 인한 변화를 부부들과 가족들에게 소개할 수 있는 가장 쉬운 방법이 되었다.

케이라와 레오는 "다시 빛나는 기쁨"의 주말 결혼 세미나에 참석했다. 그들 부부는 주말 동안 기쁨을 연습한 뒤 그 둘 사이, 그리고 하나님과의 사이에 깊은 유대관계가 형성되는 것을 느꼈다. 케이라는 "그것은 마치 우리 마음에 불이 붙는 것 같았어요!"라고 고백했다. "결혼한 뒤 처음으로 우리는 서로를 더 잘 이해할 수 있는 언어를 갖게 되었을 뿐 아니라, 관계에 굴곡이 있을 때에도 두 사람이 서로 연결되어 있을 수 있는 실제적인 기술들을 갖게 되었어요. 우리는 이제 서로에 대해 더 깊은 친밀감을 가지게 되었고 희망과 에너지가 넘치게 되었어요." 사실 케이라와 레오는 그들의 분주한 삶 속에서 잃어버리고 있었던 기본적인 기술들을 연습했을 뿐이었다.

관계 기술을 획득하는 것보다는 그 기술들을 연마해서 결혼생활 중에 감정이 고조될 때 즉시 적용할 수 있도록 마스터하는 것이 대부분의 사람들에게 더욱 필요하다. 젠과 나는 "다시 빛나는 기쁨" 안에 적용된 연습의 형태를 살펴보고, 부부가 자신들의 기쁨의 수준을 끌어올리고 이미 가진 기술을 강화할 수 있도록 고안된 다양한 종류의 재미있고 간단하면서 관심을 끄는 활동이 포함된 책, 「바쁜 커플들을 위한 30일간의 기쁨 훈련」(30 Days of Joy: for Busy Married Couples)을 발간했다. 이 책은 커플들이 30일 동안 15분씩 기쁨을 연습하도록 쓰여졌지만, 커플들은 각자 자신들의 시간표대로 이것을 실천할 수 있다. 이것은 더 많은 사람들이 관계 기술 훈련을 받을 수 있게 하려는 시도 중 하나였다.

변화

올리버와 오드리는 바쁘게 살아가는 부동산 중계인이었다. 이들

부부는 자신들의 결혼생활이 살얼음판을 걷는 듯한 것을 여러 차례 경험했고 일에도 싫증이 나 있었다. 그들은 여러 해 동안 상담을 받고, 책을 읽고, 세미나에 참석하기도 했었다. 그러던 어느 날 그들은 어떤 사람으로부터 성숙 훈련에 대해 들었고, 약간의 조사를 해 본 후에 시도해 볼 만한 가치가 있겠다는 마음이 들었다.

그들은 성숙 훈련에서 온유한 보호자의 기술을 연습한 뒤에 고요함이 일상의 분주함과 무질서한 생각들을 대체해 주는 것을 발견했다. 그동안 알지 못했던 이와 같은 새로운 기술들을 학습하게 되자 그들의 관계는 급격히 개선되었다. 그들은 서로에 대해 더욱 인내하게 되었고 친절히 대하게 되었다. 그들은 헤세드를 나누는 온유한 보호자가 되어가기 시작했다. 올리버와 오드리의 변화는 그들 자신을 변화시켰을 뿐 아니라 그들의 친구들과 동료들에게도 도전을 주었으며 잠시 그들과 함께 시간을 보낸 사람들마다 "도대체 너희 둘에게 무슨 일이 일어난 거야? 정말 많이 변했구나!"라고 질문하게 만들었다.

일단 올리버와 오드리가 자신들의 삶에 무엇이 빠졌는지 깨닫게 되자 그들은 전략적으로 장애물들을 제거하고 변화해 가기 시작했다. 이것이 바로 19번 뇌기술이다.

안전하게 하기

전문적인 변화의 모델에서는 적절한 훈련과 교육을 받고 자격을 갖춘 자로서 이 분야에서 느린 경로를 마스터한 사람들이 주로 중심적인 롤 모델이 된다. 그들은 최고의 자격을 갖춘 사람으로서 대부분의 자원을 가지고 있는 사람이기도 하다. 전문적인 종교적 모델의 경우, 모임의 중심에 있는 사람은 언제나 가장 은사가 많고, 기름부음이 넘치며, 성직자인 경우가 많다. 그러나 우리의 정체성을 형성하는 뇌 안에 내장되어 있는 빠른 경로의 복제자(사람이 깊은 애착을 형성하는 타인과 함께 있을 때 빠른 경로-우뇌-를 통하여 그들의 삶의 방식, 정체성 등을 무의식적으로 복제하게 되는데 이러한 기능을 수행하는 가상의 존재를 지칭하는 말이다-역자주)가 개입하게 되면 이러한 자격 요건은 별 쓸모가 없게 된다. 이 복제자는 그의 필요를 채워 주면서, 어떤 시련과 고난에도 늘 평화로우며 관계성을 놓치지 않는 기쁨이 충만한 사람을 찾는다. 만약 하나님이 이와 같이 속도가 빠른 정체성의 복제자를 사용하기 원하신다면, 그분은 나이 든 이들 가운데 자녀들을 차분한 아이들로 키워내고 배우자와 안정적인 관계를 유지하며, 공동체 구성원들과 좋은 관계를 맺는 것으로 유명하고, 분노가 그 관계를 해치지 못하게 하며, 가짜 기쁨을 누리기 위해 술에 빠지지 않는 사람이 중심적 역할을 하는 헤세드의 공동체를 사용하기 원하셨을 것이다.

하나님은 그러한 사람들에게 다른 이들을 먹이고, 하나님의 임재가 느껴지는 기쁨이 충만한 환경을 창조하며, 고통과 상실을 경험하는 이들에게 위로를 전하는 역할을 맡기셨을 것이다. 이와 같이 빠른 경로의 복제자를 사용하는 것이 결핍된 온유한 보호자의 뇌기술을 대체할 수 있는 해결책이 될 수 있다.

그러나 여전히 문제가 남아 있었다. 어떤 인간도 모든 기술을 다

가지고 있지 않기 때문에 사람들은 계속 정기적으로 모여야 했다. 그룹 안에서 그들은 겸손하게 자신들의 실패를 인정하고, 하나님의 임재가 그들이 마땅히 보여 주어야 했던 진정한 인격을 밝히 비추도록 할 필요가 있었던 것이다. 사실, 그것은 하나님께서 인간의 삶을 살며 완벽한 성품을 드러내어 보여 주며 모든 세대를 적극적으로 인도하여 모든 사람이 그분과 같은 성품을 기르도록 배우는 공동체의 모델을 경험하게 하는 것과 같다. 그래서 하나님의 사람들 사이에 적극적으로 나타난 하나님의 모델이야말로 유일하게 안전한 가이드가 될 수 있다. 그러면 이러한 모델을 실제로 체험한 사람들은 변화될 것이다.

사람들은 관계적으로 흠이 있는 세상에서 벗어나 관계 기술과 헤세드가 풍성한 삶의 정체성을 배우고자 할 때, 이전의 증상이 재발하여 예전의 삶으로 돌아가고 또다시 "하나님의 자녀"로 회복되는 과정을 반복하게 될 지라도 자신의 주변에서 보아왔던 가해자나 피해자의 한계를 넘어서서 바라볼 필요가 있다. 모든 인도하심의 중심은 매일의 삶 속에서 하나님의 역동적인 임재를 경험한 사람들을 통해 나타나는데 이것 또한 학습된 기술의 결과이다.

인도함

느린 경로의 의식적인 사고를 통해 삶을 인도 받는 것에 익숙해져 있는 기독교인들은 하나님이 빠른 경로의 조절센터에서 일하심으로 자신들이 의식의 차원에서 그분의 행동을 모니터하고 따라가기 어려운 상황에 놓이게 되는 것을 몹시도 불안해 하는데, 이는 충분히 이해가 간다. 그것에 저항하는 가장 큰 이유는 하나님이 우리 생각을 적극적으로 주관하시도록 허락하면 1) 카리스마적인 은사가 나타나거나 2) 새로 성경을 쓰는 일이 벌어지게 될 것이라 생각하기 때문이다. 인생모델팀이 이러한 문제와 씨름하고 있을 때 달라스 윌라드(Dallas Willard) 박사가 우리를 도와주었다.

윌라드는 인생모델이 처음 개발된 쉐퍼드 하우스의 부원장으로 오랫동안 일했던 제인과 결혼했다. 윌라드 박사는 「인도하심을 찾아서」(In Search of Guidance)라는 책을 썼는데, 후에 성경적 근거와 교회사를 통해 하나님께서 오늘도 적극적으로 우리의 생각을 인도하신다는 사실을 주의 깊게 보여 주고자 「하나님의 음성 듣기」라고 그 제목을 바꾸었다. 하나님의 음성을 알고 그분의 영에 인도함을 받는 것은 하나님의 사람들의 유산이다. 하나님의 인도하심을 두려워하기보다 그 인도하심을 더욱 구하면서, 우리는 과연 그것이 하나님의 말씀과 그분의 성품, 또 과거 그분의 행적과 온전히 일치하는지 살펴보아야 한다. 윌라드 또한 인생모델이야말로 그리스도를 상담의 한가운데로 모시며 해체된 공동체를 그리스도인의 교회 안으로 회복시키는 최고의 모델이라고 선언했다.[2] 우리는 하나님과 관계적으로 교류하는 과정을 "임마누엘 생활 방식"(Immanuel Lifestyle)이라고 불렀다.

인간의 뇌를 가지고 이렇게 살아가는 것을 배우는 데에는 특별

---

2 인생모델, 「예수님 마음담기」

한 뇌기술 훈련이 필요하다. 우리는 뇌가 다른 사람들과 좋은 관계를 맺기 위해 훈련이 필요할 뿐 아니라 하나님과도 좋은 관계를 맺기 위해 훈련되어야 함을 믿기에 쇼어 박사와 과학적 연구에 의해 제안된 뇌기술 항목에 몇 가지를 더 추가했다. 우리 중 몇몇에게는 이것이 그다지 영적으로 들리지 않을 수도 있지만, 임마누엘 하나님과 교류할 뿐 아니라 나아가 성숙한 인간이 되어가는 과정은 무언가 관계적인 것이 양에게 일어나 목자의 음성을 개인적으로 인지하게 함으로써 양이 목자의 음성[3]을 알아듣는 특별한 관계를 형성하게 하는 것이다.

성숙과 교육, 그리고 임마누엘

사람들을 변화로 이끌고자 우리들이 내린 결론은 이러하다. 달라스 윌라드가 인생모델 스텝들에게 한 말을 인용해서 말하면, "영혼을 돌볼 때 가장 필요한 것은 그들을 사랑하는 것"이다. 헤세드의 공동체에서 리더의 자격은 학력이나 지위가 아니라 성숙과 우리를 이끄시는 하나님의 임재를 적극적으로 인지하는 것이다. 성숙이란, 하나님의 임재 안에 헤세드의 삶에 의해 창조되고, 또 그것을 창조하여 온전히 기능하는 관계 기술의 세트이다.

---

[3] 요한복음 10:27. "알다"는 말의 헬라어 단어는 기노스코(Ginosko)이다. 기노스코는 "지식으로 받아들이고, 알게 되고, 인식하고, 이해하거나" 또는 "완전히 이해한다"는 뜻을 나타내고 있는 개인적이며 관계적인 과정이다. 이것은 단지 지식의 전달만을 의미하는 것이 아니라 관계적인 연결과 교류를 통해 경험적으로 알게 되는 것을 의미한다. 마가복음 5장에 나오는 혈루병 앓던 여인은 예수님의 옷을 만진 후에 "병이 나은 줄을 몸에 깨달은지라"(Ginosko)고 했다.

인생모델을 유용하게 만들기

이상적인 모델을 실제 공동체에 적용하기 위해서는 서구 문화에서 보편적으로 받아들여지는 것보다 더 관계적인 면에 초점을 맞추어 우리 삶을 바꾸고 새롭게 훈련시킬 필요가 있다. 그것은 관습적인 부족의 문화를 떠나 매우 다른 부족의 문화에 자신을 맞추고자 하는 것과 같다. 그것은 서구 사람들이 느끼는 아시아 문화보다도 더 낯선 것으로 일상적인 삶을 초월하는 것이다. 성경은 그리스도의 제자들이 물질과 고난을 모두 함께 나눈 것을 묘사하기 위해 코이노니아라는 헬라어를 사용하는데, 그것은 흔히 교제라는 단어로 번역되었다. 코이노니아는 그리스도를 닮기 위해 각 구성원들이 가지고 있는 역량을 함께 모으는 것으로 이해할 수도 있다. 성숙하며 헤세드가 풍성한 삶으로 이끄는 관계 기술이 어떻게 리더와 사역자, 가족과 공동체, 그리고 예수님을 따르는 자들의 삶에 영향을 미치는지 살펴보자.

리더십

언제나 관계를 문제보다 더 중요하게 여기고, 관계로 인한 상처를 최소화하는 리더는 매우 드물다(RARE leaders).[4] 관계 기술을 가진 리

---

[4] "RARE"라는 단어는 짐 와일더 박사와 말커스 왈너 박사가 「드문 리더십: 당신이 이끄는 사람들 안에 신뢰와 기쁨, 그리고 참여를 증진시킬 수 있는 네 가지 드문 습관들」(RARE Leadership: 4 Uncommon Habits For Increasing Trust, Joy and Engagement In The People You Lead)이라는 책에서 사용한 머리글자로 리더에게 필요한 네 가지 필수적인 뇌기술을 의미한다. 그것은 관계 안에 머물고(Remain Relational), 자기답게 행동하며(Act like Yourself), 기쁨으로 돌아가고(Return to Joy), 고난을 잘 견디는 것(Endure Hardships Well)을 포함한다.

더들은 그들을 따르는 사람들에게 영감을 주고 큰 감정(big emotions)도 잘 다스리며 화나고 압도될 만한 상황 중에서도 자신의 정체성을 잊지 않기에 팀원들의 하나 됨을 지킨다. 성숙한 리더는 관계 기술을 소중히 여기고, 배양시키는 과정을 통해서 성숙한 팔로워를 만들어 낸다. 리더들은 자신이 가지고 있는 것만 나눠 줄 수 있다. 그 한계를 넘게 되면 그들은 두려움에 기초해 행동하게 되고 자신이 섬기는 사람들의 성장도 가로막는다. 좋은 리더는 자신의 한계를 이해하고 언제든지 자신이나 타인의 삶 속에서 바뀌어야 될 부분을 고치기 위해 최선을 다한다. 기쁨의 관계 기술을 최우선으로 삼는다는 것은 개인의 성장을 인정하고 강조하는 것을 성공적인 리더십 개발의 중요한 척도로 여긴다는 뜻이다. 효과적인 리더는 두려움에 기초하거나 문제에 집중하는 고집스러운 사람이 아니라 기쁨이 충만하고 관계적이며 창조적인 사람인 것으로 연구 결과 밝혀졌다. 이것은 그들의 관계적 뇌가 잘 훈련되어 있고 또 잘 기능하고 있다는 뜻이다. 많은 정보와 교육, 사람을 사로잡는 카리스마가 자동적으로 위대한 리더를 만드는 것은 아니다. 정서적이며 관계적 지성을 소유하고 본을 보임으로써 이끄는 관계적 리더만이 오래 지속되는 유산을 남길 수 있다.

비즈니스 세계의 적용점

우리는 보통 기쁨의 정체성(사람이 부정적인 감정이 아닌 기쁨을 매우 정상적인 감정으로 느끼며 사는 존재로 지음 받았음을 스스로 인식하는 것을 기쁨의 정체성이라 한다-역자주)과 관계적 역량을 세상에서, 특별히 사업의 세계에서 성공하는 데에 필수적인 요소로 생각하지 않는다. 그러나 당신이 회사를 운영하든 전화 응대를 하든 사무실을 운영하든 세일즈를 하든 혹은 무역협상을 하든 어떤 일을 하더라도 관계 기술은 신뢰를 쌓게 하고 효율과 감성지수(E.Q.)를 증대시킨다. 언제 안식하고 언제 멈출지, 그리고 어떻게 기쁨으로 돌아갈지 아는 것은 사람들이 사업의 세계에서 성공을 거둘 확률을 현저하게 높여 주는 세 가지 핵심 기술들이다. 이러한 기술 없이 우리는 신뢰를 구축할 수 없고 정말 중요한 존재인 사람에게 집중할 수도 없다. 이러한 기술의 결핍은 신뢰를 갉아먹는다. 당신은 당신이 신뢰하지 않거나 당신을 신뢰하지 않는 사람과 사업하는 것을 상상해 볼 수 있는가? 지혜자가 말했듯이 "많은 재물보다 명예를 택할 것이요 은이나 금보다 은총을 더욱"[5] 택해야 한다. 우리의 이름은 우리의 인격을 반영하기 때문이다. 관계 기술은 평안과 기쁨, 그리고 안정감을 가져다 준다.

가족

자녀 양육이든 결혼이든 기쁨의 뇌기술을 배우는 것은 가정에서부터 시작된다. 관계적으로 연결되는데 필요한 기술이 결핍되면 우리는 무질서해지고, 단절되며, 우울해지고, 고민에 빠지게 된다. 자녀 양육은 세상에서 가장 어려운 일로 알려져 있다. 정말 그런지 궁금하면 부모님에게 여쭤보라! 리더십과 유사하게, 부모들은 자신들이 가

---

5 잠언 22:1

진 것만을 자녀에게 나누어 줄 수 있다. 그 한계를 넘어서게 되면 그들은 자녀들의 성장을 가로막는다. 부모들은 자녀들의 길을 인도할 때 자신들이 살아오면서 배우고 사용했던 기술에 의지한다. 그들은 피로하고, 병들고, 스트레스를 받는 상황 속에서도 자신들이 가진 모든 관계 기술을 사용하고, 희생적인 나눔을 실천해야 하는 힘겨운 환경에 놓여 있다. 자녀양육이 비록 힘드나 가족은 관계 기술을 획득하고, 강화시키며, 증대시키는 이상적인 형식을 제공하기 때문에 이로 인한 축복은 매우 풍성하고 보람 있다.

결혼생활이 쉬운 일은 아니지만, 기쁨의 수준이 유지되면 활짝 꽃피게 된다. 그러나 반대로 기쁨이 사라지면 산산이 부서지게 된다. 관계 기술을 통해 고난을 헤쳐 나가며 문제보다 관계를 더 중요하게 유지하는 한 결혼은 훼손되지 않는다. 관계 기술은 서로 연결되고 기쁨을 유지할 수 있게 하기 위해 가족이 의존하는 숨겨진 기초 재료들이다. 가족이야말로 인생을 변화시키는 기술들을 소개하고 연습하고 퍼뜨릴 수 있는 최고의 자리를 차지하고 있다.

공동체와 개인의 삶 재건하기

관계 기술은 폭력과 무관심과 고통으로 인해 기쁨이 거의 다 파괴되어 버린 공동체를 재건해 준다. 사람들이 새로운 기술을 배우면 그들은 이러한 기술들을 다른 사람들에게 연습하고 널리 알리게 된다. 가족이 새로운 기술을 배우기에 가장 이상적인 환경이지만, 공동체야말로 그러한 기술을 전파시킬 수 있는 전달의 체계를 가지고 있다. 이곳에서 우리는 가족들이 물려주지 못한 기술들을 치유적 차원에서 배운다. 우리는 그 기술을 더 강력한 것으로 만들어 다른 이들에게 전달한다. 관계 기술은 하나님이 본래 창조하신 형상대로 자라가고 발달해 가는 헤세드를 간직한 사람들이 만들어 낸 산물이다.[6]

하나님이 우리를 바라보는 시각으로 우리가 서로를 돌아보기 시작하면 공동체는 희망의 닻을 단단히 내리게 된다. 사람들은 관계 기술을 가진 다른 사람들의 모습에서 거울처럼 비치는 자신들의 모습을 보게 되기 때문에 본래 창조된 자신의 모습을 발견하게 된다. 하나님이 보시듯 서로를 바라볼 때 용서가 흘러넘치며, 그것은 공동체를 헤세드가 넘치고 사람들이 살아나는 풍성한 정원으로 바꾸어 준다. 공동체를 변화시키고 그것을 오래 유지하려면 반드시 관계 기술을 획득해서 희생자와 가해자가 놀라운 방법을 통해 보호자로 변화될 수 있게 해야만 한다. 지금 우리는 여러 세대를 변화시키는 인격과 정체성의 변화에 대해 말하고 있는 것이다.

회복

우리는 우리가 느끼는 바를 통제할 수 있는 만큼 선한 존재가 된다. 그러므로 성공적인 회복이란, 사람들로 하여금 자신들의 큰 감정들을 잘 다룰 수 있도록 돕는 것이라 할 수 있다. 기쁨에 기반한 관계 기술은 관계를 맺고, 뇌를 다시 훈련시키며, 고통을 처리할 수 있

---

[6] 더 자세한 내용은 에드 코리와 짐 와일더 박사가 개발한 Connexus 프로그램의 "소속" 모듈을 참고하라.

는 감정의 용량을 키우도록 여러 도구로 사람들을 훈련시킨다. 이러한 기술들이 없으면, 사람들은 그대로 정체되어서 고통을 대하는 옛 방식으로 다시 돌아가 관계적인 자아의 유지와 고통을 감내해 나가는 법을 시도하지 못한 채 압도 당하게 될 것이다. 관계 기술은 우리와 언제나 함께 하시는 임마누엘과의 상호 관계를 증진시키는 데에 필요한 회복의 탄력성을 제공해 주는데, 이것이 13번 뇌기술이다. 사람들은 뇌가 이해하고 있는 다섯 가지의 고통에 대한 해결책을 배우게 된다. 이것은 18번 뇌기술로서 도움이 되지 않는 해결책에 불필요한 시간과 에너지를 낭비하지 않게 해 준다. 우리는 생명을 주고받으며, 온유한 보호자가 될 수 있도록 기쁨의 정체성을 효과적으로 회복해야 한다.

전도

모든 치유와 성숙의 과정은 전도의 열매로 나타난다. 기쁨으로 가득찬 삶을 한 번 경험하고 나면, 이렇게 좋은 소식을 다른 사람들에게 전하지 않을 수가 없다. 전도라는 것은 우리 삶을 놀랍게 변화시킨 그 좋은 소식을 전하는 것이다. 사람들에게 우리가 믿는 것을 전하는 것은 심오하게 변화된 삶 자체가 뿜어내는 광휘(光輝)보다 상대적으로 가치나 능력이 떨어진다. 대부분의 사람들은 자신에게 나눌 만한 좋은 소식이 없기 때문에 전도하지 않는다. 그다지 변화되지 않았기에 다른 사람들에게 전할 간증이 별로 없는 것이다. 헤세드로 충만한 기쁨의 삶이 완전히 성취되지 않았음에도 불구하고 대부분의 상담과 치유 프로그램은 고통이 사라지기만 하면 그대로 종료를 선언한다. 고통을 경감시키는 것도 가치 있는 일이지만, 고통과 시련 가운데서도 빛나는 관계적 자아를 지키는 것이 훨씬 더 가치 있는 일이다.

만약 기쁨과 기술이 중요하다면?

기쁨(함께 있음으로 인해 즐거워하는 것)이 진정한 변화를 일으키는 기초를 제공한다는 사실을 믿는다면, 우리 교회와 학교, 차세대 프로그램과 무료 급식소, 그리고 상담실의 모습은 어떻게 변해 있을까? 지금 우리는 그저 "좋은 느낌을 얻기 위해 모이는 것"에 대해 말하고 있는 것이 아니다. 좋은 느낌을 얻는 것이 목적이라면 공짜 피자와 맥주를 쏘는 것이 훨씬 더 많은 사람들의 기분을 좋게 만들 것이다. 그것이 아니다. 우리가 말하는 것은 "당신이 이곳에 나와 함께 있는 것이 내게 기쁨을 준다"는 것이고, 이것이 심오한 변화를 일으키는 기초를 제공한다는 것이다. 만약 그러한 계획이 너무 이상적이고 불가능하게 느껴진다면, 그것은 이 일이 어떻게 이루어졌는지 경험하거나 가르칠 수 있는 기술이 우리에게 결여되어 있음을 보여 준다. 그런 경우라면 아직 깊은 변화를 경험하지 못한 것이다.

만약 관계 기술을 성경에서 본 기억이 없다면 우리는 코이노니아(교제)라는 단어를 헤세드 공동체의 맥락에서 더 자세히 살펴볼 필요가 있다. 코이노니아는 동료들 사이에서 자원을 나누는 과정에 해당하는데, 코이노니아 교제권 안에 있는 동료들은 서로와 영원히 (헤세드로) 연합되어 있는 존재들이다. 이 교제는 "죽음이 우리를 갈라놓을 때까지"보다 훨씬 더 길게 이어지고, 우리의 전 존재를 더 크게 변화시킨다. 고린도전서 1장 8-10절에서 바울은 그리스도와의 교제가 우리로 하여금 흠이 없게 하며 나뉘지 않고 서로 하나 됨을 굳게 지키게 한다고 했다. 우리는 완전하게 하나 된 생각을 갖게 될 것이다. 하나님의 사람들을 하나로 묶는 코이노니아는 완벽한 관계를 만들어 낸다. 이러한 관계는 (바울이 이어지는 본문에서 지적하는 바와 같이) 처음에는 갈등으로 시작하지만 코이노니아를 통해 결국 더 나은 관계를 맺는 법을 배우게 한다. 교제의 기술을 습득하게 되는 것이다. 바울은 서로의 필요를 채워 주는 교제(코이노니아)에 주목한다.[7] 우리의 섬김과 사역은 코이노니아[8]를 통해 성립되며 바울은 자신의 사역이 모든 이가 이 신비로운 교제를 이해하게 만드는 것이라고 주장했다.[9]

하나님의 은혜와 헤세드 사랑을 아는 것은 성령님과의 코이노니아를 통해서 온다.[10] 바울은 심지어 다른 이들에 대한 우리의 긍휼의 마음조차도 코이노니아에 의해 생겨나기 때문에 그것이 없으면 우리 삶에 위로가 없을 것이라고 주장한다.[11] 이것은 코이노니아가 고통조

---

7 고린도후서 8:4
8 갈라디아서 2:9
9 에베소서 3:9
10 고린도후서 13:13
11 빌립보서 2:1

차도 공유함을 의미한다.[12] 이처럼 은혜와 사랑(헤세드), 그리고 고통까지도 나누는 강력한 교제 가운데 우리가 삶 속에서 배운 하나님의 성품을 나누면(코이노니아) 하나님의 백성으로서 동일한 비전과 반응을 공유하게 된다.

요한은 한 걸음 더 나아가 교제가 죄를 용서 받은 표시라고 정의함으로 "학습한 하나님의 성품을 서로 나누는 것" 이상으로 코이노니아의 의미를 확장한다.

"그가 빛 가운데 계신 것 같이 우리도 빛 가운데 행하면 우리가 서로 사귐(코이노니아)이 있고 그 아들 예수의 피가 우리를 모든 죄에서 깨끗하게 하실 것이요"(요일 1:7).

지금까지 그리스도를 닮은 성품을 만들어 내는 관계적 뇌기술의 원리와 연습, 그리고 조건에 대해 알아보았으니 이제 이러한 학습이 일어나는 과정에 대해 알아보도록 하자. 나는 이 책을 집필하면서 인격을 형성하는 관계 기술의 학습 과정을 이해함으로써 교제의 개념을 잘 설명할 수 있기를 원했다. 삶을 변화시키는 교제는 커피나 도넛, 핸드폰 비교하기, 멋진 옷에 감탄하기나 예배 후 날씨에 대해 나누는 시시콜콜한 대화 속에서 발견되는 것이 아니다. 진정한 변화란 어떻게 일어나는지 이제부터 함께 탐구해 보도록 하자.

---

12 빌립보서 3:10

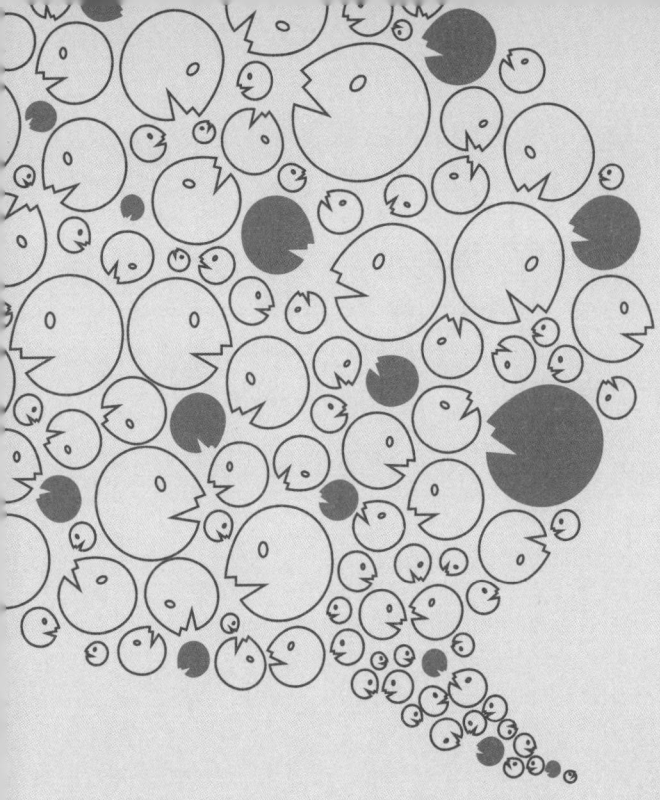

CHAPTER 3

1번 뇌기술:
기쁨을 나누라

얼굴 표정과 목소리 톤으로 "함께 있어서 기뻐요"라는
메세지를 크게 울려 퍼지게 한다.

"왜 이 기술이 당신에게 중요합니까?"라고 하나님께 여쭤보았을 때 내 마음속에 이런 생각이 떠오르는 것을 발견했다.

"기쁨은 내 백성의 표식과도 같다. 기쁨은 내 백성이 하나되는 데에 필수적이고, 벌이 꽃에 몰려드는 것처럼 내 자녀들을 아버지의 마음으로 이끄는 향기와 같다. 왜냐하면 나는 내 백성들과 함께 있는 것을 즐거워하는 하나님이기 때문이다. 내 백성이 기쁨을 누리면 그들은 나의 임재를 경험하고 나의 성품을 세상과 공유하게 된다."

이러한 생각은 나를 고무시켰고, 동일한 일이 당신에게도 일어나기를 바란다. 관계적 기쁨에 대해 조금 더 나누어 보자. 누군가가 당신과 함께 있는 것만으로 기뻐하던 때를 떠올려 보라. 그의 얼굴은 밝게 빛난다. 그의 바디랭귀지와 목소리 톤, 그리고 말은 모두 "아! 나는 당신과 함께 있어서 매우 기뻐요!"라고 말하고 있다. 순간 당신은 자신의 존재가 인정 받고 소중히 여김을 받는 다는 것을 느낀다. 이처럼 따뜻하게 환대받을 때 우리는 내가 특별하다는 느낌을 받게 된다. 심장박동이 빨라지고, 눈동자는 커지며, 얼굴이 밝아지고, 사랑받는다는 느낌을 받게 된다.

관계적 기쁨은 함께 있음에 대한 기쁨을 표현하는 사람들과 함께 나눌 때 정서적인 상태로 자라나게 된다. 적어도 다른 한 사람과 함께 기쁨을 나누거나 표현하면, 그 기쁨은 전염되어 멀리 퍼져 나가게 된다. 비언어적인 신호들의 놀라운 조합은 그것을 바라보는 사람에게 기쁨을 준다. 눈웃음을 교환할 때마다 기쁨은 증가한다. 또 기쁨은 기분을 유쾌하게 만들고 흥분시키며 서로 교류하고 연결되도록 동기를 부여한다.

엄밀하게 말하자면, 따뜻한 음성과 눈웃음, 그리고 잘 조율된 신체 언어 등의 비언어적 조합은 긍정적 감정 상태를 증폭시키는 우반구 대 우반구의 의사소통으로 묘사될 수 있다. 관계적 기쁨은 대면 접촉으로 가장 잘 전달되는데, 이보다는 약간 덜하지만 목소리 톤으로도 잘 전달된다.

우리는 우리와 함께 있을 때 얼굴이 환해지는 사람들과 강력한 유대관계를 형성한다. 1번 뇌기술은 인생, 교회, 결혼, 사업, 그리고 다른 모든 것을 훨씬 더 나아지게 해 준다. 기쁨은 연인들에게 인내할 수 있는 에너지를 공급하고, 친구들에게는 참아낼 수 있는 힘을 주며 가족들에게는 회복할 수 있는 능력을 제공해 준다. 이상적인 상황에서라면 우리는 뇌가 알고 있는 모든 불쾌한 상태로부터 언제든지 기쁨으로 되돌아올 수 있다. 11번과 12번 뇌기술에 대해 설명할 때 부정적인 감정들에 대해 더 자세히 다루게 될 것이다.

우리에게 숨쉬는 것은 너무도 자연스러워서 스모그나 매연 혹은 감기로 코가 막혀 고생하지 않으면 좀처럼 그 소중함을 인지하지 못한다. 마찬가지로 우리는 무슨 일인가가 벌어지지 않으면 기쁨에 대해 좀처럼 생각해 보는 시간을 갖지 않는다. 기쁨의 수준이 갑자기 하락한다든가, 혹은 결혼이나 출산과 같이 감정이 치솟아 매우 심오한 기쁨을 경험한다든가 하는 일들이 그런 경우에 해당한다. 신경 전달물질 도파민 덕분에 숨을 쉬어야 한다는 메세지는 세포들을 통해 뇌까지 전달된다. 이러한 도파민은 기쁨을 시작하고 유지하는 데에 중요한 역할을 한다. 관계적 기쁨은 우리에게 힘을 주고 동기를 부여해 주며 에너지를 제공해 준다. 기쁨을 나누면 마치 가장 좋아하는 음식을 먹는 것처럼 보상받는 느낌을 갖는다. 사실, 뇌의 보상 회로는 우리가 음식을 먹을 때, 에어로빅 연습을 할 때, 성관계를 가질 때, 그리고 남에게 아낌없이 베풀 때 도파민을 배출한다.[1] 기쁨은 생명에 필수적인 것이고 반드시 휴식으로 이어져야 한다. 우리가 숨을 고르고 나면 이제는 세로토닌이 더 큰 기쁨으로 우리를 충전시켜 줄 차례가 된다.

    만약 기쁨이 감소되면 숨을 오래 참은 후에 어서 들이쉬고 싶은 충동이 생기는 것과 동일한 원리로 우리는 위로를 받으려고 애쓰게 된다. 기쁨의 수준이 매우 위험한 단계까지 떨어지게 되면 우리는 "BEEPS"를 추구하게 된다. BEEPS는 에드 코리가 공동체를 위해 기쁨을 쌓아가는 프로그램인 Connexus에서 소개한 줄임말로 뇌에서 기쁨을 빼앗아가는 Behaviors(행동), Experiences(경험), Events(사건), People(사람), Substances(약물)의 첫 글자를 따서 만든 말이다. BEEPS

---

[1] 중격측좌핵, 배후선조체

는 인위적으로 우리의 감정을 조작한다. 가짜 기쁨은 언제나 우리를 공허하게 만든다.

상실과 고통, 그리고 기쁨을 함께 나눌 익숙한 얼굴들의 부재로 인해 기쁨이 줄어들면, 우리는 스스로가 연약하게 느껴진다. 그리고 기쁨이 분노와 불쾌함 혹은 침묵을 마주 대하게 되면, 급격히 소진되는 것을 경험하게 된다. 감소된 기쁨은 우리의 생활을 갉아 먹어 결국은 파국을 맞게 한다. 오늘날 많은 가정들이 여러 가지 활동, 운동, 영화, 텔레비전, 컴퓨터, 분주함, 그리고 끝없이 주의를 산만케 하는 것들과 진정한 기쁨을 맞바꾼다. 교회가 기쁨을 잃으면 사람들은 규정에 집착하고 고집스러워진 나머지 현실과 담을 쌓고 살아가게 된다. 성도들은 회중석을 채우는 숫자에 불과하며 해결해야 할 문제 덩어리로만 보이게 된다. 기쁨의 수준이 낮은 부모들은 자녀들과 즐거워하기보다 그들의 행동을 바로잡는 데에만 초점을 맞춘다. 세상의 문화는 흔히 기쁨을 성이나 수치심, 두려움이나 비관론 등과 연결지어 생각하는데, 그 이유는 기쁨이 무언가 강력한 것임을 알고 있기 때문이다. 사람들의 거절이나 비웃음으로 인해 기쁨이 완전히 박살났던 때를 기억하는 데에는 그리 오랜 시간이 필요하지 않다. 이러한 순간들은 상처를 주는데, 그것은 우리가 기쁨이 충만한 관계를 열망하도록 창조되었기 때문이다. 1번 뇌기술 없이 우리는 그토록 경멸하는 바로 그 패턴을 다음 세대에 전하게 될 위험을 맞게 된다.

기쁨을 기억하고 창조하며 표현하고 나누는 동안, 이 긍정적인 상태가 우리의 인격을 결정짓게 된다. "당신은 어떻게 항상 행복해 보이나요?" 사람들은 궁금하게 여긴다. 기쁨이 곧 행복은 아니지만, 사람들은 기쁨이 빛을 발하는 것을 어렵지 않게 눈치챈다. 재미있는 것은 이것이 다가 아니다. 2번 뇌기술에서 살펴보겠지만 기쁨에는 파트너가 있다.

1번 뇌기술은 보통 어떻게 획득되고 연습되며 전파되는가?

우리는 우리와 함께 하기를 기뻐하는 사람들로부터 1번 뇌기술을 배운다. 엄마, 아빠, 조부모, 이모, 삼촌, 그리고 교회와 공동체의 친근한 이들이 바로 그들이다. 함께 있어 기쁘다는 일관된 반응이 우리 삶의 일상적인 상태로 내면화되면, 우리는 우리 안에 기쁨이 사라진 것을 감지하는 순간, 언제든지 1번 뇌기술로 돌아가고자 하는 강렬한 열망을 품게 된다. 우리는 또래들과의 연습을 통해 1번 뇌기술을 강화시킬 수 있다. 우리를 만나는 것을 즐거워하고, 우리 역시 만날 때 즐거운 친구들과 함께 있으면 우정은 더욱 깊어지게 된다. 어렸을 때 느끼는 기쁨은 우리의 정체성을 형성하는 기반이 되고 이후에는 우정을 형성하는 기반이 되며 사춘기 이후에는 우리가 속한 그룹의 정체성을 좌우할 뿐 아니라 배우자를 찾고 싶은 동기를 유발시킨다. 기쁨의 수준이 증가하면 각각의 생애 주기에서 기쁨을 나눌 수 있는 능력도 증가한다. 우리는 우리가 만나는 모든 사람에게 1번 뇌기술을 전수하게 되고, 기쁨의 수준이 낮거나 아예 존재하지 않는 사람들이 있는 장소에 가게 될 때마다 기쁨을 시작하는 존재가 된다. 한 번의 미소로 한 번의 기쁨을 만들어 내는 것이다.

1번 뇌기술은 어떻게 추가적으로 획득되고 연습되며 전파되는가?

이제 관계 · 코이노니아를 변화시키는 것이 어떻게 "기쁨을 나누는 기술"을 복원시킬 수 있는지 살펴보자. 제사장 아론을 통해 이스라엘에게 선포하도록 하신 하나님의 축복 중에 가장 큰 제사장적 축복이 다음과 같다는 사실은 우연이 아니다.

> "여호와는 네게 복을 주시고 너를 지키시기를 원하며 여호와는 그의 얼굴을 네게 비추사 은혜 베푸시기를 원하며 여호와는 그 얼굴을 네게로 향하여 드사 평강 주시기를 원하노라 할지니라 하라"(민 6:24-26).

여기서 우리는 하나님의 얼굴이 이스라엘 백성들을 향한 기쁨과 축복의 근원인 것을 본다. 예수님은 이 땅에서의 사역 기간 동안 제사장적 축복을 자주 사용하셨다. 특히 누가복음 24장 51절에서 예수님은 승천하시며 제자들을 축복하셨다. 기쁨은 서로 주고받는 것이기에 축복을 받은 제자들은 바로 예배를 드렸고, 예루살렘으로 돌아왔을 때는 기쁨으로 충만했다![2]

하나님이 그 얼굴을 비추어 주신다는 것이 생명과 기쁨, 축복을 의미한다면, 그 얼굴빛의 부재는 죽음과 버림 받음, 그리고 거절을 의미한다. 예를 들어, 아기들은 엄마의 시선을 느낄 때 기쁨을 누리

---

2 누가복음 24:52

지만, 반면 그렇지 못하면 죽음을 경험하는 것처럼 느낀다.[3] 43개의 근육으로 구성된 얼굴은 서로를 향한 사랑을 전하고 기쁨을 표현하기에 최적의 도구이다. 기쁨으로 가득 찬 시선은 에너지가 충만한 미소로 바뀌어서 잠시 쉬기 위해 시선을 돌리는 2번 뇌기술을 사용하기 전까지 지속된다.

우리는 예수님께서 제자들에게 명령을 지키고 그분의 사랑 안에 거하라고 말씀하실 때 비슷한 교류가 일어나는 것을 본다.

> "내가 이것을 너희에게 이름은 내 기쁨이 너희 안에 있어 너희 기쁨을 충만하게 하려 함이라"(요 15:11).

기쁨은 우리의 사랑을 반영할 뿐 아니라 하나님의 사랑을 표현하는 관계적·감정적·정신적·영적 교류이다. 기쁨 나누기가 인생을 변화시키고 관계들을 회복시키는 일은 헤세드 공동체 안에서 일어나는 코이노니아를 통해서이다.

우리는 우리가 속한 헤세드 공동체에서 제공하는 자원들로부터 1번 뇌기술을 배운다. 여기서 우리는 "함께 있어서 기쁜" 순간들을 누린다. 1번 뇌기술은 대면 접촉이 일어나는 이 "정원"에서 우리의 정서적·관계적 용량이 허용하는 만큼 "활짝 피어나게" 된다. 즉, 자신의 능력과 가용성 만큼 1번 뇌기술을 연습할 수 있다는 뜻이다. 짐 와일더 박사와 내가 성숙 훈련을 개발한 이유 중 한 가지는 바로 이 기

---

[3] 알란 쇼어 박사

쁨의 회복이 필요했기 때문이다. 각각의 훈련 과정은 짝을 이루는 두 사람이 기쁨을 일구어 내고 증대시키는 것을 훈련하는 다양한 실습 과제들을 포함하고 있다. 참가자들이 트랙 3에 도달할 때쯤 되면 그들은 1번 뇌기술을 획득하고 연습하고 전파하는 데에 매우 능숙해지게 된다. 에드 코리와 짐 와일더 박사는 공동체들이 1번 뇌기술을 잘 사용하고 전수할 수 있도록 Connexus 프로그램을 개발했다. 아래 소개된 1번 뇌기술의 "행동 단계"와 "다음 단계"는 회복적인 연습의 첫 시작이다.

1번 뇌기술 - 행동 단계

앞으로 24시간 동안 당신이 신뢰하는 사람에게 진정한 기쁨을 전하도록 하라. 당신의 표정과 목소리로 "당신을 만나서 반갑다!"고 말하라. 또한 기쁨이 넘쳐나던 특별한 순간을 떠올려 보고, 그러한 순간이 당신에게 어떤 느낌을 주었는지 알아보라.

1번 뇌기술 - 다음 단계

「기쁨은 여기서 시작된다」를 참고해 친구들과 함께 "기쁨 만들기"를 시작할 수 있다. 온라인 JOYQ 평가서를 통해 그룹을 시작하고 기쁨이 얼마나 자라나고 있는지 측정해 보도록 한다.

짐 와일더 박사가 쓴 책 「남성과 살아가기 위한 완벽한 안내서」(The Complete Guide to Living With Men)를 통해 기쁨이 어떻게 성숙을 만들어 내는지 알아보도록 하라. 기쁨이 어떻게 리더와 조직에 영향을 미치는지 워너와 와일더가 쓴 「드문 리더십」을 읽어 보라. 만약 당신이 결혼했다면, 당신의 기쁨을 재가동시킬 수 있도록 "다시 빛나는 기쁨" 주말 결혼 세미나에 참석하든지 혹은 「바쁜 커플들을 위한 30일간의 기쁨 훈련」책을 권한다. 「예수님을 생각하라: 하나님 나라의 삶에 대한 대화」(Jesus In Mind: Talks on Kingdom Life)의 오디오 레슨 시리즈 중 3권을 청취함으로 기쁨과 관련한 신학과 뇌과학에 대해 더 배워 보기 바란다. 성숙 강의들을 시청하고 집에서 배우는 성숙 온라인 커리큘럼에도 참여해 보라. 만약 당신이 기쁨을 시작하고 퍼뜨리는 일에 진지하게 헌신되었다면 성숙 훈련에 참여하거나 Connexus 프로그램을 사용해서 당신의 교회와 공동체에 기쁨을 전파하도록 하라. 그 밖의 내용은 joystartshere.com을 참고하기 바란다.

결론

1번 뇌기술은 주 하나님을 전심으로 사랑하고, 이웃을 사랑하는 헤세드 공동체라면 당연히 맺게 되는 열매이다. 이 기술은 헤세드 공동체에서 흘러나올 뿐 아니라 헤세드 공동체를 발전시킨다. 그것은 당신을 만나기만 하면 얼굴이 밝아지는 사람들을 도무지 사랑하지 않을 수 없기 때문이다. 사람들은 1번 뇌기술이 편만히 퍼져 있는 곳에 머물기를 원하며, 이 기술을 소중히 여기고 사용하는 사람들의 모임은 세상을 바꿀 수 있다. 이러한 맥락에서 기쁨은 나눌수록 더욱 커진다. 공동체의 풍성한 교제는 가능한 가장 실용적이고 심오한 방법으로 1번 뇌기술을 시작하고 유지하며 전파할 수 있는 기회를 제공한다. 진정한 변화는 언제나 1번 뇌기술을 포함한다. 1번 뇌기술은 우리 정체성과 인격에 깊은 변화를 가져온다. 왜냐하면 기쁨은 우리에게 힘을 주기 때문이다. 복음이 주는 기쁜 소식은 우리를 볼 때마다 밝게 빛나시며 가까이 다가오도록 손짓하시는 하나님을 우리가 섬기고 있다는 사실이다. 1번 뇌기술은 가장 차가운 마음도 따뜻하게 녹일 수 있고, 가장 뜨거워진 머리도 차갑게 식힐 수 있다.

1번 뇌기술을 갖게 되면: 나는 사람들과 함께 즐거워할 수 있는 기회를 끊임없이 찾게 된다. 나는 관계를 소중히 여기고, 좋은 것은 최대한 널리 전파하고자 애쓴다.

1번 뇌기술이 없거나 부족하면: 기쁨은 삶에 압도 당해 순식간에 사라진다. 주로 고통의 문제에만 집중하는 경향을 보인다.

1번 뇌기술 적용 단계 – 진의 기쁨

진은 모든 일에 최고가 되고, 성공하는 일에 집착하는 잘나가는 세일즈맨이었다. 진은 1번 뇌기술을 배우고 나서 자신에게 관계적 기쁨이 부족하다는 것과 그 부족한 기쁨을 채우려고 더 오래 일하든지 TV를 보거나 인터넷 서핑을 하며 사람들로부터 멀어지려 했음을 알게 되었다. 그래서 다시 교회의 소그룹에 참여하기로 결심했다. 제자 훈련을 하는 소그룹에 마침 결원이 생겨 그는 그곳에 참여했다.

몇 주 후, 진은 기쁨에 대해 자신이 배운 것을 나눌 때가 되었다고 느꼈다. 그의 나눔을 들은 사람들은 잠시 토론 시간을 가진 후에 라이프 모델 웍스 교재에 나오는 연습을 활용해 기쁨을 만들어 내는 창의적인 방법들을 시도하기로 했다. 그들은 매번 모일 때마다 각 사람이 돌아가면서 기쁨을 누릴 수 있는 창의적인 방법을 발견해 소개했다. 머지않아 진은 자신의 삶에 큰 변화가 일어나고 우선순위가 바뀌게 된 것을 깨닫게 되었다. 진은 여전히 업무를 성공적으로 해냈지만 더 이상 시간 외 근무를 하지 않았고, 더 깊은 교제를 추구하며 친구들이나 공동체와 시간을 보냈다. 진은 심지어 동료들과 함께 하는 즐거움을 정기적으로 표현함으로써 그들을 놀라게 하기도 했다. 진에게 1번 뇌기술은 무언가 좋은 것의 시작이었다.

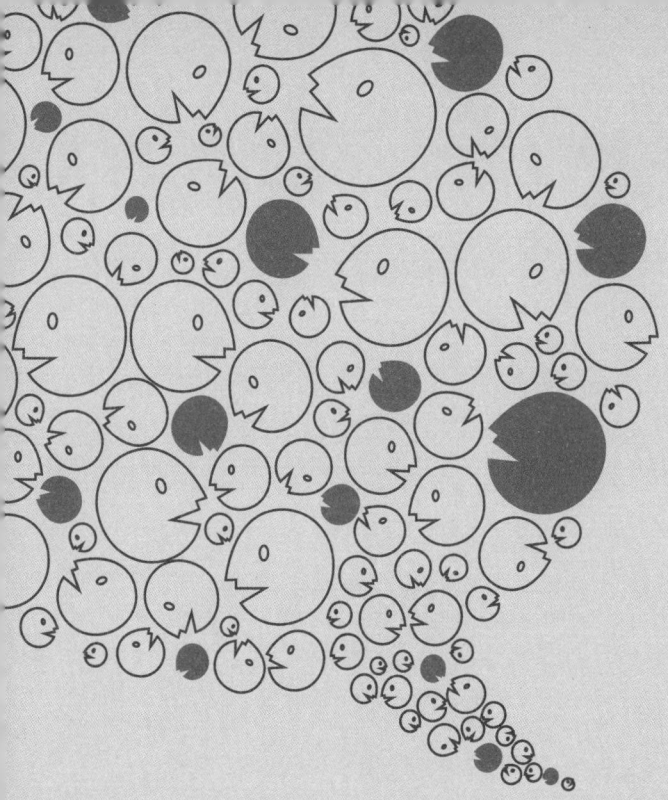

CHAPTER 4

2번 뇌기술:
자신을 진정시키라

단순한 잠잠함: 기쁨과 분노의 감정을 경험한 이후에
평정(샬롬)을 되찾는 일은 일생 동안 지속되는
정신건강의 가장 중요한 전조이다.

"왜 이 기술이 당신에게 중요합니까?"라고 하나님께 여쭤보았을 때 내 마음속에 이런 생각이 떠오르는 것을 발견했다.

"내가 자녀들에게 주는 선물 중에 한 가지는 휴식이다. 나는 네가 연약하고 지칠 수 있는 존재임을 안다. 네가 나와 함께 쉴 수 있도록 너를 초대하기 원한다. 나는 휴식을 필요로 하고, 또 그것을 즐기도록 너를 창조했다. 나는 내 자녀들이 나의 안식으로 들어오는 것을 보기 원한다. 네 호흡조차도 네가 스스로를 진정시키고 잠잠히 할 때가 되었음을 알려 준다. 숨을 쉬거라, 내 자녀야."

걱정과 두려움에 쌓여 있던 시기를 기억하는가? 불쑥 끼어든 생각이 평안을 앗아가 버린 때도 있었을 것이다. 오해를 받았다거나 억울하게 비난을 받았다고 느낀 적도 있었을 것이다. 청구서를 처리하는 문제나 건강 문제로 근심에 쌓여 있었던 적도 있었을 것이다. 가쁜 호흡이나 긴장된 몸이 당신의 발목을 잡았을 수도 있다. 그때는 이런 시련이 언제 끝날지 궁금했을 것이다. 2번 뇌기술이 결여되어 있으면 우리는 생각과 몸을 진정시킬 수 없다. 휴식의 부재는 우리를 지치게 한다.

관계는 기쁨과 휴식의 리듬을 필요로 한다. 우리는 휴식하고 난 후 기쁨으로 돌아가고, 기쁨을 누린 후에 다시 휴식으로 되돌아간다. 이렇게 이루어지는 교류는 우리에게 만족감과 새로움을 안겨 준다. 잠깐이나마 쉬는 그 순간이 더 많은 기쁨을 얻을 수 있는 힘과 스테미나를 공급해 준다. 기쁨의 절정에 도달하면 반사적으로 상대방의 얼굴에서 시선을 돌리는 유아로부터 우리는 이러한 패턴을 발견할 수 있다. 아기는 이때 잠시 숨을 돌린 후, 다시 얼굴을 마주 대하는 기쁨으로 재빨리 돌아온다. 연결되고 분리되는 작업이 계속되는 것이다. 만약 아기가 시선을 돌리면 당신은 그대로 쉬도록 해 주겠는가?

교류가 잘 동기화 되고 조율되면, 서로 바라보거나 눈길을 돌릴 때마다 에너지의 수준은 동반하여 상승하기도 하고 하강하기도 한다. 오케스트라를 지휘하는 지휘자처럼 훈련된 뇌는 이러한 패턴을 잘 알고 그것을 따라가기에 즐거움이 자연스럽게 느껴진다. 기쁨과 휴식이 "관계를 맺는 방식"이된다. 휴식이 없으면 우리는 괴로움을 느끼게 되며 오래지 않아 우울해지고 고갈됨을 경험하게 된다.

기쁨과 휴식을 번갈아 하면 건강이 상하게 되는 일을 면할 수 있다. 한 연구에 의하면 8주간의 휴식 프로그램을 실시하고 났을 때 참가자들의 병원 이용률이 43%나 감소한 결과를 얻었다고 한다.[1] 이 프로그램은 명상과 요가, 그리고 스트레스를 줄이는 연습을 통해 휴식에 집중하며 매주 3시간씩 8주간 진행되었는데, 사회적 지지와 인지적 기술 훈련, 그리고 긍정의 심리학을 통해 회복 탄력성을 키우는

---

1 http://time.com/4071897

내용도 포함되어 있었다. 그들은 이렇게 절약된 의료비가 한 사람당 연간 640-25,000달러에 달하는 것으로 추정했다. 이것은 정말 큰 액수가 아닐 수 없다. 사람들은 이 프로그램을 통해 평안을 경험했는데, 그것이 이토록 큰 차이를 만들어 낸 것이다.

친구와 즐겁게 맛있는 음식을 먹던 순간을 기억해 보라. 함께 숨 쉬고, 먹고, 맛을 음미하고, 음식을 삼키면서, 말하고, 웃는 매 순간을 당신은 즐겼다. 좋은 음식처럼 2번 뇌기술은 관계와 상호 교류에 균형을 잡아 주는 필수요소이다. 2번 뇌기술은 관계의 밧데리를 재충전하기에 "필요한 만큼"의 세로토닌을 분출시킨다. 세로토닌은 만족감과 평안을 경험하게 해 준다. 해가 뜨면 지는 때가 있듯이, 2번 뇌기술은 1번 뇌기술을 뒤따르면서 몸을 진정시키고 생각을 잠잠하게 해 준다. 기쁨과 잠잠함은 상호 보완적이어서 서로 간의 교제가 만족스럽기 위해서는 두 가지 모두가 필요하다.

사용되지 않은 기억, 언어, 은사, 근육, 기술들은 언젠가는 퇴화되게 된다. 관계 기술도 마찬가지여서 모든 세대는 그들이 배우고 사용한 것만을 다음 세대에 전수할 수 있다. 기술들이 잊혀지게 되면, 다음 세대에 학대, 고통, 중독, 왜곡 등 바람직하지 않은 성향들이 확대될 것이다. 의도나 의지와 상관없이, 우리는 우리가 소유하고 있지 않은 것을 줄 수 없다. 가족과 공동체가 휴식하는 것을 허용하지 않거나 그것을 배운 적이 없다면 2번 뇌기술은 조금씩 소멸하기 시작한다. 2번 뇌기술이 없으면, 우리는 과로하고 탈진하게 되며, 우울해지거나 전자기기들에 빠져 살면서 잠잠히 머물기를 거부한 채 무너지기 직전까지 자신을 몰아붙이게 된다. 최근 대학생과 대학원생들을 대상으로 한 연구에 의하면 거의 절반(48.1%)에 가까운 학생들이 전자기기에 연결되어 있지 않으면 금단 증상을 경험하는 인터넷 중독자로 밝혀졌으며, 40.7%에 해당하는 학생들도 잠재적인 인터넷 중독자인 것으로 드러났다. 문제가 심각한 인터넷 사용자 중 많은 이들이 자기 가족들도 인터넷을 과다하게 사용한다고 말했다. 비록 적은 수의 사람들을 대상으로 실시된 연구였지만, 이것은 2번 뇌기술이 결핍될 때 우리가 과도하게 분주해지며 무언가에 몰두하게 됨을 잘 보여 준다. 우리는 자신의 파괴적인 행동양식을 다음 세대에 전수하면서 그것을 정상이라고 강변한다.[2]

앞에서 언급한 연구와 같이 2번 뇌기술도 특정하기 어려운데, 이는 진정한 안식을 대체하는 행동양식이 사회적으로 용인되는 것들이기 때문이다. 우리는 잠잠함과 휴식을 분주함과 일, 섹스와 음악, 인터넷과 델레비전 같은 BEEPS로 바꾼다. 이러한 일이 일어나면 우리의 세계는 우리가 하는 일, 우리가 사는 물건, 우리가 아는 사람, 우리가 모는 차, 우리가 일하는 장소, 혹은 우리가 입는 옷의 브랜드로 가득 차버리게 된다. 자신의 감정을 잠재우고 휴식하라는 신호를 무시하는 행위가 한데 모아지면 긴장을 유발시키고 뇌를 조절하지 못하게 된다. BEEP는 상호 교류를 감당할 만하고 의미 있는 것으로 만들기 위해 가족 구성원들이 의지하는 자연스러운 활동과 안식의 변화

---

2 이 개념에 대해 더 자세한 이해를 원하면 JIMTalks의 Vol. 30. 짐 와일더 박사의 강의를 참고하라.

를 뒤바꾸어 버린다.

UCLA의 신경심리학계에서 존경받는 학자인 UCLA의 알란 쇼어 박사는 감정을 차분히 조절하거나 긍정적인 감정을 기쁨으로 이끄는 능력이 없다면 평생 정신질환으로 고통 당할 수 있다고 했다. 나는 스스로를 얼마나 잘 진정시킬 수 있는가? 나는 얼마나 잘 기뻐할 수 있고 또 전할 수 있는가? 이 두 가지는 나이가 들어가면서 우리의 정신건강이 어떠해질지를 결정하는 중요한 요소가 된다. 우리가 신경계에 적절히 브레이크나 액셀 밟는 법을 배우지 못한다면 수없이 많은 종류의 인격장애와 행동장애, 즉 우울증, 불안, ADHD, 공포증, 중독, 수면장애 등을 경험하게 될 것이다. 결국 가장 중요한 것은 자신의 감정을 조절하고 다스리는 법을 배우는 것이다. 우리는 늦추는 것을 두려워하고, 휴식을 거부하며, 자주 지루함을 느끼거나 비관계적인 방식으로 남들로부터 고립되고자 하는 사람들이 2번 뇌기술을 배울 때, 몇 가지 사전작업이 필요함을 발견했다.

2번 뇌기술은 보통 어떻게 획득되고 연습되며 전파되는가?

다른 뇌기술들과 마찬가지로, 2번 뇌기술은 관계를 통해 전달되며 가족을 통해 처음 학습되기 시작한다. 태어난 순간부터 엄마와 함께 스스로를 진정시켰던 모든 순간은 우리를 잠잠하게 하고, 차분히 가라앉히며, 오래도록 지속되는 유대관계를 형성해 준다. 우리는 2번 뇌기술이 사용될 때 안전하고 보호받는 느낌을 받는다. 2번 뇌기술을 가지면 그것을 사용하지 않을 수가 없는데, 그 이유는 이제 그것이 우리의 인격을 구성하는 중요한 요소가 되었기 때문이다. 우리는 잠잠한 순간을 사모하게 되며, 쉬지 못하면 제정신이 아닌 듯이 느껴지게 된다. 우리가 어떻게 자신을 차분하게 진정시키는지 모범을 보이면, 2번 뇌기술이 부족하여서 긴장되어 있는 사람들도 격렬한 감정과 압도적인 상황 속에 여전히 평안을 유지하며 견고히 서 있는 우리들의 능력으로 인해 영감을 받게 될 것이다. 또한 우리는 감정이 격해지고 평안이 없는 사람들을 만나면 어떻게든지 2번 뇌기술을 그들에게 전수하고자 애쓰게 된다. 또 그들이 잠시 숨을 고르고 쉬어가도록 안식으로 초대하게 된다.

2번 뇌기술은 어떻게 추가적으로 획득되고 연습되며 전파되는가?

이제 관계 · 코이노니아를 변화시키는 것이 어떻게 자신을 진정시키는 기술을 복원시킬 수 있는지 살펴보자. 함께 휴식을 누리는 가속과 공동체는 안전감을 제공해 주며 모든 구성원의 기운을 회복시켜 준다. 하나님도 휴식을 매우 소중히 여기셨기에 우리 모두가 본받을 수 있도록 창세기의 창조 이야기 끝에 안식하셨다. 성경은 활동을 "멈추는" 것에 대해 이렇게 말한다.

> "이는 나와 이스라엘 자손 사이에 영원한 표징이며 나 여호와가 엿새 동안에 천지를 창조하고 일곱째 날에 일을 마치고 쉬었음이니라 하라"(출 31:17).

나는 NKJV 버전을 좋아하는데, 이 번역본에서는 17절 끝을 "그는 쉬셨고, 기운을 회복하셨다"라고 했다. 안식일의 쉼은 결혼반지처럼 우리가 늘 끼고 다녀야 하는 표식과도 같다. 쉼 자체가 일처럼 여겨져서는 안된다. 그것은 우리를 상쾌하게 하고 회복시키는 것이어야 한다. 안식일에 쉬는 것은 성경에서 가장 많이 언급된 명령들 중 하나이며 십계명 중 네 번째 계명이다. 하나님은 모든 사람과 동물이 일주일에 하루를 쉬도록 명령하셨다.[3]

하나님은 자기 백성이 쉬기를 원하셨을 뿐만 아니라, 매 7년마다 땅도 쉬게 하셨고, 희년에는 2년을 연속해서 쉬도록 명하셨다.[4] 놀랍게도 하나님은 안식일이 있기 직전 여섯째 날과 안식년이 있기 직전 여섯째 해에 더 많은 것을 베풀어 주셨다. 이처럼 하나님은 자신의 명령을 준행하는 자들을 보호하시며 축복을 쏟아부어 주신다.

"땅은 그것의 열매를 내리니 너희가 배불리 먹고 거기 안전하게 거주하리라"(레 25:19).

자기 자녀들로 하여금 휴식하게 하는 일을 어떻게 이보다 더 쉽게 만들 수 있겠는가? 우리는 땅을 한 해 쉬게 하면 토양 속의 중요한 영양분과 미네랄이 복구된다는 것을 안다. 마찬가지로 휴식은 인내할 수 있는 관계의 용량을 회복시켜 준다. 안식일은 우리에게 쉼

---

3 출애굽기 20, 신명기 5장. 로마 카톨릭과 루터교에서는 세 번째 계명으로 분류한다.
4 희년은 매 50년마다 돌아오기에 땅은 49년째와 50년째에 쉼을 얻게 된다(레 25:8).

그 이상을 선물해 주는데, 생명을 위협했던 사악한 왕비 이세벨로 인해 한때 큰 두려움에 빠져 있던 담대한 선지자 엘리야의 삶에서 쉼이 얼마나 중요한지 발견하게 된다. 선지자는 멀리 달아났다가 로뎀나무 아래서 죽기를 구하며 맥없이 주저앉았다. 그에게 정말 큰 두려움이 임했던 것이다. 그때 천사가 나타나 선지자를 깨웠고 잠시 먹고 마신 후에 그는 다시 잠이 들었다. 천사는 두 번째로 나타나 그를 깨웠고 "일어나 먹으라 네가 갈 길을 다 가지 못할까 하노라"(왕상 19:7b)고 했다. 결국 하나님은 엘리야를 만나 주셨고 그가 혼자가 아님을 보여 주셨다. 휴식은 우리가 가야 할 여정이 우리의 능력 너머의 일임을 상기시켜 주며, 그 한계를 알고 휴식을 위해 멈춰야 함을 알려 준다. 즉, 휴식이란 "내가 잠시 멈추어야 함"을 의미한다. 관계가 지속되기 위해서는 기운을 차리게 하는 휴식과 멈춤의 순간이 꼭 필요하다.

만약 지금까지 2번 뇌기술을 배우지 못했다면 잠잠하기와 휴식하기를 잘하는 사람과 어울릴 필요가 있다. 자기 자신과 주변 환경에 대해 "만족스러워"하고 "평화로워 보이는" 이가 있다면 바로 그러한 사람들이다. 그들에게 도움을 받아 연습할 필요가 있다. 잠잠함으로 돌아가는 작은 걸음은 긍정적인 변화를 창조하고 관계에도 영향을 미치게 된다.

우리는 잠깐 동안 깊은 심호흡을 하면서 친구들과 함께 잠잠하기를 연습해 볼 수 있다. 이와 같은 호흡법은 갈비뼈 아랫쪽의 횡경막을 확장시켜서 산소를 더 많이 흡입하게 해 주며 혈류에 산소 공급을 증가시켜서 뇌까지 이르게 해 준다. 그래서 이러한 호흡법은 마음을 진정시키는데 도움을 준다. 심호흡을 하며 잠시 잠잠히 있은 후에 무엇을 깨달았는지 나누어 보라. 이렇게 여러 차례 잠잠하기를 연습하면서 시간을 조금씩 늘려 가라. 2번 뇌기술이 전에 즐기던 "가짜 휴식"을 어떻게 대체해 나가는지를 지켜 보라. 빨리 달려가던 생각이 느려지고, 충동적인 반응들이 사라지면서 여러 욕망도 길들여지는 것을 발견하게 될 것이다. 이 2번 뇌기술은 이완 기술, 침묵의 휴식, 안식일, 그리고 자기 성찰의 연습 등 다양한 모양으로 각각의 문화에 적용될 수 있다. 이 기술은 매일매일 우리의 생각과 몸을 이완시키는 성숙 훈련의 연습에도 그대로 반영되어 있다.

침묵과 휴식은 우리가 다른 사람들에게 주는 선물이기도 하다. 우리가 이 기술을 실제로 사용하게 되면, 사람들에게 휴식이 필요함을 더 잘 감지하게 된다. 그래서 사람들이 무언가에 짓눌려 있거나 긴장의 수준이 높아지게 되면, 그들이 잠시 우리 시선을 벗어나 편히 쉴 수 있도록 자유를 주게 된다. 때때로 우리는 바쁜 일정 가운데 휴식 시간을 의도적으로 계획해 넣을 필요가 있는데, 휴식은 우리가 집과 학교, 교회와 일터에서 펼칠 수 있는 가장 생산적인 기술 중 하나라고 할 수 있다. 어느 연구 결과를 보면 휴식이 노동자의 생산성과 효율을 증대시킴을 보여 준다. 예를 들어, 코넬대학의 연구에 의하면 휴식시간을 제공받은 노동자가 그렇지 못한 노동자보다 작업 정밀도가 13%나 더 높은 것으로 밝혀졌다.[5] 업무 능력이 탁월한 이들은 자

---

5 www.news.cornell.edu/stories/1999/09/onscreen-break-reminder-boosts-productivity

신을 끝까지 밀어붙이는 사람이 아니라 적절하게 잘 쉬어 주는 사람이다. 휴식과 침묵의 시간은 바쁜 일정 가운데 닻과 같이 우리를 잘 붙잡아 주어서 효과적이며 생산적으로 일할 수 있도록 도와준다.

2번 뇌기술 – 행동 단계

3분간 타이머를 맞추어 놓는다. 편안한 자세로 심호흡을 한다. 이후 몸이 어떻게 반응하는지 살펴보라. 매일 이 연습을 한 후 관찰한 바를 기록해 놓도록 한다.

2번 뇌기술 – 다음 단계

2번 뇌기술을 삶 속에 적용할 수 있도록 시간을 구별해 놓을 뿐 아니라 휴식 시간을 가지겠다는 의지를 공유하는 사람들과 함께 침묵을 연습해 보도록 한다. 이때 「기쁨은 여기서 시작된다」를 함께 보면 도움이 될 것이다. 온라인 JOYQ 평가서를 실시해 본다. 성숙 상의들을 시청하고 집에서 배우는 성숙 온라인 커리큘럼에도 참여해서 당신이 알고 있는 지식과 적용 방법을 한 차원 높여 보도록 한다.

만약 당신이 결혼했다면, 당신의 기쁨을 재가동시킬 수 있도록 "다시 빛나는 기쁨" 주말 결혼 세미나에 참석하든지 혹은 「바쁜 커플들을 위한 30일간의 기쁨 훈련」 책을 권한다.

「예수님을 생각하라: 하나님 나라의 삶에 대한 대화」의 오디오 레슨 시리즈를 청취함으로 이것과 다른 인생모델 주제에 관해 더 배워 보기 바란다. 만약 당신이 휴식하며 잠잠해지는 것을 진지하게 배우고 싶다면 성숙 훈련에 참여하라. 세 가지 성장 52주 기술 가이드북이 당신의 연습을 도와줄 것이다. 그 세 가지는 「기쁨과 휴식 마스터하기」(Mastering Joy and Rest), 「기쁨으로 돌아오기 마스터하기」(Mastering Returning to Joy), 그리고 「적용 전략 마스터하기」(Mastering Applied Strategy)이다. 성숙 훈련에 참여하거나 Connexus 프로그램을 사용해서 당신의 교회와 공동체에 기쁨을 전파하도록 하라. 그 밖의 내용은 joystartshere.com을 참고하기 바란다.

결론

1번 뇌기술과 비슷하게 2번 뇌기술도 구성원들이 휴식을 소중히 여기고 침묵을 격려하는 헤세드 공동체의 산물로 나오게 된 것이다. 우리는 2번 뇌기술을 사용하는 사람 주변에 있으면 안전감을 느끼는데, 그들은 "만족스러워하고", "평안해 하며", "조급해 하지 않고" 다른 사람들을 "기분 좋게 해 주는" 사람들이다. 우리는 이런 사람들에게 끌리고, 헤세드 공동체는 이처럼 잠잠할 줄 알고, 차분하며, 휴식할 줄 아는 사람들을 통해 만들어진다. 우리의 관계적 자원이 모여 있는 코이노니아는 공동체의 모든 구성원이 2번 뇌기술을 사용하고, 강화시키며, 또 고칠 수 있도록 좋은 모범과 기회를 제공해 준다. 도무지 붙잡아 둘 수 없었던 거라사 귀신 들린 자가 예수님께 치유받아 제대로 차려 입고 얌전히 앉아 있게 된 놀라운 일이 벌어진 것도 이러한 원리에 해당한다.[6]

---

6 마가복음 5:1-20

평안, 만족, 그리고 휴식은 모두 2번 뇌기술이 가져온 변화의 표시이다. 변화는 언제나 2번 뇌기술을 포함하며 그것으로 이끈다. 사람이 휴식할 수 있는 능력을 얻었다는 것은 외상이 해결되었다는 증거이다. 잠시 후 적용 단계에서 보겠지만, 변화는 2번 뇌기술이 학습되고 사용될 때 일어난다.

2번 뇌기술을 갖게 되면: 나는 휴식을 소중히 여기게 되고 매일 시간을 구별하여 스스로를 진정시키고 잠잠히 머물게 한다. 휴식이 필요한 순간이 오면 바로 감지할 수 있다.

2번 뇌기술이 없거나 부족하면: 나는 계속 분주하고 게임이나 텔레비전, 책 등 내 마음을 바쁘게 하는 많은 것들에 마음을 빼앗기게 된다.

2번 뇌기술 적용 단계 – 젠의 초조함

아내 젠을 처음 만났을 때 그녀는 우울증과 불안으로 국가에 등록된 환우였다. 그 몇 년 전, 아니 몇 달 전만 해도 그녀는 삶의 거의 모든 분야에서 올 A를 받는 학생이었다. 그러나 젠은 결국 바닥을 치고 더 이상 제기능을 할 수도, 일을 할 수도 없게 되었다.

젠은 열아홉 가지 뇌기술을 가지고 있지 않은 첫 사람이라고 할 수 있었는데, 그중 2번 뇌기술의 부재가 그녀의 전체적인 건강과 안녕에 치명적인 영향을 미쳤다.

나는 어느 날 젠이 침대에서 나올 수만 있다면 좋은 날이라고 이야기하는 것을 들은 기억이 난다. 젠이 다시 정상으로 돌아올 수 있도록 하기 위해 몇몇 친구들과 나는 여기서 조금, 저기서 조금 시간을 늘려가며 그녀가 2번 뇌기술을 익힐 수 있도록 도와주었다. 우리는 그녀와 함께 침묵 가운데 앉아 있었고, 그러다가 45초 간격으로 옮겨 갔는데, 이 정도의 짧은 시간도 그녀에게는 견디기 어려운 시간이었다. 그녀의 마음은 멈추지 않고 계속 경주를 하고 있었기 때문이다. 2번 뇌기술은 이제 그녀가 매일 해야 하는 요양법의 일부가 되었고, 그녀는 곧 크게 달라진 그녀의 외모와 더불어 감정을 다스리는 능력을 얻게 되었다. 그리고 그녀는 새롭게 기능할 수 있는 힘도 생겨났음을 깨닫기 시작했다. 심지어 미소를 지어보이기까지 했다.

나는 내가 그녀의 친구일 뿐만 아니라 남편인 것이 기쁘다. 그리고 그녀가 열아홉 가지 뇌기술로 우리 아들들을 안전하게 양육하고 있는 생기 충만한 젊은 엄마임을 자랑스럽게 말할 수 있다. 젠은 그들이 피곤해 할 때는 쉴 수 있도록 도와주고, 그들이 화가 났을 때는 어떻게 기쁨으로 되돌아올 수 있는지를 잘 보여 준다. 이제는 대부분의 사람들이 젠이 한때 우울증을 앓았다는 사실을 믿지 못한다. 그녀는 나의 영웅이다!

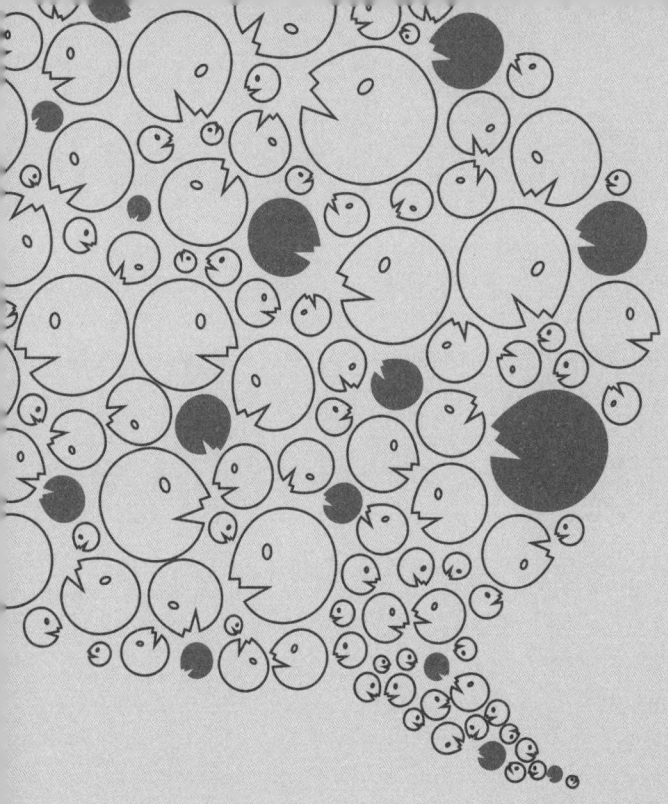

CHAPTER 5

3번 뇌기술: 둘 사이에 유대를 형성하고 애착을 동기화 하라

애착을 동기화 하라: 우리를 더욱 가깝게 만들면서 동시에
독립적으로 행동할 수 있게 해 주는 "사고 공유 상태"를 갖게 되면
우리는 모두 만족을 느끼게 된다.

"왜 이 기술이 당신에게 중요합니까?"라고 하나님께 여쭤보았을 때 내 마음속에 이런 생각이 떠오르는 것을 발견했다.

"나는 내 자녀들이 이해할 수 있는 언어로 교류한다. 나는 내 자녀들이 감당할 수 있는 방법으로 그들을 만난다. 나는 인간들이 서로 관계를 맺는 것처럼 그렇게 내 백성들과 관계를 맺는다. 두 사람의 유대관계는 인간이 관계적 삶을 시작하는 첫 시작이며, 나는 그것이 선하고 친밀하며 즐거운 무언가의 첫 시작이 되도록 설계했다. 이것은 나의 선물이며, 반드시 시간이 지나야 자라날 수 있는 것이다."

3번 뇌기술은 우리가 다른 사람과 맺는 유대관계에 관한 것이다. 3번 뇌기술을 습득하면 내면의 안정감을 갖게 되고, 기대감과 호기심을 가지고 세상을 대할 수 있게 된다. 우리가 태어난 바로 그 순간부터 엄마와 맺는 유대감은 뇌기술, 특히 1번과 2번을 학습할 수 있는 "놀이터"가 된다. 이상적인 세상이라면 엄마는 우리와 함께 있기를 기뻐하고, 그 기쁨은 우리를 먹여 주고 체온을 유지시켜 주는 등 우리의 필요에 반응하는 여러 활동을 통해 표현된다. 우리는 엄마의 체취와 존재, 손길, 목소리, 표정, 그리고 계속 변하는 우리들의 요구에 대한 그녀의 반응에 길들여 지게 된다. 엄마는 우리에게 기쁨을 주기도 하고, 또 위로의 몸짓으로 진정시켜 주어서 휴식하게 해 주기도 한다. 엄마의 일관되고 예측 가능한 행동으로 인해 기쁨과 휴식은 우리의 자연스러운 상태가 된다. 그래서 세상은 안전한 곳이라고 느끼게 된다.

엄마와 맺는 기본적인 유대관계 외에 3번 뇌기술은 흔히 서로 간의 신호와 한계를 공유하고 존중하는 두 사람 사이에 일어나는 즐겁고 상호 교류적인 "춤"에 비유되기도 한다. 표현, 느낌, 생각, 그리고 단어들이 두 사람 사이에 리듬감 있게 움직여서 두 사람 모두 상대방의 생각과 의도를 이해하게 되는 것이다. 3번 뇌기술은 한 사람이 네트 너머로 서브를 하는 탁구 경기나 테니스 경기와도 같다. 수비를 하는 사람은 서브된 공을 순식간에 받아넘긴다. 만약 잘 숙련되어 있다면 두 사람은 누군가가 멈출 때까지 공을 계속해서 주고받을 것이다. 두 사람의 실력의 범위만큼 기쁨은 지속된다. 스포츠 경기가 승리에 집중한다면, 3번 뇌기술은 두 사람의 관계를 안전하게 하는 것을 목표로 삼는다. 두 사람 중 더 경험이 많은 사람이 상대(이상적으로는 더 젊은 사람)의 한계와 능력을 존중해 주면 상대방은 자신이 보호받고 그와 연결되어 있다고 느낄 것이다.

3번 뇌기술은 역동적인 사고 공유 상태를 형성하는 두 사람 사이의 상호적인 나눔이다. 그들은 같은 생각을 갖고 있다. 이처럼 뇌와 뇌가 짝을 이루게 되면, 응집력 있는 공동의 마음을 소유하게 되어 서로가 존재를 인정 받고 이해 받고 있다고 느끼게 된다. 우리의 감정의 뇌도 서로 연결되어 마치 상대방이 나의 기쁨의 근원인 것처럼 느끼게 된다. 실제로는 우리가 우리의 기쁨의 원천인 것이다. 생애 초기에 적절하게 동기화되고 실행되기만 한다면, 공유된 생각과 느낌, 그리고 표현의 조합은 오래도록 지속되는 사랑과 안정감을 제공해 준다. 기쁨과 휴식의 새로운 사이클이 시작될 때마다 유대는 더욱 깊어진다. 3번 뇌기술, 즉 두 사람 사이에 유대관계는 열아홉 가지 뇌기술의 습득을 앞당길 수 있는 이상적인 기초를 제공해 준다.

어떤 의미에서 우리는 관계를 시작하고 유지할 수 있는 기술들을 잊어버렸거나 아예 잃어버렸다. 관계를 맺는 기술이 사라지게 되면 우리는 우리의 인격을 형성하고 정체성을 결정해 주는 즐겁고 예측 가능한 유대관계를 더 이상 형성할 수 없다. 뇌의 관점에서 생각해 본다면 우리는 우리가 맺는 관계들로 만들어진 존재라 할 수 있다. 우리의 관계의 도서관에 보관되어 있는 얼굴들과 교류의 내용들에 따라 이것은 좋은 소식이 될 수도 있고, 나쁜 소식이 될 수도 있다. 우리가 맺는 관계들이 기쁨과 안정감의 근원이 될 때, 우리는 지혜와 자신감을 발판 삼아 새로운 관계들로 들어갈 수 있다. 그러나 만약 그동안 맺었던 관계가 중독적인 것이었다면 우리는 사람들로부터 최악의 것들만을 기대하게 된다.

우리를 양육해 준 사람들과 사랑과 안정감 넘치는 유대관계를 형성하지 못하면, 새롭게 형성하는 모든 관계마다 고통이 깊이 자리하게 된다. 평안, 안정감, 기쁨 대신 소외, 버림 받음, 거절, 그리고 BEEPS가 우리의 본 모습을 가로채 버린다. 우리는 보호받기 보다는 먹이가 되고, 돕기보다는 상처를 주며, 살리기보다는 죽이는 존재가 된다. 최악의 경우에는 다른 사람들에게 집중하기보다 자기 자신에게만 집중하는 사람이 되어 버리고 만다. 정직하게 경기하며 게임을 즐기기보다는 무슨 대가를 치르더라도 반드시 이기려고 한다. 그렇게 되면 불평과 두려움, 분노, 단절, 자기 중심성이 자라나 우리의 결정과 가치관의 지형을 송두리째 바꾸어 버리게 된다. 3번 뇌기술은 다소 과소평가된 뇌기술인데, 왜냐하면 이것을 소유하고 있으면 가장하거나 남을 위로하기 위해 가면을 쓸 필요가 없기 때문이다. 우리는 회복 탄력성이 강해지고, 재치 있으며, 쾌활하고, 창의적인 사람이 된다. 3번 뇌기술은 사람들로 가득 찬 세상으로의 모험을 준비하게 해 준다.

어느 아버지의 목소리

3번 뇌기술은 인생이 시작될 때부터 우리를 사랑해 주고, 먹여 주고, 위로해 주고, 보호해 주는 사람과 강한 애착을 형성하게 해 준다. 자궁에서부터 아기는 엄마의 목소리를 아는데, 한 연구 결과를 보면 아기가 16주차에 이르면 엄마의 소리를 들을 수 있을 뿐 아니라[1] 출생 전 10주 동안에는 엄마의 언어를 이해하고 배우기까지 한다고 밝히고 있다.[2] 엄마의 목소리는 증폭되어서 아기와 강한 유대를 형성한다. 아기는 엄마의 심장박동 소리뿐 아니라 바깥에서 들려오는 소리

---

1 부모 심리학과 건강 협회
2 http://www.webmd.com/baby/news/20130102/babies-learn-womb

도 듣고 익숙해 진다. 이 사실은 젠이 우리 큰아이를 임신했을 때를 생각나게 해 준다. 임신 초기에 나는 아내의 배 속에서 자라고 있는 아기에게 매일 몇 분씩 읽고 말하고 기도해 주는 시간을 가졌다. 매일 밤 나는 시편을 읽어 주고, 아기의 건강을 위해 기도해 주며 아기에게 말을 걸었다. 물론 처음에는 아내의 배에 대고 말을 하는 것이 어색했지만, 곧 넘어설 수 있었다.

아기는 태어나 젖을 먹기 위해 아내의 품에 안겨졌고, 아기는 엄마의 심장박동 소리를 들으며 안정을 취했다. 얼마의 시간이 지난 후, 의료진이 아기를 검사하기 위해 엄마에게서 떼어 방의 다른 쪽으로 데려가려고 했다. 그러자 아기는 소리를 지르며 울기 시작했다. 나는 직관적으로 그곳으로 다가가 고개를 숙여 아기의 귀에 대고 부드러운 소리로 말했다. "괜찮아 아가! 아빠 여기 있어!"

그러자 아기는 얼른 내 쪽으로 고개를 돌린 후에 잠잠해졌다. 간호사는 아기의 반응을 보고 깜짝 놀라 했고, 아기가 이렇게 빨리 반응하는 것을 처음 봤다고 했다. 그녀는 "도대체 무슨 일을 한 거예요?"라고 물었다. 나는 매일 저녁 배 속의 아기에게 해 준 일상을 알려 주었다. 그러자 그녀는 매우 놀라워했다.

예수님께서 말씀하신 것처럼 양이 목자의 음성을 알아듣듯이 아기가 부모의 음성을 알아듣는 것은 놀라운 일이 아니다.[3] 그 순간이 내게는 매우 의미 있는 순간이었지만, 아들은 자신의 우선적인 애착의 대상인 엄마와 유대관계를 맺는 것에 더 많은 관심을 보였다. 물

---

3 요한복음 10:1-18

론 시간이 흘러 가족 간의 유대관계를 맺을 때가 되자, 나도 그 과정에서 중요한 역할을 하게 되었다.

이와 같은 강력한 유대관계를 위한 생물학적 기초는 우리의 정체성을 형성하고, 뇌를 훈련시키며, 세상을 바라보는 시각의 틀을 제공한다. 3번 뇌기술의 발달에 문제가 생기면, 사람들과 관계를 맺는 면에서 매우 파괴적인 변화를 겪게 된다. 잘 아는 바와 같이 우리의 삶은 우리가 강하게 애착되어 있는 존재에 의해 형성되기 때문에 우리의 가장 깊은 고통과 가장 큰 기쁨은 모두 사랑과 안정감을 누리는 관계 속에서 나타난다. 우리는 끊임없이 관계를 맺고, 다시 또 관계를 맺으려고 몸부림친다. 나중에 17번 뇌기술과 18번 뇌기술을 통해 살펴보겠지만, 예측 가능하고 일관된 관계의 부재는 사람이 경험하는 최악의 고통을 만들어 낸다. 우리는 기쁨에 단단히 뿌리 박은 인간 관계를 위해 창조되었다.

상호 간의 언어적, 그리고 비언어적 교류는 우리 생각과 정체성의 감추어진 공간에 빛을 비추어 준다. 가시적인 신호를 해석하는 것은 3번 뇌기술과 더불어 발달하는 기술이며 많은 연습이 필요하다. 한 번의 표정과 눈길은 사업뿐 아니라 결혼생활에도 영향을 미친다. 우리는 포옹의 기쁨이나 상실의 아픔을 쉽사리 잊지 못한다.

상실에 대해 말이 나와서 말인데, 우리는 3번 뇌기술을 사용할 때 특별히 주의를 기울일 필요가 있다. 우리가 누군가와 교제하면 우리 뇌는 그 사람과 짝을 이루어 유대관계를 맺는다. 그런데 이성과 관계를 맺으며 기쁨을 쌓아 올라가면 그 관계는 성적인 것으로 변해 갈 위험이 크다. 우리의 관계 회로는 뇌의 성을 주관하는 회로 주위에 위치해 있는데, 두 사람이 일평생 부부의 연을 맺게 되면 이것은 매우 훌륭한 계획이 된다. 그러나 유대관계는 우리의 현실을 창조하기도 하고 변화시키기도 하기에 우리는 다른 사람과 기쁨을 만들어 갈 때 매우 주의를 기울여야 한다. 왜냐하면 이런 관계는 스캔들이나 관계 파탄의 원인이 될 수 있기 때문이다. 이러한 위험이 있기에 5번 뇌기술은 공동체를 훈련시키는 안전한 방법을 제공하는데, Connexus 프로그램은 그룹이 이러한 목표를 성취하도록 돕는다. 타인과 강한 감정으로 연결되는 것은 예상치 못한 매우 다양한 감정들을 불러 일으킬 수 있다. 특히 성관계를 통해 상실의 아픔을 감추려 하는 사람이 이에 해당된다.[4]

3번 뇌기술을 배우는 사람에게 좋은 소식은 유대관계를 맺은 파트너와 함께 훈련받는 것이 뇌기술을 배우고 강화시키는 가장 빠른 길이라는 사실이다. 그래서 성숙 훈련의 참가자들은 배우자나 친구, 혹은 기도 파트너를 동반하여 프로그램에 참석한다. 구원은 기쁨으로 가득 찬 관계 너머에 있다. 3번 뇌기술은 우리가 감정적이며 관계적 지성을 발전시킬 수 있는 캔버스와 같다. 조율, 회복, 그리고 나를 돌보아 주는 사람과의 대면 교류는 인격을 형성하고, 상처를 치유해 주며, 성장을 촉진시켜 주는 아름다운 구조를 만들어 준다. 5번 뇌기술인 가족 간의 유대가 우리의 성숙도를 완전히 새로운 단계로 끌어올릴 수 있지만, 3번 뇌기술을 통해 형성된 토대는 생애 전반에 걸쳐

---

4 더 자세한 내용은 짐 와일더 박사의 「남성과 살아가기 위한 완벽한 안내서」를 참고하라.

우리를 지탱해 주는 닻과 같은 역할을 한다는 사실을 잊지 말아야 한다.

3번 뇌기술은 보통 어떻게 획득되고 연습되며 전파되는가?

앞에서 언급한 바와 같이, 가장 이상적인 3번 뇌기술 발달은 아기가 엄마와 관계를 맺는 원가족으로부터 시작된다. 일단 그 관계가 안전하고 강력하면, 아기는 세상이 안전한 장소임을 배우게 되고 자유롭게 아빠의 세계도 탐험하게 된다. 그리고 훗날 이 영역은 집단에까지 확장된다. 3번 뇌기술 덕분에 우리는 사춘기 이후 자신 있게 집단 정체성을 형성하고 그것을 교류할 수 있게 된다. 이것이 강력한 유대관계를 형성하고, 의미 있는 존재와 깊은 우정을 형성하는 시작점이 된다. 일단 상황이 안정되면, 우리는 3번 뇌기술을 징검다리 삼아 5번 뇌기술도 소개할 수 있게 된다.

3번 뇌기술은 어떻게 추가적으로 획득되고 연습되며 전파되는가?

이제 관계·코이노니아를 변화시키는 것이 어떻게 두 사람 간의 유대관계를 형성하는 기술을 복원시킬 수 있는지 살펴보자. 사도 바울은 가르치고 설교하고 교회를 세우는 등 그의 선교 여정을 멈추지 않고 이어갈 때에도 개개인들을 멘토링 했다. 바울은 디모데와 다른 사람들을 훈련시켜서 자기와 같은 사람으로 "복제하기"위해 많은 시간을 들였는데, 어떤 때는 고린도인들에게 자신을 "본받으라"(고전 4:16)고도 했고, "내가 그리스도를 본받은 것처럼 나를 본받으라"(고전

11:1)고도 했다. 바울은 다른 사람에게 자기 시간을 투자하고 본을 보임으로써 그의 메시지를 전파하는 일의 가치를 이해했다. 바울은 그의 영적인 아들 중 하나인 디도에게 편지를 써서 "늙은 여자로는 이와 같이 행실이 거룩하며 모함하지 말며 많은 술의 종이 되지 아니하며 선한 것을 가르치는 자들이 되고 그들로 젊은 여자들을 교훈하되 그 남편과 자녀를 사랑"하도록 권면했다(딛 2:3-4).

바울은 3번 뇌기술의 가치를 이해했기에 사람들로 하여금 서로에게, 특히 나이든 남성이 젊은 남성에게, 나이든 여성이 젊은 여성에게 투자하도록 가르쳤다. 멘토링과 제자 훈련은 여기서 일대일의 유대관계를 통해 3번 뇌기술과 만난다. 치유와 성숙은 건강한 유대관계의 틀 안에서 일어난다. 그러나 관계를 맺는 우리의 능력이 크게 위축되어 있을 때가 있다. 우리는 유대관계가 불완전할 때, 헤세드 공동체와 1번 뇌기술, 2번 뇌기술, 그리고 임마누엘 치유(평안이 없는 우리 삶의 영역에 평안을 가져다 주고, 균열이 간 관계의 토대를 치유해 주는 하나님의 역사)의 조합을 필요로 한다.

결혼하게 되면 3번 뇌기술이 강화되며 또래들과 견고한 우정을 맺게 된다. 커플이나 형제 자매 관계를 넘어서, 하나님이 우리를 환대하듯이 우리가 다른 친구들을 환대하며 우리 집단 가운데로 맞아들일 때 3번 뇌기술은 5번 뇌기술로 이어진다.

성숙 훈련은 3번 뇌기술을 사용하여 새로운 기술을 훈련시킨다. 그래서 참가자에게 요구되는 가장 첫 번째 과제는 서로를 신뢰하고 즐거움을 함께 나누면서 유대관계를 맺고 있는 동성의 파트너를 데려오는 것이다. 성숙 훈련은 새로운 유대관계를 맺기보다 기쁨과 안식을 공유하는 의도적인 교류를 통해 기존의 유대관계를 변화시키도록 디자인된 것이기 때문이다. 3번 뇌기술은 커플 간의 관계를 창조하기 때문에 과거에 성적인 유대를 맺었던 경험이 있는 커플들이 주의사항을 지키지 않으면 더욱 더 성적인 관계로 변질될 수 있다. 그래서 불륜 문제가 생겨나는 경우가 종종 있다. 기쁨의 수준이 낮아져 있을 때 무방비 상태가 되는 것도 주의해야 한다. 결혼을 제외하고 우리가 맺는 관계는 그룹 내에 기쁨을 함께 나누는 것으로 안전하고 자연스럽게 연결되어야 한다. 3번 뇌기술이 5번 뇌기술로 발전하기 위해서는 두려움을 기쁨과 사랑으로 바꾸어야 한다.

3번 뇌기술 – 행동 단계

이 단계는 두 부분으로 이루어져 있다. 우선, 당신 삶에 3번 뇌기술이 얼마나 잘 발달되어 있는지 알 수 있도록 다음 세 가지에 대해 생각해 보고, 그 중 어느 것이 당신의 모습을 일관되게 반영하고 있는지 알아보자.

- 나는 주고받는 것이 매우 편안하게 느껴진다. 일반적으로 나는 세상이 안전하고 보호받을 수 있는 곳이라고 생각한다. 나는 큰 어려움 없이 나의 필요와 원하는 바를 배우자나 친구들에게 표현할 수 있다.
- 나는 도움이 필요한 사람이 주변에 많다고 느낀다. 내 배우자나 친구들은 내가 편안하게 느끼는 정도보다 내가 더 많이 표현해 주기를 원한다.

- 나는 친한 친구들이 내가 그들에게 다가가는 것만큼 나에게 다가오지 않는다고 느낀다. 배우자나 친구들이 멀리 떨어져 있으면, 나는 그들이 나보다 더 흥미로운 사람을 만나지 않을까 두려운 생각이 든다.

이제 당신이 얼마나 사람들과 잘 연결되어 있는지, 또 친구들이나 동료들과 함께 있을 때 당신이 기여할 바가 얼마나 있다고 느끼는지 생각해 보라. 당신은 함께 하는 시간을 즐기며 더 많은 사람들과 함께 하기를 바라는가, 아니면 너무 압도된 나머지 이제는 혼자 있기를 바라는가?

우리는 5번 뇌기술(가족 간의 유대형성)과 17번 뇌기술(애착의 유형)과 관련 있는 이러한 기초에 대해 좀 더 탐구해 보고자 한다.

3번 뇌기술 – 다음 단계

3번 뇌기술을 강화시킬 수 있는 가장 쉬운 방법 중 하나는 열아홉 가지 뇌기술을 연습하는 "성숙 훈련 5일 집중코스"에 친구를 초대하는 것이다.[5] 성숙 기술 가이드에는 성숙 훈련 참가에 앞서 할 수 있는 연습 과제들과 기쁨의 상태를 유지할 수 있는 연습 과제들이 포함되어 있다. 두 교재는 모두 3번 뇌기술에 노출될 수 있는 연습들을 제공한다. 당신의 파트너와 함께 이 기술을 연마하면서 온라인 JOYQ 평가서를 사용해서 당신의 성취를 측정해 보라. 성숙 강의들을 시청하고 집에서 배우는 성숙 온라인 커리큘럼에도 참여해 보라. 만약 당신

---

[5] "성숙: 진정한 정체성"은 유대관계가 있는 파트너를 필요로 하지 않지만, 트랙 1, 2와 3은 그러한 파트너를 염두에 두고 고안되었다.

이 결혼했다면, 당신의 기쁨을 재가동시킬 수 있도록 "다시 빛나는 기쁨" 주말 결혼 세미나에 참석하든지 혹은 「바쁜 커플들을 위한 30일간의 기쁨 훈련」 책을 권한다.

결론

3번 뇌기술은 헤세드가 넘치는 가족과 공동체의 "정원"에 심겨질 때 가장 잘 자라날 수 있는데, 그곳은 기쁨을 키워나갈 수 있고 두려움 없이 지속적이고 예측 가능한 교제를 나눌 수 있는 장소이다. 3번 뇌기술의 열매는 5번 뇌기술인 가족의 유대 형성이다. 이것은 자원의 보고, 즉 코이노니아에 의해 촉진된 헤세드 공동체의 그룹 정체성 형성과 관련이 있다. 3번 뇌기술로 맺어진 우리의 가장 친근한 관계는 필요할 때면 언제든지 휴식할 수 있는 자유가 보장된 기쁨의 교제라고 말할 수 있다. 이러한 모습은 예수님의 제자들에게서 잘 나타나는데 수님은 다음과 같이 말씀하셨다.

> "사랑 안에 두려움이 없고 온전한 사랑이 두려움을 내쫓나니 두려움에는 형벌이 있음이라 두려워하는 자는 사랑 안에서 온전히 이루지 못했느니라"(요일 4:18).

3번 뇌기술을 갖게 되면: 나는 사람들과의 관계에서 편안함과 자신감을 느낀다. 사람들은 내가 교제하기 쉽고, 다가가기에 편한 사람이라고 말한다. 관계에 극적인 변화가 생기는 일은 별로 없다.

3번 뇌기술이 없거나 부족하면: 외롭다고 느낀다. 사람들을 회피한다. 사람들이 내 삶에 성가신 존재라 생각한다. 두려움과 고통이 가족과 친구들을 경계하게 만든다. 내가 편안하게 느끼는 공간은 남들이 넘어오지 못할 정도로 매우 견고하며 내 기분이 사람들과의 교제를 지배한다.

3번 뇌기술 적용 단계 – 리사의 외로움

리사는 사람들과 교제하고자 부단히 애썼지만 번번히 실패한다고 느꼈다. 그녀는 혼자 시간 보내는 것을 즐겨했지만 즐거운 시간을 갖거나 함께 기도할 때 만날 수 있는 몇몇의 친구들이 있었다. 그러나 그들 중 한 사람과 어울릴 때면, 그녀는 외로움과 불안을 경험했다. 이럴 때마다 리사는 어쩔 줄 몰라 했고, 그 이유도 알지 못했다.

리사는 한 친구로부터 3번 뇌기술에 대해 배우고 난 뒤, 자신이 사람들과 유대관계를 맺기 어려운 이유 몇 가지를 비로소 깨닫게 되었다. 잠시 기도해 본 후, 리사는 자신과 엄마와의 관계가 기쁨에 기초한 것이 아니어서 이후의 삶이 낮은 수준의 기쁨에만 머물러 있음을 알게 되었다. 리사는 자신이 완전히 "망가진" 것이 아니라 무언가 고치기만 하면 온전해질 수 있는 존재라는 사실을 발견하고 희망에 가득 차게 되었다. 리사는 함께 기쁨을 연습하는 여성 그룹에 참석하기 시작했다. 처음에는 그 시간이 위협적으로 느껴졌지만, 시간이 지나면서 더 많은 기쁨과 평안을 경험하게 되었다. 오래지 않아 그녀는 친구들이나 공동체와 더불어 교제할 수 있는 더 많은 기회를 찾기 위해 애쓰는 사람이 되었다.

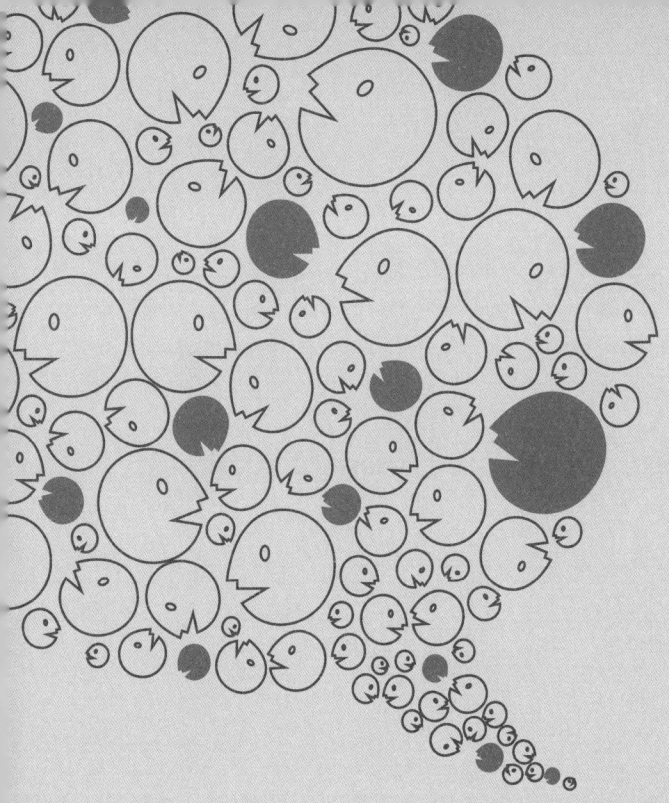

CHAPTER 6

4번 뇌기술: 감사를 표현하라

건강한 마음은 감사로 가득 차 있다: 감사를 표현하면
소속감이 고취되고 스트레스는 만족감으로 바뀐다.

"왜 이 기술이 당신에게 중요합니까?"라고 하나님께 여쭤보았을 때 내 마음속에 이런 생각이 떠오르는 것을 발견했다.
"4번 뇌기술은 내 자녀들을 향한, 그리고 그들 사이에서 느끼는 내 마음의 표현이다. 또 내 자녀들이 나를 알고 기억할 수 있도록 도와주는 내 선물이기도 하다. 감사를 표현하면 병든 마음이 치유되고 내 영이 위로를 전할 수 있는 길이 준비된다. 감사는 내 몸의 모든 부분이 하나가 되어 원활하게 움직일 수 있도록 해 주는 윤활유와 같은 것이다."

오늘 당신은 무엇으로 인해 감사하는가? 무엇이 당신을 미소 짓게 하는가? 잠시 멈추어서 당신이 감사할 제목에 대해 생각해 보라. 무엇을 느꼈는가? 감사는 "기쁨의 덩어리"와 같다. 이 기쁨의 덩어리는 언제 어디서나 우리가 만나는 누구에게든지 나누어 줄 수 있는 선물이다. 강아지, 아기, 일몰, 바닷바람, 가을 단풍, 칭찬, 뜻밖의 선물, 포옹, 친절한 행위, 사랑하는 사람과의 특별한 기억 등이 감사의 이유가 된다. 감사한 마음과 그것의 표현은 함께 간다. 우리는 특별한 기억이 만들어지는 것을 좋아하지만, 기쁨이 더욱 증폭될 수 있도록 이러한 순간을 저장하고 기억하고 나누는 것도 좋아한다. 이렇게 감사는 기쁨을 낳고 그 기쁨은 우리가 매일 만나는 사람들 사이로 퍼져

나간다.

감사는 복잡한 것이 아니다. 간단한 칭찬의 말로도 시작할 수 있다. "오늘 멋져 보여요!" "이렇게 섬겨 주시니 감사합니다." "고마워요." 짧지만 의미 있는 이러한 감사는 힘든 하루를 완전히 바꾸어 버리고, 상처 받은 마음에 미소를 번지게 할 수 있다.

감사를 나누면, 그것이 우리 뇌의 관계 회로를 활성화시키고, 신경계를 안정시키며, 유대관계를 증대시키는 다양한 호르몬을 분비시킴으로써 내가 사람들과 연결되어 있고 평화롭다는 느낌을 갖게 한다. 4번 뇌기술이 우리의 관계 속에 퍼져갈 때, 우리는 최상의 상태를 유지하게 된다. 성경을 연구하는 학생들이라면 좋은 일들에 대해 기억하고, 감사하고, 기뻐하며, 묵상하라는 말씀이 성경에 수시로 등장한다는 것을 잘 알 것이다. 좋은 때이든 나쁜 때이든 늘 "감사하라." 많은 연구 결과는 감사가 우리 인생과 대인관계를 근본적으로 변화시키는 결정적 요소임을 점점 더 확증해 주고 있다.

감사는 도파민의 분비를 높여 주어 관계를 더욱 즐겁게 만들어 준다. 그리고 감사한 것에 대해 생각만 해도 전방피질에 있는 조절센터 레벨 3이 세로토닌의 분비를 촉진시킨다.[1] 관계를 맺을 때 4번 뇌기술을 활용하면, 우리는 감사할 만한 일들을 찾도록 뇌를 훈련시킬 수 있으며, 이것은 관계적 지능을 향상시킬 뿐 아니라 조절센터 레벨 4에 해당하는 뇌의 가장 복잡한 영역에 뉴런의 밀도를 더

---

[1] "상승하는 나선 구조", 알렉스 콜르브 박사, 2015년 3월

욱 높여 준다.[2]

잠들기 전, 4번 뇌기술 활용

몇 년전 아내 젠은 바쁜 하루를 마치고 머리를 식히려고 애를 썼는데, 그래서 그녀에게는 편히 잠드는 것이 큰 도전거리였다. 그녀의 마음은 누워 있어도 여전히 달려가고 있었기 때문이다. 나는 자다가 자주 깨는 사람인데, 그녀의 상황이 나를 얼마나 힘들게 했겠는가? 그래서 우리는 염려스러운 마음과 또 한편 이기적인 동기로 불면을 해결하기 위한 다음의 연습들을 개발했다. 일단 침대에 들어가면 우리는 "삼삼삼"(3*3*3)이라고 부르는 연습을 단계적으로 실시했다.

먼저, 오늘 하루 감사했던 세 가지 일을 떠올린 후 서로 돌아가면서 그것을 나눈다. 예를 들면 이런 것이다. "나는 오늘 저녁에 산책할 수 있는 기회가 있어서 감사했어요. 기분이 상쾌해졌지요. 얼마나 아름다운 오후였는지요!" 그러고 나서 그날 감사한 일을 두 가지 더 말한다.

다음으로 사람에 대해 감사했던 일을 그의 성품을 중심으로 나눈다. 예를 들면, "나는 친구가 오늘 오후에 방문했을 때 당신이 보여준 친절에 감사했어요. 당신은 재빨리 마실 것을 권했고 그녀가 편안한지 물었죠. 당신은 항상 우리 집을 방문한 사람들이 환영받는다는 느낌을 받도록 애썼어요. 나는 당신의 그런 모습이 좋아요"라고 말할

---

[2] 이러한 뇌의 영역은 복내측과 측면의 전두엽 피질이며 "상승하는 나선 구조"에 언급되어 있다.

수 있다. 뒤이어 다른 사례를 두 가지 더 언급하고 그 이유를 말한다. 만약 당신이 미혼이라면 친구와 함께 이것을 연습해도 좋고, 그 내용을 일기에 써도 좋다. 4번 뇌기술이 더욱 효과를 볼 수 있도록 후에 친구에게 그것을 읽어 줄 수도 있다.

마지막으로 하나님에 대해 감사했던 세 가지 감사의 제목을 나눈다. 하루 일과를 돌아보며 "나는 우리를 돌보시는 하나님께 감사해요. 식탁에는 늘 먹을 것이 있었고요. 또 돌이켜 보니 하나님이 우리를 어떻게 인도해 오셨는지도 알 수 있었거든요." 그러고 나서 관련된 내용을 두 가지 더 나눈다.

이 연습의 두 번째 단계 쯤에 이르면 젠의 숨결이 차분해 지고 몸도 편안해 지기 시작한다. 그리고 모두 끝나면 10분 안에 잠이 들었다. 젠은 전보다 잠을 잘 자게 되었고, 나 역시 그렇게 되었다. 이 연습은 우리 부부 모두에게 서로 윈윈이 되는 일이었는데, 다 마치기까지 10분밖에 걸리지 않는다. 이 연습은 무척 단순하지만, 그 결과는 매우 놀라웠다. 이 연습을 건너뛰는 밤이면, 젠은 잠들지 못하고 두세 시간 이리저리 뒤척였다.

4번 뇌기술을 사용할 때 우리는 기분이 더 좋아지고, 마음이 가벼워지며, 차분해지고, 안전해진다. 우리는 방안에 웃음이 가득하고, 사람들이 진심어린 미소를 지으며 서로 포옹할 때 4번 뇌기술이 잘 작동하고 있음을 안다. 그렇다! 포옹만 해도 고통과 스트레스 호르몬이 줄어든다. 그리고 편도체라고 불리는 조절센터 레벨 2 뇌 보호장치의 반응을 줄여 주는 옥시토신 등의 화학물질이 분비된다. 이 센터는 싸우든지 달아나든지 얼어붙어버리는 반응(fight · flight · freeze response)을 결정하는 곳이기도 하다. 옥시토신은 우리로 하여금 평안하고, 여유로우며, 잠잠하고, 연결된 느낌을 갖게 해 준다. 그래서 젠과 나는 감사 연습을 할 때 서로를 꼭 껴안아 준다.

짐 와일더 박사는 4번 뇌기술의 중요성을 강조하면서 만약 하루에 세 번씩 5분 이상 감사 연습을 하면 뇌가 초기화 되어 감사를 일상적인 일로 받아들이게 될 것이라고 했다.[3] 감사가 아닌 불안과 분노, 절망 등 부정적인 감정이 당신의 일상적인 상태라면 어떻겠는가? 이러한 사실을 알기에 젠과 나는 부모로서 감사를 불러 일으키기 위해 애쓴다. 집안에서 할 수 있는 좋은 방법 중 하나는 식사 시간을 활용하는 것이다. 우리는 93세가 된 우리 할머니와 여섯 살, 네 살 된 아들과 함께 하루 중 특별했던 순간들을 생각해 보고 돌아가면서 나눈다. 그렇게 함으로써 스트레스가 줄고 기쁨과 평안이 생기는 것을 보는 것은 참으로 놀라운 일이다!

4번 뇌기술은 우리가 어딘가에 속해 있는 것처럼 존재와 가치를 인정 받고 있다는 느낌을 준다. 사실, 소속감을 주는 것은 간단한 칭찬의 말로도 가능하다. 그러나 불행히도 우리 중 많은 사람들에게 감사는 우리가 배운 것과 일치하지 않는다. 기쁨 대신 고통과 불신, 분노와 쓰라린 일들에 대해 생각하고 기대하는 것이 훨씬 더 쉽다. 우리는 최악의 경우를 생각하는데, 그렇게 "흠이 난 렌즈"는 우리의 관점을 왜곡시키고, 잘못된 행동으로 인도한다. 연약함에 대해 온유한

---

3 「드문 리더십」

태도를 보이기보다 주변 사람들을 비판하게 된다. 뇌는 과거를 근거로 미래를 예측하기 때문에 4번 뇌기술이 없으면 거절감과 우울, 고통과 절망이 증가한다. 우리는 항상 불평만 하고, 쓴소리를 내뱉으며, 용서할 줄 모르는 사람들을 안다. 4번 뇌기술이 부족한 불쌍한 뇌는 좋은 일을 기대하기보다는 고통과 문제들, 그리고 과거에만 집중한다. 그렇게 되면 부정적인 감정이 그들의 인격을 결정지을 수 있다. 그러나 감사를 표현하면 뇌는 새롭게 되어서 짓밟힌 비전을 회복시켜 준다. 그러면 비로소 무언가 기억하고 나누기에 좋은 것을 찾아 나서게 된다.

이때 활성화 된 뉴런이 함께 연결되는데, 무엇을 얼마나 자주 반복하느냐에 따라 뇌가 무엇을 기대하는지 결정된다. 감사는 신경계의 온도 조절기가 다시 설정되게 만든다.

4번 뇌기술이 없을 때 생겨나는 또 다른 불행한 산물은 권리를 주상하는 태도와 비관주의이다. "나는 당신의 이런 점이 좋아요"라고 하기보다 "나는 저것이 필요해!" 혹은 "저 여자가 그 옷을 입으면 못생겨 보여"라고 생각하게 된다. 컵이 반 정도 비어 있으면 부정적인 쪽으로 해석한다.

4번 뇌기술은 사람들을 하나로 묶는다. 4번 뇌기술이 있는 사람들은 건강하고 안정적인 결혼과 가정, 그리고 공동체가 어떤 것인지를 직접 보여 준다. 성공적인 리더들은 그들의 하루를 감사로 시작하고 감사로 맺으며, 건강한 결혼생활은 감사의 토대 위에 세워진다. 감사의 수준이 낮아지면 쓴뿌리가 자라나 인간 관계에 큰 해악을 끼치게 된다.

운동이나 악기 연주처럼 무엇인가를 자주 연습하는 것은 몸과 뇌를 훈련시킨다. 더 많이 연습할수록 그것을 더 잘하게 된다. 그러나 시간이 흘러도 운동이나 악기 연주를 잘하지 못하면, 새로 무언가를 배우는 것이 힘들게 느껴질 것이다. 감사하게도 우리 뇌에는 참신한 것을 감지하는 부분이 있다. 그래서 새로운 무엇인가를 배우는 것은 뇌에 좋은 연습이 된다. 이때 뇌는 "집중하라!"고 말한다. 무엇인가 새로운 것을 배우는 것은 당신의 뇌를 변화시킨다.

4번 뇌기술을 사용하는 사람과 어울리다 보면 감사가 무엇이고 어떤 느낌을 주는지 이해하게 된다. 감사의 기술을 잘 사용하는 개인이나 집단과 교류하는 것은 늘 즐겁다. 당신은 늘 감사를 표현하는 사람과 반대로 늘 부정적이고 비판적인 사람, 둘 중 누구와 함께 하고 싶은가? 감사를 연습하라. 그러면 힘들지 않게 할 수 있다.

이제 무언가 새로운 것을 배우는 이야기로 돌아가 보자. 도파민으로 인해 무언가 새로운 것을 배우면 우리 뇌에는 기억의 방이 만들어 지고, 기억력이 좋아지며, 사람들과 더욱 가까워지게 된다.[4] 우리가 좀 더 유용한 뇌기술을 가지려면, 매일매일 감사를 연습하고, 즐기며, 나누어야 한다. 다행히도 감사는 원하기만 하면 언제든 사용할 수 있고, 게다가 공짜이다! 4번 뇌기술은 중요한 문제와 사람에 집중할 수 있게 해 주는데, 그것은 우리 뇌의 관계센터가 계속해서 그 일

---

4 「과학적인 미국인의 생각, 놀람으로 배우기」(Scientific American Mind., Learning by Surprise) 다니엘라 펜커와 할무트 슈츠 저, 2008년 12월, 2009년 1월

에 관여하도록 종용하기 때문이다. 관계가 끊어진 듯한 느낌이 들면 "오늘 나는 무엇에 감사한가?" 스스로에게 질문한 후, 감사를 느끼면서 3-5분 정도 생각하는 시간을 가지라. 그러면 감사를 회복할 수 있을 것이다. 하루를 감사로 시작하고 감사로 끝내라. 그러면 더 많은 에너지가 생기는 것과 자신이 긍정적으로 바뀌는 것을 감지할 수 있을 것이다.

4번 뇌기술은 보통 어떻게 획득되고 연습되며 전파되는가?

건강한 결혼생활은 4번 뇌기술을 사용한다. 그래서 이 기술을 획득한 엄마 아빠를 보고 자란 자녀들은 어떻게 감사한 마음을 가질 수 있는지 배우게 된다. 부모가 제때에 "고맙습니다"라고 말하는 법을 자녀들에게 가르치는 것이 좋은 예이다.

훈련된 뇌는 감사할 기회를 찾는다. 그러므로 모든 교제는 4번 뇌기술을 창조석으로 사용할 수 있는 기회가 된다. 살 배우기만 하면 우리는 친구들과 가족들, 심지어 낯선 사람들과 관련된 감사의 순간들을 떠올릴 수 있다. 한 연구결과는 부부가 서로에게 감사를 표현할 때 "피드백의 고리"가 존재한다는 사실을 보여 준다.[5] 이것은 4번 뇌기술이 파트너에게 동기를 부여해서 서로의 필요를 채워 줄 뿐 아니라 행동과 개념, 감정에 영향을 준다는 뜻이다. 이러한 이유 때문에 4번 뇌기술은 파트너들이 주로 의존하는 훈련된 습관이 된다. 4번 뇌

---

5 http://www.bakadesuyo.com/2011/10/is-there-a-way-to-create-a-positive-feedback-98910

기술을 획득한 사람들은 자신들이 배운 것을 가정뿐 아니라 아이들과 친구들, 그리고 이웃들에게 사용하게 된다.

4번 뇌기술은 어떻게 추가적으로 획득되고 연습되며 전파되는가?

이제 관계 · 코이노니아를 변화시키는 것이 어떻게 감사하기 기술을 복원시킬 수 있는지 살펴보자. 4번 뇌기술은 구약과 신약 성경을 관통하고 있는 실과 같다. 우리는 성경에서 헤세드 공동체와 관련해서 4번 뇌기술이 가지고 있는 중요성을 잘 표현해 주는 구절을 발견할 수 있다.

> "그리스도의 평강이 너희 마음을 주장하게 하라 너희는 평강을 위하여 한 몸으로 부르심을 받았나니 너희는 또한 감사하는 자가 되라 그리스도의 말씀이 너희 속에 풍성히 거하여 모든 지혜로 피차 가르치며 권면하고 시와 찬송과 신령한 노래를 부르며 감사하는 마음으로 하나님을 찬양하고 또 무엇을 하든지 말에나 일에나 다 주 예수의 이름으로 하고 그를 힘입어 하나님 아버지께 감사하라"(골 3:15-17).

하나님의 사람들이 평강, 즉 "샬롬"을 위해 부름 받았음을 인식하는 것은 매우 중요한데, 그것의 기초는 감사를 표현하는 것이다.[6] 우

---

6 인생모델팀이 쓴 책 「평화 전하기」(The Passing the Peace)는 위기 이후 치유과정에서 4번 뇌기술이 얼마나 중요한지를 자세히 다루고 있다.

리는 평강과 감사가 구약의 제물, 특히 레위기 7장에 언급된 감사의 제물과 연결되어 있는 것을 본다. 감사의 제물은 화목제물을 뜻한다. 유일하게 "샬렘"(Shalem)으로 그 제물을 드리는 자는 자기 죄를 속죄받기 위해 그 고기를 취하여 먹을 수 있었다. 즉, 하나님의 식탁에 앉아 그분과 함께 먹으며 교제 나누는 것이 허락되었다. 감사는 하나님의 공급하심과 임재에 대한 표현이었다. 바울은 항상 4번 뇌기술을 사용해야 한다고 말한다.

> "항상 기뻐하라 쉬지 말고 기도하라 범사에 감사하라 이것이 그리스도 예수 안에서 너희를 향하신 하나님의 뜻이니라"(살전 5:16-18).

어렸을 때 4번 뇌기술을 배우지 못했다면 집중해서 뇌를 재훈련시켜야만 한다. 물론 처음에는 어렵게 느껴질 것이다. 왜냐하면 우리 뇌는 고통과 문제, 주의를 산만하게 하는 것, 할 일 목록과 그 외 많은 것들에 집중하면서 항상 해 왔던 것을 반복하려고 하기 때문이다.

감사한 순간에 대해 생각하고, 감사를 느끼기 위해서는 연습이 필요하다. 연습하면 할수록 그만큼 열매가 주어진다. 4번 뇌기술을 습득하면 그 혜택을 누릴 수 있을 뿐 아니라 지나온 시간을 돌아보고 기억할 수 있다는 사실 하나만으로도 전 과정이 훨씬 더 쉬워진다. 왜냐하면 훈련된 뇌는 감사를 느끼기 위해서 에너지를 많이 쓰지 않아도 되기 때문이다. 일기를 쓰거나 친구들에게 말하거나 기도 중에

4번 뇌기술을 사용하는 것은 모두 4번 뇌기술을 습득하고 연습하는 방법이 될 수 있다.

성숙 훈련과 Connexus 프로그램은 모두 4번 뇌기술을 활용하며 우리들의 헤세드 공동체는 코이노니아로부터 나온 4번 뇌기술의 자원으로 가득 차 있다. 우리는 코이노니아 내에서 식사 중에, 대화 중에, 또 묵상 중에 4번 뇌기술을 보고 듣고 경험한다. 일단 이 기술을 배우게 되면 사람들은 4번 뇌기술을 세상에 소개하는 전도사로 변해 "오늘은 무엇에 대해 감사합니까?"라고 사방에 묻게 되고, 감사할 수 있는 다른 사람들의 성품도 찾을 수 있게 된다. 연습을 하면 할수록 4번 뇌기술은 우리의 인격에 깊이 뿌리 내려 예수님과 더불어 4번 뇌기술을 즐기게 되며, 매일 만나는 사람들과 감사를 나누며 즐거워하게 될 것이다. 그러니 기회가 없어서 못하게 되는 일은 전혀 없다.

4번 뇌기술 – 행동 단계

지금 이 순간 누구, 혹은 무엇에 대해 감사하고 싶은가? 누군가에게 나누어 보라.

오늘 밤 배우자나 친구, 일기장에 "삼삼삼" 연습을 해 보라. 연습한 이후에 당신의 몸이 어떻게 느끼는지 관찰해 보라. 하루에 5분씩 30일 동안 감사를 연습하고 관찰한 바를 일기에 적어 보라.

내가 감사하다고 느끼는 것:

_____

_____

4번 뇌기술 – 다음 단계

4번 뇌기술은 "라이프 모델 웍스"(Life Model Works) 출판사의 모든 자료에 녹아들어가 있다. 「기쁨은 여기서 시작된다」를 가지고 소그룹 스터디를 시작하거나 4번 뇌기술로 임마누엘을 연습할 수 있도록 "기쁨의 여정" 연습에 참여해 보라. 이 연습은 당신을 변화시켜 놓을 것이다!

온라인 JOYQ 평가서를 작성해서 당신의 기쁨의 수준을 측량해 보고, 「예수님을 생각하라: 하나님 나라의 삶에 대한 대화」의 대화 부분을 통해 4번 뇌기술에 대해 배우라. 배우자와 함께 "다시 빛나는 기쁨" 주말 결혼 세미나에 참석하든지, 혹은 「바쁜 커플들을 위한 30일간의 기쁨 훈련」을 사용해 보도록 하라. 거기에는 4번 뇌기술의 추가 연습이 소개되어 있다. 성숙 강의들을 시청하고 집에서 배우는 성숙 온라인 커리큘럼에도 참여해서 4번 뇌기술에 더 많이 노출되도록 하라.

5일 간의 성장 집중 과정에 친구를 초대하라. 이곳뿐 아니라 성숙 기술 가이드북에서도 4번 뇌기술은 중요하게 사용된다. 돌파구를 제공하는 Connexus 프로그램과 더불어 4번 뇌기술이 당신의 공동체를 작동시키는 원리가 되게 하라. 더 배우기 원한다면 joystartshere. com을 참고하기 바란다.

결론

헤세드 공동체를 테스트해 볼 수 있는 방법 중 하나는 감사가 대화 가운데 녹아 있느냐, 또 교제 가운데 감사가 느껴지느냐 하는 것이다. 왜냐하면 헤세드 공동체라면 4번 뇌기술이 자연스레 녹아 있고, 기도와 예배의 한 부분이 되어 있어야 하기 때문이다. 4번 뇌기술을 사용하는 것이 익숙하지 않은 사람들은 좋은 자원이 넘쳐나는 코이노니아 안에서 풍성한 예를 발견할 수 있다. 4번 뇌기술은 진정한 변화의 부산물이기 때문이다. 삶이 변화되면 감사할 일들이 많이 생긴다. 이처럼 기쁨으로 변화된 인생이 맺는 열매는 전도이다. 또한 4번 뇌기술은 치유의 능력을 발휘하기도 한다. 이 기술은 감정의 용량을 증대시켜 주는데, 그것은 결국 개인의 변화를 이끌어 내며 동시에 개인적이고 집단적인 변화의 열매를 맺는다. 더 많은 기쁨은 고통을 처리할 수 있는 능력의 증가와 감정 조절 능력의 향상을 의미한다.

4번 뇌기술을 갖게 되면: 나는 즐겁고 감사한 것들을 자주 발견한다.

4번 뇌기술이 없거나 부족하면: 나는 잘못된 문제들을 자주 발견한다. 나는 자신과 다른 사람들에 대해 비판적이다.

4번 뇌기술 적용 단계 - 늘 혼자였던 바비

바비는 직장에서 자기 책상에 앉아 홀로 대부분의 시간을 보낸다. 동료들은 바쁘고 즐겁게 서로 교류하면서 지내지만, 거기에 그를 끼워 주지는 않는다. 바비의 바디랭귀지가 사람들을 밀어내고 있었기 때문이다. 그는 자주 방어적인 행동을 했고 욕구 불만인 듯 보였다. 그는 문을 쾅 닫거나 서서 환담하고 있는 동료들을 기분 나쁘게 쳐다보곤 했다. 이에 동료들은 무언가 잘못된 것을 눈치챘고 비언어적인 표현으로 "날 좀 내버려 둬! 그만 떠들고 여기서 당장 나가!"라고 부르짖는 그의 의사를 존중해서 그에게 혼자 있을 수 있는 자기만의 공간을 남겨 주었다.

어느 날 바비는 한 동료에게 다가가 "왜 아무도 내게 말을 걸지 않죠? 다들 서로 이야기 나누면서 왜 나는 무시하죠? 도대체 내가 뭘 잘못했나요?"라고 말했나. 동료는 내답했나, "바비, 솔직히 말하면, 당신은 우리 모두에게 '제발 날 좀 내버려 둬' 하는 신호를 보냈어요. 책상 서랍을 쾅 닫기도 했고 불만스런 소리를 냈어요. 우리를 기분 나쁘게 쳐다봤고요. 그래서 우리는 당신이 원하는 대로 홀로 있게 했어요." 바비는 동료의 말에 깜짝 놀랐다. 그리고 4번 뇌기술을 연습해 보기로 결정했다.

바비는 동료들에게 다가가기 시작했다. "헬렌, 오늘 참 멋져 보여요", "커트, 지난주에 한 프로젝트 정말 잘했어요!", "베티, 나 커피 한 잔 마시려고 하는데, 당신도 마실래요?" 곧 바비는 동

> 료들과 완전히 어울리며 기쁨을 만들어내기 시작했다. 감사는 가슴과 가슴을 연결시켜 주는 무언가 의미 있는 일을 시작할 수 있는 기회를 그에게 주었다.

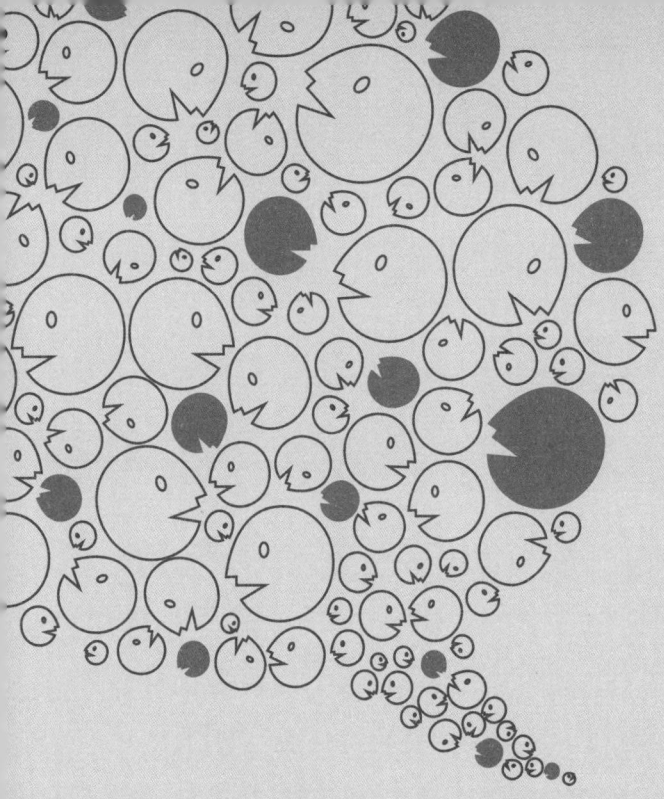

CHAPTER 7

5번 뇌기술:
가족 간의 유대를 형성하라

세 사람 간의 유대관계: 가족 간의 유대는 우리가 사랑하는
사람들의 기쁨을 함께 나눌 수 있게 해 준다.

"왜 이 기술이 당신에게 중요합니까?"라고 하나님께 여쭤보았을 때, 예수님께서 어린 나무가 자라는 것을 주의 깊게 바라보시는 모습이 내 마음속에 떠올랐다. 그분은 매우 집중하고 계셨고 조심스러우셨다. 그때 나는 이런 생각이 들었다.

"나는 내 자녀들이 자라나는 것을 바라보는 것이 즐겁다. 가족은 내 인격과 사랑의 표현이다. 내 임재가 있는 곳에 하나 됨이 있는 것처럼, 모든 구성원 사이에 기쁨의 일치가 있을 때, 가족은 나를 반영하게 된다. 내가 온전한 것 같이 너희도 온전하라."

가족 간의 유대는 성장할 수 있고 세상을 탐험할 수 있는 자유를 제공해 준다. 5번 뇌기술로 인해 우리는 세상에서 누릴 수 있는 기쁨이 무궁무진하다는 것을 발견한다. 3번 뇌기술로 인해 이러한 관계의 집을 지을 수 있는 기초가 완성되었다. 우리 인생의 첫 번째 돌봄이는 대개 엄마이다. 엄마와의 안전한 유대관계는 아빠가 기쁨의 여정에 동참할 수 있는 문을 열어 주기 때문에, 우리는 이제 새로운 기쁨의 세계로 나갈 채비를 마치게 된다.

엄마와의 관계가 견고해지면, 아기는 또 다른 관계를 바라며 호기심을 가지고 아빠를 바라본다. 아기들은 생후 6개월이 될 때까지 자기의 관심사와 필요 너머에 항상 자리하고 있는 제 3의 인물에 극도의 호기심을 나타낸다. 아기의 욕구만큼 아기와 엄마를 단단히 묶어 주는 힘은 없다. 그래서 엄마와 아기 사이의 관계가 안정적인 기초 위에 세워지면, 아기는 더 좋은 일을 기대하며 아빠에게 관심을 갖는다. 이러한 변화는 엄마가 함께 아기의 기쁨에 동참할 때 성공적으로 일어난다. 이때 엄마는 밝은 모습으로 아기와 아빠가 함께 기쁨을 만들어 가는 것을 즐겁게 바라보아야 한다. 아기는 엄마가 이러한 새로운 교제를 허락하는지, 그렇지 않는지를 매우 잘 느끼기 때문이다.

생후 7개월부터 2, 3년까지 아기의 뇌는 삼각의 유대관계와 강하게 연결된다. 12개월에서 18개월 사이에 경험하는 아빠의 사랑은 인생에 대한 안전감을 내면화시켜 준다.[1] 아기는 안전하다는 것을 느끼면, "기쁨이라는 즐거운 춤"을 함께 추고 싶어 한다. 이제 아기들은 "우리"로 초점을 옮겨 관계의 연장선상에서 자신을 이해하기 시작한다. 가족 간의 상호 교류는 새로운 기술을 학습하는 놀이터가 된다. 5번 뇌기술은 발달하고 있는 뇌가 어떻게 인생과 인간 관계를 바라보며 접근하는지를 결정한다.

공동체가 확장될수록 기쁨은 증가한다. 열두 살 이후로 어린이들은 성인의 성숙 단계로 옮겨간다. 뇌는 집단의 정체성을 형성하고 발전시키는 단계로 나아간다. 어린이들은 인생의 큰 그림 속에서 자신

---

1 더 자세히 배우기 원하면 짐 와일더 박사의 「남성과 살아가기 위한 완벽한 안내서」를 참고하라.

의 자리와 역할을 찾을 수 있는 "종족"과 "가문"에 속하기를 원하기 시작한다. 이 변화가 얼마나 잘 이루어지느냐에 따라 동년배들과 느끼는 기쁨의 수준이 결정된다. 그런데 관계가 불안정하면 일종의 위협으로 느껴질 수도 있다. 우리 모두는 소외당하거나 거절당하지 않으려고 어떤 집단과 자기를 동일시 하든지 그 안에 속해야만 했던 학창시절의 압박을 기억할 것이다.

우리 학교에는 "시골뜨기" "파김치" "야만인" "공부벌레"가 있었다. 이러한 구별에는 다소 부정적인 의미가 섞여 있긴 하지만, 우리가 가진 5번 뇌기술은 우리가 자신의 가치를 반영하는 어떤 집단에 진입하거나 그것을 만들고자 할 때 느끼는 편안함의 정도를 결정한다. 그것은 또한 우리가 집단에 참여하는 동안, 우리가 주로 의지하는 동기에도 영향을 미친다. 집단은 두려움, 혹은 기쁨과 생명, 혹은 파괴적인 요소에 기반해 운영될 수 있다.

감사하게도 나는 초등학교에서 친구 제임스를 만날 즈음에 이미 5번 뇌기술을 알고 있었고 충분한 안전감을 가지고 있었다. 제임스는 학교가 개학하고 한참 뒤에야 전학을 왔다. 이미 아이들은 사귀는 친구들도, 어울리는 그룹도 다 형성되어 있었다. 식당 자리도 다 맡아져 있었고, 락커도 남은 자리가 없었다. 이런 상황에서 새롭게 학교생활에 적응하는 것은 힘든 일이었다. 나는 선생님이 처음 등교한 제임스를 교실 맨 앞으로 데리고 나가 소개하던 날을 기억한다. 선생님이 그와 락커를 나누어 쓸 자원자가 없냐고 물었을 때, 그의 얼굴이 새빨개지는 것을 보았다. 교실은 적막했고, 어느 누구도 자원하지 않았다. 그때 온 세상이 즐거움으로 가득 차 있다고 느끼곤 하던 나는 웃으면서 "내 락커를 같이 써도 좋아요!"라고 말했다. 그리고 제임스를 내 친구들 그룹에 받아주었다. 이전 학교의 친구들과 익숙한 모든 것을 뒤에 남겨 두고 떠나온 제임스에게는 매우 고통스러운 경험이었을 것이다. 그러나 감사하게도 제임스는 새로운 친구들을 만났고 자신을 환영해 준 더 큰 그룹의 일원이 되면서 변화의 시간을 잘 견뎌내었다. 30년이 지났지만 제임스는 여전히 나의 가까운 친구이다.

기쁨이 충만하고 안전한 5번 뇌기술의 전제 조건은 안정적인 3번 뇌기술이다. 우리는 교제하면서 한 가지 관계로부터 어떻게 다음 단계로 나아갈 수 있을지를 배우게 된다. 생애 초기의 패턴은 가족 간의 유대관계가 얼마나 잘 형성될 수 있는지를 결정한다. 거절감이나 소속감이 우리가 맺는 관계의 양태를 결정한다. 3번 뇌기술과 5번 뇌기술의 차이를 깨닫게 되는 성숙 훈련을 통해 우리는 여러 가지 연습을 실시할 수 있다. 5번 뇌기술과 씨름하는 사람들은 흔히 일터나 교회, 그리고 그룹 안에서 외로움을 느끼고, 한 번에 한 사람 이상과 관계를 맺을 때 위협을 느끼기도 한다. 새로운 사람이 집단에 들어오게 되면 자신의 안전지대가 침범당한 것처럼 느끼며 경계를 늦추지 않는다. 거절의 두려움과 불안감은 교제할 때에도 표면적으로 나타난다. 반면 컴퓨터, 텔레비전, 책과 비디오 게임을 할 때 안전하다고 느낀다. 두 세 명의 친구들을 사귀는 것보다 한 친구만 사귀는 것이 좋게 느껴진다. 5번 뇌기술이 없는 사람은 집단 내에서 그가 누구인지 도무지 알지 못한다. 사실 그는 안전한 가족 간의 유대를 형성하지 못했기에 계속해서 밀치고, 고치고, 피하고, 의견을 묻고, 확신을 찾아 나간다. 그는 주거나 받는 것은 잘하지만 서로 만족스러운 방식으로 동시에 주고받는 것은 잘하지 못한다. 당신은 누군가를 고치려 하거나 항상 뒤쳐져 있는 듯한 느낌을 주는 사람을 본 적이 있는가?

어린이는 아빠와 엄마 사이의 즐거운 삼각관계를 필요로 한다. 이러한 "삼각의 유대관계"는 자신의 최고의 모습을 표현하고, 역기능을 수정하며, 기쁨 안에 자라갈 수 있는 기회를 제공해 준다. 생물학적 원가정이 없다면, 영적인 가족이나 헤세드 공동체가 회복을 위한 필요를 채워줄 수 있다. 그러나 처리되지 않은 고통과 해결되지 않은 상처가 여전히 우리를 가로막고 있는데, 이때 가족의 유대를 성장시키는 것은 5천 미터 상공에서 자유낙하를 시도하는 것처럼 느껴질 수 있다. 우리는 5번 뇌기술이 적절하게 발달하지 않았을 때, 최악의 경우를 만날 수밖에 없다. 우리는 성장하고 집단의 유대를 탐험할 수 있도록 힘과 자신감을 주는 사람과 안전한 애착을 발전시켜나가야 한다. 이때 새로운 사람을 자신의 네트워크 안에 받아들이는 것이 기쁨을 갉아먹기보다 증가시킨다는 사실을 발견하고 깜짝 놀라게 될 것이다. 그러나 그것을 발견하기 위해서는 먼저 첫 걸음을 떼야만 한다.

깨어진 관계의 아픔으로부터 치유받는 것이 쉬운 일은 아니지만 임마누엘 하나님께 인도와 회복을 구하면 그것이 가능해진다(13번 뇌기술). 고통스런 사건을 처리하면 더 큰 기쁨으로 나아갈 수 있게 되어서 자신감을 가지고 사람들과 교제할 수 있게 된다. 우리는 소그룹과 교회, 스포츠팀, 클럽, 그리고 여러 조직에 참석하여 5번 뇌기술을 실천할 수 있다. "성숙: 진정한 정체성"과 Connexus 프로그램은 5번 뇌기술을 사용하여 사람들과 임마누엘 하나님과의 관계를 성장시키는 법을 가르쳐 준다. 그러면 공동체에서 어떻게 우리 자신이 될 수 있는지에 대한 새로운 방법을 발견하는 좋은 길이 열리게 된다.

5번 뇌기술은 보통 어떻게 획득되고 연습되며 전파되는가?

앞서 언급된 바와 같이, 5번 뇌기술은 엄마와의 안전한 3번 뇌기술이 확보된 이후에 형성된다. 여러 차례 연습을 거듭한 후에 아기는 세상이 안전한 장소임을 배우게 되고, 아빠와의 유대관계를 모색하게 된다. 이러한 가족 간의 유대관계는 엄마 아빠가 함께 기쁨을 만들어가고 서로 사랑을 표현하며 기뻐하는 것을 지켜볼 때 더욱 강화된다. 엄마 아빠, 그리고 아기가 만드는 세 가닥의 줄은 아기의 일생을 이끌어 갈 뿐 아니라 특별히 성인의 성숙 단계에 이르러 집단 정체성을 형성하기 시작하는 시기에 5번 뇌기술의 기초를 이루게 된다. 이 시점에서, 다른 사람들을 받아들이며 새로운 사람을 환대하는 반응은 건강한 가족이란 어떤 것인지를 분명히 보여 준다.

5번 뇌기술은 어떻게 추가적으로 획득되고 연습되며 전파되는가?

이제 관계 · 코이노니아를 변화시키는 것이 어떻게 가족 간의 유대관계를 복원시킬 수 있는지 살펴보자. 성부와 성자, 성령 하나님은 우리 성도들이 삼위일체라고 부르는 "셋이 하나인 실체"를 이룬다. 하나님은 구별된 세 개의 위격으로 존재하시지만 본질적으로 완벽한 하나를 이루신다.

가족 간의 유대를 형성하는 5번 뇌기술을 통해 우리는 밀접하게 연결된 그룹을 이룰 수 있지만, 우리는 삼위일체와 달리 완벽함과 거리가 먼 존재들이다. 우리는 하나의 가족과 그룹, 그리고 공동체를 이루고 있지만 여전히 별개의 개인으로서 기능한다. 고대 이스라엘 민족은 집단의 정체성을 규정하는 보다 큰 그룹에 속한 개개인으로 이루어져 있었다.

사도행전 2장에 언급된 초대교회는 5번 뇌기술을 실천하면서 "믿는 사람이 다 함께 있어 모든 물건을 서로 통용하고"(44절)라고 했다. 예수님은 엄마 마리아와 아빠 요셉이 있었으며, 유다 지파에서 태어나 나사렛이라는 작은 마을에서 형제들과 함께 자라났다. 원래 사람은 자신만을 주목하다가 집단 안에서 전체를 바라보는 안목이 생겨날 때 정체성이 변하면서 성장하기 시작한다. 어린이들은 성인의 성숙 단계가 시작되는 열세 살부터 이 같은 변화를 체험한다. 즉, "자신의 필요"를 채우는 데에서 우리들의 필요를 채우는 것으로 옮겨 간다.

5번 뇌기술이 없거나 왜곡되게 형성되어 있다면 소속감을 형성하기 어려울 것이다. 두려움은 집단과 안전하게 애착을 형성하거나 교류할 수 있는 능력을 상당 부분 가로막는다. 5번 뇌기술은 안전한 3번 뇌기술에 의지하기 때문에 또래와 안전한 우정을 형성한 이후에 그룹 안에 속하는 것에 관심을 갖게 된다. 또한 우정과 기쁨을 만들어 내는 활동을 함께 할 수 있는 그룹에 속할 기회를 찾게 된다. 공동체는 지금의 자신보다 더 큰 존재가 될 수 있는 기회를 제공해 준다.

우리는 성숙 훈련에서 한 걸음 더 나아가 파트너들이 이 기술을 더 큰 그룹 안에서 연습해 보도록 한다. 참석자들은 새로운 사람이 교제권 안에 들어올 때 일어나는 변화를 주의 깊게 평가한다. 많은 사람들이 3번 뇌기술을 강화하는 훈련을 하지만, 파트너들은 모든 훈련 트랙이 즐거움과 그룹의 하나 됨을 위해 통합 실시될 때 다양한 방법으로 5번 뇌기술을 연습한다. 우리는 자신들의 반응을 살펴보고 반감이 생기는 영역이나 평강이 사라지는 영역에 임마누엘을 초대한다.

Connexus 프로그램은 전체 커리큘럼을 진행하는 동안 5번 뇌기술에 집중한다. 사람들은 다른 이들과 교제할 때 심오한 변화를 겪는다. 서로 연결되고 있으며 인정받고 있다고 느낀다. 5번 뇌기술은 함께 기쁨을 나눌 수 있도록 다른 이들을 그룹으로 초대할 때 더욱 숙련된다.

5번 뇌기술 – 행동 단계

무언가 재미있는 일을 함께 할 수 있도록 두 사람을 초대한다. 친구들과 함께 시간을 보낼 때 어떤 느낌이 드는지 잘 관찰하고, 5번 뇌기술을 통해 무엇을 배우고 있는지에 대해 나눈다. 또 열아홉 가지 뇌기술을 배우는 당신의 여정에 대해서도 나눈다.

5번 뇌기술 – 다음 단계

「기쁨은 여기서 시작된다」는 소그룹으로 모여 교류를 연습하고 성경공부를 하면서 평가와 토론을 병행할 수 있도록 만들어진 책이다. 성숙 강의들을 시청하고 집에서 배우는 성숙 온라인 커리큘럼에도 참여하면서 5번 뇌기술에 대해 더 배워 보기 바란다.

「기쁨은 여기서 시작된다」는 당신의 공동체에 기쁨을 시작할 수 있도록 기초를 놓는데 활용될 수 있다. joystartshere.com을 참고하여 5번 뇌기술에 대해 더 자세히 알아보기 바란다.

결론

5번 뇌기술은 개개인이 집단적으로 속하는 헤세드 공동체에 필요한 근본적인 기술이다. 헤세드 공동체는 공동체가 없는 사람들을 대신해서 자신들을 확장시킴으로써 5번 뇌기술을 실천한다. 이때 지켜야 할 규칙은 약함에 대해 온유하게 반응하는 것인데, 이곳에서 약자들과 강자들은 서로 교류하며 평안을 찾아 임마누엘 하나님께 나아가게 된다.

언젠가 모세는 이스라엘 백성에게 하나님의 성품을 상기시켜 주었고, 어떻게 헤세드가 부족한 사람들을 섬길 수 있는지 보여 주었다.

"고아와 과부를 위하여 정의를 행하시며 나그네를 사랑하여 그에게 떡과 옷을 주시나니 너희는 나그네를 사랑하라 전에 너희도 애굽

땅에서 나그네 되었음이니라 네 하나님 여호와를 경외하여 그를 섬기며 그에게 의지하고 그의 이름으로 맹세하라"(신 10:18-20).

치유와 변화는 사랑으로 모든 두려움을 쫓아내는 헤세드 공동체에 단단히 뿌리 박게 해 준다. 우리는 여기서 소속감을 발견한다.

5번 뇌기술을 갖게 되면: 나는 내가 아는 사람이든 모르는 사람이든 쉽게 교제할 수 있다. 나는 그룹으로 모이는 것이 편안하며 다른 사람들과 기쁨을 나누는 것이 즐겁다. 집단은 내게 즐거움을 준다.

5번 뇌기술이 없거나 부족하면: 나는 한 번에 한 친구만 만나는 게 좋다. 나는 집단이 함께 모일 때 혼자 남겨지거나 단절된 느낌을 갖는다.

5번 뇌기술 적용 단계 - 타냐의 긴장

타냐는 늘 긴장하면서 엄마를 두려워하며 자라났다. 엄마의 분노는 모두를, 심지어 강아지까지 벼랑 끝으로 몰고 갔다. 이 고통스러운 단절은 그녀를 외롭게 했고 오랜 시간 그녀의 마음을 억눌렀다. 또한 타냐는 함께 있지만 감정적으로는 부재했던 아빠와 어떻게 관계를 맺어야 할지 알지 못했다. 십대 소녀였던 타냐는 관계란 혼란스럽고, 예측 불가능한 것이라고 생각했다.

타냐는 함께 교제할 수 있는 친구가 있을 때는 안전하다고 느꼈지만, 누군가가 그 교제 가운데 끼어들면 방어적이 되었고 그를 질투했다. 그녀의 친구가 다른 사람과 교제하는 것을 보면 상처를 받았고 거절감을 느꼈다. 여럿이 어울리는 일은 무엇이든 재미가 없었다.

타냐가 자신의 두려움을 직시하기 시작했을 때, 그녀는 어렸을 때의 패턴이 되살아나는 것을 느꼈고 이 고통에서 벗어나기를 원했다. 그즈음 신뢰하는 교회 친구의 권유로 타냐는 여성 모임에 참여했다. 이것은 매우 두려운 경험이었지만 시간이 지나면서 그룹 활동이 얼마나 값진 것인지 배우게 되었다. 만남의 횟수가 거듭될수록 기쁨은 증가했다. 타냐는 더 많은 친구를 사귀게 되었고 여러 모임에서 다른 많은 여성들을 만나 함께 시간을 보내게 되었다. 타냐는 난생 처음 희망을 느꼈고, 어느 집단의 일부가 된 것을 기뻐하게 되었다.

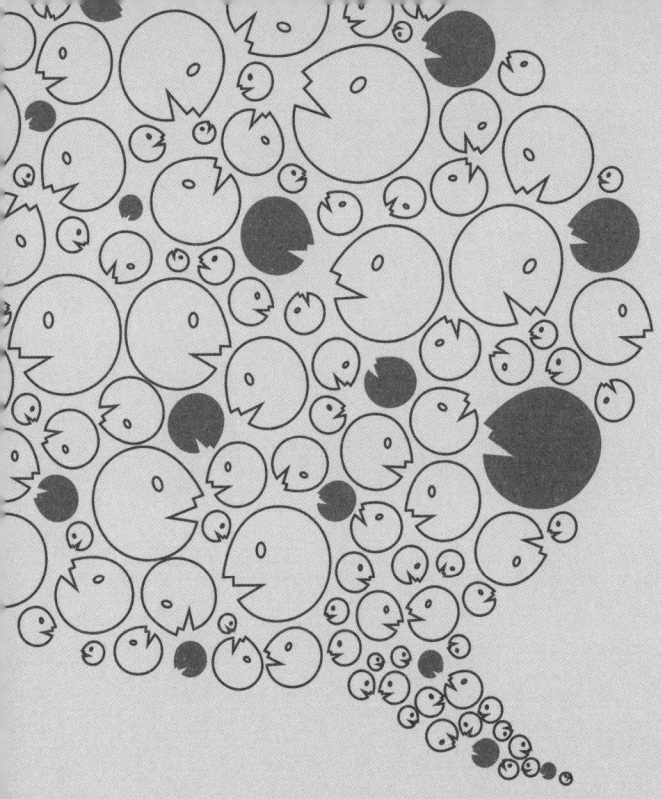

CHAPTER 8

6번 뇌기술: 고통으로부터 마음의 핵심가치를 파악하라

마음에 자리한 가장 주요한 고통: 애정이 깊으면 상처도 깊다.
우리가 받는 가장 큰 상처가 우리의 가장 큰 보물을 감추어 버린다.

"왜 이 기술이 당신에게 중요합니까?"라고 하나님께 여쭤보았을 때 내 마음속에 이런 생각이 떠오르는 것을 발견했다.

"나는 내 자녀들을 창조할 때 나를 반영할 수 있는 성품을 선물로 주었다. 이 보석들은 매우 값지고, 밝으며, 빛나는 것이다. 다른 보석들처럼 그것들은 선과 악 모두의 눈에 매력 있게 보인다. 내가 자녀들에게 주는 선물은 내게서 왔고 나를 반영하지만, 그것은 또한 고통을 가져다 주기도 한다"

우리는 고통에 관심을 기울여야 한다. 그렇지 않으면 고통은 우리의 가장 소중한 자원들을 훔쳐 가는 도둑이 되기 때문이다. 우리는 고통을 피하도록 디자인되었다. 뇌의 조절센터 깊은 곳에 있는 생존 회로는 위협을 감지하면 우리가 싸워야 할지, 달아나야 할지, 아니면 그냥 꼼짝 말고 멈춰 있어야 할지 1/10초 만에 판단을 내린다.

생존 회로는 살아남아 자신을 보존하는 일에 가장 관심이 많다. 고통이 처리되지 않으면 우리는 숨거나 가장하거나 아니면 도망치려 한다. 우리 뇌의 감정 조절 센터의 관계적 부분이 이러한 반응을 멈추지 않으면, 우리는 고통의 위협이 사라져도 고집스럽게 고통을 회피하려고 애쓴다. 초대받지 않은 손님처럼 온전히 처리되지 않은 고통은 일생 동안 우리 곁을 떠나지 않는다.

6번 뇌기술의 장점은 그것이 전달하는 의미와 관련이 있다. 즉, 내가 느끼는 고통보다 더 많은 일이 내게 벌어지고 있다는 사실이다. 고통이 내 모든 것을 결정할 권세는 없다. 6번 뇌기술은 우리가 느끼는 고뇌에 의미와 관점을 제공해 준다. 우리는 "왜 이렇게 고통스러운가?"라고 질문한다. 그러나 조금만 탐구해 보면 우리는 자신의 정체성에서 "금광"을 발견할 수 있다. 내가 특별한 존재로 창조되었다는 사실을 깨달을 때, 우리는 자신이 받은 상처의 의미를 발견하게 된다. 우리는 깨달음과 함께 우리의 목적을 발견하게 된다. "상처를 입은 내 안에 무언가 선한 것이 있다. 나는 내 고통보다 더 존귀한 자이다."

우리 모두는 자신을 아프게 하거나 성가시게 하는 문제들을 가지고 있다. 그런데 이렇게 지속되는 문제의 패턴들을 볼 때, 우리는 자기 정체성의 DNA에 숨겨 있는 핵심 가치를 찾아낼 수 있다.

우리는 깊은 애정을 느끼는 상대에게 더 큰 상처를 주게 된다. 그렇다면 상처를 주지 않기 위해 더 이상 관심을 보이지 말아야 하는 걸까? 이 말은 숨쉬는 일이 힘드니까 차라리 숨을 쉬지 않겠다는 말이나 다름없다. 넓은 안목에서 볼 때 그런 해결책은 도움이 되지 않는다.

예를 들어, 진리를 지키는 것을 인생과 인간 관계에서 가장 높은 가치로 여긴다면, 당신은 사람들이 거짓말하고, 속이고, 거짓 증언할 때 불편함을 느낄 것이다. 때론 내가 소중히 여기는 핵심 가치가 나를 고통으로 이끌기에 그것을 보물로 여기기보다 약점으로 여기게 될 때가 많다. 무엇이 당신을 괴롭게 하는가? 도대체 하나님이 당신 안에 무엇을 두셨기에 특별한 문제만 만나면 괴로움을 느끼는가? 무엇이 당신에게 영감을 주는가? 무엇이 당신에게 희망을 선사하며 살아 있는 듯한 느낌을 갖게 하는가? 우리에게 소중한 것들은 우리가 누구인지, 무엇이 우리를 움직이는지 말해 주며, 또한 우리가 무엇에 약한 지도 드러내 준다.

우리가 자신의 핵심 가치를 확인하고, 하나님의 성품을 반영하도록 각 사람에게 주신 은사를 받아들이면 마음의 평안을 찾게 된다. 만약 당신의 뒤뜰에 아무도 손대지 않은 보물이 묻혀 있다면 그냥 썩혀 둘 것인가? 고통은 고유한 우리의 정체성을 분명하게 볼 수 있게 해 준다. 6번 뇌기술을 배우지 못했다는 것은 자기 정체성의 보물을 아직 발견하지 못했음을 의미한다. 내가 누구인지를 분명히 알지 못하면, 우리는 인생에서 많은 부분을 잃어버리게 될 것이다.

6번 뇌기술이 흔히 발견되지 않는 이유는 매우 간단하다. 우리가 고통의 효과를 멈추고, 고치고, 제거하는 일에 매우 의욕적이기 때문이다. 우리는 우리를 괴롭히는 것들 속에 무언가 가치 있는 것이 감추어져 있다는 것을 상상하지 못한다. 고통은 신경계에 경고해서 무엇인가 잘못되었으니 고쳐야 한다고 알려 준다. 고통이 가지고 있는 구원적인 순기능은 우리가 여전히 살아 있음을 상기시켜 준다는 것이다. 살아 있는 사람은 생명을 위협받거나 무언가를 빼앗길 때 불편을 느낄 수밖에 없다.

　6번 뇌기술을 익힐 수 있는 방법 중 하나는 지속적으로 고통을 주는 패턴과 그 순간들을 발견하는 것이다. 이러한 패턴은 우리의 관계 속에, 그리고 심지어 주요한 결정을 내리는 순간마다 평생 지속적으로 등장한다. 우리는 고통의 원인에 주목함으로써 우리의 반응이 우리 자신에 대해 무엇을 말해 주고 있는지 기도하며 생각해 볼 필요가 있다. 나는 어떤 사람이기에 이런 일로 힘들어 하는가?

　불에 기름을 붓듯 당신의 내면에 강력한 동기를 유발시키면서 도저히 타협할 수 없는 이슈가 무엇인지 생각해 보라. 무엇이 당신을 흥분하게 하는가? 잘 모르겠다면 신뢰하는 사람에게 자신에 대해 물어보라. 우리는 잘 아는 사람들로부터 혹은 읽었던 책에 등장하는 인물로부터 어떠한 성품을 구별해 낼 수 있다. 누가 관계를 소중히 여기는가? 누가 정의를 중요시하는가? 신약 성경에서 우리는 사람들을 격려해 주는 바나바, 진리를 소중히 여기는 바울, 사랑 많은 요한, 용서하시는 예수님, 배 밖으로 뛰어내리는 베드로(열정)를 본다. 이러한 특징들은 개인의 인격을 구성하는 요소로 빙산의 일각에 불과하지만, 각 사람에게 고통과 괴로움, 심지어 어떤 경우에는 죽음까지도 초래하는 특정한 성품을 보여 주며, 각 사람의 내면에 존재하는 핵심 요소가 무엇인지 확실하게 보여 준다. 당신의 고통은 당신에 대해 무엇을 말해 주는가?

6번 뇌기술은 보통 어떻게 획득되고 연습되며 전파되는가?

사람들, 특히 가족은 하나님께서 우리 삶에 두신 의미 있는 성품을 인식하도록 도와준다(13번 뇌기술). 우리는 우리를 가장 잘 아는 사람이 "이 일 때문에 네 마음이 참 괴롭지? 사람들이 그런 대우를 받는 것에 대해 네가 얼마가 관심을 갖는지 나도 느껴져. 나는 그런 일에 이렇게 마음을 쓰는 네가 참 좋아"하고 말해 주면, 자신이 인정 받고 있음을 느끼게 된다. 우리는 마음 아파하는 일을 통해 중요한 메시지를 깨달을 수 있다. 그리고 하나님께서 우리 안에 두신 것들을 볼 수 있도록 도와주는 "거울들"을 가지게 된다. 그러면 "나는 왜 이렇게 마음이 아프지요?"라는 질문에 답할 수 있게 된다. 잘 훈련된 6번 뇌기술은 우리가 삶의 의미를 깨닫도록 누군가를 도와주고자 할 때, 관계의 창고에서 가져다 쓸 수 있는 의미 있는 자산이 된다.

6번 뇌기술은 어떻게 추가적으로 획득되고 연습되며 전파되는가?

이제 관계 · 코이노니아를 변화시키는 것이 어떻게 고통으로부터 핵심가치를 파악하는 기술을 복원시킬 수 있는지 살펴보자. 마가복음 6장 34절에서 우리는 그들이 "목자 없는 양" 같아서 예수님이 긍휼의 마음으로 그들에게 반응하시는 이야기를 읽는다. 예수님은 잃어버린 사람들을 마주할 때 항상 긍휼의 마음으로 응답하셨는데, 그분의 가치와 사랑이 그렇게 행하게 하셨다. 그분의 가치는 그분으로 하여금 가르치고 설교하고 기적을 행하며 궁극적으로 십자가에 달리게 했지만, 돌아가시기 전에 이렇게 기도하셨다.

"아버지 저들을 사하여 주옵소서 자기들이 하는 것을 알지 못함이니이다"(눅 23:34a).

예수님의 사랑은 그분에게 큰 고통과 번민을 안겨 주었다. 그런데 그 고통에서 벗어나기 위해 사랑을 멈추어야 했을까? 당연히 아니다! 요한은 이렇게 말했다.

"아버지가 아들을 세상의 구주로 보내신 것을 우리가 보았고 또 증언하노니 누구든지 예수를 하나님의 아들이라 시인하면 하나님이 그의 안에 거하시고 그도 하나님안에 거하느니라 하나님이 우리를 사랑하시는 사랑을 우리가 알고 믿었노니 하나님은 사랑이시라 사랑 안에 거하는 자는 하나님 안에 거하고 하나님도 그의 안에 거하시느니라"(요일 4:14-16).

다소성의 사울은 하나님의 사랑을 소중히 여겼다. 그래서 의와 진리, 그리고 공의를 추구할 때 그 사랑을 적극 표현했다. 곧 바울이 될 운명이었던 그는 하나님의 법뿐만 아니라 그분의 백성들도 소중히 여겼기에 언젠가 이렇게 선포했다.

"나의 형제 곧 골육의 친척을 위하여 내 자신이 저주를 받아 그리스도에게서 끊어질지라도 원하노라"(롬 9:3).

6번 뇌기술은 우리의 존재를 구성하며 동기를 부여하고 상처를 경험하게도 하는 고유한 성품을 깨닫게 한다. "눈물의 선지자"로 잘 알려진 예레미야도 그분의 백성들을 사랑했기에 이렇게 말했다.

"어찌하면 내 머리는 물이 되고 내 눈은 눈물 근원이 될꼬 죽임을 당한 딸내 백성을 위하여 주야로 울리로다"(렘 9:1).

공동체는 하나님이 각 사람의 마음에 두신 것을 사람들이 인식하도록 도와야 하고, 이러한 "하나님의 성품"이 어떻게 구원에 이르는 고통으로 인도하는지도 가르쳐야 한다. 이러한 과정은 우리가 성경 속 인물들의 성품을 인식할 때 시작되며 우리는 이러한 렌즈를 통해 서로를 바라볼 수 있게 된다.

거짓말은 우리가 누군지에 대한 진실을 왜곡시킨다. 6번 뇌기술은 왜곡된 것을 바로잡고 어떤 이슈나 사람 혹은 사건이 우리를 괴롭게 하는 이유에 대해 밝혀 준다. 진리는 우리를 자유케[1] 하며 하나님께서 우리 삶에 두신 것들을 바라보는 것은 우리가 무엇을 위해 창조되었는지 더 깊이 이해하도록 한다. 사람들은 두 가지 주요한 경로를 통해 6번 뇌기술을 배운다. 첫 번째, 하나님으로부터 받

---

1 요한복음 8:31-32

은 선물을 발견하도록 돕는 과정을 가치 있게 여기므로 헤세드 공동체를 통해 6번 뇌기술을 배울 수 있다. 두 번째, 6번 뇌기술을 성숙 훈련과 Connexus 프로그램을 위해 개발된 훈련의 일부로 경험할 수 있다. 사람들은 트랙 1 뿐만 아니라 "성숙: 진정한 정체성"의 여러 가지 연습을 통해 6번 뇌기술을 배울 수 있다. 또한 훈련에 참석한 이들은 이후 트랙 2, 3과 더불어 6번 뇌기술로 다른 사람들을 훈련시킬 수 있다. 6번 뇌기술은 트랙 1 참석자들이 가장 좋아하는 연습 중 하나이다.

6번 뇌기술 – 행동 단계

당신의 고통은 당신에게 무엇을 말해 주는가? 지인 세 명을 찾아가 당신에 대해 훌륭하다고 생각하는 특징이 무엇인지 물어보라. 당신에게 어떤 문제의 패턴이 나타나는지 살펴보라.

6번 뇌기술 – 다음 단계

성숙 기술 가이드북을 연습할 뿐 아니라 성숙 훈련에도 참석해 6번 뇌기술의 풍성함을 발견하라. 성숙 강의들을 시청하고 집에서 배우는 성숙 온라인 커리큘럼에도 참여해 6번 뇌기술을 배우고 자신의 삶에 적용하라.

결론

헤세드 공동체 안에 있는 작은 코이노니아 모임은 하나님께서 우리 안에 넣어 두신 것들의 일부를 비춰볼 수 있는 거울을 제공해 준다. 우리를 잘 아는 사람들은 우리의 성품을 잘 표현해 줄 수 있으며 고통에 대한 우리의 반응에 대해 알려 줄 수 있다. "하나님이 당신을 이렇게 창조하셨기에 이런 일로 당신이 괴로워 하는 것은 당신다운 일이에요." 이렇게 말해 줄 수 있는 사람들은 무엇이 진실인지 확인시켜 주고 또 다른 가능성에 대해서도 제안해 주어야 한다. 6번 뇌기술을 사용하는 사람들은 지혜로운 청지기 같아서 헤세드 공동체의 강한 기둥을 이룬다. 하나님의 사랑과 성품을 가장 잘 반영할 수 있도록 하나님이 우리 안에 두신 것을 잘 이해하고 받아들일 때 생기는 변화는 6번 뇌기술을 포함하게 된다. 이것을 깨달으면 마음이 평화로워지고 희망이 가득 차게 된다.

6번 뇌기술을 갖게 되면: 지금 당장은 보지 못한다 해도 나는 고통과 고난 뒤에 구원이 기다리고 있음을 안다. 나는 내가, 혹은 내가 사랑하는 사람이 고통을 당할 때 무엇이 더 중요한지를 기억한다. 나는 고통이 나에 대해 말하는 가치 있고, 중요한 것을 깨닫는 게 어렵지 않다.

6번 뇌기술이 없거나 부족하면: 나는 일이 잘못되었을 때 하나님이 나를 벌 주신다고 생각하는 경우가 많다. 나는 내 삶에 잘못된 일을 피하기 위해 힘들게 일한다. 나는 고통 속에서 어떤 가치도 발견하지 못하기에 그것이 어서 끝나기만을 바란다.

6번 뇌기술 적용 단계 – 팀의 불안

팀은 자신에게 무언가 잘못되었다고 믿으며 자라왔다. 어렸을 때부터 팀은 상실과 고통을 경험하는 사람들에게 깊은 애정과 슬픔을 느껴왔다. 팀은 이러한 감정을 어떻게 해야 할지 몰랐고, 스스로 상처받기 쉽고 무기력하다고 느껴졌다. 친구들은 다른 사람들의 필요를 쉽게 보아 넘겼지만, 팀은 도움이 필요한 사람들을 만나면 무언가 해야만 한다는 강박적인 생각을 떨쳐버릴 수가 없었다.

어떻게 할지 몰랐던 팀은 신뢰하는 동료들을 찾아가 자신의 어떤 면을 좋게 여기는지 물어보기 시작했다. 또한 기도하면서 하나님의 말씀을 읽기 시작했다. 그는 선한 목자가 한 마리 잃어버린 양을 찾아 나서는 구절을 읽으면서 하나님의 식탁에서 가장 좋은 자리는 그분의 백성 중 가장 "작은 자"를 위해 예비되어 있다는 사실과 긍휼의 마음이 나쁜 것이 아님을 알게 되었다.

시간이 지나 팀은 자신이 "약점"이라고 불렀던 것들을 받아들이기 시작했다. 긍휼이 세상과 함께 나눌 수 있는 선물임을 발견했을 때, 자유와 평안이 팀의 삶 속에 찾아들기 시작했다. 팀은 더 이상 자신의 은사와 싸우거나 저항할 필요를 느끼지 못했다. 긍휼을 베풀어야 한다는 사실을 받아들이고 인정할수록, 그에게 더 큰 평안이 찾아왔다.

비록 팀의 은사는 여러 해 동안 그에게 고통을 안겨 주었지만, 결국 자신의 삶과 그가 맺는 관계를 더욱 풍성하게 해 주었다.

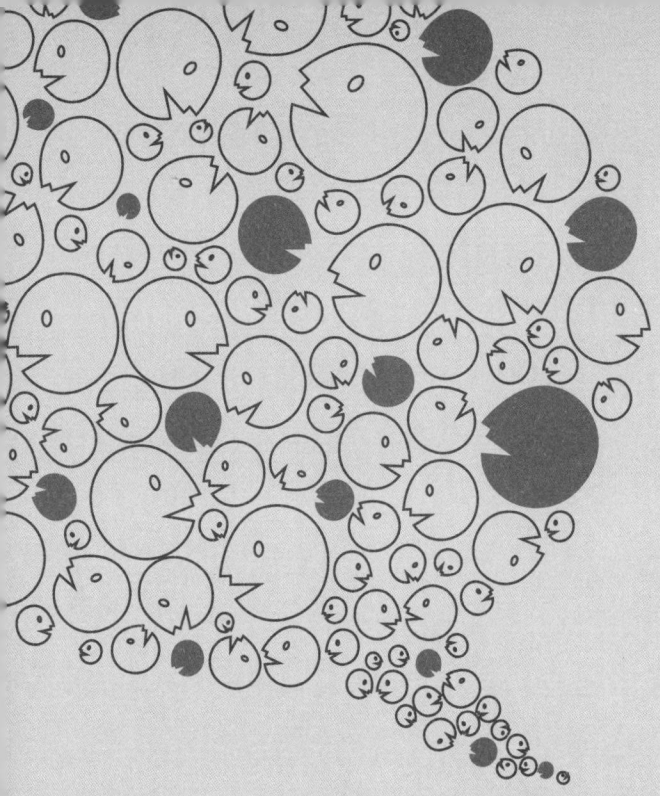

CHAPTER 9

7번 뇌기술:
이야기를 동기화 하라

4+ 이야기 나누기(Four-plus Story Telling):
우리의 생각이 하나가 되면, 우리의 이야기도 하나가 된다.

"왜 이 기술이 당신에게 중요합니까?"라고 하나님께 여쭤보았을 때 내 마음속에 이런 생각이 떠오르는 것을 발견했다.

"이야기는 그림을 그려 준다. 내 자녀들이 자신들의 이야기를 나눌 때 그들은 내가 준 선물을 내면화시킬 뿐 아니라 그 선물을 나누게 된다. 내 아들은 사람들이 이해하고 기억할 수 있도록 이야기를 통해 내 나라의 진리와 현실을 나누었다. 이 이야기는 나의 선함을 다른 이들에게 전파할 수 있는 선물이다."

생수의 샘(?) 사건

나는 책상에 앉아 있다가 무언가 부딪히는 큰 소리를 들었다. 아들 매튜가 낮잠을 자고 있으리라 생각했는데, 소리를 듣고 보니 그렇지 않은 모양이었다. "도대체 무슨 일을 하고 있는 거야?" 나는 한숨을 쉬며 책상에서 일어나 상황을 조사하려고 나왔다. 나는 곧 내 위와 어깨에 긴장이 몰려오는 것을 느끼며 다시 한 번 심호흡을 했다. 아들의 방문을 열자 다시 탄식이 흘러나왔다. 욕조에 물이 흘러 넘치고 있었던 것이다. 물이 바닥으로 흘러 넘치는 소리와 그 광경은 나를 당혹스럽게 했다. 나는 아들이 마루에 앉아 울고 있는 모습을 보았다. 아이는 매우 속상해 하고 있었다. 나는 아드레날린이 내 몸 안에 솟구쳐 오르는 것을 느꼈고, 무엇인가 해야 겠다는 생각이 들었다. "무슨 일이니? 괜찮아?" 나는 아이를 일으켜 세우면서 말했다. 아이의 방은 위층에 있었기 때문에 나는 그 물이 천장을 타고 아래층 할아버지 방까지 흘러 내릴까 봐 염려가 되었다. 상황이 더욱 걱정스러워진 나는 지원군을 불렀고 곧이어 아내도 현장에 도착했다.

아이를 달래고 위로하고 집 청소를 마치고 나자, 세 살 된 아들은 자기 파자마를 싱크대 안에 집어 넣고서 수도 꼭지를 틀어 폭포수를 만들고 싶었다고 했다. 파자마를 구겨 넣어서 구멍을 막아 놓았기에 계획했던 대로 욕조는 폭포수가 떨어지는 작은 샘물이 되었지만, 그 과정에서 그만 바닥에 미끄러져 벽에 머리를 찧고 말았다. 내가 들었던 큰 소리가 바로 그 소리였다. 잠시 후에 평안이 돌아오고 긴장감이 떠났을 때 우리 셋은 다시 기쁨으로 돌아갈 수 있었다. 고생했지만 다시 웃을 수 있게 된 것이다. 감사하게도 물은 아래층으로 흘러 내려오지 않았으며, 무엇보다도 아들이 크게 다치지 않았다. 이후로 이 사건은 11번 뇌기술의 소재가 되었고, 친구들과 공동체에 나눌 이야기거리가 되었다.

만약 이 이야기를 전하는 내 모습을 보았다면, 당신은 내 얼굴과 목소리, 몸짓에서 두려움이 생생하게 되살아나는 것을 목격했을 것이다. 물론 나중에는 미소를 띠며 안심하게 되었다는 것을 알았을 것이다. 당신은 이 이야기를 듣는 동안, 내 생각과 몸에 어떤 일이 일어나고 있는지 느꼈을 것이다.

이야기는 듣는 이를 사로잡는 것 이상의 일을 한다. 이야기의 수준은 우리의 뇌가 얼마나 잘 작동하고 있는지를 보여 준다. 만약 그날의 사건이 머릿속에서 해결되지 않았다면 나는 그 사건을 일관된 이야기로 전하지 못했을 것이다. 정보는 전달하지만 감정이 없든지, 아니면 무질서한 감정으로 엉성한 정황만을 전했을지 모른다. 뇌가 잘 훈련되고 용량이 넉넉하면, 우리는 과거에 끌려다니지 않고, 우리 뇌 전체가 본래 창조된 모습 그대로 잘 작동하게 할 것이다. 가족으로부터 받은 해결되지 않는 상처와 이야기의 부재는 우리 삶의 일관된 이야기를 만들어 내는 데에 장애가 된다.

4+ 이야기는 특별한 종류의 이야기로, 우리의 내면 세계가 작동하는 모습을 살짝 보게 해 준다. 4+ 이야기는 우뇌 조절중추의 네 가지 레벨의 비언어적인 영역들이 총 동원된 전략적이고, 잘 짜여진 이야기를 말한다. 이것이 잘 이루어지면 좌뇌에서 적합한 단어가 선물처럼 나타나 우뇌의 경험과 감정에 정확히 짝을 이루게 된다. 단어와 비언어적인 시그널의 조합은 가장 의미 있고 일관된 이야기를 만들어 낸다. 사람들은 4+ 이야기를 말하거나 들을 때 하나가 되고, 갈등이 풀어지며, 뇌기술이 발달되고, 다양한 감정을 주고받는 건강한 모델을 만든다. 4+ 이야기에는 시간과 연습, 기술과 감정의 조절이 필요하다.

감정적이고 영적인 장애물이 제거되면, 우리의 뇌 전체는 일관된 방법으로 일하기 시작한다. 우리는 주의 깊게 자신의 이야기를 선별함으로써 삶에 특별한 영역이나 관계를 다루는 뇌의 능력을 테스트해 보고 훈련시킬 수 있다. 또한 사랑하는 이들이 우리를 기억하며 유산으로 간직하게 될 특별한 순간들을 기념하기 위해서도 4+ 이야기를 사용할 수 있다. 뇌에 기반한 이러한 이야기들은 안전한 유대관계와 조절된 감정을 보여 주며 뇌기술을 효과적인 방식으로 훈련시킨다.

4+ 이야기를 구성하는 요소는 무엇인가?

성공적으로 4+ 이야기를 만들려면 몇 가지 구성 요소들이 있어야 한다. 4+ 이야기는 상대방과의 눈맞춤과 적절한 수준의 감정 표현과 함께 나누어야 한다. 너무 과한 내용은 상대방을 압도하기 때문에 뇌를 훈련시킬 수 없다.

4+ 이야기는 세 가지로 구성되어 있다. 기쁨으로 돌아가기(11번 뇌기술), 자기 답게 행동하기(12번 뇌기술), 그리고 임마누엘 나누기(13번 뇌기술)이다. 각각은 최대한의 효과를 거둘 수 있도록 구체적인 느낌을 제시해야 한다. 이야기에 진실한 감정을 담아야 한다. 감정을 전달하기 위해서는 느낌을 표현하는 단어와 몸의 감각을 활용한다. 이야기의 분량은 90초에서 5분 사이가 좋다. 모든 기술이 그런 것처럼, 이야기도 연습할수록 개선된다.

지금까지 자세한 내용을 나누었는데, 가족과 친구들, 그리고 공동체 회원들이 일상의 이야기를 자주 나누지 않으면 4+ 이야기는 자연스럽게 생겨나지 않는다. 반면 기쁨이 넘치는 관계에서는 이것이 자연스럽다. 앞에서 언급한 바와 같이, 어린 시절의 처리되지 않은 외상, 모범의 부재, 불안전한 애착, 그리고 이야기의 부재는 7번 뇌기술을 익히는데 어려움을 가져온다. 어쩌면 우리는 이야기를 나누는 일에 훈련되지 않았는지도 모른다. 지금까지 너무 고통과 문제에만 매몰되어 있었을 수도 있다. 연습하지 않으면 몸의 감각은 둘째치고, 느낌을 표현하기 위해 단어를 선택해 이야기를 창조하는 것조차 어려울 수 있다. 자신의 자전적인 이야기를 나누는 데에도 훈련이 필요하다. 이 단계는 우뇌 조절센터의 전두엽 대뇌피질에서 가장 높은 영역인 레벨 4가 활성화 되어야 가능하다. 조절센터가 함께 작동하면, 소위 말하는 "동기화"(synchronized)가 이루어짐으로써, 좌뇌가 우뇌를 통해 입력된 것과 일치된 이야기를 만들어 내게 된다. 우뇌가 감정(나는 어떻게 느끼는가)과 정체성(나는 누구인가), 그리고 몸의 변화(내 몸에 무슨 일이 일어나는가)를 주관하는 반면, 좌뇌는 모든 것을 설명하며 논리적으로 연결하는 작업을 한다.

최근 기술과 오락에 대한 의존성의 증가와 가족과 공동체 구조의 변화로 인해 관계적인 뇌기술이 점점 효용성을 잃어가고 있기에, 우리는 7번 뇌기술을 더욱 서둘러 익힐 필요가 있다. 솔직히 말해 보자. 이제 우리 가족들과 공동체들은 전에 우리가 하던 것처럼 서로 커뮤니케이션하지 않는다. 더 이상 식사 시간에 대화를 나누지 않는다. 당신이 누군가에게 하루 · 한 주 · 한 달 동안 있었던 일에 대해 마지막으로 이야기를 나눈 적은 언제인가?

어떤 변화는 유용하지만 어떤 변화는 사람들과의 교제를 방해한다. 예를 들어, 나는 미국을 벗어나 여행을 하게 되면 핸드폰이나 컴퓨터의 비디오 메뉴를 통해 가족들을 "볼 수 있는" 기회를 즐긴다. 그러나 내 핸드폰이 실제 인간 관계를 대체하지 않도록 주의한다. 컴퓨터와 핸드폰, 문자 보내기, 트위팅, 그리고 온라인 매체들은 대면 접촉 커뮤니케이션의 빈도를 최소화시킨다.

7번 뇌기술을 사용하려면 훈련된 뇌가 필요하다. 뇌에 대해 말이 나와서 말인데, 인간의 뇌에는 천억 개의 뉴런이 있고, 각각의 뉴런 당 천 개에서 만 개의 시냅시스가 연결되어 있으며, 그 속에 십만 개 이상의 혈관이 흐르고 있다. 진정 놀라운 학습기계이다.[1] 우리의 뇌는 새로운 기술을 배우고 성장을 가로막는 원치 않는 패턴이 있으면 좋은 모범과 피드백, 연습을 통해 그것을 바꾸어 나간다.

우리는 7번 뇌기술이 일상의 전면에 나타날 수 있도록 우리 몸을 잘 관찰해야 한다. 이 말이 이상하게 들리는가? 그 이유는 무언가 맘에 들지 않거나 바꾸고 싶은 것, 혹은 잘못된 것을 발견하기 전까지는 우리가 자신의 몸에 거의 신경을 쓰지 않기 때문이다. 내 몸에 주의를 기울이는 것은 내 생각을 나누는 데에 핵심적인 단계이다. 기억하라. 우리 몸은 우리 뇌가 그림을 그리는 캔버스이다. 우리는 "도대체 내게 무슨 일이 일어나고 있는 거지?" "내가 기쁠 때, 화날 때, 슬플 때, 절망스러울 때, 수치를 당할 때, 역겨울 때, 그리고 두려울 때 나는 그것을 어떻게 느끼지?" "나는 지금 어떻게 숨을 쉬고 있지?"

---

[1] 뇌에 대해 더 배우기 원하면 다음을 참고하라.
http://www.nursingassistantcentral.com/blog/2008/100-fascinating-facts-you-never-knew-about-the-human-brain/

하고 질문한다.

좌뇌의 연습과 입력 작업을 통해 우리는 이러한 감각을 묘사할 수 있는 단어를 찾게 되고, 그래서 다른 사람들에게 내가 경험한 것을 더 잘 이해할 수 있도록 전하게 된다. 우리는 바로 이 순간 "내 입장이 된다는 것"이 어떤 것인지 분명하게 전달할 수 있도록 자세한 내용을 이야기에 담아 전한다.

좋은 선물처럼 우리는 사람들에게 4+ 이야기를 나누어야 한다. 청자(聽者)는 관계적인 거울이 되어서 다양한 제안과 피드백으로 화자(話者)의 이야기가 어떠한지 가늠할 수 있도록 도와준다. "당신은 화난 이야기를 하면서 웃고 있었어요." "하나님이 당신과 함께 하신다는 것을 인식했을 때 느낌이 어땠는지 더 들으면 참 좋겠어요." 4+ 이야기를 연습할 때 가까이에 체크 리스트가 있다면, 먼저 이야기를 정리해서 적고, 언어와 감각과 몸을 사용하여 나누라. 4+ 이야기는 현재와 더불어 우리의 역사를 엮어 가며, 화자와 청자 모두 미래를 준비할 수 있게 해 준다.

7번 뇌기술을 관계의 공구 벨트에 장착하는 순간, 우리 모두는 자신이 맺는 관계에 새로운 변화가 일어나는 것을 감지하게 될 것이다.

7번 뇌기술은 보통 어떻게 획득되고 연습되며 전파되는가?

우리 대부분은 가족 구성원이 자신의 하루에 대해 말하거나, 과거의 특별한 순간에 대해 회상하는 것을 들으면서 7번 뇌기술을 익힌다. 개인적이며 몰입도 높은 이야기를 듣거나 말하는 것은 뇌의 기억 체계를 향상시킬 뿐만 아니라 우리가 가정에서 일들을 어떻게 처리하는지와 관련해 깊이 배어든 천성이 된다. 아이들은 이야기를 좋아한다. 우리 아들은 93세 된 할머니의 이야기를 들을 때면 흠뻑 빠져든다! 계속 누군가의 이야기를 듣다 보면 우리 자신도 스토리텔러가 되어 가는 것을 경험하게 된다. 4+ 이야기는 즐겁고 매력적일 뿐 아니라 상호 교류적인 교제에서 필수적이다. 다른 사람에게 이야기하고 싶어서 견딜 수 없었던 때를 생각해 보라. 인내심을 가지면 더욱 효과적인 스토리텔러가 될 수 있고, 이야기를 듣는 사람들에게 본을 보임으로써 이 기술을 전수해 줄 수 있다. 우리는 기쁨에 참여하고 자신들의 생각을 나누도록 사람들을 초대할 수 있다.

7번 뇌기술은 어떻게 추가적으로 획득되고 연습되며 전파되는가?

이제 관계·코이노니아를 변화시키는 것이 어떻게 잃어버렸던 농기화 된 이야기를 나누는 기술을 복원시킬 수 있는지 살펴보자. 창세기에서 요한계시록까지 성경은 하나님과 인류의 러브 스토리로 구성되어 있다. 각각의 인물들은 중요한 역할을 감당하고 있으며 이 러브 스토리는 승리와 비극, 탄생과 죽음, 사랑과 증오, 선과 악을 포함하고 있다. 성경에 나오는 모든 이야기는 값비싼 대가를 치르고 구원을 이루는 진지한 내용들로 가득 차 있다.

에덴 동산에서의 인류의 타락 이후, 하나님은 불순종한 자녀들에게 "옷"을 입혀 주셔야 했다. 그래서 아들 예수를 이 땅에 보내심으로 십자가 사건을 통하여 의로움과 영생으로 자기 자녀들을 입히셨다.

성경의 각 페이지는 매력적인 이야기들로 가득 차 있으며, 우리의 과거와 미래를 모두 포함하는 명작이다. 우리 역시 하나님의 이야기의 한 부분을 차지하고 있다. 우리 각자는 어떻게 이곳에 이르게 되었고, 또 어디로 가고 있는지 나눌 이야기를 가지고 있다.

이야기는 교제와 전도, 그리고 제자 훈련에 필수적이다. 많은 경우 우리는 이야기를 당연한 것으로 여기지만 성경은 많은 작은 이야기들로 구성된 큰 이야기 책이라 할 수 있다. 그 이야기들은 우리의 전통을 만들고, 언젠가 형제들을 고소한 자를 제압하기 위해 '어린 양'이 사용하게 될 간증거리가 될 것이다.[2] 성경은 우리의 유산이므로 우리 성도들은 세계 제일의 스토리텔러들이 되어야 한다. 우리의 이야기와 하나님의 이야기는 서로 연결되어 있으며, 우리는 그 구원의 이야기를 세상에 전해야 한다. 예수님은 자신의 메시지가 무리들의 가슴에 깊이 남도록 이야기와 비유를 통해 가르치셨다. 바울과 베드로도 자신들이 경험한 이야기를 나누면서 메시지를 더 잘 이해할 수 있는 토대를 제공하고자 애썼다.

이야기는 미래의 세대들이 붙잡고 살아갈 수 있는 무언가 중요한 것을 전달해 주기에 유산을 창조하는 것과도 같다. 우리는 사람들이 전하는 이야기를 통해 그들을 알게 된다. 부당한 대우를 받았던 어린 동생 요셉은 형제들과 극적인 상봉이 이루어지는 창세기 45장에서 더 이상 벅찬 감정을 숨기지 못하고 자신의 구원 이야기를 털어놓는다. 요셉은 외상의 경험을 모두 처리했기에 자신의 인생 이야기를 편하게

---

2 요한계시록 12:11

나눌 수 있었고, 하나님의 생각의 일부도 나눌 수 있었다(13번 뇌기술).

"당신들이 나를 이곳에 팔았다고 해서 근심하지 마소서 한탄하지 마소서 하나님이 생명을 구원하시려고 나를 당신들보다 먼저 보내셨나이다"(창 45:5).

하나님은 이스라엘에게 하나님께서 자기 백성들에게 베푸신 기적의 이야기를 전하도록 요구하셨다. 출애굽기 12장과 13장은 오늘날까지 모든 유월절 테이블에서 들려지고 있는 이야기를 담고 있다.

"너는 그 날에 네 아들에게 보여 이르기를 이 예식은 내가 애굽에서 나올 때에 여호와께서 나를 위하여 행하신 일로 말미암음이라 하고…"(출 13:8).

이야기와 상징으로 가득 찬 또 하나의 유월절 세대르(seder) 의식이 신약 성경에 등장하는데, 그때는 예수님께서 성만찬을 집례하셨고, 그분이 나누신 이야기는 풍성한 의미로 가득 차 있었다. 누가복음 24장 19절에서 예수님은 "너희가 이를 행하여 나를 기념하라"고 하셨고, 이것은 오늘날까지 전 세계에 전해지고 있는 이야기가 되었다. 어린이들은 이 이야기를 들으면서 하나님께서 앞 세대와 함께 하셨던 것처럼 자기들도 구원하실 것이며, 또한 함께 거하실 것을 기대했다. 예수님과 제자들이 당시에 함께 나누었을 수많은 이야기들을 상상해 보라!

7번 뇌기술은 우리의 생각을 공동체 내의 다른 사람들과 나눌 수 있는 기회를 준다. 4+ 이야기가 우리의 관계적 목록에 있지 않을 때, 우리는 의미 있는 피드백을 줄 수 있는 친구들과의 연습이 필요하다. 4+ 이야기는 관계적 뇌기술을 훈련할 수 있는 효과적인 방법이다. 7번 뇌기술은 성숙 훈련과 Connexus 프로그램의 흐름 가운데 녹아들어 있어서 7번 뇌기술을 사용하는데 필요한 것들을 훈련시키며 또 그것을 다른 사람들에게도 전수할 수 있게 한다. 우리는 전하는 이야기의 유형에 따라 분명한 목적을 가지고 연습하며, 이야기 점검표의 도움을 받아 우리가 나누는 이야기에 필수 요소들이 포함되어 있는지 피드백해 줄 수 있는 사람들과 함께 연습한다. 그리고 시간을 잘 체크해야 한다. 짧은 시간에 주어지는 너무 많은 정보는 이야기의 훈련 요소를 감소시키기 때문이다. 우리는 연습을 통해 7번 뇌기술로 자연스럽게 가족, 친구, 그리고 낯선 사람들과 교류하게 된다! 다른 모든 뇌기술과 같이 일단 이 기술을 배우기만 하면 우리는 매일 만나는 사람들에게 이것을 나누어 주지 않을 수 없다. 이때 필요한 것은 우리가 받은 선물을 나눌 수 있는 몇 분의 시간이다.

7번 뇌기술 – 행동 단계

특별했던 날 혹은 지난주에 있었던 즐겁고 의미 있는 사건에 관해 누군가와 이야기를 나누어 보라. 이것은 기쁨처럼 특별한 감정을 느낄 때에도 어떻게 자신의 본 모습을 유지할지(혹은 다음에 기회가 생긴다면 어떻게 반응하기를 원하는지)에 초점을 맞춘 '나 자신답게 행동하는 법'을 보여 주는 이야기가 될 것이다. 예를 들면, "즐거울 때 저는 미소를 지어요" 하고 말하는 것이다. 이 장의 마지막에 포함된 체크 리스트를 가이드로 삼기 바란다.

7번 뇌기술 – 다음 단계

7번 뇌기술은 인생모델팀이 제공하는 대부분의 훈련 프로그램에 적용된다. 성숙 훈련은 세 권의 성숙 기술 가이드북뿐만 아니라 여러 훈련 트랙에서 7번 뇌기술을 사용한다. Connexus 프로그램은 공동체를 훈련시킬 때 7번 뇌기술을 사용한다.

만약 당신이 결혼했다면 "다시 빛나는 기쁨" 주말 결혼 세미나에서 다양한 7번 뇌기술 훈련을 제공받을 수 있을 것이다. 성숙 강의들을 시청하고 집에서 배우는 성숙 온라인 커리큘럼에도 참여해 보라. 그 밖의 내용은 joystartshere.com을 참고하기 바란다.

결론

7번 뇌기술은 헤세드 공동체가 기쁨을 일구어 가며, 소속감을 고취시키고, 관계적 뇌기술을 훈련시킬 때 의지하는 건강한 커뮤니케이션의 형태이다. 특별히 다른 사람들보다 7번 뇌기술을 더 잘 사용하는 사람이 있지만, 탁월함을 유지하려면 우리 모두 다 연습이 필요하다. 우리는 4+ 이야기를 통해 서로를 알게 되며, 이야기를 나누고 듣는 과정을 통해 강한 자와 약한 자 모두 유익을 얻게 된다. 코이노니아 공동체가 7번 뇌기술을 잘 체화하면 상호 교류적인 기술을 사용할 수 있는 각 사람의 능력이 증가한다. 깊은 변화가 일어나면, 사람들은 하나님을 영화롭게 하고, 믿음을 키우며, 청자들에게 영감을 주고, 또 우리 뇌가 정보와 감정을 잘 처리하도록 도와주는 4+ 이야기, 곧 "좋은 소식을 나눌" 능력을 갖게 된다.

7번 뇌기술을 갖게 되면: 감정과 몸의 느낌을 포함한 내 이야기를 나누는 것이 자연스럽고 쉽다. 나의 하루·한 주에 대해 이야기 나누는 것이 즐겁다.

7번 뇌기술이 없거나 부족하면: 나는 좀처럼 내 이야기를 하지 않는다. 이야기하지 않아도 사람들이 내가 그들에 대해 관심을 갖고 있음을 알아 주면 좋겠다. 나는 좋았든 나빴든 상관없이 나의 하루를 돌아보는 것을 원치 않는다. 사람들이 나에 대해 이것저것 물어볼 때, 나를 심문하는 것 같다.

나의 4+ 이야기 준비 체크 리스트
1. 이 이야기에는 감정이 지나치지 않게 적절히 표현되어 있다.
2. 전에 이 이야기를 나눈 적이 있다.
3. 이 이야기를 나눌 때 지나치게 신중해지지 않는다.
4. 이 이야기는 자전적인 내용이다(이야기 속에 내가 포함되어 있다).
5. 이 이야기에는 특별한 느낌을 드러나 있다.

나의 4+ 이야기에 포함시킬 아이디어들

6. 간략하게 상황을 묘사한다:

7. 이 이야기에서 내 느낌을 표현하는 단어들:

8. 이 이야기에서 내 몸은 이렇게 느꼈다:

9. 이러한 감정이 들 때 내가 행하고 싶은 바를 보여 주는 이야기 속의 행동은 다음과 같다:

추가적인 체크 리스트

- 나는 내 표정과 목소리로 진실한 감정을 보여 주었다.
- 나는 사람들과 눈을 맞추며 스토리텔링을 했다.
- 나는 내 감정을 표현할 때 느낌을 표현하는 단어를 사용했다.
- 나는 내 몸이 느낀 감각을 표현할 때 느낌을 표현하는 단어를 사용했다.
- 나는 내가 직접 경험한(자서전적인) 이야기를 나누었다.
- 나는 간략하게 이야기했다.

> **7번 뇌기술 적용 단계 – 에릭의 잘못된 생각**
>
> 에릭은 결혼생활에 도움이 필요했다. 그의 아내가 밝힌 어려움 중 하나는 그가 "자기 마음을 나누며" 소통할 줄 모른다는 것이었다. 에릭은 좋은 부양자와 사랑 많은 남편이 되려고 나름 열심히 노력했다고 생각했다. 그런데 아내와 아이들은 그 사실을 잘 알지 못했다. 에릭은 자기도 어떻게 할지 모르는 무엇인가를 아내가 요구한다고 느꼈다.
>
> 그는 기도 파트너의 조언을 받으며 깊이 생각해 보았을 때 비로소 무언가가 빠져 있음을 깨달았다. 친구에게서 7번 뇌기술을 배운 뒤, 에릭은 자신의 아버지가 "조용한 타입"이었다는 것과 자신도 아버지의 모습을 닮아가고 있음을 깨달았다. 그는 자신을 표현하는 것이 큰 의미가 없으며, 그래 봤자 무슨 소용이 있겠냐

하며 살아왔던 것이다. 에릭은 이러한 기술의 부재를 자기 아내와 자녀들에게 유산으로 물려주고 싶지 않았다.

에릭은 기도 파트너와 함께 4+ 이야기를 연습하기 시작했다. 그러자 자신과 결혼생활에 극적인 변화가 일어났다. 에릭이 4+ 이야기를 나누며 하루 중 있었던 일들을 강조하고, 휴가 중 있었던 특별한 순간에 대해 나누며, 그가 고마워하는 아내의 성품과 결혼생활에 대해 말하기 시작하자, 기쁨이 넘치기 시작했다. 7번 뇌기술은 에릭이 애정을 쏟는 사람들과 관계를 유지하며 기쁨으로 교제하는 능력을 향상시켜 준 기초적인 기술이었다.

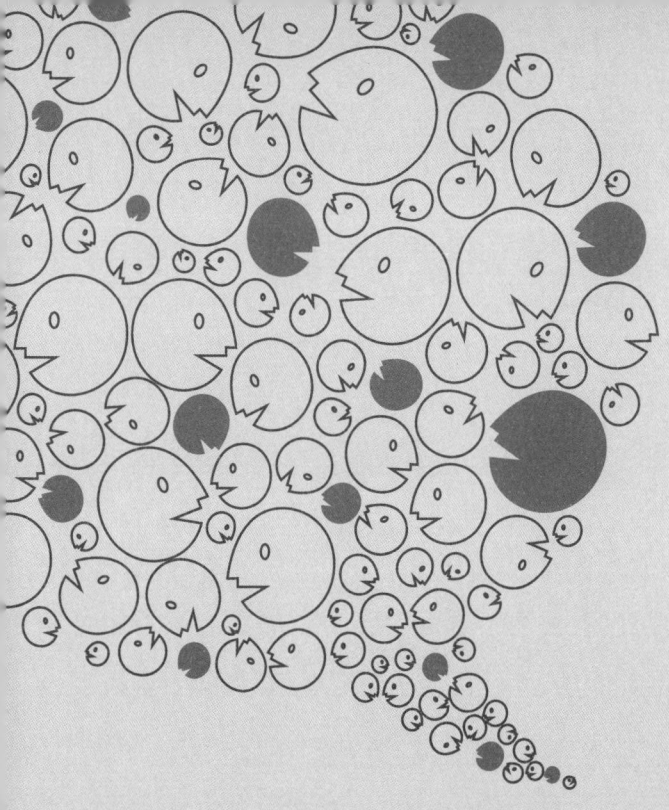

CHAPTER 10

8번 뇌기술: 성숙의 수준을 파악하라

우리는 우리가 어디에 있는지, 무엇을 놓쳤는지, 그리고 어디로 가고 있는지 알 필요가 있다. 지도가 없으면 우리는 같은 구멍에 계속 빠지게 된다.

"왜 이 기술이 당신에게 중요합니까?"라고 하나님께 여쭤보았을 때 내 마음속에 이런 생각이 떠오르는 것을 발견했다.

"나는 내가 창조한 모든 만물이 풍성한 삶을 누리기를 소망하고, 내 자녀들이 온전히 피어나고 열매 맺어서 삶의 모든 단계마다 나를 온전히 경험할 수 있기를 바란다. 나는 내 자녀들이 누리기를 원했던 인생의 충만함을 잃어버리는 모습을 볼 때 참으로 애통하다. 시냇가에 심겨진 나무와 같이 나와의 친밀한 교제는 언제나 즐거움으로 가득한 성장을 가져온다."

젠과 나는 가족 여행을 떠나 목적지로 가다 보면 항상 길을 잃는다. 어떤 경우는 잠시 동안만 길을 잃은 것이라 GPS의 도움을 받으면 곧바로 제 길을 찾아갈 수 있다. 그러나 어떤 경우에는 GPS가 다시 제 길을 찾아 목적지로 우리를 인도할 때까지 마냥 기다릴 수밖에 없는 답답한 순간이 이어지기도 한다. 길을 제대로 알지 못하고 운전하는 것은 결코 즐거운 일이 아니다.

특히, 내가 어디로 가는지 내게 무엇이 부족한지 전혀 알지 못한 채, 헤매이는 것은 정말 비참한 일이다. 그래서 우리는 "성숙"이라는 핵심적인 주제를 다루게 된다. 우리는 자신의 성숙의 수준이 어느 정도인지 앎으로 자신의 발달상태를 점검해 볼 수 있다. "성숙의 척도"는 성숙을 위해 우리가 성취해야 할 다음의 발달 과제가 무엇인지 알려 준다. 매 순간 우리에게 필요한 즉각적인 성숙의 수준을 인지하면, 우리의 행동이 방금 발생한 어떤 사건에 대한 반응으로 나타난 것인지, 아니면 발달에 "문제"가 생겨서 치유적 돌봄이 필요해진 것인지를 판단할 수 있게 된다. 성숙의 수준이 언제 쇠퇴하는지 지켜보면 언제 자신이나 타인의 감정 용량이 소진되는지 판단할 수 있다. 성장하는 삶은 획득한 용량 안에서 얼마나 자신의 한계와 기능을 존중하느냐에 따른 성숙도로 나타나는데, 8번 뇌기술은 우리가 그러한 성숙의 여정 가운데 머물 수 있도록 도와 준다.

여섯 가지 삶의 발달 단계

성경은 인산 발달의 이상석인 로드맵으로 여섯 가지 단계를 언급한다. 태아, 유아, 아동, 성인, 부모, 그리고 노인의 단계가 우리가 정서적, 정신적, 육체적, 영적인 면에서 잠재적으로 성숙할 수 있는 단계 전체를 보여 준다. 라이프 모델 웍스 교재는 인간이 기쁨으로 자라나 마침내 하나님이 주신 잠재력에 이르게 되는 단계를 분명하게 보여 줄 수 있도록 여섯 가지 삶의 발달 단계를 주의 깊게 배열했다. 수백만의 아기들이 인생에서 태아기를 마칠 수 있는 기회를 얻지 못하는가 하면, 남성들의 3/4은 유아의 발달 단계에 정체되어 있고, 여성들의 3/4은 여전히 아동의 발달 단계에 머물러 있는 것으로 추정

된다.[1] 이것은 신체는 자라나지만 그 성장에 맞게 계속해서 발달해야 할 무엇인가가 중간에 빠져 버렸다는 것을 의미한다.

우리는 감정적으로 정체되어 있고, 또 제대로 영양을 공급 받지도 못하고 있다. 대부분의 경우에 우리 가정과 공동체는 우리가 필요로 하는 것을 갖고 있지 않다. 자녀들은 부모가 자신의 한계를 인정하고 스스로 성숙의 단계를 끌어올리지 못하면 부모들의 성숙도를 넘어서 자라나지 못한다. 신체적으로는 마흔한 살이라도 정서적으로는 다섯 살 난 어린이 단계에 머물러 있을 수 있다. 다 큰 어른들이 어린아이처럼 행동하는 것이 시트콤에서는 재미있을지 몰라도 실제 삶에서는 참으로 비극적인 일이다. 가족들과 공동체들은 필수적 요소들을 결여하고 있는 경우가 많은데, 그것이 그들의 성장을 가로막는다. 우리는 고대 문학에서 준비되지 않은 부적절한 사람이 리더가 될 때 세상이 요동치게 되는 것을 이미 보았다. 주어진 역할과 책임에 걸맞는 훈련을 받지 못했거나 성숙도에 이르지 못했을 때 재난이 찾아오기 마련이다.[2] 권위 있는 자리에 앉아 있는 사람이 어린아이들이나 할 법한 행동을 하는 것에 대해 듣거나 본 적이 있는가?

아내 젠과 내가 8번 뇌기술에 관해 배웠을 때, 우리는 분노 조절 면에서 유아기에 머물러 있다는 사실을 곧 알게 되었다. 그것은 우리에게 할 일이 있음을 의미했다. "어떻게 이럴 수가 있지?" 우리는 스스로에게 물어보았다. 성숙도를 처음 평가해 보았을 때, 나는 시험

---

1 더 알기를 원하면 짐 와일더 박사의 「남성과 살아가기 위한 완벽한 안내서」를 참고하라.
2 잠언 30:21-23

을 망쳐버린 듯한 기분이 들었다. 여전히 유아기에 머물러 있었기 때문이다. 우리가 정체되어 있었던 데에는 많은 이유가 있었지만, 일단 우리 부부가 장애물을 제거하고 성장에 필요한 요소를 추가하자 우리의 삶은 더 나은 방향으로 변화되었다.

우리는 이전보다 더 많은 압력과 긴장을 감당할 수 있게 되었다. 스스로를 진정시키고 기쁨으로 돌아가며 감정을 조절하고 필요한 것을 요구하며 만족하는 법을 배우고 동시에 두 명 이상의 사람들을 돌보며 대가를 바라지 않고 자신의 삶을 내어 줄 수 있게 되었다. 우리는 마침내 부모의 성숙 단계에서 가능한 대부분의 기능을 감당할 수 있게 되었고, 누군가가 우리를 먹여 주어야 하는 유아기를 벗어나 다른 사람들을 먹일 수 있게 되었다. 앞으로도 해야 할 일은 많지만, 이러한 변화는 정말 영광스러운 것이었다!

우리는 오직 우리가 가지고 있는 것만을 줄 수 있다. 아무리 애쓴다 해도, 바이올린을 연주하거나 야구공을 칠 줄 모르면 누군가를 그렇게 하도록 훈련시킬 수는 없다. 나에게 결핍된 것을 줄 수 없기 때문이다. 이러한 이유에서 예수님은 그분을 믿으면 그 배에서 생수의 강이 흘러넘칠 것이라고 말씀하셨다.[3] 8번 뇌기술은 순차적인 발달의 관점에서 볼 때, 성장에 필수적인 요소가 무엇인지 알 수 있는 틀을 제공해 준다. 우리의 필요는 언제든지 변하는데, 특히 나이가 들어감에 따라 가족과 공동체는 변화하는 서로의 필요에 늘 주의를 기울여야 한다. 우리는 자신에게 무언가 결여되어 있어서 앞으로 나아가지

---

3 요한복음 7:37-39

못함을 깨닫게 될 때 비로소 정체된 성장에 대해 관심을 갖기 시작한다. 8번 뇌기술은 어떤 부분에서 성숙하고, 또 어떤 부분에서 정체되어 있는지 보여 주며, 나이와 단계에 맞는 성숙을 확실하게 획득할 수 있도록 도와준다.

8번 뇌기술을 잘 활용하면 감정을 담을 수 있는 자신의 용량을 알 수 있다. 이렇듯 자신의 한계를 아는 것은 삶과 관계를 변화시킨다. 우리는 자신의 개인적인 가치관과 맞지 않게 고집스럽고 유치한 방식으로 특정한 상황에 반응했던 순간들을 생각할 때마다 성숙을 이루는 것이 얼마나 절박한 것인지 인식하게 된다.

우리는 휴식하거나 기쁨으로 돌아오는 것을 어려워 할 수도 있고, 두려움에 근거해서 많은 결정을 내릴 수도 있다.[4] 성숙의 정체로 인해 나타나는 여러 증상과 상관없이, 우리 모두는 하나님이 주신 잠재력에 도달할 수 있다. 바로 오늘부터 말이다!

인생에는 여섯 가지 단계가 있지만, 모든 사람이 그들이 속한 공동체에서 부모나 장로가 되는 것은 아니기 때문에 어떤 사람들은 삶의 단계를 모두 완료하지 못할 수도 있다.

우리는 최소한 힘을 현명하게 사용하고, 상호 만족을 성취하며, 자신의 마음을 반영하는 개인적인 스타일을 개발할 줄 아는 성인의 수준에 이르는 것을 목표로 삼아야 한다. 이러한 몇 가지 자질만 보아도 자신의 역할에 합당한 성숙이 결핍되어 있는 교회, 정부, 학교

---

4 「남성과 살아가기 위한 완벽한 안내서」는 각각의 성숙 단계마다 필요한 요소들과 과업들의 완전한 리스트를 볼 수 있는 가장 좋은 자료이다.

및 많은 지도자들을 걸러낼 수 있다.[5] 인생의 각 단계에는 완료해야 할 매우 구체적인 필요와 과제들이 포함되어 있다. 개발이 완료되지 않으면, 우리는 실제보다 더 성숙해 보이는 "가짜 성숙"의 마스크를 착용할 위험이 있다. 내면은 두려움과 분노로 가득 차 있지만 바라보는 사람들에게는 "멀쩡하게" 보일 수 있다.

성숙의 각 단계를 밟아 갈수록 우리 자신과 다른 사람들을 돌볼 수 있는 용량은 증가된다. 성숙이 정체되었다는 것은 우리가 자신만을 돌보고 다른 사람들을 지속적으로 돌볼 수 없음을 뜻한다. 언젠가 하나님은 이스라엘의 거짓 목자를 정죄하셨는데, 이들은 자신이 맡은 양떼를 돌보기보다는 자신들 배만 채웠기 때문이다. 이처럼 제대로 훈련받지 않은 목자들은 자신의 배를 채울 줄만 알지 약한 사람들을 강하게 해 주지는 못한다.[6] 사람들이 자신의 허물과 그들이 섬기는 이들의 약점을 대하는 모습을 보면, 우리는 그 공동체가 얼마나 건강한지, 리더십은 얼마나 성숙한지를 알 수 있다.[7]

성숙도를 확인하게 되면, 우리는 자신이나 다른 사람들이 왜 그들의 잠재력을 온전히 발휘하지 못하는지 깨달음으로써 더 큰 지혜를 얻을 수 있다. 용기를 가지고 자신의 약점을 직면할 때, 우리의 인격은 자라난다. 성숙함이 부족하다는 말은 나의 가치가 낮다는 것을 의미하는 것이 아니다. 다만 너무 힘든 일을 당해 꺾이는 일이 없도록

---

[5] 더 자세한 내용은 「드문 리더십」을 참고하라.
[6] 에스겔 34장
[7] 「기쁨은 여기서 시작된다」

상대적으로 가벼운 삶의 요구와 무게만을 감당하는 것뿐이다. 한계를 인정한다는 것은 자신의 문제와 고통스러운 결핍을 가족과 공동체에 떠넘기지 않는다는 것을 의미한다. 성장을 정체시키는 문제를 해결하면, 감정을 담는 용량을 증가시켜 삶 속에 새로운 회복 탄력성을 경험하게 된다. 그러면 여러 세대에 걸쳐 내려오는 패턴을 바꾸게 되는 것이고, 이제 새로운 유산을 남기게 되는 것이다!

8번 뇌기술은 우리가 왜 동일한 수렁에 계속 빠지는지에 대해 설명해 준다. 우리는 자신의 의지와 더 나은 선택, 그리고 좋은 의도가 지속적인 변화를 이루기에 늘 부족한 것을 발견한다.

8번 뇌기술은 진보를 위한 명확한 단계를 제공한다. 8번 뇌기술 연습은 개인 및 집단의 성숙도를 더욱 명확하게 이해할 수 있도록 도와준다. 이 단계는 미성숙의 문제를 밝힘으로써 우리가 가족, 지역 사회 및 조직을 섬기다가 소진되거나 폭발해 버리는 것을 예방해 준다.

열두 살이 되기 전에, 아이들은 자신의 욕망을 길들이는 법을 배워야 한다. 이 작업은 성인기에 맞게 될 압력을 대비하게 해 준다. 우리는 교회, 비즈니스, 교육, 사회 등 모든 영역에서 많이 배우고, 재능이 넘치며, 성공적인 지도자들, 심지어 경건한 지도자들까지도 이 길들여지지 않은 욕망의 먹이로 전락하는 사례를 수없이 많이 본다. 마치 팥죽 한 그릇에 모든 것을 포기했던 에서와 같이, 그들은 자기 배와 주머니를 채우거나 헛된 욕망을 만족시키기 위해 모든 것을 잃는다. 많은 사람들이 자신이 가장 소중히 여기는 가치관에 반하는 행동을 한 것에 대해 깊이 뉘우치며 회개한다. 이러한 순간은 한 번의 실수로 기록되거나 잘못된 결정으로 해석될 수 있다. 많은 경우에 향후 비슷한 사고를 방지하기 위해 사람들은 자기 삶의 방정식에 더 많은 규칙을 추가한다. 8번 뇌기술에 대한 명확한 이해와 적용이 없으면, 우리는 발달 부족의 문제를 언급하기만 했어도 처음부터 재앙을 막을 수 있었다는 사실을 인식하지 못한다. 호수가 얼어 붙으면 표면은 아름다워 보이지만, 살얼음이 진 곳 한 군데만 있어도 우리는 차가운 얼음물에 빠지게 된다.

긴장과 압박을 받으면 인격과 성숙의 약한 부분이 쉽게 드러나기 마련이다. 약점을 바로잡기 위한 체계적인 노력이 없으면, 우리는 "방금 무슨 일이 일어난 거지?" 하고 의아해 하며 자신과 다른 사람들과의 관계를 위험에 빠뜨릴 수 있다.

지혜로운 사람들에게 고통은 약점을 찾아내고 보수와 수리가 필요한 부분을 강화할 수 있는 기회가 된다. 8번 뇌기술은 가족 및 공동체의 건강과 재원을 반영해 준다. 주목하지 않은 틈과 결점은 원치 않는 다른 모든 패턴처럼 다음 세대에 전달된다. 우리 공동체들에는 성숙한 지도(map)와 가이드가 현저히 부족하다. 성숙한 장로의 결핍뿐만 아니라 "다세대 공동체"의 결여는 가족과 공동체라는 구조에 커다란 구멍을 남긴다. 일반적으로 교회는 성숙을 지나치게 영적인 것으로 만들어서 사람이 감정적으로도 성숙해져서 어려운 일을 배우고, 분노의 감정으로부터 회복하는 법도 배워야 한다는 사실을 놓치기 쉽다.

어렸을 때 나는 덩치가 큰 사람들이나 흰머리 난 사람들이 성숙한 사람이라고 생각했다. 어쨌든 그들은 크고 나는 작았으니까. 그러나 다 큰 사람들이 어린아이처럼 행동하는 것을 보게 되었을 때, 내 생각이 잘못되었다는 것을 알게 되었다. 우리 가운데 어떤 사람들은 구원을 받으면 성숙이 자동적으로 이루어진다고 믿거나 교회 출석율을 영적 성숙과 동일시 하는 경향이 있다. 또 어떤 사람들은 자신의 가치와 자기 존중이 결여된 결과로 성숙해지지 못했다고 믿는다. 만약 이러한 신념을 수용하게 되면 자신의 성숙도를 정직하게 평가할 때 저항감이 생길 수 있고, 성숙에 이른다는 것이 무엇인지 확인하려고 애쓰는 사람들에게 수치심을 안겨 줄 수 있다.

우리는 자신을 정체되게 만드는 장애물을 평가할 때 관계로 인한 피해를 최소화하려 애쓴다. 처리되지 않은 외상과 고통스러운 사건은 그 일이 발생한 나이에 우리의 성숙도가 멈춰 버리게 만든다. 몸은 계속 자라나지만 감정은 정체되어 영양 실조 상태에 머물게 된다. 우리는 "내 인생에서 본받을 만한 더 성숙한 사례가 있는가?", "나를 괴롭게 만드는 해결되지 않은 상처가 있는가?", "내게 부족한 기술은 무엇인가?", "내 삶의 어떤 영역이 두려움으로 작동하고 있고, 또 어떤 결정이 두려움에 좌우되고 있는가?"라고 스스로에게 질문할 수 있다. 약점을 인정하는 것이야 말로 즐거운 변화를 향한 첫 걸음이다. 성숙에 대한 자신의 정직한 평가가 성숙도를 높인다. "내 인격의 어떤 영역이 개선될 필요가 있는가?"

도움 요청하기

나는 내 인격에 무언가 개선될 필요가 있다는 사실을 깨달은 날을 기억한다. 어느 날 내 사무실에 배달할 큰 카페트 몇 장을 골랐다. 힘 센 점원이 그 무거운 카페트 롤을 내 트레일러에 실어 주었는데, 사무실에 도착했을 때 나는 도움을 청하는 대신 그 카페트를 직접 내리기로 마음 먹었다. 당시에는 그것이 좋은 아이디어라고 생각했는데, 한 45분쯤 땀에 흠뻑 젖어 생고생을 하며 일을 마치고 났을 때 나는 심장마비가 오는 줄 알았다. 나는 완전히 지쳐 버렸고 몸 구석 구석이 아팠다. 친구들에게 도와달라고 할 수도 있었는데 나는 왜 위험을 감수하면서까지 나를 몰아 붙였을까?

8번 뇌기술을 사용하면서 나는 내가 남에게 도움을 청하는 것을 별로 좋아하지 않는다는 것을 깨달았다. 이것이 나의 약점이었다. 나는 누군가에게 도움을 받아야 할 사람이 되거나 거절 당할 수 있는 처지에 놓이는 느낌을 그다지 좋아하지 않았던 것이다.

나는 스스로의 안전이 위협을 받더라도 내 인생과 관계 속에서 생겨나는 문제들을 스스로 해결하려고 자주 애써 왔다는 사실을 발견했다. 강한 사람이 되려는 노력은 오히려 나를 약하게 만들었는데, 그것은 필요한 것을 요구할 줄 아는 아동의 성숙도를 내가 갖고 있지 못했기 때문이었다. 무언가가 바뀌지 않는다면, 특히 카페트를 옮기는 것과 같은 일을 다시 해야 한다면 내게 결핍된 요소가 나를 끝장낼 수도 있는 것이다! 그때부터 나는 이 새로운 과제를 실천할 수 있도록 내가 속한 공동체에서 모범을 찾기 시작했다. 이제 친밀한 관계를 갖고 있는 이들에게 도움을 청하는 일이 얼마나 기분 좋은 일인지 모른다. 나는 8번 뇌기술이 아니었다면 깨닫지 못했을 자유와 기쁨, 그리고 새로운 빛을 경험했다. 두려움이 더 이상 내 인생을 지배하지 못하게 되었다.

터를 닦는 것부터 시작되는 집 짓기와 마찬가지로, 우리는 유아기의 성숙으로 시작하여 구멍난 부분들과 미완성된 과제를 찾아낸다. 우리는 격차를 메우고 이미 성숙한 사람들, 특히 우리가 부족한 영역에서 이미 성숙함에 이른 사람들의 도움을 받아 필요를 채우면서 과제를 완성해 간다. 우리 모두는 무언가 줄 것이 있고, 또 받을 것이 있다. 우리는 성숙을 방해하는 두려움을 제거하며, 또 우리의 발목을 잡는 괴로운 사건들을 처리할 수 있도록 임마누엘의 인도함을 받는다(3번 뇌기술). 우리는 우리를 격려해 주고, 기도해 주며, 우리 인생 여정을 감독해 줄 수 있는 가이드를 찾는다. 우리는 약함과 강함이 섞여 있는 곳에서 소속감을 발견한다. 각 단계가 우리를 앞으로 나아가게 한다. 간극을 메우는 동안 우리는 아동의 단계를 탐구하고, 이어서 성인의 단계도 탐구한다. 어떤 단계는 거의 노력이 필요하지 않지만 어떤 단계는 많은 노력이 필요하다. 성숙도가 우리의 가치를 더해 주는 것은 아니다. 성숙도는 우리가 사랑하는 사람들에게 자신을 더 잘 표현하고, 또 그들과 마음을 공유하는데 도움을 준다. 우리는 삶을 온전히 누리지 못하게 하는 견고한 안전지대 안에 더 이상 머물러 살지 않는다. 솔직히 말해 풍성한 초원을 걸어다닐 수 있는데, 누가 낮은 기쁨의 감옥 안에 갇혀 살기를 원하겠는가?

8번 뇌기술은 보통 어떻게 획득되고 연습되며 전파되는가?

엄마, 아빠, 가족 및 공동체 구성원이 번영에 필요한 자양분을 풍성하게 제공해 주면, 우리가 심겨진 정원에서 잘 자랄 수 있다. 가족 구성원이 끊임없이 변하는 필요에 대해 세심하고 일관성 있게, 그리고 예측 가능하게 반응해 준다면, 우리는 자연스럽게 성숙을 이루어 갈 수 있다. 건강한 가정은 문제가 생기면 해결할 줄 알고, 함께 배우고 성장하며 서로 간의 관계를 유지해 나간다.

가족은 적절한 시기에 필요한 것을 제공해 주며, 자녀들에게는 로드맵, 즉 나아갈 방향을 가르쳐 준다. 이것을 통해 부모는 자녀가 어디에서 왔고, 어디에 있으며, 성장함에 따라 어디로 가게 될 것인지 이해하도록 도와준다. 이를 통해 자녀들은 가족의 역사와 하나님의 가족의 역사를 배우게 된다.

우리는 성장함에 따라 생명이 필요한 곳에 그것을 나누어 줄 기회를 찾는다. 우리는 주고받는 것에 만족감을 느낀다. 성숙의 한 가지 증거는 두려움에 쌓인 나머지 모든 좋은 것을 독점하려고 더 큰 헛간을 세우는 일을 하지 않는다는 것이다. 오히려 풍부한 자원을 함께 먹고 공유할 수 있는 장소와 사람들을 찾게 된다.

우리는 예수님께서 누가복음 10장에 언급하신 폭행 당하고 내버려진 나그네를 섬겼던 선한 사마리아인 이야기 속에서 이러한 예를 본다. 이 비유에서 제사장과 레위인은 모두 상처 입은 사람에게 도움을 주지 않고 지나간다. 물론 다친 사람을 돕다가 부정하게 되면 성전에서 봉사할 수 없었다. 하지만 지혜자들은 도움이 필요한 사람을 무시하는 것은 비록 그것이 돕는 자를 부정하게 만드는 일일지라도 변명의 여지가 없다고 가르쳤다. 이 두 명의 지도자에게는 변명의 여지가 없었다. 그들은 그 여행자를 위해 불편을 감수해야만 했었다. 반면 사마리아인은 많은 비용과 불편을 감수하며 자비롭게 대응했다. 8번 뇌기술은 비록 비용이 들더라도 자신을 돌보고 다른 사람들에게 봉사하는데 필요한 감정적인 자원을 제공해 준다. 우리는 먼저 받은 자이기에 베풀어야 한다.

8번 뇌기술은 어떻게 추가적으로 획득되고 연습되며 전파되는가?

이제 관계·코이노니아를 변화시킴으로 어떻게 성숙의 수준을 파악하는 기술을 복원시킬 수 있는지 살펴보자. 우리의 역량과 한계에 주의를 기울이다 보면 성숙은 시간이 지남에 따라 점점 더 복잡해져 가는 과정임을 알게 된다. 우리의 인격이 시험받지 않으면 우리는 정서적인 면에서 유아나 어린아이의 상태로 남아 있을 수도 있다는 사실을 쉽게 잊어버리곤 한다. 우리의 부족함이 가장 명확하게 드러나는 것은 우리가 곤경에 처해 있을 때이다. 온갖 도전 가운데에도 성장하는 것은 아름답다. "예수는 지혜와 키가 자라가며 하나님과 사람에게 더욱 사랑스러워 가시더라"(눅 2:52)는 본문을 통해 예수님은 개인적인 변화의 모범을 보여 주신다.

바울은 고린도전서를 썼을 때 성숙한 사람과 미성숙한 사람에 대해 이해하고 있었다.

"형제들아 내가 신령한 자들을 대함과 같이 너희에게 말할 수 없어서 육신에 속한 자 곧 그리스도 안에서 어린아이들을 대함과 같이 하노라 내가 너희를 젖으로 먹이고 밥으로 아니하였노니 이는 너희가 감당하지 못하였음이거니와 지금도 못하리라 너희는 아직도 육신에 속한 자로다 너희 가운데 시기와 분쟁이 있으니 어찌 육신에 속하여 사람을 따라 행함이 아니리요 어떤 이는 말하되 나는 바울에게라 하고 다른 이는 나는 아볼로에게라 하니 너희가 육의 사람이 아니리요"(고전 3:1-4).

"내가 어렸을 때에는 말하는 것이 어린 아이와 같고 깨닫는 것이 어린 아이와 같고 생각하는 것이 어린 아이와 같다가 장성한 사람이 되어서는 어린 아이의 일을 버렸노라"(고전 13:11).

질투와 다툼은 바울이 고린도인들의 미성숙과 관련하여 언급한 행동들이었다. 네 살과 여섯 살짜리 아들을 둔 부모로서 나는 아이들이 물건을 공유하고 서로 사이 좋게 지내는 법을 배우는 과정 중에, 특히 감정적으로 흥분하게 되는 때, 어떤 일들이 일어나는지 잘 설명할 수 있다. 또한 질투와 다툼이 일어날 때 얼마나 좌절감을 느끼게 되는지도 설명할 수 있다. 그런데 성인의 몸을 가진 사람들이 아이들과 똑같은 행동을 하는 것을 볼 때면 얼마나 절망적인 마음이 드는지 모른다! 바울은 아직도 젖을 먹는 사람들에게 "밥을 먹일 수 없다"는 것을 이해했다. 우리는 히브리서 5장 11-14절에서 이러한 내용을 다시 본다.

"멜기세덱에 관하여는 우리가 할 말이 많으나 너희가 듣는 것이 둔하므로 설명하기 어려우니라 때가 오래 되었으므로 너희가 마땅히 선생이 되었을 터인데 너희가 다시 하나님의 말씀의 초보에 대하여 누구에게서 가르침을 받아야할 처지이니 단단한 음식은 못먹고 젖이나 먹어야 할자가 되었도다 이는 젖을 먹는 자마다 어린아이니 의의 말씀을 경험하지 못한 자요 단단한 음식은 장성한 자의 것이니 그들은 지각을 사용함으로 연단을 받아 선악을 분별하는 자들이니라."

이 본문이 가혹하게 들릴 수도 있지만, 사실 듣는 이들에게는 선물이 되는 말씀이다. 왜냐하면 하나님의 사람들이 자신의 한계를 알지 못하거나 존중하지 않을 때, 그 결과가 파괴적일 수 있기 때문이다. 충분히 성숙되지 못한 상황에서 우리가 어떤 일이나 책임을 맡게 되면 필연적으로 문제에 봉착할 수밖에 없다. 필수적인 요소가 빠져 있음에도 불구하고 성숙한 것처럼 보이는 것은 우리 자신을 해칠 뿐만 아니라 다른 사람들에게도 상처를 주며, 권력 남용과 중독, 그리고 두려움에 사로잡힌 삶으로 이끌 수 있고 위의 경우처럼 빈약한 분별력을 낳을 수도 있다. 이들은 피해 목록의 일부에 불과하다. 하나님께서는 능치 못한 일이 없다는 것을 알고 있지만, 하나님은 동시에 모든 일을 하도록 우리를 부르시지는 않는다.[8]

---

8 마가복음 10:27

8번 뇌기술은 올바른 재료가 혼합되어 있으면 자연적으로 개발되는 기술 중 하나이다. 불행히도 우리 중 많은 사람들이 자라나는 특정한 시기에 이러한 성분 중 하나 이상이 빠지게 되면서 발달과정에서 왜곡된 성숙을 이루게 되었다. 이처럼 불행한 일들을 경험한 이들은 그 나이에 성숙이 멈추게 되었고, 그래서 지속적으로 자라나는 데에 필수적인 영양소를 공급받지 못했다. 8번 뇌기술은 우리의 한계와 다음 단계의 성숙에 초점을 맞춘다.

성숙을 이루며 우리가 가야 할 곳에 대해 명확한 로드맵을 제공해 줄 수 있는 훌륭한 자료가 여기 있다. 다음 단계 섹션에서 언급되겠지만, 짐 와일더 박사의 「남성과 살아가기 위한 완벽한 안내서」는 그 시작 단계로 사용할 수 있는 최고의 교재이다. 여기서 우리는 8번 뇌기술을 빠르게 익히기 위해 필요한 요소뿐만 아니라 성숙도를 확인하는 데에 필요한 지침도 발견하게 된다. 우리는 성장을 촉진시키기 위해 채워지지 않은 필요와 완성되지 못한 발달 과제를 찾아내야 한다. 또 헤세드 공동체의 교제권 가운데서 우리에게 부족한 기술을 가지고 있는 사람들을 찾을 수 있다. 또한 격차를 메우는 것에 의도적으로 집중하면서, 자신의 필요와 두려움 및 필요한 자원에 관해 지속적으로 기도하며 임마누엘 하나님을 만나도록 한다.

이와 같이 가족, 공동체, 기도 파트너 및 신뢰 받는 동료가 연약한 영역을 강화시키는 역할을 해 줄 때 해결책은 관계적인 모습으로 나타난다. 낮은 단계에 초점을 맞추고 성숙에 이르는 기술이 강화되도록 부지런히 연습한 후에야 다른 사람들을 훈련시킬 수 있다. 또 자신의 재능을 전략적으로 잘 사용해서 배우고 받아들인 다음, 좋은 것들을 다른 사람에게 나누고 또 그들을 강화시켜 나갈 수 있다. 각각의 영역들이 잘 자라날 수 있도록 제자리를 찾게 되면, 사람들은 8번 뇌기술 개발에 대해 공통적으로 "나는 이것이 길고 지루한 과정일 거라고 생각했는데, 생각했던 것처럼 어렵지도 시간이 많이 걸리지도 않네요" 하는 반응을 보이게 된다. 우리는 자신이 얼마나 많은 것을 다룰 수 있었는지 기쁜 마음으로 돌아보게 되고, 또 기쁨의 수준이 증가함에 따라 모든 진보의 단계를 축하하게 된다.

8번 뇌기술 – 행동 단계

당신은 자신이 남기고 싶은 관계의 유산을 어떻게 묘사하겠는가? 다시 말해, 당신이 떠나고 난 후, 가족, 친구 및 직장 동료들이 당신에 대해 무엇이라 말해 주기를 원하는가? 몇 가지 생각을 적어 보고 두려움이나 성숙함의 부족이라는 고통스러운 현실이 당신이 원하는 그 유산을 성취하는 것을 어떻게 방해하는지 생각해 보라.

내가 남기고 싶은 관계의 유산:

_____

_____

_____

8번 뇌기술 – 다음 단계

관계적 기쁨은 성숙을 이룰 수 있는 최고의 연료이며, 라이프 모델 웍스 출판사는 어떻게 하면 이 기쁨을 시작할 수 있는지, 8번 뇌기술이 어떤 것인지에 대해 더 배울 수 있는 많은 자료들을 가지고 있다. 먼저 「남성과 살아가기 위한 완벽한 안내서」와 「예수님 마음담기」를 읽는 것으로 시작하라. 기쁨을 연습하는 동안 당신의 진보를 측정해 볼 수 있도록 20분 정도를 투자해 온라인 JOYQ 평가서를 작성하고, 훈련과 성서 연구가 포함되어 있어서 성숙에 대한 좋은 관점을 얻을 수 있는 「기쁨은 여기서 시작된다」을 읽어 나가기 바란다. 8번 뇌기술에 대해 더 많은 것을 알 수 있도록 「예수님을 생각하다 : 왕국의 삶 이야기」를 잘 들어본다. 성숙 강의들을 시청해 보고 집에서 배우는 성숙 온라인 커리큘럼에도 참여해 보라.

성숙 기술 가이드뿐 아니라 성숙 훈련도 세 가지 트랙 각각에서 8번 뇌기술을 사용하고 있다.

만약 당신이 결혼했다면, 몇 가지 연습 가운데 8번 뇌기술을 포함하고 있는 "바쁜 커플들을 위한 30일간의 기쁨 훈련" 주말 결혼 세미나를 권한다. Connexus 프로그램도 공동체를 훈련시키기 위해 8번 뇌기술을 사용하고 있다.

결론

8번 뇌기술은 내가 속한 공동체를 반영해 준다. 그래서 공동체가 갖고 있거나 갖지 못한 자원들이 무엇인지 알려 준다. 성숙의 한 가지 사인은 내가 얼마나 많은 사람들을 돌볼 수 있는가 하는 것이다. 정체된 성숙의 한 징후는 두려움이 나의 삶과 인간 관계를 움직이는 것이다. 헤세드 공동체는 사랑과 기쁨을 바탕으로 관계를 형성하는 성숙한 구성원들을 만들어 낸다. 8번 뇌기술을 가지고 있으면서 성숙의 형성 과정을 소중히 여기는 사람들은 긴장과 고통, 그리고 압박을 잘 견뎌낼 줄 알기에 헤세드 공동체의 기둥이 된다. 코이노니아는 왜곡을 교정하고 약점을 강화할 수 있는 지속적인 기회를 제공한다. 생명을 주고받을 수 있는 충분한 기회를 발견하게 되는 곳이 바로 이곳이다. 진정한 변화는 성장을 방해하는 걸림돌을 제거함으로써 8번 뇌기술을 사용할 수 있는 길을 열어 준다. 또한 변화는 8번 뇌기술의 부산물이기도 하다. 그것은 이 기술이 감정을 담는 용량을 확장시켜 주고, 사람들을 치유하고 그것을 오래 유지할 수 있는 나의 역량이 "강자와 약자가 혼재하는 다세대 공동체"의 성숙한 관계 안전망과 직결되기 때문이다. 8번 뇌기술은 우리보다 앞서 그 길을 여행해 본 적이 있는 개척자와 처음부터 끝까지 성숙의 큰 그림을 보여 줄 수 있는 로드맵을 필요로 한다.

   8번 뇌기술을 갖게 되면: 성숙은 내게 중요하다. 나는 지금의 모습보다 훨씬 더 성숙해지고 싶다. 사람들이 성숙을 멈춰 버리고 정체되어 있는 모습을 볼 때 마음이 아프다. 사람들은 내가 성숙을 소중히 여긴다고 말할 것이다.

8번 뇌기술이 없거나 부족하면: 나는 어떻게 성숙을 이루어 나가야 하는지 그 방법을 모른다. 내 안에 있는 무언가는 내가 지금 있는 곳에서 그저 머물러 있기를 선호하며 두려움에 기초하여 많은 결정을 내린다. 안전지대에 머무르는 것이 나에게는 중요하다.

8번 뇌기술 적용 단계 – 수의 정체된 성장

내 친구 수는 유년시절의 대부분을 문제아로 지냈다. 대다수의 교사들은 관계 기술이 부족하다는 이유로 그녀를 문제아라고 판단했다. 자신을 잘 알지 못했지만 그녀에게는 스스로를 차분하게 하고, 부정적 감정에서 기쁨으로 돌아가며, 하고 싶지 않은 힘든 일들을 해낼 수 있는 성숙의 기술이 없었다. 그래서 수와 교사 모두에게 안정적인 교실 분위기를 만들어 가는 것은 굉장한 도전거리였다. 그러나 몇몇 여선생님들은 수를 믿었으며, 그녀 안에 무언가 귀중한 것이 있음을 보고 그녀에게 관심을 기울였다. 수의 선생님들은 그녀가 꿈을 이룰 수 있도록 시간을 들여 그녀를 만나주고 격려해 주었다. 이러한 만남은 수가 기쁨과 소망으로 자라날 수 있는 씨앗이 되었다.

수는 한 상담자를 만났는데 그녀로부터 8번 뇌기술에 관해 배웠고, 정체된 성숙이 얼마나 큰 고통을 초래하는지 알게 되었다. 수는 그녀의 가족들이 갖고 있지 않아서 공급해 줄 수 없었던 필수 요소들에 대해 자신이 반응하고 있다는 사실을 알게 되었다. 간극을 메워 보려는 바람에서 수는 교회 공동체와의 연결을 시도했고, 다양한 인생의 단계를 지나고 있는 사람들(일부는 더 성숙하고, 일부는 덜 성숙한)과 만나기 시작했다. 이러한 노력 덕분에 수는 옛 상처(hurt)가 아닌 새로운 마음(heart)을 바탕으로 성숙함에 이를 수 있게 되었다.

고등학교를 마치고, 수는 지방 대학에 진학해 수업을 들었고, 문제 아동들을 멘토링하는 지역 사회 센터에 일자리를 얻게 되었다. 그녀는 계속해서 발전해 가고 있으며, 지역 사회에서도 생명을 주고받는 회원으로 열심히 활동하고 있다. 8번 뇌기술은 수가 성공할 수 있는 기반을 제공해 주었다.

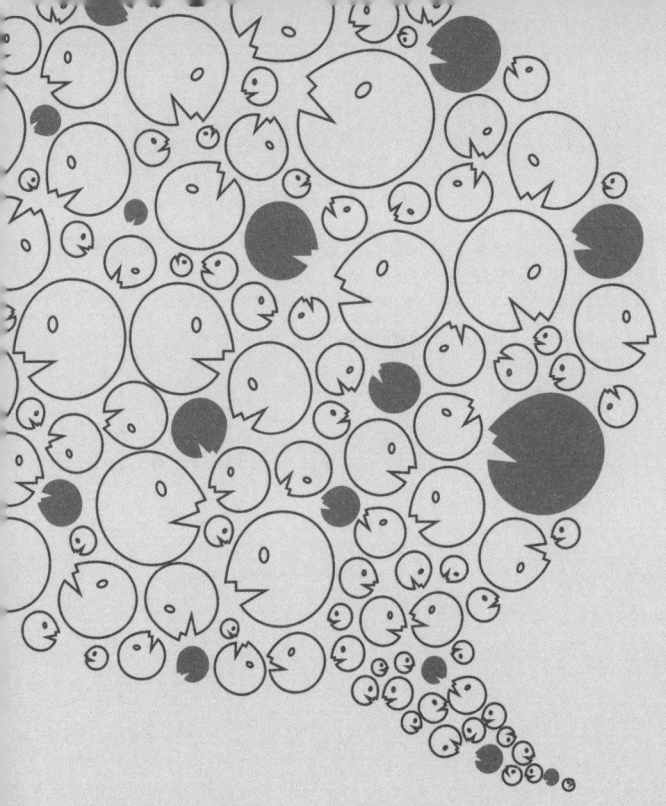

CHAPTER 11

9번 뇌기술:
한숨을 돌리라

○────●

휴식해야 할 때: 사람들이 힘들어 하기 전에 잠시 멈추라.
우리는 비언어적인 단서를 읽음으로써 신뢰를 쌓아 나갈 수 있다.

"왜 이 기술이 당신에게 중요합니까?"라고 하나님께 여쭤보았을 때 내 마음속에 이런 생각이 떠오르는 것을 발견했다.

"나는 사람들이 너무 멀리 나갈 때의 느낌을 안다. 나는 바다가 그 경계를 인정하듯이 나의 자녀들이 자신과 타인의 약점과 한계를 인정할 때 미소 짓는다. 내가 너희들을 나 자신으로부터 보호한 것처럼, 나는 내 아이들이 너무 멀리 가지 않도록 서로 보호하는 것을 보고 싶다. 나의 영은 한계를 존중한다."

어느 날 아침, 나는 행사에 참석한 여러 참가자들과 함께 아침식사를 하고 있었는데, 누군가 내 뒤에 서 있는 것을 보았다. 나는 이 의문의 사람에게 인사하기 위해 돌아앉았다. 그녀가 참가자 중 한 명인 것을 알아 챈 나는 따뜻한 미소를 지으며 "좋은 아침입니다. 만나서 반가워요!"라고 인사했다. 그러나 그녀의 표정은 전혀 좋은 아침이 아니라고 말하는 것 같았고, 나를 만나서 반갑지도 않은 듯 했다. 그녀는 "당신과 꼭 해결 볼 문제가 있어요"라고 대답했다. 순간 나는 깊이 숨을 들이 마셨는데 벌써부터 위장이 꼬이는 듯 느껴졌다.

전날에 나는 예수님을 믿는 자들에게 적대적인 나라에서 믿음을 확고히 지키고 있는 가족에 관한 짧은 비디오를 보여 주었는데, 그녀는 큰 소리로 그것에 대해 내게 질문했다. 그 비디오에 등장하는 부부는 심각한 박해 가운데 자신들이 어떻게 믿음을 지키고 그것을 증거해 왔는가를 간증했다. 그것은 영감을 주는 영상이었지만, 그들에게는 자녀가 있었기 때문에 매우 심각한 간증이기도 했다. 짐작했겠지만 이 영상은 자신이 보호받지 못했다고 느꼈던 그녀의 고통스러운 과거를 상기시켜 주었다. "어떻게 이런 비디오를 보여 줄 수 있지요? 당신 제정신이에요?" 그녀는 소리를 질렀다. 그녀의 질문을 다시 한 번 확인하고, 질문에 대답하려는 나의 시도는 상황을 더욱 악화시킬 뿐이었다. 그녀의 얼굴은 붉어졌고, 화로 인해 더 흥분하기 시작했다. 그녀는 상처를 받았고, 그래서 괴로워하고 있음이 분명했다. 물론 그녀는 나와 나의 아침식사 손님들을 곤혹스럽게 만들었다. 나는 테이블에 앉아 있는 참석자들을 재빨리 살펴보았다. 그들도 깜짝 놀란 것 같았다. 충격을 받은 그들의 표정은 달려오는 차의 전조등 때문에 그 자리에 얼어붙어 버린 사슴을 떠올리게 했다.

그녀의 집요한 심문이 지속되자, 나는 잠시 후 손으로 "T"자 표시를 만들어 보여 주었다. "타임아웃" 하자는 신호를 말이다. 나의 신호에 놀란 그녀는 마치 금방이라도 자리를 박차고 나가버릴 것처럼 뒤로 돌아섰다. 내 심장은 쿵쾅거렸고 다시 숨을 깊이 들이마셨다. "아니, 제발!" 나는 말했다. "잠시 멈추도록 합시다. 당신이 하고 싶은 말을 듣고 싶지만, 우리 먼저 숨 좀 들이쉽시다." 그녀가 내 요청에 당황한 듯 보였지만 순순히 동의했다. 우리는 잠시 멈추어 약 30초 동안 아무 말도 하지 않았다. 그 순간이 마치 영원처럼 느껴졌다.

테이블에 있는 참석자들은 여전히 헤드라이트로 인해 얼어붙은 사슴처럼 보였다. 나는 곧 침묵을 깨뜨렸다. 그리고 그녀의 눈을 바라보며 부드러운 음색으로 말했다. "그 비디오로 인해 상처를 받으셨다니 너무 죄송합니다. 그 이야기가 당신을 그렇게 불쾌하게 할 줄 알았더라면 보여 드리지 않았든지, 아니면 당신에게 미리 공지를 했을 것입니다. 당신에게 정말 힘든 경험이었겠군요." 2분도 지나지 않아 그녀는 미소를 되찾았다. 그녀는 내 말에 자신이 인정 받고 소중히 대우받고 있음을 느꼈다. 이후 그녀는 조용히 걸어나갔다.

나는 테이블에 앉아 있는 참석자들에게 돌아앉아서 내 말과 더 많은 정보가 그녀의 문제를 해결했는지에 대해 물어 보았다. 그들은 재빨리 머리를 흔들며 아니라고 말했다. 나는 다시 우리가 잠시 멈추어서 스스로를 진정시키고 났을 때 상호작용이 개선되었는지 그들에게 물어보았다. 그들은 한목소리로 "예!"라고 답하며 고개를 끄덕였다. 강렬하긴 했지만, 이 짧은 만남은 함께한 모든 이들에게 유용한 가르침을 나누어 줄 수 있는 좋은 기회로 바뀌었다. 모두 9번 뇌기술을 훈련한 덕분이었다.

일주일 뒤에 그 여자의 남편은 성숙 훈련에 대해 나에게 감사를 표했고, 그 사건이 어떻게 그들의 삶을 변화시켰는지에 대해 이야기해 주었다. 나와 그의 아내와의 상호작용이 나빴더라면 그는 내게 이렇게 말하지 않았을 것이다. 9번 뇌기술이 다시 도움이 되었다.

누군가에게 압도 당한 느낌을 받은 적이 있는가? 당연히 그런 적이 있을 것이다! 오래 살아야 누군가에게 압도되는 경험을 하게 되는 것도 아니다.

우리 중 많은 사람들이 압박을 받고 있으며 자주 이런 소리를 듣는다. "진정해요. 당신 목소리가 너무 커요." "내 앞에서 당장 사라져요!" "목소리 좀 줄여요." "물러서요!" "지금 멈추지 않으면 그만하게 만들 거예요!" 언어적 혹은 비언어적 경고는 우리의 개인적인 한계가 최대치에 도달했음을 알려 주는 신호이다. 우리 대부분은 자신이 무언가에 압도 당하고 있다는 단서를 너무 늦게 발견하는 경향이 있다. 우리와 다른 사람들은 이미 휴식의 필요를 채움 받기 위해 무던히도 애써왔다. 한계점을 넘어서게 되면 그에 합당한 대가를 지불하게 된다.

한계가 무시될 때 서로 간의 신뢰는 무너진다. 우리는 우리를 보호해 주지 않는 사람들을 피하며, 다른 사람들이 나의 사적인 공간의 빨간불을 무시하고 가속패날을 밟아 놀진해 오면 조심스런 태도를 취한다. 9번 뇌기술이 관계의 레퍼토리에서 사라지게 되면 서로 놀리고, 괴롭히며, 폭력을 행사하게 된다. 그렇게 되면 우리는 결과적으로 모욕 당하고 보호받지 못하며, 심지어는 멸시를 당했다고 느끼게 된다. 지속적인 친밀감과 신뢰를 유지할 수 있기 위해서 사람들은 압도되기 전에 잠시 멈추어 쉴 필요가 있다. 스스로를 진정시키기 위한 짧은 휴식과 재충전은 큰 효과가 있다. 비언어적 단서를 읽고 다른 사람들을 쉬게 해 주는 사람들은 신뢰와 사랑을 보상으로 받는다.

9번 뇌기술은 우리의 상호작용을 위한 안전망이다. 행동, 소리, 침묵, 표정, 말과 반응들은 우리를 벼랑 끝으로 몰고 갈 수 있다. 이것이 바로 우리가 압도 당하는 순간이다. 우리 몸이 보내는 신호가 받아들여지지 않고 과소평가 되거나 무시되면, 우리의 한계는 존중 받을 수 없게 된다. 우리와 마음을 맞추지 못하는 사람들은 우리에게 기쁨을 주지 못한다. 상호 이해가 증진될 뿐 아니라 사고 공유 상태를 만들어 내도록 뇌가 발달하고 관계가 형성되려면, 둘 중 누군가가 피곤해지거나 압도 당하거나 혹은 너무 격렬한 자극을 받을 때 둘 다 잠시 멈춰 설 필요가 있다. 그렇게 상대방을 풀어 주면 그 사람은 잠시나마 휴식을 얻을 수 있다. 충전받는 이 순간 우리는 상당한 보람을 느낀다.

다른 사람들의 약함에 대해 온유하게 반응하면 그들의 기쁨은 증가된다. 우리가 압도 당했다는 신호를 보낼 때 멈추고 "잠시 자극의 강도를 줄여 주는" 가족은 우리에게 숨을 쉴 수 있는 기회를 제공해 준다. 간지럼 태우는 것은 재미있지만 쉬고 재충전할 수 있는 능력을 넘어 너무 과하게 시도하면 손상을 입는다. 일시적인 정지는 상호작용을 안전하고 즐겁게 해 준다. 자신과 다른 사람들이 압도 당할 때 당신은 그것을 얼마나 잘 감지하는가?

아무도 우리에게 9번 뇌기술을 사용하지 않았다면 우리는 9번 뇌기술을 우리의 관계 가운데 사용하는 것을 배우지 못했을 것이다. 우리는 자신이나 다른 사람들이 교제 중 혹은 놀이나 의사소통 중에 쉼 없이 달려나가기만 하면 종종 "그만해요!" "물러서요!" "머리 좀 식히지요!" "진정하세요!" "당신 너무 흥분했어요!"라는 소리를 듣게 된다. 이렇게 비관계적인 순간이 뇌에 의해 처리되지 못하면 우리 뇌의 제어센터 레벨 2에 있는 생존 회로는 지나치게 작동하고 과민하게 반응할 수 있다. 그러면 레벨 3, 즉 대뇌 피질이 에너지 레벨을 조절하지 못하게 되고, 따라서 우리는 과민해지고, 불안해 하며, 조급해지고, 긴장하게 된다. 이렇게 자극을 받으면 신경계는 더 이상 제대로 작동하지 않게 된다. 이러한 지경에 이르면 감정은 통제를 벗어나게 된다. 9번 뇌기술이 부족하면 안타깝게도 우리 가족과 공동체에서 가장 취약한 사람들이 가장 큰 대가를 치르게 된다.

우리는 누군가가 우리에게 9번 뇌기술을 사용했기 때문에 그것을 배울 수 있었다. 우리 아버지는 함께 씨름을 하다가도 너무 지나치다 싶으면 그 전에 멈출 줄 아셨다. 엄마는 우리가 집안일을 하지 않는 것에 대해 야단치셨지만 먼저 우리의 반응을 가만히 지켜보셨다. 우리 가족, 교사 및 코치는 에너지 수준이 올라가면 그것을 어떻게 멈추는지 보여 주었다. 그들은 적절한 시기에 강도를 줄일 줄 알았다. 그들은 우리의 약점을 알았지만, 그것을 향해 덤벼드는 대신 우리를 보호하고 강화시켜 주었다.

9번 뇌기술 훈련은 섬세한 과정이다. 왜냐하면 우리 대부분이 자신이 보낸 고통의 사인을 사람들이 인식하지 못해서 생긴, 비관계적인 순간들로 인한 고통의 기억을 가지고 있기 때문이다. 이러한 경우에 우리는 평강을 얻을 수 있도록 임마누엘(13번 뇌기술)에 의지해야 하며, 지지를 받을 수 있도록 신뢰받는 친구(5번 뇌기술)를 선택해야 한다.

성숙 훈련과 공동체를 위한 Connexus 프로그램에서 우리는 사람들이 9번 뇌기술을 효과적으로 배울 수 있도록 전략적인 연습을 제공하기 위해 조심스레 노력하고 있다.

다음으로 우리는 상호작용을 하는 동안, 우리가 압도 당하거나 다른 사람들을 압도하는 징후가 있는지 찾는다. 그것을 알게 되면 우리는 그 반응을 통제할 수 있다. 우리는 중요한 신호를 놓칠 경우에 대비해 친구들과 가족들이 나에게 반응하도록 초대할 수 있다. 우리는 "내가 당신을 힘들게 했나요? 당신 좀 피곤해 보이는데요?"라고 묻는다. 또 우리와 다른 사람에게 나타났지만 간과되었던 미묘한 단서들을 확인한다. 우리는 관계의 엔진이 "과열된" 순간을 알아차리고 시간을 들여 스스로를 진정시킨다. 우리는 또 "내 호흡은 어떤가?"라고 질문하거나 "나는 어떤 때에 긴장하는가?" "내 안에 폭주하는 생각이 있는가?"라고 질문하며 자신을 돌아본다. 우리는 관계형 회로를 계속 유지하면서 혹시나 관계가 소홀해지지는 않는지 주목하고, 기쁨과 평강이 있는 이상적인 상태로 신속하게 되돌아갈 수 있도록 준비한다. 9번 뇌기술은 우리가 곧 배우게 될 매우 빡빡한 15번 뇌기술의 토대를 제공해 준다.

9번 뇌기술은 보통 어떻게 획득되고 연습되며 전파되는가?

우리는 가족의 구성원이 9번 뇌기술을 우리에게 사용하기 때문에 배우게 된다.

그들은 우리의 한계를 존중하며, 우리가 압도 당하고 있는지 늘 관찰하기 때문에 적절한 시기에 목소리를 낮추어 준다. 멈추고 나면 그 순간을 정의하면서 그들은 이렇게 말한다 "아이고, 내가 너에게 겁을 주었구나. 그렇지? 미안해. 너 괜찮니?"

어렸을 때 우리는 놀면서 9번 뇌기술을 연마하는데, 주로 씨름, 물장구치기, 잡기놀이 혹은 간지럼 태우기 등을 하면서 상대방이 보이는 반응에 따라 에너지 레벨을 조절하게 된다. 또 우리는 동료 혹은 공동체 구성원들과 상호작용할 때 9번 뇌기술을 전파하기도 한다. 농구 경기의 심판처럼 우리도 사람들이 "공을 가지고 걷거나"[1] 파울을 할 때 그것을 지적하면서 게임을 일시 중단시킨다. 우리는 사람들이 "잠깐 멈춰, 나 너무 힘들어!" 하고 외치는 신체의 미묘한 신호에 주의를 기울이도록 서로 돕는다. 학부모, 교사, 코치 혹은 서비스를 제공하는 사람들은 9번 뇌기술을 훈련하기에 이상적인 위치에 있다.

9번 뇌기술은 어떻게 추가적으로 획득되고 연습되며 전파되는가?

이제 관계·코이노니아를 변화시키는 것이 어떻게 한숨 돌리기 기술을 복원시킬 수 있는지 살펴보자. 하나님은 보호자이시기에 하나님의 백성인 우리도 보호자가 되어야 한다. 9번 뇌기술은 휴식이 필요한 이를 보호하기 위해 잠시 안식을 취하는 것이다. 9번 뇌기술

---

[1] 농구공을 가지고 걷는다는 것은 당신이 볼을 드리블하지 않고 한 걸음 이상을 걸었다는 뜻이다.

은 "지금 이것이 네게 너무 과한 것 같은데, 우리 잠시 멈추고 쉬자"라고 말한다. 성경에 보면 하나님은 자주 당신 자신으로부터 우리를 보호하셔야만 했고, 또 어떤 경우에는 우리로부터 우리 자신을 보호해야만 했다.

타락했을 때, 하나님은 아담과 이브가 생명 나무 열매를 먹지 못하도록 에덴 동산에서 쫓아내셨고, 또한 모세를 바위 틈에 두시고 그분의 영광이 지나갈 때까지 손으로 그를 덮어 주셨다.[2] 시내 산에서 하나님과 함께 시간을 보낸 후에 모세가 두 돌판을 가지고 산을 내려왔을 때 사람들은 두려움에 사로잡혀 그를 피했는데, 이 때 그는 하나님의 보호하심과 돌보심에 대해 무언가를 배웠음에 틀림없다. 모세는 사람들의 이런 반응을 전혀 예상치 못했다! 그의 빛나는 얼굴을 모든 사람이 두려워했기 때문에 모세는 베일로 얼굴을 감추어야 했다.[3]

모세는 "아니, 내가 하나님의 면전에 있다 보니 이렇게 얼굴이 빛나게 된 건데, 나보고 어쩌란 말이냐? 그냥 당신들이 견뎌라!" 하고 말하는 대신, 겸손히 그들의 한계를 존중하고 그들을 보호했다. 9번 뇌기술은 사람들의 신체적·정신적·정서적·영적인 한계를 인정하고 거기에 반응하는 것이다.

때로 하나님의 침묵과 부재가 시편 저자들의 마음을 힘들게 하는 때가 있었다. 그럴 때면 우리는 시편 기자들이 하나님이 돌아오기를 간절히 바라며 부르짖는 것을 발견한다.

---

2 출애굽기 33:22
3 출애굽기 34:29-35

"여호와여 주의 인자하심이 선하시오니 내게 응답하시며 주의 많은 긍휼에 따라 내게로 돌이키소서 주의 얼굴을 주의 종에게서 숨기지 마소서 내가 환난 중에 있사오니 속히 내게 응답하소서"(시 69:16-17).

우리는 9번 뇌기술이 침묵과 단절 이후에 연결로의 복귀임을 보게 된다. 디모데후서 1장에서 바울은 자신이 어떻게 친구들에게 버림 받았는지 말하고, 연약할 때 그 곁을 지키며 위로하고 함께 해 주었던 이들이 바로 오네시보로의 집 사람들이었음을 밝힌다.

"아시아에 있는 모든 사람이 나를 버린 이 일을 네가 아나니 그 중에는 부겔로와 허모게네도 있느니라 원하건대 주께서 오네시보로의 집에 긍휼을 베푸시옵소서 그가 나를 자주 격려해 주고 내가 사슬에 매인 것을 부끄러워하지 아니하고 로마에 있을 때에 나를 부지런히 찾아와 만났음이라(원하건대 주께서 그로 하여금 그 날에 주의 긍휼을 입게 하여 주옵소서) 또 그가 에베소에서 많이 봉사한 것을 네가 잘 아느니라"(딤후 1:15-18).

이러한 경우에 사람들과의 만남은 바울이 회복되기 위해 꼭 필요한 선물이었다. 9번 뇌기술은 만남 중에 휴식을 제안하며 "이제 그만 쉬자"라고 말하는 것이며, 또한 그것은 관계를 재개하기 위해 "우리 다시 시작하자"라고 말하는 것이다.

9번 뇌기술을 훈련하기 위해서는 몇 가지 요소들이 함께 어우러져야 한다. 첫째, 우리는 9번 뇌기술이 훈련하기 어렵다는 사실을 지속적으로 의식하고 있어야 한다. 왜냐하면 사람들이 이 기술을 사용하지 않으면 평화로운 순간은 곧 깨어져 버릴 것이기 때문이다.

우리가 괴로울 때 보내는 신호를 사람들이 존중하지 않는 순간부터 학대와 외상은 시작된다.[4] 안전 장치 없이 9번 뇌기술을 훈련시키려고 할 때 우리는 사람들에게 다시 상처를 줄 수 있다. 둘째, 관계형 회로가 오프 상태가 되면 우리는 효과적으로 9번 뇌기술을 학습할 수 없으므로 치유적 훈련을 할 때는 관계형 뇌 회로를 활성화시켜야 한다.[5] 셋째, 우리에게는 상대방이 괴로워하는 신호를 목격하고 개입하여 "일시 중지" 및 "중지"라고 말할 수 있는 안전망과 같은 관찰자가 필요하다. 마지막으로, 훈련의 초기 단계에서 너무 많은 압박을 주지 않도록 보다 자극이 적은 쉬운 감정을 사용하도록 한다.

9번 뇌기술은 성숙 훈련 속에 녹아 들어 있는데, 이 훈련은 기쁨의 수준을 유지할 수 있도록 휴식하며 잠시 시선을 돌리는 미소 교환처럼 비교적 쉽게 감정을 교환하는 연습으로 시작된다. 그런 다음 더 많은 연습과 감정조절을 통해 훈련의 강도를 높인다. 연습 중에는 짝을 이룬 두 사람이 상대방에게 이야기를 하다가 처음으로 괴로운 표정을 지으면 잠시 멈추는 것도 있다. 이러한 연습은 회복의 효과가

---

4 많은 경우 범법자들과 불량배들, 그리고 비사회적 정신병자들은 사람들이 고통스러워하는 신호를 노렸다가 더욱 잔인하게 그들을 괴롭힌다.

5 관계회로에 대해서는 성숙 훈련, Connexus 프로그램의 "소속" 그리고 칼 레이먼 박사의 자료들(kclehman.com)을 참고하라.

가장 큰데, 이는 연습이 안전한 환경 가운데서 이루어지는 데다가 참가하는 사람들이 자신으로부터 상대방을 보호한다는 동일한 목표를 가지고 있기 때문이다. Connexus 프로그램은 9번 뇌기술을 독창적이고 안전한 연습의 형태로 제공해서 공동체가 이 필수적인 기술을 연습할 수 있게 한다.

처음 9번 뇌기술을 배우기 시작할 때, 우리는 다른 사람들을 훈련시킬 수 있는 "전문가"가 될 때까지 동일한 생각을 가진 친구들과 함께 안전한 조건에서 연습한다. 성숙 훈련에서 트랙 2, 3 참석자는 여러 가지 창의적인 연습을 통해 9번 뇌기술을 전파하는 법을 배운다. 이 연습은 어떻게 하면 적절한 때에 다른 사람과의 교류를 시작하거나 끊을 수 있는지 알려 준다. 이 기술의 전문가들은 이 9번 뇌기술이 실제로 어떻게 작동하는지 개인적인 간증을 통해 보여 줄 수 있다. 역설적이게도 9번 뇌기술을 전파하는 것은 오히려 쉬운 부분이다. 왜냐하면 우리 대부분에게는 그 기술을 배우는 것이 더 어렵기 때문이다.

9번 뇌기술 – 행동 단계

당신은 괴로운 느낌을 어떻게 표현하는가?

당신은 어떤 방식으로 사람들을 힘들게 하는가?

_____

_____

당신 자신이나 타인이 괴로워하고 있다는 사실을 식별할 수 있는지 확인하도록 다른 이들과의 교류를 잘 관찰해 보라.

9번 뇌기술 – 다음 단계

앞서 언급했듯이 성숙 훈련과 Connexus 프로그램은 9번 뇌기술을 연습하기에 가장 좋은 방법이다. 친밀한 파트너들은 성숙 훈련의 세 가지 훈련 트랙에서 여러 가지 9번 뇌기술을 연습할 수 있고, 공동체는 Connexus 프로그램을 통해 재미있고 창의적인 방법으로 9번 뇌기술을 연습할 수 있다. '성숙 기술 가이드'와 "다시 빛나는 기쁨" 주말 결혼 세미나는 당신의 9번 뇌기술 사용 능력을 향상시킬 수 있는 또 다른 실질적인 방법이다.

결론

9번 뇌기술은 사람들이 기쁨을 시작하고 유지하는 헤세드 공동체의 토대와 같다. 예수님은 사람들의 한계를 존중하셨고 늘 온유한 태도로 그들의 약점을 대하셨다. 두려움에 쌓여 있던 베드로가 예수님을 세 번이나 부인한 뒤에, 부활하신 예수님은 베드로를 회복시켜 주심으로써 화해의 본을 보여 주셨다.

이와 같이 헤세드 공동체는 9번 뇌기술을 사용하며 서로의 한계에 늘 주의하기에 더욱 견고해진다. 공동체 회원들은 사랑과 존경으로 서로를 대하는 것과 같이 가장 기본적인 인간의 기술을 배울 수 있도록 서로 안내해 준다. 9번 뇌기술이 우리의 대화 가운데서 사라지는 순간, 교정과 회복은 항상 바로 뒤를 이어 이루어져야 한다. 이처럼 우리는 서로의 한계를 가장 먼저 고려해 주어야 한다. 우리가 스스로의 행동을 수정하기 시작하면 신뢰가 회복된다.

코이노니아는 "훈련된 뇌"들, 즉 공동체 구성원들에게 다른 이들이 괴로워하는 신호를 보내올 때 그것을 어떻게 알아내는지, 또 긴장이 높아질 때 어떻게 물러서는지에 대해 좋은 예를 제공해 준다. 치유된 상태를 유지하고 다른 사람들을 우리 자신으로부터 보호하는 법을 배우기 때문에 9번 뇌기술은 심오한 변화를 가져온다. 우리는 하나님이 보시는 것처럼 다른 사람들을 볼 수 있도록 지유를 통해 우리의 눈에서 들보를 제거한다(3번 뇌기술). 우리의 삶은 9번 뇌기술이 상호 교류 중에 어떻게 기능하는지를 보여 주는 살아 있는 간증이다.

9번 뇌기술을 갖게 되면 : 나는 압도 당하는 것을 느낀다. 또한 다른 사람들이 힘들어 할 때 그것을 알 수 있다. 나는 내 말과 행동이 다른 사람들을 힘들게 하는 것을 느끼면 멈추기 위해 노력한다.

9번 뇌기술이 없거나 부족하면: 나는 자신이나 다른 사람들이 힘들 때 보내는 신호를 감지하지 못한다. 대개 사람들은 내가 그들을 힘들게 한다고 말한다.

9번 뇌기술 적용 단계 - 던의 절망

던은 9번 뇌기술이 필요하다는 것을 알았다. 그녀의 격렬한 분노는 그녀의 자녀들을 두려움에 사로잡히게 했고, 남편과도 멀어지게 했다.

던은 무언가에 눌려서 살고 있었다. 그녀는 사소한 문제로 인해 폭발하고 나면, 늘 부끄러움과 죄책감을 느끼곤 했다. 분노를 폭발시키고 났을 때 가족들의 표정을 그녀는 잊을 수 없다.

던은 남편 롭에게 자신의 두려움을 털어 놓았다. 던은 이 고통스런 패턴을 어떻게 하면 멈출 수 있을지 알지 못해 두려워했지만, 그녀의 마음에는 변화에 대한 강한 동기가 있었다. 얼마 지나지 않아 그녀는 친구로부터 한 가지 훈련에 대한 소식을 듣게 되었고, 거기에 모든 희망을 걸게 되었다. 성숙 훈련이라고 불리는 이 교육은 사람들의 뇌를 훈련시키도록 고안된 것이었는데, 거기에는 9번 뇌기술도 포함되어 있었고, 던은 서둘러 교육에 참가했다.

성장 교육에 참석하고 9번 뇌기술을 연습한 후 던은 오래지 않아 자신이 고통 중에 있다는 사실을 느끼게 되었고, 또 자신이 남편을 힘들게 하고 있다는 사실도 금방 깨닫게 되었다.

훈련과 사례 연구는 그녀의 삶에 무엇이 빠졌는지 알고 그것을 배울 수 있도록 도와주었다. 던은 고통스런 패턴을 보호자의 성품으로 바꿀 준비가 되었고, 그래서 그녀는 성숙 훈련에서 배운 것을 자녀들과 나누었다. 그녀는 가족들에게 상처를 입힌 것을 그들 앞에서 회개했다. 가족은 상호 교류를 하다가 누군가가 쉼이 필요할 때 사용할 단어와 신호를 고안해냈다. 곧 더 큰 평화와 기쁨이 찾아왔다. 던의 자녀들은 그녀의 변화에 대해 언급하며, 그녀가 다른 이들에게 분노를 폭발시키는 대신 휴식하며 차분해지는 장면을 목격하는 것이 얼마나 즐거운지 말하기 시작했다. 던과 롭의 결혼생활은 신선한 기쁨과 친밀감으로 가득 차게 되었고, 이제 미소 띤 얼굴이 슬픈 표정을 대신하게 되었다.

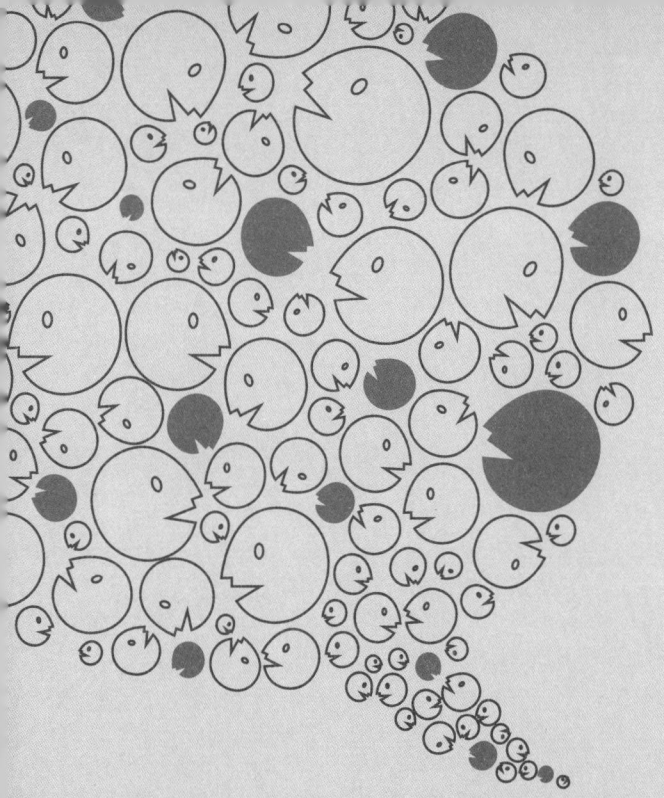

CHAPTER 12

10번 뇌기술:
비언어적 이야기를 나누라

우리 이야기의 비언어적 부분은 관계를 강화시키고,
세대와 세대를 연결해 주며, 좋은 문화를 계승하게 해 준다.

"왜 이 기술이 당신에게 중요합니까?"라고 하나님께 여쭤보았을 때 내 마음속에 이런 생각이 떠오르는 것을 발견했다.

"눈앞에 펼쳐지는 이야기는 나의 자녀들에게 큰 영향을 미친다. 그래서 모범을 보여 주는 것이 내 사랑과 성품을 표현하기에 가장 적합한 방법 중 하나이다. 양들은 주의 깊게 보고 주의 깊게 듣는다. 그래서 몸으로 보여 주는 이야기는 내 인격을 보여 주고, 내 마음을 반영해 주는 거울이 된다. 몸으로 보여 주는 이야기들은 좋은 성품의 예가 필요한 분노의 순간에 유용하게 쓰일 수 있다."

내가 방으로 들어갔을 때 친구가 근심 어린 표정으로 나를 바라보았다. 거의 공황 상태에 빠져 있던 그녀는 "크리스, 나한테 화났니? 내가 너를 화나게 했니?" 그녀의 질문에 놀라서 나는 답했다. "아니, 너한테 화나지 않았는데? 왜 그렇게 물어?" 그녀는 "왜냐하면 네가 방으로 들어올 때 완전히 화난 것처럼 보였거든" 하고 대답했다. 나는 "아니야! 너한테 화나지 않았어. 나는 단지 혼자서 페퍼로니 피자 한 판을 다 먹어서 그때 아주 배가 불러 있었거든! 너는 아마 피자로 '배가 가득 차서 힘들어 하는' 내 모습을 본 걸 거야!" 친구는 내 표정을 잘못 읽었고, 그녀 내면의 통역사도 제대로 기능하지 못한 것이었다. 고맙게도 그녀는 내가 화를 냈다고 가정하기 전에 내게 먼저 확인했다. 우리 모두는 연구자들이 소위 '영안'(mindsight)이라고 부르는 영역을 책임지고 있는 내부 통역사를 가지고 있다. 영안은 우리가 사람들의 표정을 토대로 삼아 타인의 마음속에 일어나는 일을 보고 추측할 수 있는 능력을 말한다. 10번 뇌기술은 이 통역사가 제대로 작동하지 않을 때 바로잡도록 돕는 기술이다.

학부모, 교사, 또는 배우자로부터 "조심해요!" 혹은 "당신이 한 말이 문제가 아니라 그 말을 하는 방식이 문제라고요!"라는 말을 들은 적이 있다면 당신은 10번 뇌기술에 대해 이미 조금은 알고 있다. 대화를 나눌 때 우리가 전달하는 내용은 단어 자체가 아니라 그 단어를 어떻게 표현했는지에 따라 먼저 평가된다. 뇌는 단어와 비언어적 신호를 다른 방식으로 처리한다. 발로 뛰는 경주에서 비언어적 뇌는 항상 언어적 뇌보다 앞서간다. 뇌는 비언어적 내용을 언어적 내용보다 더 빨리 처리하기 때문에 우리 대화의 비언어적 부분은 단어들보다 뇌에서 더 중요하게 취급된다.

우리의 뇌는 다른 사람들과 효과적으로 소통하고 의견을 조율하기 위해 단어들과 방대한 비언어적 신호들에 의존한다. 눈맞춤, 얼굴 표정, 목소리 톤(운율), 자세, 몸짓, 타이밍 및 그것의 강도는 모두 커뮤니케이션이라고 부르는 함께 추는 춤(interactive dance)에 조금씩 기여한다. UCLA의 한 연구에 따르면 효과적인 의사소통의 93%는 비언어적 경로를 통해 이루어지는 것으로 나타났다. 갈등의 10%는 의견의 차이로 인한 것인 반면, 90%는 잘못된 목소리 톤에 기인한 것이라고 한다. 단어에는 무게감이 있지만 제한된 면이 있다. 만약 현지 언어를 구사하지 못하는 곳을 방문하거나 옛날의 제스처 놀이처럼 손짓 발짓하면서 여행을 즐겼다면 당신은 10번 뇌기술을 연습한 것이라고 볼 수 있다. 이메일, 문자 메시지 및 미디어 게시물을 읽으면 정보는 획득하지만 저자가 가지고 있는 감정은 제대로 가늠할 수 없다. 이 결핍은 감정적인 뇌에 문제를 만든다.

적절한 어조와 표정이 전달되지 않으면 오해와 갈등이 발생한다. 사장님에게서 "나하고 이야기 좀 합시다. 지금 당장 내 사무실로 오세요"라는 이메일을 받았다고 가정해 보자. 사장님이 무슨 생각을 하고 계신지 예측할 수 없다면 당신의 마음은 다소 불안할 것이다. 사무실에 도착했는데 그가 만면에 미소를 지으며 따뜻하게 환영하는 목소리와 열린 몸동작으로 당신을 맞이한다면, 당신은 이 단어들에 대해 좀 더 호의적으로 반응하게 되고, 경계심을 풀게 될 것이다.

뇌는 모든 상호작용 가운데서 감정적 단서를 찾는다. 10번 뇌기술은 우리가 다른 사람들을 해석하고 공유된 생각의 감정적인 내용을 정확하게 전달하는데 도움이 된다. 대체로 여성들은 남성보다 표정에 나타난 신호를 더 잘 해석하는 경향이 있다.[1]

우리의 몸은 우리의 생각, 느낌, 욕망, 두려움, 그리고 가장 소중한 기억을 표현할 수 있는 캔버스이다. 10번 뇌기술을 사용하면 우리는

---

1 시몬 바론-코헨의 연구에 근거함(2003)

감정을 공유하고 얼굴, 목소리 및 신체를 통해 마음의 풍부한 콘텐츠를 표현할 수 있다. 또한 이 기술을 사용하면 내면의 세계를 잘 전달하고, 우리의 이야기를 밝게 만들며, 상호 관계를 굳건히 하고, 교류할 때 서로를 잘 이해하게 된다. 우리 몸은 무언가가 옳거나 그른 방향으로 진행되면, 변연계, 미주 신경, 앞뇌섬 등의 복합체를 사용하여 그것을 매우 설득력 있게 우리에게 알려 준다. 변연계의 생존 회로 중 일부인 편도체는 우리가 조절센터(18번 뇌기술)의 레벨2로 지칭하는 것으로 1/10초 안에 위협을 감지한다. 이러한 반응은 우리 뇌가 의식적 사고를 만드는데 걸리는 시간보다 훨씬 빠르다.[2] 우리는 이 감정 조절센터가 뇌 속의 빠른 경로 시스템이라는 것을 안다. 10번 뇌기술은 우리의 대화를 더운 분명하게 해 주고 관계 가운데 상호 이해를 돕도록 우리의 뇌와 몸을 움직이게 한다. 우리의 얼굴과 몸은 오늘 컨디션이 어떤지, 타인과 교감하는 분위기는 어떤지, 우리가 얼마나 쉬었는지, 심지어 방금 먹은 피자가 얼마나 맛있었는지까지도 알려 준다. 뇌와 몸은 친밀한 연관 관계를 가지고 있는데, 그 관계는 10번 뇌기술에 따라 함께 향상된다. 함께 일하면, 뇌와 몸은 우리의 얼굴과 목소리에 그대로 드러나는 이야기를 전하게 된다. 오늘 당신 얼굴은 어떤 이야기를 전달하고 있는가?

TED 토크

바네사 반 에드워즈(Vanessa Van Edwards)와 그녀의 실험실이 행한

---

2 「드문 리더십」

TED 토크에 관한 연구는 10번 뇌기술이 가진 힘을 보여 준다. 그녀는 한 실험에서 참가자들에게 소리를 죽인 TED 토크 영상을 보고 그것에 대해 평가해 주도록 요청했다. 토크에 등장하는 발표자들의 바디랭귀지를 본 뒤에 참가자들은 각 비디오에 등급을 매겼다. 흥미롭게도 그들로부터 가장 높은 등급을 받은 TED 토크는 시청자 조회수에 따른 그 영상의 순위와 일치했다. TED.com에서 조회수가 가장 많은 동영상이 실험에서도 가장 인기가 있었다. 비언어적인 단서만 보고 강연자들의 순위를 매겼는데, 참석자들은 자신도 모르는 사이에 소리가 나는 영상을 온라인으로 시청한 시청자들 사이에서 가장 인기 있는 영상에 투표했던 것이다! 반 에드워즈가 말한 것처럼 "시청자가 TED 토크를 들으며 집중할 때 비언어적 행동을 토대로 강연자의 카리스마, 지성 및 신뢰도에 대한 많은 결정을 내린다는 사실을 우리에게 말해 준다."[3]

10번 뇌기술은 우리의 의사소통 능력을 향상시킬 뿐만 아니라, 사람들의 생각을 더 잘 이해할 수 있도록 표정을 해석하는데에 도움을 준다. 당신이 만약 인간 행동을 연구하는 공항의 교통안전청(TSA) 요원이라면 당신은 어떤 사람이 즐거운지, 뭔가에 몰두하고 있는지, 지루한지, 피곤한지를 읽는 법을 배우게 된다. 비언어적 이야기를 전하기 위해서는 신체적 표현이 필요하기 때문에 우리가 10번 뇌기술을 더 많이 연습할수록 우리는 자신의 이야기를 더 잘 전달할 수 있

---

[3] http://www.chicagotribune.com/bluesky/hub/ct-bc-learning-from-ted-talks-bsi-hub-20150929-story.html

게 된다. 이것은 연습이 필요하다. 우리의 얼굴, 목소리, 바디랭귀지 및 개인적인 공간이 모두 합해져서 스토리텔링 패키지를 구성한다. 우리는 의사소통의 기본 방식으로 단어를 사용하는데 익숙하지만, 우리 몸은 우리의 생각을 읽어서 다른 사람들이 볼 수 있도록 표현해 낸다. 몸을 사용하면 우리의 이야기에 풍미가 더해진다.

반 에드워즈와 그녀의 연구 그룹은 TED 토크 사이의 비언어적 차이를 발견하기 위해 연구하다가 사람들이 어떻게 손을 사용하느냐가 전혀 다른 결과를 가져오는 것을 발견했다. 그녀는 이렇게 말했다. "TED 토크에서 하위에 랭크된 영상들은 평균 12만 4,000회의 조회수를 기록했으며 평균 272회 손 제스처를 사용했다. 상위에 랭크된 TED 토크 영상은 평균 73만 6,000회의 조회수를 기록했으며 평균 465회의 손 제스처를 사용했다. 이것은 거의 두 배에 육박한다! 손 제스처가 청중을 더욱 몰두하게 했던 것이다." 연습을 많이 하면 우리는 비언어적 이야기가 재미있고 매력적이며 활력을 준다는 사실을 발견하게 된다. 사람들과 상호작용할 때 당신의 몸, 특히 당신의 손을 사용하는 것을 잊지 말기 바란다.

10번 뇌기술은 보통 어떻게 획득되고 연습되며 전파되는가?

10번 뇌기술은 모든 상호작용의 최전방에서 작동하고 있음에도 불구하고, 대화 속의 단어와 내용 뒤에 숨겨져 있는 기술이라 볼 수 있다. 다시 말하자면, 우리는 사람들이 말하는 내용에 집중하는 경향이 있지만, 동시에 감정의 뇌는 상대방이 메시지를 통해 전달하는 비언어적인 요소를 추적하고 해독하는 것이다.

우리는 자신이 속한 가족과 공동체의 말과 감정, 행동이 일치할 때 그로부터 10번 뇌기술을 배운다. 사람들이 얼마나 흥분했는지 얼마나 슬픈지에 대해 말할 때, 그들의 표정과 목소리, 그리고 몸은 그들의 말과 일치한다. 흥분한 사람이나 슬픈 사람이라면 당연히 할 법한 행동을 보이는 것이다. 우리는 이것을 우리의 감정의 뇌 안에 내면화 시키면서 진정성 있는 반응이라고 이해한다. 그러나 사용된 말과 감정 및 행동이 서로 불일치 하면 우리의 뇌는 이 왜곡을 감지하고 사람들이 말하는 것을 믿기 어려워한다. "당신의 말은 맞지만 얼굴과 목소리는 다른 것을 이야기한다"고 우리는 느낀다. 10번 뇌기술을 통해 우리는 우리가 듣는 말을 믿을 수 있게 된다. 정치인들에게는 나쁜 소식이 될 수도 있겠지만 말이다.[4] 바리새인들에 대한 예수님의 책망을 생각해 보라. 그들은 겉으로 드러난 행동이 내면의 동기[5]와 일치하지 않기에 회칠한 무덤에 비유되었다. 그 지도자들은 자신의 진정한 의도와 감정을 숨기고 있었던 것인데, 이는 우리가 자신의 인격을 구성하는 풍성한 내용물로써 10번 뇌기술을 사용하지 못했을 때 일어나는 일이다.

우리 가족과 친구들의 예는 우리가 10번 뇌기술을 어떻게 사용할지 잘 보여 준다. 우리는 의사소통을 하고 이야기를 할 때마다 10번

---

4 물론 모든 정치가들이 사람들을 속이거나 여론을 조작하는 것은 아니지만, 그렇게 하는 사람들은 언어를 사용하여 자신들의 진정한 의도를 숨긴다.

5 마태복음 23장. 헬라어로 위선자라는 말은 "가면을 쓴 사람, 연기자, 시늉하는 사람, 그리고 배우"를 의미한다. NT 5273

뇌기술을 연마한다. 다시 말해 얼굴과 몸, 목소리를 잘 사용하면 모든 기회를 최대한 선용할 수 있는 숨겨진 보석을 보급하고 있는 것이다. 우리는 사람들에게 자신이 하는 말의 의미를 "보여 달라"고 요청한다.

10번 뇌기술은 어떻게 추가적으로 획득되고 연습되며 전파되는가?

이제 관계·코이노니아를 변화시키는 것이 어떻게 비언어적 이야기를 나누는 기술을 복원시킬 수 있는지 살펴보자. 누가의 이야기의 전반부에 보면 우리는 천사 가브리엘이 성전에서 봉사하는 사가랴라는 경건한 제사장에게 나타난 것을 배우게 된다. 가브리엘은 사가랴의 기도가 응답되었다는 좋은 소식을 나눈다. 그와 그의 부인 엘리사벳이 아들을 갖게 될 것이라는 소식이다. 이것은 대단한 일이다. 사가랴와 엘리사벳은 오랫동안 아기를 가질 수 없었다. 둘 다 나이가 들었기 때문이나. 그들은 엘리사벳이 더 이상 아이를 낳을 수 없게 되었다고 믿었다. 천사가 나타나서 무언가 굉장한 일이 당신에게 일어날 것이라고 말하는 장면을 잠시 상상해 보라. 기다리고 기도해 온 무엇인가가 일어날 것이라는 말을 듣는다면 당신의 기분은 어떠하겠는가?

사가랴는 이 흥미진진한 소식을 듣고 재빨리 셈을 해 보다가 당황했다. "우리는 나이가 많습니다. 시도해 보았지만 아이를 가질 수 없었습니다. 아내의 태가 말랐기 때문입니다." "내 눈앞에 천사가 서 있다니!" 이러한 생각들이 그의 머릿속을 빠르게 스쳐 지나갔음이 틀림없다. 고통스러운 지난날의 경험과 그가 겪은 수많은 제약 때문에 사가랴는 천사에게 질문하며 증거를 요구했다.

가브리엘은 사가랴에게 아들이 태어날 때까지 말을 할 수 없게 될 것이라 말하면서 그 증거를 제시했다. 이 모든 것은 사가랴가 바라는 일이 아니었지만, 이제 이 제사장은 10번 뇌기술을 사용하는데 정말로 능숙해지게 되었다. 사가랴가 목소리를 잃으면 그가 임무를 마치기만을 기다리고 있는 이스라엘 백성들에게 기쁜 목소리로 제사장의 축복을 빌어 줄 수 없게 된다. 백성들은 그가 성전에서 봉사하기를 마치고 나서 축복을 빌어 주기를 기대했다. 그러나 사가랴는 말을 할 수 없었고 "뭔가 큰 일이 일어났습니다!"라는 뜻을 전하기 위해 제스처와 표시를 사용해야 했다. 그를 보고 백성들은 그가 환상을 본 게 틀림없다고 생각했다.[6]

사가랴의 목소리는 수 개월 후 신생아가 생후 8일이 되어 할례를 받을 때 되돌아왔다. 얼마나 오랜 시간인가! 자녀의 이름을 밝히는 순간, 그의 목소리는 되돌아왔고 이번에 그의 반응은 이전보다 훨씬 나아져 있었다. 하나님께 찬양을 부른 것이다.[7]

10번 뇌기술은 사람들과 그룹 간의 효과적인 의사소통의 기본적인 요소이다. 10번 뇌기술은 단순히 말을 사용하지 않는 것이 아니라, 다채롭고 맛깔스러운 성분을 첨가함으로써 우리의 의사소통을 향상시키고 상호작용을 풍성하게 해 주는 것이다. 10번 뇌기술은 우리의 의사소통 방법을 개선하고, 서로의 생각을 조율하는 능력을 높

---

6 누가복음 1:22
7 누가복음 1:67-79

이며, 대화 중에 상대방의 마음을 더 잘 이해할 수 있도록 표정, 눈맞춤, 목소리 톤, 자세, 몸짓, 타이밍 및 강도를 사용한다.

10번 뇌기술이 없으면 우리는 자신의 감정을 최소화 하게 되고, 풍부하고 즐거운 상호작용을 놓치게 된다. 또한 감성 지능은 무뎌지게 된다. 우리는 우리의 얼굴과 신체가 다른 사람들에게 어떤 이야기를 전하고 있는지 알지 못하며, 다른 사람들의 마음도 정확히 읽지 못한다. 이러한 단절 때문에 우리는 자신이 말하는 것을 되돌아보게 해 주는 공동체의 거울이 필요하다. 이 거울은 우리 안에 있는 '영안'이라 불리는 내적 통역사를 업데이트 하는데 도움을 줄 수 있다. 이것은 우리가 비언어적 이야기를 서로 번갈아가며 나눈 다음에 언어를 사용하여 그 이야기를 반복하는 것이다(7번 뇌기술). 우리는 사람들에게 그들이 느낀 바를 물어 보고, 그들을 관찰했을 때 발견한 내용을 기초로 추측한 것과 그들의 실제 반응을 비교해 본다.

다음 단계에는 10번 뇌기술을 훈련할 수 있는 다양한 방법들이 소개되어 있지만, 한 가지 일반적인 방법은 누군가에게 말하고 싶은 이야기를 먼저 생각해 보는 것이다. 이야기를 먼저 비언어적 행동으로 표현해 본 다음에 그것을 언어로 다시 표현해 보는 것이다. 처음에는 이 기술이 어색하게 느껴지지만 시간이 지나고, 반복적으로 연습하다 보면 비언어적 기술을 효과적으로 해석하고 전달할 줄 아는 예민한 관찰자가 될 수 있다. 우리는 모든 상호작용 중에 이 기술이 자연스럽게 녹아들 때까지 동료들과 함께 연습하며 또한 이 기술을 강화시킨다.

10번 뇌기술 – 행동 단계

친구 한 명을 찾아서 하루 동안에 있었던 일에 대하여 비언어적 이야기를 나누어 보기 바란다. 당신의 친구가 당신이 나누는 내용을 이해하는지 알아 보라. 그 내용이 너무 궁금해 힘들어 하도록 친구를 내버려두지 말고, 7번 뇌기술인 4+ 이야기의 요소들과 언어를 사용하여 그 이야기를 다시 전달하도록 한다.

10번 뇌기술 – 다음 단계

10번 뇌기술은 연습하기에 재미있는 기술이다. 제스처 놀이로 게임을 해도 좋고 10번 뇌기술 프로그램을 발전시킬 수 있도록 좀 더 집중적인 교재를 사용해도 좋다. 당신과 배우자는 기쁨을 되찾을 수 있도록 주말을 이용해 "다시 빛나는 기쁨" 주말 결혼 세미나에 참석하든지, 혹은 「바쁜 커플들을 위한 30일간의 기쁨 훈련」 책을 가지고 연습할 수도 있다. 성숙 훈련은 보너스데이를 포함하여 한 주간 내내 점심시간 동안 10번 뇌기술을 사용하는 것으로 진행되며 만약 당신이 트랙 2와 3에 참여하다가 운이 좋다면 휴식시간과 아침식사 시간에도 그 기술을 사용할 수 있다. 10번 뇌기술에 대해 더 자세히 알아보기 원하면 성숙 강의들을 시청하고 집에서 배우는 성숙 온라인 커리큘럼에도 참여해 보기 바란다.

결론

세례 요한의 아버지 사가랴는 "엘리야의 심령과 능력으로 주 앞에 먼저 와서" "주 앞에 큰 자가" 될 아들에 대해 가브리엘 천사가 예언한 것을 믿지 않았기 때문에 목소리를 잃었다.[8] 사가랴는 10번 뇌기술을 9개월 동안 연습했지만 고맙게도 우리는 10번 뇌기술을 연습하기 위해 목소리를 잃어 버릴 필요가 없다. 헤세드 공동체는 사람들이 함께 기뻐하고 슬퍼하는 사고 공유 상태를 통해 서로를 이해할 수 있도록 10번 뇌기술을 사용한다. 10번 뇌기술은 서로의 얼굴에 나타난 표정을 해석하고, 왜곡된 것을 업데이트하거나 수정한 다음 진정한 생각과 감정 및 동기를 전달함으로써 헤세드 공동체의 뼈대를 구성한다. 코이노니아 공동체는 강자와 약자가 상호작용하는 10번 뇌기술을 연습하고 배울 수 있는 추가적 방법들을 제공해 준다. 치유와 변화를 통해서 우리는 자신의 눈에서 들보를 제거할 수 있으며, 존중받고 소중히 여겨지며 이해 받는 가운데 다른 사람들과 생각 혹은 느낌을 공유할 수 있다.

10번 뇌기술을 갖게 되면: 나는 다른 사람들과 의사소통할 때 표현력 있게 잘 전달한다. 사람들의 얼굴과 바디랭귀지를 보면 그가 어떤 기분인지 쉽게 알아챌 수 있다.

10번 뇌기술이 없거나 부족하면: 나는 다른 사람들을 이해하는 것이 어렵고 사람들은 나를 이해하는 것을 어려워한다. 사람들이 내 말에 귀 기울이지 않는 것처럼 느껴질 때가 많다.

---

8 누가복음 1:11-21

10번 뇌기술 적용 단계 – 오웬과 아멜리아의 게임의 밤

오웬과 아멜리아는 열아홉 가지 뇌기술을 배웠고 그 기술을 자신들의 결혼생활에서 즉시 실천해 보고자 했다. 그들은 두 가지 면에 초점을 맞추었는데, 첫 번째는 그들의 결혼생활을 풍성하게 하는 것이었고 두 번째는 자녀들, 특히 아스퍼거 증후군(Asperger's)을 앓고 있어서 바디랭귀지를 읽는 능력이 제한적인 아들 토드가 새로운 기술을 배우도록 돕는 것이었다.

기술 훈련을 계속하기 위해, 그들은 10번 뇌기술을 사용하여 다양한 제스처 맞추기 게임을 했는데, 그것은 모두가 참여해 즐길 수 있는 의미 있는 가족시간이 되었다. 이렇게 즐거운 저녁 시간은 나중에 일주일에 한 번 모여 게임이나 무언가 재미있는 일을 함께 하는 가족의 전통이 되었다. 그들은 토드에게도 작지만 의미 있는 변화가 일어나는 것을 보았는데, 그것은 또 하나의 축복이었다.

다음으로 오웬과 아멜리아는 그들에게 가장 소중했던 순간들에 대해 10번 뇌기술을 사용하여 비언어적 수단으로 이야기를 나눔으로써 자신들의 결혼생활에 집중하고자 했다. 이 간단한 연습은 두 사람이 더 깊이 연결되고 이해받는다는 느낌을 갖도록 도와주었다. 기쁨의 크기도 더욱 커졌다.

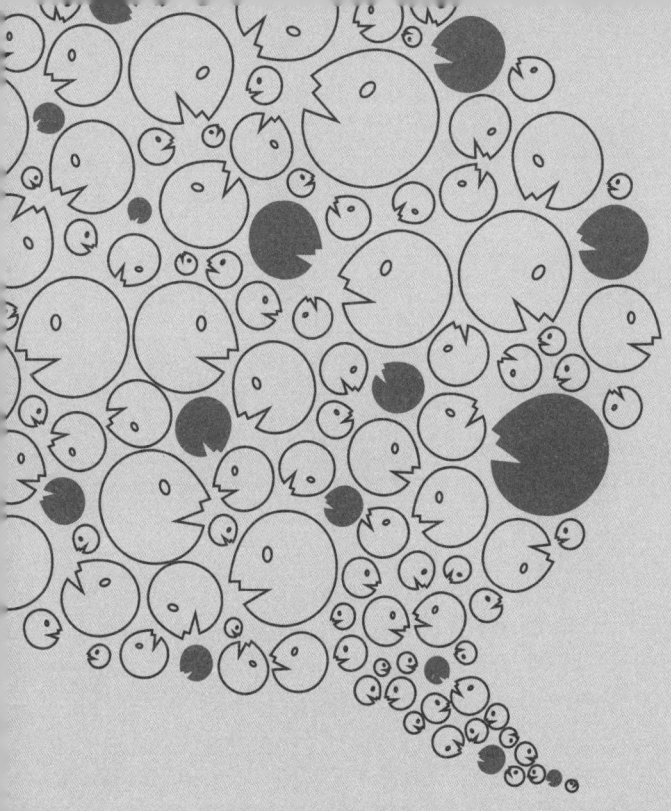

CHAPTER 13

11번 뇌기술:
여섯 가지 감정에서
기쁨으로 돌아가라

우리는 고통스런 감정을 진정시킬 때 공통된 기쁨으로 돌아간다.
일들이 잘못되었을 때에도 관계를 잘 유지할 수 있다.

"왜 이 기술이 당신에게 중요합니까?"라고 하나님께 여쭤보았을 때 내 마음속에 이런 생각이 떠오르는 것을 발견했다.

"나는 내 양이 길을 잃어버리거나 방황하기를 원치 않는다. 나는 공급하며 구원하는 하나님이다. 11번 뇌기술은 내 양들이 자신의 감정과 혼돈의 광야에서 길을 잃었을 때 돌아오는 길을 찾을 수 있도록 내가 준비해 놓은 방법이다. 나는 감정을 가진다는 것이 어떤 느낌인지 알며, 화가 났을 때에도 관계가 그대로 유지되기를 바란다."

인간의 뇌는 여섯 가지 불쾌한 감정을 느낄 수 있도록 연결되어 있다. 두려움, 분노, 슬픔, 혐오, 수치, 절망은 무언가 확실히 잘못되었음을 알려 주는 신호이다. 우리는 계속 우리의 관계를 유지하면서 각기 다른 회로를 차분하게 만드는 방법을 배워야 한다. 자기 스스로에게 기쁨으로 돌아가는 길을 보여 주는 과정은 생각하는 것처럼 쉽지 않아서 많은 연습과 훈련된 뇌가 필요하다. 이러한 여섯 가지 감정을 배경으로 훈련하는 것은 사실상 우리가 느끼는 정서적 고통 전체를 다루는 것이라고 봐도 무방하다.

당신과 나는 함께 하면 기쁨이 넘치는 존재로 설계되었다. 기쁨은 우리의 자연스러운 상태이다. 부정적인 감정에 오래 머물러 있을수록 우리는 약해진다. 부정적인 감정 상태에서 6분만 지내도 스트레스 호르몬인 코르티솔은 24시간 동안 혈류에 남게 된다.[1] 괴로운 감정이 생길 때면 우리 안에는 즐거운 상태로 되돌아가고자 하는 강한 동기가 생겨난다.

20초 동안 분노를 느끼는 것과 20시간, 또는 심지어 20일 동안 분노에 사로 잡히는 것은 매우 다른 경험이다. 만약 11번 뇌기술을 배우지 못하면 우리 뇌가 느끼도록 만들어져 있는 바로 그 감정을 회피하거나 곁길로 새기도 하고, 심하면 아예 연결을 끊기도 한다. 생후 2년까지 11번 뇌기술을 배우지 못하면 우리는 감정을 조절하지 못하게 된다. 나이가 들어감에 따라 우리는 자신을 차분하게 해서 기쁨으로 돌아가기보다는 자신의 감정을 조절하기 위해 전혀 관계적이지 않은 전략에 의지하게 된다.

우리는 "그녀가 나를 이렇게 만들었어!"라고 대답하며 자신의 반응을 정당화시킨다. 또 화가 나서 다른 사람들을 탓하기 시작하거나 갑작스레 마음의 문을 닫아 버린다. 우리 중 많은 사람들이 인공적인 수단으로 자신을 진정시킴으로써 위로를 찾고자 BEEPS를 사용한다. 11번 뇌기술은 우리가 사랑하는 사람에 대해 정말로 화가 났을 때조차도 그들과 관계를 유지하기 때문에 관계의 생명유지장치라 할 수 있다.

---

[1] 데이빗 레비 박사. 신경외과의사,「회백질: 신경외과 의사가 기도의 힘을 발견하다 … 한 번에 한 환자씩」의 저자, 틴데일 하우스, 2011.

11번 뇌기술을 배우지 못한 부모들은 격해진 감정을 적절히 조절하고 진정시키는 법을 자녀에게 보여 줄 수 없다. 이즈음에 "행동 관리" 전략이 끼어들어서 어린이들로 하여금 자신을 표현하는 것을 차단하게 하고 기쁨으로 돌아가는 길을 배우지 못하게 한다. 힘을 과시해서 상대방을 제압하는 시도가 잦아진다. 부모가 자녀의 행동을 교정하려고 시도하다가도 시끄러운 논쟁을 끝내려고 분노와 같은 감정으로 돌아서 버리면 문제는 관계보다 더 커져 버리게 된다. 더 좋은 방법이 있다. 격렬한 감정을 잠재우고 함께 기쁨으로 돌아가는 방법을 배우는 것이다.

  내가 처음 아버지가 되었을 때, 나는 내가 아들과 얼마나 깊은 관계를 맺을 수 있을지, 또 그를 얼마나 잘 인도할 수 있을지가 모두 내 자신의 감정을 관리하는 능력에 의해 크게 좌우된다는 사실을 금방 깨닫게 되었다. 오래지 않아 나는 더러운 기저귀를 다룬 일을 계기로 이 분야를 연습하게 되었다. 내 아들 매튜가 태어나기 전까지 나는 더러운 기저귀처럼 나를 괴롭게 하는 것을 피하며 살 수 있었다. 그러나 무엇 때문이었는지 아내가 자리를 비운 어느 날 아들의 기저귀를 갈아 줘야 했을 때, 나에게는 선택의 여지가 없었다. 드디어 내 차례가 온 것이다. 나는 테이블 위에 아들을 눕히고 모험을 준비했다.

  매튜는 깊고 파란 눈으로 나를 쳐다보며 미소 지었고 아기가 내는 귀여운 소리를 내고 있었다. 눈을 마주치고, 미소를 지으며, 또 대화를 나누면서 나는 간신히 아기의 바지를 벗기고 더러운 기저귀를 조심스럽게 제거할 수 있었다. 냄새도 역겨웠지만 그 내용물은 더 역겨웠다. 나는 얼굴을 찡그렸고, 구역질이 나오는 듯했다. 숨을 참으면서 아기의 다리를 들어올려서 뒤를 닦아주려고 했는데, 이 작업이 처음 생각했던 것보다 더 까다로운 일임을 곧 깨닫게 되었다. 이것은 그저 더러운 기저귀 하나를 가는 일이 아니었다. 나는 심호흡을 했는데, 다음 순간 결코 잊을 수 없는 일이 일어났다.

설사한 아기의 다리를 들어올리면 압력이 가해져서 배가 대포알을 장착한 것처럼 바뀌게 된다는 사실을 아무도 내게 알려 주지 않았다. 나는 아들의 다리를 배에 가까울 정도로 높이 들어올렸는데, 그 순간 매튜의 엉덩이에서 갑작기 걸쭉한 물질이 발사되어서는 사방으로 튀어나갔고, 온 팔과 테이블, 심지어 멀리 떨어진 침실 벽까지 날아가 흘러내렸다! 아기 배에 남아 있던 설사를 내가 완전히 청소해 준 셈이었다.

그 순간 나는 당황하여 비명을 질렀다. 아내에게 노움을 청하는 말을 하기도 전에 일련의 기도 같기도 하고, 뭐라 구별할 수도 없는 탄원 같은 말이 내 입에서 튀어나왔다. "젠, 제발 도와줘! 여기 심각한 문제가 생겼어!"

혐오스러워하는 나의 반응은 격렬했고, 내 반응을 유심히 지켜 보던 아들은 수치스러워했다. 그의 아랫 입술은 나무에 달린 잎새처럼 흔들렸고, 거의 울음을 터뜨리기 직전이었다. 그래서 나는 다시 한 번 그와 눈을 마주쳤고, 미소를 주고받으면서 기쁨을 표시하는 소리를 내었다. 최선을 다해 엉망진창이 된 방을 청소하는 동안에도 나는 그와 관계를 계속 유지하기 위해 애썼다. 우리가 다시 기쁨으로 돌아왔을 때, 젠이 비로소 현장에 도착했다. 우리는 함께 평안과 질서를 회복하기 위해 노력했다. 아들은 수치스러움을 극복했고 나는 혐오감에서 회복되었다. 나는 아내가 내 고통을 보면서 즐거워할 것을 알았지만, 더 중요한 것은 우리 셋이 연결되어 있다는 것이었다. 우리는 아주 혐오스러운 사건 한가운데에 있었지만 함께 있을 수 있어서 기뻤다.

이러한 시련은 견딜 만한 것이었기에, 잠시 후 우리는 이 사건을 놓고 파안대소하게 되었다. 우리는 관계적인 기쁨으로 돌아왔고, 이 경험으로 인해 기저귀 갈아주는 내 기술은 크게 향상되었다. 나는 계속해서 많은 기저귀를 갈았는데, 내 관계에 "바닥을 치게" 만들 수도 있는 깊이 파인 도로에 비하면 이러한 혐오스러움은 그저 길 위에 과속방지턱 정도였다.

우리는 자신이 관리하지 못하는 감정을 피하려고 한다. 예를 들어, 누군가를 화나게 하고 싶지 않기 때문에 모두를 기쁘게 하려고 애쓴다. 이런 식으로 우리는 우리의 수치심과 거절감(손실)을 피하기 위해 두려움을 동기로 사용한다. 친구들이나 가족 및 교회는 언제나 누가 옳고 그른지에 관심을 갖기 때문에 11번 뇌기술이 없다면 우리는 갈등을 해결할 수가 없다. 규정과 임무가 사람과 대화를 조종하기 때문이다. 리더는 특정한 감정을 만드는 상황을 회피하려 한다. 우리는 비관계적인 반응을 정당화시키거나 영적인 것으로 치부하면서 그것을 정상이라고 부른다. 사람들은 기쁜 마음으로 되돌려 보내주는 뇌기술을 진지하게 고려하지 않는다. 결혼, 가족, 지역 사회, 문화까지도 특정한 감정을 회피하기 위한 전략을 개발하기 위해 애쓴다.

당신 주변에 수치스런 메시지를 회피하는 사람은 누구인가? 쉽게 두려움에 사로잡히는 사람은 누구인가? 절망에 갇혀 지내는 사람은 누구인가? 혐오감을 피하려 애쓰는 사람은 누구인가? 길거리에서 화를 내는 사람은 누구인가? 사람들을 기쁘게 하려고 애쓰는 사람은 누구인가? 우리 주변의 관계적 네트워크를 두루 살펴보면 11번 뇌기술이 얼마나 긴급하게 필요한지를 보게 된다.

11번 뇌기술은 보통 어떻게 획득되고 연습되며 전파되는가?

우리의 뇌는 부정적인 감정이 우리를 죽이는 것이 아님을 배워야 한다. 부정적인 감정이 내 인생에 결정권을 가지고 있는 것은 아니다. 엄마 아빠가 우리와 감정을 공유하고 우리를 진정시켜 주기 때문에 이상적인 경우라면, 우리는 생후 1년 만에 이 사실을 배우게 된다. 이러한 일이 몇 차례 반복되면 이 주기가 내면화 되고, 또한 자주 연습하게 되면 뇌는 화가 날 때 어떻게 해야 할지 알게 된다. 아기는 화가 났을 때 엄마가 위로와 공감을 베풀어 주는 것을 경험하게 된다. 그래서 부정적인 감정을 두려워하지 않는다. 기쁨이 사라져도 엄마가 다시 즐거움을 주기 위해 준비하고 있음을 경험을 통해 알고 있기 때문이다. 시간이 지나면서 엄마가 내면에 자리 잡게 되고 성장하는 뇌는 화가 났을 때 엄마의 보살핌과 편안함을 기억해내고서 그것을 예측하게 된다. 높은 수준의 강도로 반복 연습하면 11번 뇌기술은 아기가 성장함에 따라 강화된다.

부모와 가족 및 친구와의 상호작용은 화난 감정으로부터 기쁨으로 돌아가는 힘을 강화시켜 준다. 11번 뇌기술은 헤세드 공동체 안에서 다른 사람들과 교류하는 중에 사용되며 특별히 갈등과 분노가 터져 나오는 상황에서 기쁨으로 돌아가는 것은 "우리가 어떻게 살아갈지"에 대한 자연스러운 대답이 된다. 우리는 우리 감정이 내적으로, 혹은 외적으로 무언가 잘못되었다는 신호를 보내오는 "실제 상황"에서 11번 뇌기술이 어떻게 사용되는지를 다른 사람들에게 보여 줄 수 있다.

이러한 방식으로 11번 뇌기술은 관계들을 하나씩 회복시킨다. 우리는 무언가에 갇혀서 그 기술을 쓸 수 없는 사람을 만나기 전까지는 기쁨으로 돌아가며 관계를 유지하는 기술에 대해 그다지 많이 생각하지 않는다. 사람들이 자신의 감정을 다스리기 위해 관계적이지 않은 전략을 사용할 때, 우리는 문제가 관계보다 더 커지는 것을 본다. 부정적인 감정에 갇히게 되면, 우리의 인격은 특정한 감정을 중심으로 형성되기 시작한다. 우리는 항상 슬프거나 화가 나 있거나 우울하거나 그 밖에 다양한 감정에 사로잡혀 있는 사람들을 알고 있다. 11번 뇌기술이 없는 곳에는 관계로 인한 사상자들이 넘쳐난다. 그러나 훈련된 뇌는 터져 나오는 감정을 어떻게 잠잠하게 할지, 또 어떻게 관계를 유지할지를 우리에게 잘 보여 주는데, 그것은 11번 뇌기술을 더욱 증가시킨다.

11번 뇌기술은 어떻게 추가적으로 획득되고 연습되며 전파되는가?

이제 관계 · 코이노니아를 변화시키는 것이 어떻게 잃어버린 여섯 가지 큰 감정으로부터 기쁨으로 돌아오는 기술을 복원시킬 수 있는지 살펴보자. 다윗 왕은 대단한 믿음과 은사를 가진 사람이었고, 하나님을 사랑하는 자였다. 하나님은 다윗에 대해 그분의 마음에 합한 자[2]라고 부르셨다. 다윗이 골리앗 앞에 선 일을 생각해 보고, 다윗의 전쟁 노략물을 살펴보거나 그가 자기 마음을 쏟아 지은 시편을 읽어 보기만 해도 우리는 그것을 알 수 있다. 다윗 왕은 온유하고 용기 있으며 영감과 감동을 주는 대단한 리더였지만, 동시에 두려운 존재이기도 했다. 이 목동은 자라서 성공적인 전사가 되는데 때때로 화를 내기도 했다.

우리는 사울을 피해 도망다니는 시절에 다윗이 화를 내는 모습을 본다. 다윗은 나발이라는 이름의 부자가 양털을 깎는다는 소식을 들었다. 이 행사는 나발과 그의 가족, 그리고 모든 종에게 축제의 장이 될 수도 있었다. 다윗은 나발에게 사람을 보내어 자신들의 필요를 채워 줄 것을 요청했다. 다윗의 부하들은 나발에게 자신들이 그의 일꾼들을 학대하지 않고 그 양과 목자들을 보호해 주곤 했었다는 사실을 상기시키며 자신들의 요구가 정당함을 밝혔다.[3] 그러나 바보라는 뜻의 이름을 가지고 있는 나발은 은혜롭지 못한 말로 응답했다.

---

2 사무엘상 13:14, 사도행전 13:22
3 사무엘상 25장

"나발이 다윗의 사환들에게 대답하여 이르되 다윗은 누구며 이새의 아들은 누구냐 요즈음에 각기 주인에게서 억지로 떠나는 종이 많도다 내가 어찌 내 떡과 물과 내 양털 깎는 자를 위하여 잡은 고기를 가져다가 어디서 왔는지도 알지 못하는 자들에게 주겠느냐 한지라"(삼상 25:10-11).

나발의 공격적인 반응은 다윗을 몹시 화나게 했다. 그는 부하들에게 "모두 칼을 차라"고 명령했다. 다윗은 매우 흥분했다. 그에게 아주 큰 감정이 생겨난 것이다. 대화의 시간은 끝났다. 다윗은 400명의 용사들을 이끌고 이 문제를 해결하기 위해 나섰다. 나발의 아내 아비가일은 일의 자초지종을 듣자마자 다윗과 그의 부하들에게 가져갈 음식과 보급품을 모으며 신속하게 대응했다. 여기서 우리는 다윗과 아비가일의 반응에 차이가 있는 것을 깨닫는다. 한 사람은 관계성을 포기한 채 가해자의 반응으로 옮겨 갔고, 한 마을의 사람들을 모두 죽이려 했다. 다른 한 사람은 관계적인 모습을 유지하면서 보호하는 태도를 견지했다. 그녀는 마을을 보존하기 원했던 것이다.

아비가일은 나발과 그의 모든 종을 죽이기 위해 다가오는 다윗을 만났다. 그녀는 다윗의 발 앞에 엎드려 그의 분노에 공감을 표시하고 위로를 전하면서 간청했다.[4] 다윗은 그녀의 중재와 제물을 받아들인

---

[4] 사무엘상 25:24-31. 와일더와 왈너는 이것을 사람들이 기쁨으로 돌아올 수 있도록 도와주는 VCR이라고 부른다. VCR은 인정해 주기(Validate), 위로하기(Comfort), 그리고 본 모습으로 돌아가기(Repattern)의 머리글자이다.

다음 아비가일을 평안히 돌려보냈다. 다윗의 분노는 기쁨으로 돌아왔고, 맑은 정신도 되찾게 되었다. 만약 다윗이 계속해서 분노에 사로잡혀 있었더라면 아비가일의 가족과 그 공동체 위에 엄청난 재앙이 임했을 것이다.

우리는 성경에서 저자들이 기쁨으로 돌아가는 몇 가지 사례를 보는데, 몇 편의 시편은 기쁨으로 돌아가는 과정을 아름답게 잘 표현해 준다. 시편 30편 4-5절은 이렇게 고백한다.

"주의 성도들아 여호와를 찬송하며 그의 거룩함을 기억하며 감사하라 그의 노염은 잠깐이요 그의 은총은 평생이로다 저녁에는 울음이 깃들일지라도 아침에는 기쁨이 오리로다."

여기서 우리는 하나님의 은총이 그분의 분노보다 훨씬 더 크며, 슬픔 뒤에는 그분이 주시는 은혜와 기쁨이 따라온다는 사실을 보게 된다. 시편 126편 5-6절에서도 기쁨이 슬픔의 뒤를 따르는 모습을 본다.

"눈물을 흘리며 씨를 뿌리는 자는 기쁨으로 거두리로다 울며 씨를 뿌리러 나가는 자는 반드시 기쁨으로 그 곡식 단을 가지고 돌아오리로다."

신약 성경에서 예수께서는 제자들에게 다가올 시련과 고난을 준비하라고 하시며 다음과 같이 말씀하셨다.

"이것을 너희에게 이르는 것은 너희로 내 안에서 평안을 누리게 하려 함이라 세상에서는 너희가 환난을 당하나 담대하라 내가 세상을 이기었노라"(요 16:33).

예수님에게는 당신의 제자들이 반드시 기억하고 붙잡기를 바라는 더 큰 무엇인가가 있었다. 기쁨으로 돌아간다는 것은 우리가 고통과 분노를 회피하기만 하는 것이 아니라, 감정이 복받치고 분노가 일어날 때에도 사랑하는 사람들과 좋은 관계를 유지하는 것을 의미한다. 이러한 관점이 베드로의 권고를 이해하는데 도움이 된다. 베드로전서 4장 12-13절이다.

"사랑하는 자들아 너희를 연단하려고 오는 불 시험을 이상한 일 당하는 것 같이 이상히 여기지 말고 오히려 너희가 그리스도의 고난에 참여하는 것으로 즐거워하라 이는 그의 영광을 나타내실 때에 너희로 즐거워하고 기뻐하게 하려 함이라."

공동체는 11번 뇌기술을 연습할 수 있는 많은 기회를 제공해 준다. 11번 뇌기술을 배우고 강화하려면 먼저 내 안에 도움이 필요한 감정을 파악해야 한다. 그렇게 해서 우리는 뇌가 알고 있는 부정적인 감정 각각에 대해 11번 뇌기술을 적용하는 법을 집중적으로 배울 수 있다. 헤세드 공동체 내에 있는 보배로운 자원들을 잘만 사용하면 우리는 분노, 공포, 혐오, 슬픔, 수치와 절망에서 기쁨의 관계로 돌아갈 수 있는 능력을 가진 사람들을 찾아낼 수 있다. 이러한 사람들은 우리에게 좋은 예를 보여 주어서 부정적인 감정에서 다시 기쁨으로 되돌아가는 과정이 어떠한지 잘 보고 느낄 수 있게 해 준다. 우리는 자신 안에 있는 연약한 감정을 확인하면 11번 뇌기술을 가지고 있는 친구들에게 그들이 부정적인 감정을 느꼈지만 다시 기쁨으로 돌아왔던 4+ 이야기의 간증을 들려주도록 부탁할 수 있다.

또한 우리는 스트레스가 많은 상황 속에서 사람들이 자발적으로 반응하는 모습을 보고 그들이 어떻게 관계적인 기쁨으로 돌아가는지를 지켜 볼 수 있다. 그들의 예는 우리의 비언어적 관계의 뇌에 많은 것을 가르쳐 준다. 관계를 주관하는 우리의 뇌가 관계적 모드에서 이탈해, 자신의 감정을 어떻게 인정하고, 위로하며, 관리할 수 있을 지 보여 줄 사람이 필요할 때에도 우리가 속한 헤세드 공동체의 강한 구성원들은 계속해서 관계를 유지하며 우리 곁에 머물러 줄 것이다. 다른 모든 기술과 마찬가지로, 우리는 좋은 것들을 독점하지 않는다. 우리는 자신의 사례와 이야기들을 사용하여 주변 사람들에게 11번 뇌기술을 퍼뜨린다. 90초에서 3분 정도면 무사히 기쁨이 돌아갔던 이야기를 어디서나 들려 줄 수 있다.

짐 와일더 박사와 나는 1번 뇌기술과 2번 뇌기술을 포함한 기본 기술을 1년 정도 연습하게 한 후, 기쁨으로 돌아오는 기술을 전략적으로 연습할 수 있도록 성숙 훈련의 트랙 2를 설계했다. 트랙 3에 이르게 되면 참가자들은 트랙 1과 2를 배우는 멤버들에게 11번 뇌기술을 훈련시키게 된다. 헤세드 공동체는 이미 그 기술을 보유하고 있기 때문에 우리는 11번 뇌기술이 자연스럽게 퍼져 나가기를 원하지만, 사실 우리 가족과 공동체 내에는 11번 뇌기술로 "훈련된 뇌"가 매우 부족하다.

> **여섯 가지 큰 감정**
> - 슬픔: 나는 삶의 한 부분을 잃어버렸다.
> - 분노: 나는 나 자신을 보호해야 하고 멈추게 해야 한다.
> - 두려움: 나는 멀리 도망가고 싶다.
> - 부끄러움: 나는 당신에게 기쁨을 주지 못한다. 또는 당신은 나와 함께 있는 것이 기쁘지 않다.
> - 혐오: 그건 생명을 불어넣는 행위가 아니다.
> - 절망: 나는 이것을 할 수 있는 시간도, 자원도 모두 부족하다.

11번 뇌기술 – 행동 단계

당신은 "여섯 가지 큰 감정"을 얼마나 잘 느끼고 다시 차분한 상태가 되어 "사람들과 함께 있게 되어 기쁜 모습"으로 돌아갈 수 있는가?

각 감정에 대한 당신의 11번 뇌기술 능력을 1에서 5의 척도로 평가해 보라. 5가 가장 강하고 1이 가장 약하다. 각각의 감정을 경험했을 때의 실제 상황을 기억해 보라. 각 감정에서 기쁨으로 돌아갈 수 있는 능력을 갖게 해 주거나 상실하게 만드는 요소는 무엇인가?

- 슬플 때　　　　　　(나는 할 수 있다) 5　4　3　2　1 (그렇게 잘하지 못한다)
- 화가 날 때　　　　　(나는 할 수 있다) 5　4　3　2　1 (그렇게 잘하지 못한다)
- 두려울 때　　　　　(나는 할 수 있다) 5　4　3　2　1 (그렇게 잘하지 못한다)
- 수치심을 느낄 때　　(나는 할 수 있다) 5　4　3　2　1 (그렇게 잘하지 못한다)
- 역겨울 때　　　　　(나는 할 수 있다) 5　4　3　2　1 (그렇게 잘하지 못한다)
- 절망할 때　　　　　(나는 할 수 있다) 5　4　3　2　1 (그렇게 잘하지 못한다)

　　식사를 하거나 차 한 잔을 마시면서 관찰한 내용을 친구와 공유해 보라. 11번 뇌기술과 관련하여 배운 내용을 나누어 보고, 친구는 여섯 가지 감정을 어떻게 처리하는지 들어본 뒤에 4+ 이야기 시트의 다음 요소들을 사용하여 각자가 관계적인 기쁨으로 돌아간 경험들을 나누어 보라.

- 당신의 얼굴과 목소리에 진정한 감정을 전달하라.
- 당신의 이야기를 전할 때 눈을 마주치라.
- 감정을 전달할 때 느낌을 표현하는 단어를 사용하라.
- 몸이 느낀 감각을 전달할 때 느낌을 표현하는 단어를 사용하라.
- 당신이 이야기에 참여한 것처럼 말하라(자서전적인 이야기).
- 간결하게 이야기하라.

11번 뇌기술 – 다음 단계

　　11번 뇌기술을 배우고 연습하기에 가장 이상적인 훈련 과정은 성숙 훈련과 Connexus 프로그램이다. 세 가지 성숙 기술 가이드는 기쁨의 용량을 키우고 기쁨으로 돌아오는 추가적인 연습을 제공해 준다. 성숙 강의들을 시청하고 집에서 배우는 성숙 온라인 커리큘럼에도 참여해서 11번 뇌기술의 더 많은 이론을 배우고 적용해 보기 바란다. 데니 후툴라(Deni Huttula)가 쓴 책 「카라의 다리」(The Bridges of Chara)는 뇌의 감정적인 영역을 다룬 훌륭한 우화로서 성인과 어린이들에게 많은 도움을 준다.

결론

부정적인 감정을 피하려는 것은 마치 위험한 지뢰밭 위를 뛰어다니는 것과 같다. 결국 우리는 부정적인 감정을 만나게 되고 무언가가 폭발할 것이다. 적절한 훈련을 받지 않으면 뇌의 감정 조절 센터는 동기화 기능을 잃어버리고 말기 때문에 우리는 사랑하는 사람들과 관계 맺는 능력을 상실한 채 부정적인 감정에 빠지게 된다. 무언가에 갇히게 된다는 것은 재미있는 일이 아니다!

하나님께서는 우리가 생애 초기부터 큰 감정을 다스리고 관리하는 방법을 배울 수 있게 사람의 뇌를 디자인하셨다. 11번 뇌기술은 가짜로 시연할 수 없다. 우리는 부정적인 감정에서 기쁨으로 돌아갈 수 있든지 없든지 둘 중 하나일 뿐이다. 기쁨으로 돌아갈 수 없는 사람들은 갇혀 있거나 좌절하거나 갖고 있지 않은 기술을 대체하기 위해 좌뇌를 쓰는 전략을 사용한다. 즉, 분노한 사람의 감정을 공감해 주기보다 자기 의견을 말하고, 무엇을 어떻게 해야 하는지 가르치려

드는 것이다. 그러나 부정적 감정의 폭풍이 지나간 후에 어떤 느낌이 드는지 표현하고, 느낀 감정을 공유하면 적절한 훈련이 이루어질 수 있다.

11번 뇌기술의 학습은 세 가지 기본적인 방법으로 이루어진다. 헤세드 공동체에 있는 누군가가 부정적인 감정에 대처하는 자신의 모범을 보여 주고, 4+ 이야기 시트를 가이드 삼아 감정이 요동치는 순간의 이야기를 전략적으로 바꾸게 되면, 임마누엘 하나님이 그 괴로운 순간 가운데 우리를 만나주시는 것이다.

임마누엘 하나님은 이러한 모든 기술에 대해 훌륭한 공급자가 되신다. 그러나 우리는 몸의 각 지체가 필수적인 존재로 인정 받는 자원의 보고, 즉 교제가 풍성한 공동체와 함께 이 기술을 연습하고 강화해야만 하며, 그럴 때 우리는 고통을 잘 견뎌내고 더불어 성장하게 된다.[5] 우리가 자기 자신의 감정을 잘 탐색할 수 있을 때 변화는 일어난다. 우리가 자신의 감정을 진정시키고 주변 사람들과 관계에서 기쁨을 되찾기 전에는 변화가 완전히 일어났다고 할 수 없다.

헤세드 공동체는 11번 뇌기술을 배워서 문제보다 관계를 고려하는 데에 전문성을 가지고 있는 공동체이다. 헤세드 공동체는 함께 기쁨으로 돌아가는 법을 잘 실천하는 사람들에 의해 만들어지는데, 또한 이와 같이 만들어진 헤세드 공동체로부터 11번 뇌기술이 흘러나오기도 한다. 괴로운 감정을 나누고 기쁨으로 돌아가는 것은 사람들

---

5 고린도전서 12:21-26

사이의 유대를 강화시켜 준다. 우리는 우리와 감정을 함께 공유하며, 우리에게 기쁨으로 돌아오는 길을 보여 주는 사람들과 유대관계를 맺는다. 우리가 탐구할 다음 뇌기술은 11번 뇌기술과 유사하다. 부정적인 감정을 느끼는 동안 관계적인 자아를 유지하는 데에 집중하는 것이다.

11번 뇌기술을 갖게 되면: 어떤 것이 나를 괴롭히더라도 나는 사람들과 관계를 유지하며 빠르게 평정을 찾는다.

11번 뇌기술이 없거나 부족하면: 특정한 감정을 회피한다. 어떤 감정들을 느끼게 되면 그것이 좀처럼 사라지지 않다. 나는 화가 나거나 두렵거나 슬프거나 혐오스럽거나 부끄럽거나 절망감을 느낄 때 내가 사랑하는 사람들과 관계를 유지하는 것이 어렵다.

11번 뇌기술 적용 단계 – 다니엘 목사의 딜레마

다니엘 목사는 하나님과 사람들을 사랑했다. 이 사랑 많은 목사는 환자들을 심방했고, 빈민을 섬겼으며, 상처 받은 이들을 위해 기도했다. 다니엘 목사를 조금이라도 알게 되면 사람들은 곧 그를 존경하게 되었다.

그러나 그의 헌신에도 불구하고 한 가지 문제가 그가 기쁨을 누리지 못하도록 계속해서 방해했다. 그는 두려움에 사로잡혀 살아왔던 것이다. 그의 결정과 관계는 두려움에 뿌리를 두고 있었다.

다니엘 목사는 그의 교회 장로들과 성도들, 심지어 자기 가족을 행복하게 하기 위해 끊임없이 노력했다. 사람들을 기쁘게 하려고 끊임없이 애썼기에 그는 탈진할 지경이 되고 말았다. 좋은 일들을 많이 했지만, 그를 압도하는 업무와 쌓여가는 피로가 사랑 많은 이 지도자를 삼켜 버리고 있었다.

함께 점심을 먹으며 대화를 나누는 가운데 다니엘 목사의 친구 잭은 11번 뇌기술인 기쁨으로 돌아가기를 연구해 보고, 이 기술로 그의 문제를 해결해 보도록 권면했다. 그 책을 읽어 보고 연구를 해 본 다니엘 목사는 자신이 부정적인 감정을 회피해 왔다는 사실과 두려움을 자기 삶의 원동력으로 삼아왔다는 사실을 깨닫게 되었다. 그러자 새로운 희망이 샘솟게 되었다. 그는 이제 무엇이 빠졌는지 알게 된 것이다!

다니엘 목사는 아내와 함께 성숙 훈련에 참석하여 11번 뇌기술을 사용하기 시작했다. 그는 두려움과 두려움을 느낄 때 무엇을 해야 할지를 이제 알게 되었기 때문에 그것을 직면할 수 있게 되었다. 그는 자신을 돌보는 법을 배웠고(8번 뇌기술) 두려움과 수치심 같은 부정적인 감정을 느낀다고 해서 그 인생이 끝나는 것은 아님을 발견했다. 짧은 시간에 그의 기쁨 수준은 증가했다. 다니엘 목사는 더 이상 탈진되지 않고, 일어나 새롭게 피어나기 시작했다.

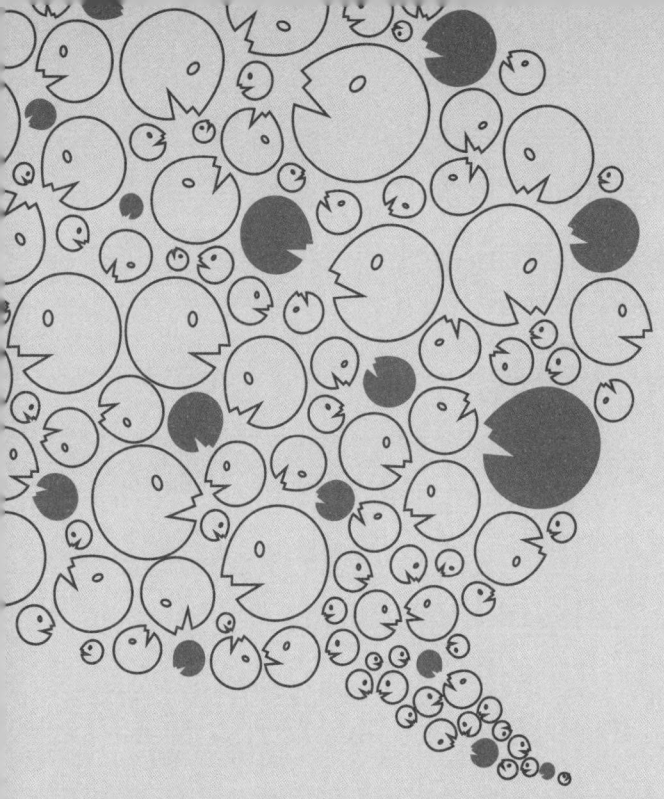

CHAPTER 14

12번 뇌기술: 여섯 가지 큰 감정 가운데서도 자기답게 행동하라

우리가 본래 창조된 모습을 찾는다면 화가 나든
기쁨으로 가득 차든 상관없이 늘 생명을 주는 존재가 될 것이다.

"왜 이 기술이 당신에게 중요합니까?"라고 하나님께 여쭤보았을 때 내 마음속에 이런 생각이 떠오르는 것을 발견했다.

"나의 자녀들이 자신의 정체성을 발견하는 것은 보물을 발견하는 것과 같다. 나는 어떤 감정과 상태 속에서도 내 자녀들이 자신의 정체성을 표현할 수 있도록 그들을 설계했다. 나는 내 아이들이 거짓말에 빠져서 자신이 누구인지 잃어버리고 좋을 때나 나쁠 때에 자신의 본 모습을 지키지 못하는 것을 보면 가슴이 아프다. 나는 "일치"의 하나님이다. 12번 뇌기술을 통해 나는 내 백성의 생각이 온전해지고 완전해져서 제대로 기능하는 모습을 보고 싶다."

앞에서 부정적인 감정에서 기쁨으로 돌아가는 것을 탐구했으니, 이제 부정적인 감정을 경험하는 동안 관계적인 자신을 유지하는 법에 대해 살펴보도록 하자. 당신은 부정적인 감정이 지속되는 동안 관계를 유지한다는 말이 어떻게 한 문장 안에서 쓰일 수 있는지 궁금할 것이다. 부정적인 감정을 느끼면서 어떻게 동시에 하나님과 또 다른 사람들과 진정한 관계를 유지할 수 있을지 궁금할 것이다. 그렇다면 이제 12번 뇌기술을 탐구해 볼 때가 되었다.

화가 났을 때도 변함없는 관계를 유지할 수 있는 중요한 비결은 함께 기쁨을 누리던 때와 동일한 사람인 것처럼 행동하는 법을 배우는 것이다. 훈련이 부족하거나 나쁜 사례에 영향을 받게 되면, 우리는 분노, 두려움, 슬픔, 혐오, 수치, 절망 등이 찾아올 때 자신이 소중히 여기는 관계를 손상시키든지 아니면 물러나 숨게 된다. 나는 친척 중 한 사람이 나라면 도저히 감당하지 못했을 만큼 스트레스가 많은 상황에서 관계적인 자아를 유지하는 것을 본 적이 있다.

리치 삼촌

어느 날 젠의 숙모와 삼촌, 그리고 사촌들이 처음으로 우리 부부를 만나려고 운전해서 올라오고 있었다. 우리를 방문하기 위해 하루 종일 운전을 해서 올라왔는데, 타고온 밴에 약간의 문제가 생겼다. 작동이 잘되지 않은 것이었다. 무언가 제대로 작동하지 않았고, 후드 아래로 연기가 뿜어져 나오면서 이상한 소리가 났다. 감사하게도 그들은 안전하게 도착했다. 자동차 엔진에 관해서는 거의 아는 바가 없었지만, 나는 리치 삼촌을 돕겠다고 자원했다. 정신적인 지원을 아끼지 않겠다는 뜻 외에 다른 의도는 없었다.

리치 삼촌은 문제를 해결하기 위해 밴의 후드를 열어 놓고는 인내심 있게 오랫동안 살펴보며 문제의 원인을 발견하려 애썼다. 처음에는 되는 일보다 안되는 일이 더 많아 보였다. 나는 참을성 있는 그의 모습에 감탄했다. 리치 삼촌은 이번 일을 엔진에 대해 나에게 가르쳐 줄 수 있는 좋은 기회라 여겼고, 엔진이 원래 어떻게 작동하게 되어 있는지 가르쳐 주었다. 나는 그런 물건이 있는지조차 알지 못했는데, 삼촌은 엔진에 대해 자세히 설명해 주었다. 리치 삼촌이 손전등을 떨어뜨리거나 볼트를 풀다가 손에 상처를 입을 때, 나는 그가 욕을 하거나 불경스러운 소리를 지를 줄 알았다. 심한 욕지거리가 나올 것을 예상하며 움츠러 들었는데, 놀랍게도 침착하게 대처했다. 그는 목소리를 높이지도 않았고, 비난을 퍼붓지도 않았다. 여전히 관계 안에 머물면서 문제를 해결하려 애썼고 동시에 교육도 진행했다. 때로 일이 풀리지 않으면 눈에 띄게 좌절하는 모습을 보였지만, 처음 모습 그대로 유지했다.

나는 그의 능력에 깜짝 놀랐다. "도대체 어떻게 이처럼 냉정을 유지할 수 있는 걸까?" 나는 그가 일하는 것을 보면서 궁금증이 일었다. 그를 좌절하게 한 일들을 내가 경험했더라면 나는 벌써 여러 차례 분노를 폭발시켰을 것이다. 리치 삼촌은 내게 없는 무엇인가를 가지고 있음이 분명했다. 처음에는 내가 옆에 있어서 일부러 그런 척 하는 줄 알았다. 그러나 어려운 상황이 두 시간이나 지속되는 동안 그를 가까이서 관찰한 결과, 나는 리치 삼촌의 반응이 진짜라는 것을 알게 되었다. 부정적인 감정을 느낄 때에도 자신의 참모습 그대로 머물러 있을 줄 아는 한 사람을 나는 발견한 것이다. 나는 기쁨과 피로, 압도됨, 혹은 여섯 가지 큰 감정 중 어느 것을 느낄 때에도 여전히 자신의 모습을 지킬 줄 아는 그의 능력에 감탄하게 되었다. 그는 일관성 있고 예측 가능한 사람이었다. 리치 삼촌은 결국 밴을 고쳤는데, 12번 뇌기술을 사용한 그의 예는 나에게 새롭고 심오한 세계를 보여 주었다. "화가 나도 주변 사람들과 계속해서 관계를 유지하는 것이 가능하다"는 사실 말이다.

인생은 우리에게 커브볼을 던진다. 예상치 못한 문제로 인해 하루가 중단되기도 하고 재앙이 우리를 엄습하기도 한다. 우리는 서로에게 상처를 주며 고통스런 관계 속에서 살게 된다. 그러나 우리는 관계적인 뇌를 이탈하게 만드는 많은 실망스런 일들로부터 우리 자신을 격리시키려고 노력하는 대신, 감정이 생겨날 때마다 하나님이 본래 창조하신 진정한 자아를 유지하는 법을 배울 수 있다. 결국 우리는 자신이 느끼는 감정을 관리하는 능력만큼 성숙한 존재가 되기 때문이다. 다른 사람들과 교감하며 위로하는 능력은 자기 자신의 감정을 관리할 수 있는 능력을 반영한 것이다. 당신은 관계 가운데 연결되어 있는가? 격리되어 있거나 공격적이지는 않은가? 이러한 반응은 하나의 이야기를 들려준다. 12번 뇌기술은 점점 더 어려워지고 끊임없이 변화하는 환경 가운데에서 우리의 믿음과 가치를 표현할 수 있게 해 준다.

12번 뇌기술은 분노, 고통, 피로, 고민, 오해 및 상실의 시간을 지날 때 관계적으로 살아가며 은혜롭게 반응할 수 있도록 우리를 준비시켜 준다. 우리의 감정적인 뇌는 불쾌한 감정을 느낄 때에도 우리 자신과 매일 접하는 사람들에게 몰입하며, 관계를 맺고, 친절을 베풀며, 세심하게 돌보는 법을 배워야 한다. 분노를 피하는 것은 불가능하지만, 불시험이 코앞에 나타나며 끊임없이 변화하는 세상에 대처하며 살아갈 때 추구해야 할 더 큰 목표는 우리가 마땅히 표현해야 할 가치인 것이다.[1] 잠깐만 돌아보면 우리는 다양한 감정과 조건 속에서 동일한 자신의 모습을 유지하는 영역에 아직도 할 일이 많다는 사실을 발견하게 된다. 호기심이 조금만 있다면 12번 뇌기술이 제공하는 보물을 찾아나서는 여정은 길게 이어질 것이다. 우리는 "예수님, 당신은 제가 어떤 존재가 되도록 창조하셨나요? 어떻게 하면 당신의 의도를 잘 반영할 수 있을까요?"라고 물을 수 있다.

12번 뇌기술은 보통 어떻게 획득되고, 연습되며, 전파되는가?

우리는 가족들이 자신들이나 우리가 부정적인 감정을 느낄 때에도 우리와 관계를 유지하는 모습을 보면서 12번 뇌기술을 습득하게 된다. 화가 날 때도 여전히 같은 사람으로 머물러 있는 가족 구성원은 쉽게 다가갈 수 있고, 상태를 잘 알 수 있으며, 관계적인 존재이다. 이러한 일이 생기면 우리는 부정적인 감정이 모든 것을 결정하지 못하며, 화가 나더라도 여전히 자기 자신으로 남을 수 있다는 사실을 배우게 된다. 그렇지 않으면, 우리는 부정적인 감정을 만났을 때 다른 사람처럼 행동하게 된다.

아기들은 감정을 관리하는 법을 배우며 또 어떻게 감정을 조절하고, 관계를 유지해 나갈지에 대해 부모로부터 지침을 받는다. 우리는 화가 난 순간에도 어떤 행동이 용인되는지, 혹은 용인되지 않는지를

---

1 "사랑하는 자들아 너희를 연단하려고 오는 불 시험을 이상한 일 당하는 것 같이 이상히 여기지 말고 오히려 너희가 그리스도의 고난에 참여하는 것으로 즐거워하라 이는 그의 영광을 나타내실 때에 너희로 즐거워하고 기뻐하게 하려 함이라"(벧전 4:12-13).

가족으로부터 배운다. 최고의 가르침은 감정을 공유하며 아기의 기분이 나쁠 때에도 자기 자신의 모습을 지키는 법을 아기에게 전수해 준 돌봄이로부터 온다. 우리의 공유된 경험은 분노의 상황을 헤쳐갈 수 있는 자원을 제공해 준다. 이러한 방법으로 우리는 도움이 되는 사례를 내면화 시키고 어디로 가든 그것을 잘 간직할 수 있다.

숙련된 뇌는 스트레스가 곧 인정과 위로, 교류로 이어진다는 사실을 경험으로 알고 있기 때문에 두려워할 이유가 없다. 12번 뇌기술은 우리가 자신의 최선을 표현했을 경우, 또 문제가 잘못되어 교정이 필요할 때에도 우리를 하나로 연결시켜 준다. 수시로 변화하는 상황 속에서 자기 자신을 일관되게 지키는 것은 안정감을 주며 또 다른 사람들에게 영감을 불어넣어 준다. 우리는 감정이 폭발하는 동안에도 "자기 자신이 된다"는 것이 무엇을 의미하는지 가르쳐 주는 엄마 아빠나 집단의 가치를 공유하는 동료들과 함께 이 기술을 연습한다. 격렬한 감정이 분출될 때 이 사람들은 우리의 진정한 마음을 반영해 주고 우리 자신이 될 수 있도록 안내해 주는 거울이 된다.

11번 뇌기술처럼, 우리의 모범과 우리의 이야기는 12번 뇌기술을 우리 공동체에 퍼뜨릴 수 있는 연료를 제공해 준다. 임마누엘의 순간은 하나님이 우리를 어떤 존재로 창조하셨는지 깨닫게 해 주며 좋을 때나 힘들 때에도 그리스도의 삶을 표현하며 살아가도록 우리 뇌를 새롭게 해 준다. 일단 이 기술을 배우게 되면, 우리는 하나님이 창조해 주신 그들 본래의 모습이 어떤 것인지, 또한 부정적인 감정을 느끼는 동안에도 그러한 삶을 어떻게 표현할 것인지 다른 사람들에게 반영해 보여 주는 거울과도 같은 삶을 살게 된다. 우리의 예는 우리를 관찰하는 사람들에게 많은 것을 말해 주며, "우리답게 행동한" 이야기는 다른 많은 사람들이 12번 뇌기술을 익힐 수 있도록 훈련시켜 준다.

12번 뇌기술은 어떻게 추가적으로 획득되고 연습되며 전파되는가?

이제 관계·코이노니아를 변화시키는 것이 어떻게 여섯 가지 큰 감정 가운데서도 자기답게 행동하는 기술을 복원시킬 수 있는지 살펴보자. 성경에서 누군가에 대해 읽다가 "내가 바로 저렇게 반응하고 싶다니까!" 하는 생각이 들었던 인물이 있는가? 아니면 "나는 저렇게 반응하고 싶지 않아!" 하고 말했던 사람이 있는가?

12번 뇌기술은 우리가 예수님께서 주신 마음으로 관계적으로 살아가고자 할 때 사용하는 기술이다. 예수님은 많은 시간을 들여 어떻게 살아 갈지, 진정한 정체성을 어떻게 온전히 드러내며 살아 갈지 제자들에게 본을 보여 주셨다. 어느 날에는 열성적인 제자 베드로가 대제사장의 종의 귀를 자르자 예수님은 그의 행동을 교정해 주셨다.[2] 베드로는 아마도 "두개골 부수기"로 알려진 칼을 사용했으리라 짐작되는데, 이 칼은 본래 로마 병사들의 투구도 자를 수 있도록 설계된 것이었다. 어쩌면 베드로는 귀를 겨냥한 것이 아니었을지도 모른다. 예수님은 자신이 잡혀가는 힘든 상황 속에서도 관계를 유지하시며 그 종의 귀를 회복시켜 주셨다.

---

2 요한복음 18:10

심지어 나중에 예수님은 자신을 십자가에 못 박은 사람들을 위해서도 기도하셨고 그들을 용서하셨다.[3] 12번 뇌기술이 없으면 통제되지 않은 감정이 걷잡을 수 없이 휘몰아치면서 행동과 반응을 좌우하여 자신이 가진 믿음과 가치에 위배되는 방향으로 나아가게 한다. 성경에서 두려움에 사로잡혀 있다가 물고기 배 속에 들어가게 된 사람이나 화가 나서 막대기로 바위를 쳤던 사람이 생각나는가?

바울은 12번 뇌기술을 많이 연습했던 사람이었다. 고린도전서 4장 9-13절에서 그는 이렇게 적었다.

> "내가 생각하건대 하나님이 사도인 우리를 죽이기로 작정된 자 같이 끄트머리에 두셨으매 우리는 세계 곧 천사와 사람에게 구경거리가 되었노라 우리는 그리스도 때문에 어리석으나 너희는 그리스도 안에서 지혜롭고 우리는 약하나 너희는 강하고 너희는 존귀하나 우리는 비천하여 바로 이 시각까지 우리가 주리고 목마르며 헐벗고 매맞으며 정처가 없고 또 수고하여 친히 손으로 일을 하며 모욕을 당한즉 축복하고 박해를 받은즉 참고 비방을 받은즉 권면하니 우리가 지금까지 세상의 더러운 것과 만물의 찌꺼기 같이 되었도다."

직업소개로 이만한 것이 있을까? 더한 것도 있다. 히브리서 11장 32-40절에서 강력한 압제와 방해에도 불구하고 하나님께 충성스러웠던 남녀들에 관해 이야기 한다.

---

[3] 누가복음 23:34

"내가 무슨 말을 더 하리요 기드온, 바락, 삼손, 입다, 다윗 및 사무엘과 선지자들의 일을 말하려면 내게 시간이 부족하리로다 그들은 믿음으로 나라들을 이기기도 하며 의를 행하기도 하며 약속을 받기도 하며 사자들의 입을 막기도 하며 불의 세력을 멸하기도 하며 칼날을 피하기도 하며 연약한 가운데서 강하게 되기도 하며 전쟁에 용감하게 되어 이방 사람들의 진을 물리치기도 하며 여자들은 자기의 죽은 자들을 부활로 받아들이기도 하며 또 어떤 이들은 더 좋은 부활을 얻고자 하여 심한 고문을 받되 구차히 풀려나기를 원하지 아니했으며 또 어떤 이들은 조롱과 채찍질뿐 아니라 결박과 옥에 갇히는 시련도 받았으며 돌로 치는 것과 톱으로 켜는 것과 시험과 칼로 죽임을 당하고 양과 염소의 가죽을 입고 유리하여 궁핍과 환난과 학대를 받았으니 (이런 사람은 세상이 감당하지 못하느니라) 그들이 광야와 산과 동굴과 토굴에 유리했느니라 이 사람들은 다 믿음으로 말미암아 증거를 받았으나 약속된 것을 받지 못했으니 이는 하나님이 우리를 위하여 더 좋은 것을 예비하셨은 즉 우리가 아니면 그들로 온전함을 이루지 못하게 하려 하심이라"(히 11:32-40).

헤세드 공동체 내에서 우리의 삶의 이야기와 사례는 12번 뇌기술의 씨앗이 자라고 성장하고 확산될 수 있는 비옥한 토양을 제공해 준다. 12번 뇌기술이야말로 진정한 치유사역이 이루어지는 곳이라 할 수 있다.

분노의 감정이 휘몰아치는 가운데서도 자신이 누구인지 기억했던 사람의 실제 경험이 주는 강력한 간증의 힘 이외에도, 우리는 자신의 순수한 감정적 반응과 "나는 화가 났을 때 나 자신답게 이렇게 행동했다, 혹은 하지 않았다"는 것을 집중적으로 보여 주는 "나답게 행동한" 이야기를 듣고 나눌 때 12번 뇌기술을 배우게 된다.

연습을 통해 우리는 12번 뇌기술을 배우게 되며, 이 기술은 친구들과 가족 및 공동체 구성원들에게 12번 뇌기술 이야기를 나눔으로써 더욱 강화되고 자라나게 된다. 다른 모든 기술과 마찬가지로, 우리에게 연습할 기회는 절대로 부족하지 않다. 성숙 훈련은 각각의 훈련 트랙 전반에 걸쳐 12번 뇌기술을 사용하는데 반해, 트랙 2와 3은 개인적인 간증과 예를 들어 보이며 12번 뇌기술이 어떠한 것인지 구체적으로 보여 준다.

12번 뇌기술 – 행동 단계

오늘날 당신 삶의 어떤 부분이 당신이 본래 지음 받은 모습을 더 잘 이해할 수 있도록 보여 주는가?

화가 났을 때 표현하고 싶은 상위 다섯 가지 특성을 열거해 보라. 당신이 화가 났을 때 반드시 그렇게 표현한다는 것이 아니라, 표현하고 싶은 특성을 적으면 된다. 다음으로 각 감정에 대해 현재 어떻게 반응하는지 분류하고 당신의 응답을 분류하기 위해 세 가지 카테고리인 보호자, 가해자, 피해자를 사용한다.

나는 화가 나고, 두려워하고, 혐오스럽고, 슬프고, 부끄럽고, 절망
적일 때 이러한 느낌을 표현하고 싶다.

느낌 #1 –
느낌 #2 –
느낌 #3 –
느낌 #4 –
느낌 #5 –
느낌 #6 –

다음의 감정을 느낄 때 내가 하는 일:

	보호자의 특성	가해자의 특성	피해자의 특성
화가 남			
두려움			
혐오스러움			
슬픔			
부끄러움			
절망			

12번 뇌기술 – 다음 단계

11번 뇌기술과 비슷하게, 당신은 부정적인 감정을 느끼는 동안에
도 관계적인 자신의 모습을 유지하는 데에 능숙한 친구를 만날 수 있

다. 그러한 친구나 가족에게 12번 뇌기술에 관해 당신이 배운 것을 말해 주고 그들이 특정한 감정을 느꼈을 때 어떻게 했는지, 또 그러한 감정이 생겨나는 동안에도 어떻게 그들 자신의 모습을 지킬 수 있었는지에 대해 나누어 주도록 부탁하라. 그러한 이야기를 듣는 중에 당신이 어떤 모습을 찾고 있는지 제안해 보아도 좋다.

성숙 훈련과 Connexus 프로그램은 12번 뇌기술을 배우고 실습할 수 있는 이상적인 단계이다. 세 가지 성숙 기술 가이드북 각각은 12번 뇌기술을 사용한 추가 연습을 제공한다. 성숙 강의들을 시청하고 집에서 배우는 성숙 온라인 커리큘럼에도 참여하여서 12번 뇌기술에 대한 이해를 넓히도록 한다.

결론

우리는 하나님이 우리를 어떤 존재로 창조하셨는지 발견할 때 큰 만족감을 느끼며, 또 이러한 사실을 관계적으로 세상 가운데 표현할 때 기쁨을 얻게 된다. 우리의 헤세드 공동체는 12번 뇌기술을 설명해 주는 좋은 예를 보여 줄 뿐만 아니라 분노하는 동안에도 무엇이 생명을 주는지, 혹은 주지 않는지를 보여 주는 거울을 제공해 줌으로써 각 개인이 12번 뇌기술을 익힐 수 있도록 훈련시켜 준다. 이런 식으로 사람들은 이 중요한 관계 기술을 개발한다. 또한 자기 자신을 지키는 사람들은 12번 뇌기술를 보여 줄 뿐만 아니라 헤세드 공동체가 필요로 하는 안정감을 갖추고 있기 때문에 그 공동체의 토대를 제공해 준다.

우리는 이미 이 기술을 가지고 있는 사람들과 상호작용함으로써 12번 뇌기술을 배운다. 그들의 존재와 그들이 보여 주는 모범은 우리 삶 속에서 그 기술을 효과적으로 사용하도록 인도해 준다. '자기답게 행동한' 이야기는 우리가 그 기술을 배우고, 개발시킬 뿐 아니라 주변의 다른 사람들에게도 퍼뜨릴 수 있게 해 준다. 이와 같이 사람들은 자신의 정체를 분명히 보고 이러한 사실을 관계 가운데 실천해 낼 때 진정한 변화가 일어나므로 변화는 반드시 12번 뇌기술을 포함해야 한다.

임마누엘의 순간은 하나님이 우리를 어떤 존재로 지으셨는지를 더욱 분명하게 보여 주며 끊임없이 변화하는 환경과 감정 속에서 이러한 계시를 어떻게 표현할지 방향을 제시해 준다. 진정으로 자신답게 행동하는 것은 예수님의 성품과 자질, 그리고 가치와 일치하는데, 그분은 이렇게 말씀하셨다.

"… 아들이 아버지께서 하시는 일을 보지 않고는 아무것도 스스로 할 수 없나니 아버지께서 행하시는 그것을 아들도 그와 같이 행하느니라"(요 5:19b).

12번 뇌기술을 갖게 되면: 나는 화가 났을 때 내게 무엇이 더 중요한 지를 기억한다. 가족과 친구들은 내게 일관성이 있다고 말한다. 사람들은 내가 행복·분노·두려움·슬픔·혐오·부끄러움·절망을 느낄 때에도 전과 동일한 모습으로 행동한다고 말한다.

12번 뇌기술이 없거나 부족하면: 나는 화가 났을 때 일관성이 사라지고 유연성을 잃어버린다. 나는 무언가가 나를 괴롭히면 다른 사람처럼 반응한다. 나는 감정에 따라 성격이 바뀐다. 나는 부정적인 감정을 피하려고 애쓴다.

12번 뇌기술 적용 단계 – 줄리가 경험한 혼돈

줄리는 한참 집을 개조하던 중에 한 가지 소식을 들었는데, 그녀가 일자리를 잃게 될 것이라는 소식이었다. 이것은 충격으로 다가왔고 이미 한계 상황에 다다랐던 그녀의 인생에 긴장감을 더했다. 세 자녀가 학교에 입학한 상황에서 들어오는 청구서가 쌓이기 시작하자, 줄리와 남편 마이크는 우박이 그들의 머리 위로 쏟아져 내리는 듯한 느낌을 받았다. 둘 사이에 갈등은 계속되었다. 문을 쾅 닫고 나가거나 "침묵으로 대하기", "상대방 제압하기"가 일상이 되어 버렸다. 늘 기쁨으로 넘쳐나던 가정이 이제는 발끈하며 자주 화를 내는 곳이 되어 버리고 말았다.

무언가 바뀌어져야겠다고 생각한 두 사람은 결혼 상담사를 찾아갔다. 줄리와 마이크는 거기서 12번 뇌기술, 즉 자기 자신답게 행동하는 법을 배웠다. 줄리와 마이크는 부정적인 감정의 맹공격으로 인해 그들이 완전히 소진됐다고 느끼고 있었다. 그들은 한 번 부정적인 감정에 휩싸이게 되면 자신이 누구였는지조차 잃어 버리곤 했기 때문이다.

그들의 패턴은 단순히 부정적인 감정을 피하는 것이었는데, 이로 인해 더 중요한 것이 무엇인지 보지 못하게 되었던 것이다. 그들의 새로운 목표는 부정적 감정의 한복판에서도 자기답게 행동하는 법을 배우는 것이었다. 이것을 위해서는 좀 더 의도적인 노력이 필요했다.

줄리와 마이크는 친구와 가족들을 초청하여 12번 뇌기술 이야기를 나누기 시작했다. 그들은 필요한 자료와 기술, 기쁨과 소망, 그것도 아주 많은 소망을 준 Connexus 프로그램을 자신이 속한 공동체에서 시작했다. 결국 줄리는 새로운 직업을 찾게 되었고, 결혼 생활과 가정도 완전히 새로워졌다.

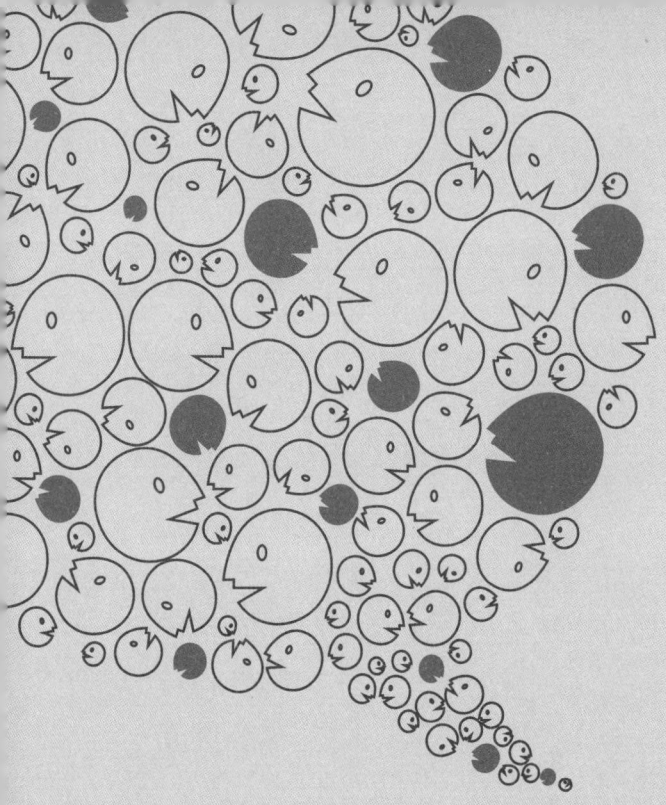

CHAPTER 15

13번 뇌기술: 영안(靈眼)으로 하나님이 보시는 것을 보라

사람들과 사건들을 하나님의 관점에서 바라보게 되면, 소망이 가득하고 방향성이 분명한 삶을 살게 된다.

"왜 이 기술이 당신에게 중요합니까?"라고 하나님께 여쭤보았을 때 내 마음속에 이런 생각이 떠오르는 것을 발견했다.

"나는 내 자녀들이 내가 보는 것처럼 분명히 볼 수 있기를 바란다. 잘못된 관찰은 속임수와 파괴로 이어진다. 적(敵)은 너희를 조작하려 하지만, 나는 영안을 회복시켜 준다. 내 음성에 귀 기울이고 내가 보는 대로 바라보게 되면 내 자녀들은 나의 임재 가운데로 인도 받게 될 것이다. 너희는 세상에서 많은 시련을 겪게 될 것이지만, 힘을 내라. 내가 세상을 이기었노라.[1] 이것이 진정한 영안으로 본 세상이다."

Heartsight(마음의 관점), Godsight(하나님의 관점) 및 iSight(임마누엘의 관점)는 모두 단순하지만 심오한 현실을 묘사하는 용어이다. 이것은 하나님이 보시는 대로 보는 것을 의미한다. 이 중에 가장 효과적인 단어를 골라 마음에 품고, 평강을 주며 삶의 지평을 바꿀 수 있는 새로운 기술을 받아들이기 바란다. 13번 뇌기술이 없었다면 짐 엘리엇(Jim Elliot)은 복음을 전하기 위해 에콰도르의 후아로니(Huaroni) 주민들에게 자신과 동료들의 삶을 바치려는 시도를 하지 않았을 것이다.

---

[1] 요한복음 16:33

그들의 희생으로 뿌려진 씨앗은 싹이 나서 많은 생명의 열매를 맺었다. 즉, 13번 뇌기술은 우리가 목격하는 것보다 훨씬 더 많은 일들이 일어나고 있음을 보게 해 주는 "렌즈"를 제공한다.

무엇이 잘못되었는지를 찾으려 하기보다 상황과 자기 자신, 그리고 사람들을 본래 하나님이 의도하셨던 모습대로 바라보려 할 때, 희망과 방향성을 발견하게 된다. 이러한 영적 비전이 우리의 훈련과 회복의 과정을 인도한다. 심지어 용서조차도 사람들의 역기능적인 모습보다 창조된 본래 목적을 더 중요하게 여길 때 가능하게 되고 서로 비난하기보다 회복시키는 공동체를 이루게 한다. 우리는 영안을 통해 하나님이 보는 영적인 비전을 본다.

13번 뇌기술이 없다면 사람들은 해결해야 할 문젯거리나 개인의 이익을 위한 상품, 혹은 피해야 할 적들이 된다. 구원의 아름다움도 놓치게 된다. 그러나 13번 뇌기술을 갖게 되면 제한된 시야 너머로 더 많은 사람과 상황을 보세 된다. 또한 두려움과 감정이 무엇이라 말하든 상관없이 하나님은 우리와 함께 계시며 일하시는 것을 확신하게 된다. 13번 뇌기술을 사용하면 우리는 올바른 관점과 위로를 주시는 임마누엘 하나님을 향해 나아갈 수 있다. 관점에 대한 말이 나온 김에 죽음에서 돌아온 한 사람의 유명한 이야기를 살펴보자.

나사로 이야기

어느 날 예수님은 친구 나사로가 병에 걸렸다는 소식을 들으셨다. 그러나 바로 그가 있는 베다니로 떠나지 않으시고 요단 강 건너편에서 이틀을 더 머물러 계셨다. 도착하자마자 예수님은 나사로가 무덤에 묻힌 지 나흘이나 되었음을 아셨다. 자신의 집을 열어 예수님을 접대했던 죽은 나사로의 두 자매 마르다와 마리아는 깊은 절망에 빠져 있었다. 슬픔에 잠겨 있던 자매들과 마을사람들은 예수님께서 건너오셨을 때 멀지 않은 곳에 있었다. 슬픔에 빠져 있던 이 공동체는 이제 사랑하는 친구를 이생에서 다시 보지 못하게 될 것이라 생각했다.[2] 그러나 이 이야기를 전하는 저자가 볼 때 예수님께서 주시는 영원한 생명은 즉시 전해지는 것이지, 언젠가 전해지리라는 막연한 기대가 아니었다.[3] 13번 뇌기술은 이 이야기에 더 많은 내용이 담겨 있다고 말한다.

당시의 유대교에서는 슬픔을 당한 가족과 공동체 구성원들이 7일 동안 바닥에 앉아 있는 것이 일반적이었다. 이 기간 동안 애도하는 자들은 씻거나 일하지 않았고, 그들을 위로하기 위해 찾아온 사람들을 환영하지도 않았다. 그러나 조문하는 사람들이 유가족에게 조의를 표하는 것은 관례적으로 허락되었다[4]. 이 7일간의 애도 기간 중에 마리아는 뒤에 머물러 있었지만 마르다는 전통을 깨고 일어나 나가 예수님과 그의 제자들을 맞았다.

마르다는 예수님을 만나자마자 예수님만 계셨더라면 나쁜 일이

---

2 이 이야기는 요한복음 11장에 등장한다.
3 Parashat HaShavuah Chukat, 토라 클럽 Vol. 4, p. 813
4 이러한 과정은 Shiva라고 알려져 있다. Parashat HaShavuah Chukat, 토라 클럽 Vol. 4, p. 815

일어나지 않았을 것이라고 말하며 원망했다. 곧 마르다는 예수님의 말씀대로 그녀의 동생 마리아를 데려왔고, 마리아와 무리가 함께 예수님께 나아왔다. 마리아도 예수님께 다가가 "주께서 여기 계셨더라면 내 오라버니가 죽지 아니하였겠나이다"(요 11:32)라고 말하며 언니와 비슷한 감정을 표현했다. 우리 모두는 그날 두 여인이 느꼈을 고통과 혼란스러움에 대해 공감할 수 있다. 만일 하나님이 우리와 함께 하셨다면 우리의 상황은 달라졌을 것이다. 그러나 13번 뇌기술은 우리가 보지 못하는 면이 있음을 알려 준다.

예수님은 선한 위로자로서 슬픔 당한 이들과 교류하며 감정을 나누셨다(8번 뇌기술). 그리고 난 후 무덤의 돌을 옮기라고 요구하셨다. 마르다는 살아날 소망이 모두 사라졌다는 것을 알기에 즉시 반대했다. 현자들이 쓴 글과 랍비들의 가르침에 의하면 죽은 자가 부활할 수 있는 최대 시간은 사흘이었기 때문이다. 그들은 셋째 날이 지나면 죽은 사의 영혼이 영원히 그 몸을 떠나간다고 믿었다.[5] 예수님이 행하셨던 다른 부활 사건은 모두 사망한 당일 이루어진 것이었는데 이번에는 경우가 달랐다. 구경하던 사람들은 다음에 무슨 일이 일어날 지 몰라 궁금해 했다. 13번 뇌기술은 여기에서 눈에 보이지 않지만 더 많은 일들이 일어나고 있다고 말한다.

마침내 무덤을 막았던 돌이 제거되었다. 예수님은 기도를 드리신 후 죽은 나사로에게 다시 일어나 나오라고 명령하셨다. 나사로는 붕대를 감은 모습 그대로 무덤에서 걸어 나왔고, 사람들은 기절할 만큼

---

[5] Genesis Rabbah (미드라쉬) 100:7

놀랐다. 어떤 이들은 믿었고, 어떤 이들은 도망쳤다. 생명을 다시 주신 기적을 행한 그 순간부터 예수님은 모순되게도 대제사장과 종교 지도자들에 의해 암살 대상으로 지목되었다. 그들은 심지어 나사로도 죽여야 할 대상으로 여겼다.[6] 13번 뇌기술은 아직도 해야 할 이야기가 많이 있다고 말한다.

13번 뇌기술은 우리가 현실의 왜곡된 풍경이나 전체 그림의 일부만 보고 있을 뿐임을 상기시켜 준다. 13번 뇌기술을 사용하면 거리의 거지에게도 다 사연이 있다는 것을 알게 되고, 성가신 동료에게도 사랑이 필요하며, 우리 주변의 사람들도 조금만 도와주면 기쁨을 얻을 수 있음을 보게 된다. 우리 자신이 이러한 상황에 놓이게 된 데에도 다 이유가 있음을 깨닫게 된다. 이때 우리는 "주님, 당신은 이 절망스러운 상황에서 무엇을 보십니까?"라고 질문하며 지혜를 구하게 된다. 그리고 "주님, 제 자녀·배우자·친구를 당신의 눈으로 보도록 도와주옵소서" 하고 기도하게 된다. 또한 "주님, 당신은 제가 처한 이 괴로운 순간을 어떻게 보십니까?"라고 질문하면서 평안을 느끼게 되기도 한다. 이렇듯 13번 뇌기술은 우리의 제한된 이해와 설명의 범위를 넘어서는 더 넓은 관점을 제시한다.

13번 뇌기술은 위로를 준다

13번 뇌기술은 고통이나 문제 혹은 혼란이 우리의 하루를 혼란스럽게 할 때에도 또 다른 무엇인가가 계속 진행되고 있음을 알려 준

---

6 요한복음 12:10

다. 13번 뇌기술은 우리에게 분명한 관점을 제시해 주고 평강을 회복시켜 주기 때문에 주어진 상황에서 무엇이 중요한지 분별할 수 있게 해 준다. 나는 13번 뇌기술이 내가 간절히 원했던 평강을 가져다 준 날을 기억한다. 나는 내 인생에 많은 제약을 가져왔던 만성적인 허리 통증 때문에 깊은 절망을 느끼고 있었다. 몇 달 동안 해결책을 찾아 보았지만 여전히 고통스러웠다. 나는 헛되이 시간을 낭비한 것처럼 느껴졌고, 이제 어떻게 해야 할지 확신이 없었다. 그런데 바로 그때 기도 가운데 13번 뇌기술을 깨닫게 되었다.

하나님이 나와 함께 하셨던 순간들을 몇 분 동안 떠올린 후, 나는 "주님, 허리 통증 때문에 너무 피곤하고 고통스럽습니다. 빠져나갈 길은 보이지 않고 점점 무기력해집니다!"라고 고백했다. 창문을 통해 뒷마당을 보면서 큰 소리로 하나님께 아뢰었다. 그때는 겨울이었기에 내 눈에 보이는 것은 벌거숭이 나무와 빈 숲뿐이었다. 어디에도 생명은 보이지 않았다. 그러고 나서 나는 내 생각과 감정을 이렇게 표현했다. "주님, 제 기분이 마치 이 풍경 같습니다. 이 숲에는 생명도 없고, 잎사귀들도 모두 땅에 떨어졌습니다. 동물들도 사라져 버린 지 오래고요. 주님, 제가 이 상황 속에서 무엇을 깨닫기 원하십니까?"

잠시 후 나는 하나님이 나와 함께 하신다는 사실을 느꼈다. 하나님이 계속해서 창문을 바라보게 하시는 것 같았다. 순간 나는 다람쥐가 나무 위에서 노는 것을 보았다. 또 새들이 날면서 돌아다니는 것도 보았다. 나는 봄이 오면 꽃과 나무가 피어나며 새로워지는 것을 기억했다. 이때 나는 임마누엘 하나님이 "크리스, 네가 보는 것은 죽음이지만 내가 보는 것은 나의 존재를 드러낼 기회이다. 나는 나의 영광을 위해 네 약점과 한계를 사용할 수 있다." "아, 그렇구나!" 나는 스스로 감탄했다. "하나님이 더 큰 목적을 위해 내 약점을 사용하시다니!" 나는 성경에서 예수님이 상처 입은 이들과 장애인들을 만나던 장면이 기억났다. 나는 주님이 나를 보셨으며, 소중히 여기실 뿐 아니라 이해하고 계심을 느꼈다. 그리고 희망과 평안을 느꼈다. 나는 젠과 이 특별한 순간을 나누기 위해 의자에서 조심스럽게 일어났다.

나는 허리에 통증이 느껴질 때마다 13번 뇌기술을 깨달았던 순간을 떠올린다. 13번 뇌기술은 분노의 불길을 진정시키기는 데도 효과적이지만, 인생의 좋을 때나 나쁠 때를 지나갈 때에도 유용한 삶의 방식으로 사용된다. 우리는 아름다운 일몰을 보고, 하나님이 우리와 함께 하시며, 우리에게 선물을 주시기 위해 그 순간을 예비하셨음을 느낀다. 그때 감사가 절로 나온다(4번 뇌기술). 하나님이 보시는 대로 바라보는 것은 우리의 신앙을 인도해 주며 우리의 관계를 회복시켜 준다.

13번 뇌기술은 보통 어떻게 획득되고 연습되며 전파되는가?

우리는 자신의 가족과 공동체가 하나님이 우리와 우리 주변에서 보고 계시는 것을 반영해 줄 때 13번 뇌기술을 배우게 된다. 엄마 아빠가 천국의 관점을 통해 자녀를 볼 때 자녀는 천국의 관점을 통해 자신을 보게 된다. 하나님이 주신 렌즈를 통해 이렇게 관찰하는 것은 우리가 다른 사람들을 바라보거나 인생을 바라볼 때에도 그대로 적용된다. 우리는 가족과 공동체 안에서 13번 뇌기술을 배우고 실습한 다음, 그것을 다른 이들에게도 관계적인 방식으로 전달하게 된다. 특히 상호작용과 대화는 13번 뇌기술이 퍼져 나갈 수 있는 기회를 제공한다.

13번 뇌기술은 어떻게 추가적으로 획득되고 연습되며 전파되는가?

이제 관계 · 코이노니아를 변화시키는 것이 어떻게 하나님이 보시는 대로 바라보는 기술을 복원시킬 수 있는지 살펴보자. 13번 뇌기술은 우리의 눈과 귀가 우리에게 말해 주는 것보다 훨씬 더 많은 일들이 일어나고 있다고 말한다. 베드로, 야고보, 요한은 예수님께서 그들을 산 위로 데려가셨을 때 가장 깊은 방식으로 13번 뇌기술을 경험했다. 이 장면을 상상해 보라.

> "그 얼굴이 해 같이 빛나며 옷이 빛과 같이 희어졌더라 그 때에 모세와 엘리야가 예수와 더불어 말하는 것이 그들에게 보이거늘 베드로가 예수께 여쭈어 이르되 주여 우리가 여기 있는 것이 좋사오니 만일 주께서 원하시면 내가 여기서 초막 셋을 짓되 하나는 주님을 위하여, 하나는 모세를 위하여, 하나는 엘리야를 위하여 하리이다 말할 때에 홀연히 빛난 구름이 그들을 덮으며 구름 속에서 소리가 나서 이르시되 이는 내 사랑하는 아들이요 내 기뻐하는 자니 너

희는 그의 말을 들으라 하시는지라 제자들이 듣고 엎드려 심히 두려워하니 예수께서 나아와 그들에게 손을 대시며 이르시되 일어나라 두려워하지 말라 하시니 제자들이 눈을 들고 보매 오직 예수 외에는 아무도 보이지 아니하더라"(마 17:2b-8).

더 많은 일이 일어나고 있었고 예수님은 이 사실을 당신의 제자들과 나누셨다. 세 사람은 지상에 거하면서 천상을 깊이 있게 엿볼 수 있었다. 13번 뇌기술이 이러한 경험처럼 언제나 흥분되는 것은 아니지만, 이 기술을 실제로 사용하기 전까지는 어떤 일이 일어날지 모르는 일이다. 골로새서 3장 1-4절에서는 우리가 천국을 주목하며 위의 것을 추구해야 한다고 말한다.

"그러므로 너희가 그리스도와 함께 다시 살리심을 받았으면 위의 것을 찾으라 거기는 그리스도께서 하나님 우편에 앉아 계시느니라 위의 것을 생각하고 땅의 것을 생각하지 말라 이는 너희가 죽었고 너희 생명이 그리스도와 함께 하나님 안에 감추어졌음이라 우리 생명이신 그리스도께서 나타나실 그 때에 너희도 그와 함께 영광 중에 나타나리라."

우리는 선지자 엘리사가 말과 병거를 탄 수많은 적군에게 둘러싸인 상황에서 자기 종에게 13번 뇌기술을 가르치는 것을 본다. 당연히 종은 경악을 금치 못했고 선지자는 종에게 보이는 것이 다가 아님을 확신시켜 준다. 선지자 엘리사가 종의 눈을 열어 달라고 여호와께 기도하자 종은 말과 병거가 언덕을 가득 메우고 있음을 보게 된다.[7] 병거는 항상 그 자리에 있었는데 종은 보지 못했던 것이다.

엘리사의 종처럼 우리는 이미 13번 뇌기술을 가진 사람들로부터 그것을 배운다. 그들은 우리와 함께 기도하면서 하나님께서 보시는 것을 보도록 임마누엘 하나님과의 상호작용을 도와준다. 이 기술은 하나님이 이 상황에 대해 하고 계신 일·보시는 일·생각하시는 일에 대해 우리가 감지하는 것을 동일하게 느끼고 있는 증인이 있을 때 더욱 강해진다.

우리가 신뢰하는 친구들은 평안(shalom), 성경 말씀, 예수님의 성품에 대해 알고 있는 바를 사용하여 13번 뇌기술을 연습하도록 도와줄 수 있다. 그때 우리는 사르크(육체)를 진정시키고(14번 뇌기술) 13번 뇌기술을 일상적으로 사용할 수 있다는 자신감을 얻게 된다.

13번 뇌기술은 성숙 훈련 안에 살 녹아 있어서 참식자들은 매일 하나님이 보시는 것을 볼 수 있도록 연습하게 된다. 트랙2, 3에서 참가자들은 13번 뇌기술을 사용하여 트랙 1 멤버들을 교육함으로써 한 차원 높이 올라가게 된다. 이것은 트레이닝 과정 중 배가의 단계이다.

13번 뇌기술 – 행동 단계

하루 중 평안을 잃었거나 평안이 필요함을 인지하지 못했던 순간을 떠올려 보라. 예를 들면, 이렇다. "나는 오늘 차가 막혀 기다려야

---

[7] 열왕기하 6장

했을 때 좌절감을 느꼈고 평안을 누리지 못했다."

오늘 하루 평안을 잃어버렸던 순간:

_____

_____

_____

다음으로 하나님께서 당신에게 주셨다고 느껴지는 특별한 순간이나 선물에 대해 써본 후, 3분 정도 그것에 대해 감사하는 시간을 갖거나(4번 뇌기술) 하나님이 당신과 함께 하셨다고 느꼈던 시간을 집중적으로 기억하도록 한다. 예를 들어, 이렇다. "나는 내가 속한 소그룹이 하나님께로부터 온 선물처럼 느껴진다. 소그룹에 있는 친구들은 모두 나를 인정해 주고 소중히 여겨 준다."

하나님께 감사한 마음이 들었던 순간이나 하나님이 함께 계신 것처럼 느껴졌던 순간:

_____

_____

_____

위에 언급한 시간 동안 하나님이 그분에 관해 당신이 무엇을 알기를 원하셨는지 보여 주시도록 임마누엘 하나님을 초대하라. 예를 들어, 3분 정도 감사했던 순간이나 하나님이 함께 하셨던 순간에 대해 묵상한 후 "주님, 제가 교통체증을 겪을 때 당신의 임재에 대해 제가 무엇을 깨닫기 원하셨나요?" 하고 여쭤보든지 일기에 적어 볼 수 있다. 마음에 어떤 생각이 떠오르는지 주목해 보고, 그 생각이 평안을 회복시켜 주는지 보라. 만약 꽉 막힌 듯한 느낌이 든다면, 다시 감사의 순간으로 돌아가 예수님을 인식하지 못하게 만드는 모든 요소에 대해 주님께 아뢰라. 이것은 연습이기에 "하나님의 생각"을 알 수 없다고 해서 낙심할 필요는 없다. 때로는 관계적 뇌 회로를 활성화하기 위해 이것을 여러 차례 반복해야 할 경우도 있다.[8]

임마누엘 하나님은 어떻게 생각하실까?

13번 뇌기술 – 다음 단계

기도생활 가운데 연습하는 것 외에도, 13번 뇌기술을 연습할 수 있는 최고의 교재는 「임마누엘 일기」이다. 추가로 도움이 되는 자료는 「임마누엘 나누기: 치유의 생활 방식」(Share Immanuel: The Healing Lifestyle)과 CD, 「기쁨은 여기서 시작된다」, 「바쁜 커플들을 위한 30일

---

8 관계적 뇌 회로에 대해 더 배우려면 joystartshere.com과 칼 레이먼 박사의 자료가 있는 kclehman.com을 참고하라.

간의 기쁨 훈련」, "다시 빛나는 기쁨" 주말 결혼 세미나, 「예수님을 생각하라: 하나님 나라의 삶에 대한 대화」 그리고 고급 자료인 공동체를 위한 Connexus 프로그램, 유대관계가 있는 커플들을 위한 성숙 훈련 등이 있다.

하나님의 음성과 하나님의 왕국에 대한 더 많은 것을 배우기 원한다면 달라스 윌라드 박사의 다양한 저술을 참고하라. 특히 「하나님의 음성」과 「하나님의 모략」을 읽어보기 바란다.

또한 kclehman.com에 올라와 있는 칼과 샬롯 레이만 박사의 글과 Alive and Well 사역에서 운영하는 alivewell.org의 13번 뇌기술에 대한 글도 참고가 될 것이다.

결론

13번 뇌기술은 헤세드 공동체를 다른 공동체와 구별되게 만드는 중요한 요소이다. 왜냐하면 사람들이 하나님의 관점으로 서로를 바라볼 때 관계를 문제보다 더 크게 여길 수 있기 때문이다. 13번 뇌기술은 갈등을 해결하며 관계의 향상성을 유지시켜 주는데, 그것은 결국 사람들이 고통과 문제를 증폭시키기보다는 분명한 인도하심을 사모하며 임마누엘에게로 나아가게 하기 때문이다. 13번 뇌기술은 헤세드 커뮤니티를 묶어 주는 강력한 접착제와 같아서 시간의 시험을 견뎌낼 수 있는 깊은 변화로 인도한다. 사람들이 기쁨을 소중히 여기고 모든 것에 대해 하나님과 대화를 나누는 임마누엘 생활 방식

(Immanuel Lifestyle)을 견지하면서 13번 뇌기술을 활용하면 깊은 변화가 나타난다.[9] 13번 뇌기술은 우리를 사랑하시는 하나님이 계시며, 그분은 언제나 우리를 도우실 수 있고 임재하시며 우리와 함께 있기를 기뻐하신다는 복음을 전하는 데에 필수적이다. 그러므로 코이노니아 그룹은 세상을 변화시킬 잠재력이 있다고 하겠다.

13번 뇌기술을 갖게 되면: 내 인생에 대해 하나님과 대화하는 것이 매우 정상적인 일이다. 나는 하나님과 대화하고 그분의 음성을 들을 때 더욱 평안함을 느낀다. 나는 하나님이 내 인생에 도움이심을 믿는다.

13번 뇌기술이 없거나 부족하면: 나는 하나님과 대화하는데 시간을 보내지 않거나 내 인생에 대해 하나님과 나누지 않는다. 나는 하나님이 화가 나 계시고 나의 삶에 대해 전반적으로 실망하신 것처럼 느낀다. 나는 하나님을 내 인생에 도움으로 인식하지 않는다. 하나님은 내게 아무런 관심이 없으시고, 멀리 계시며, 무기력한 분 같이 느껴진다.

---

[9] "항상 기뻐하라 쉬지 말고 기도하라 범사에 감사하라 이것이 그리스도 예수 안에서 너희를 향하신 하나님의 뜻이니라"(데살로니가전서 5:16-18).

13번 뇌기술 적용 단계 – 리디아의 연결 부재

리디아는 동료들에게 거절감을 느꼈다. 무엇을 잘못했는지 모르겠으나 그녀의 친구들은 그녀를 홀대했고 소외시켰다. 함께 대화를 나누다가도 그녀가 접근하면 뿔뿔이 흩어졌다. 도대체 무슨 일이 벌어지고 있는지 리디아는 알 수 없었다. 혼란스럽고 화가 났다. 리디아의 고통은 날로 고조되었다. 직장을 그만둘까 심각하게 고민하던 중에 리디아는 그녀의 기도 파트너 달리아에게 도움을 청하고 새로운 관점에서 이 문제를 바라보기로 결심했다.

달리아는 리디아와 함께 기도했고 그녀의 고통스러운 직장 상황에 대해 그녀가 무엇을 알아야 할지 보여 주시도록 임마누엘 하나님을 초청했다. 잠시 후 리디아는 신자가 예수님 때문에 핍박을 받게 될 것이라는 그분의 말씀이 기억났고, 직장 동료들에 대한 긍휼의 마음을 갖기 시작했다. "나는 그들이 자신들의 인생에서 대접 받았던 모양 그대로 나를 대접하고 있음을 느낀다"고 그녀는 말했다. 리디아는 그들 각자를 위해 기도해야겠다는 마음이 들었고 곧 그들이 예수님께서 주신 마음으로 살아가기보다 그들의 상처와 미성숙함을 기초로 살아가고 있음을 느꼈다. 그녀는 또한 그들이 그녀를 대하듯이 그렇게 예수님을 대하고 있음도 느꼈다.

13번 뇌기술이 리디아의 행동과 관점을 바꾸어서 동료들에게 더욱 가까이 다가가게 해 주었다. 리디아가 소속감과 기쁨을 창조하는 19번 뇌기술을 실천하자, 몇 주가 지나지 않아 얼어붙었던 동료들의 마음은 눈 녹듯 녹아내리기 시작했다. 무엇보다도 감사한 것은 기도생활에 13번 뇌기술을 사용하면서 더 많은 희망과 평안을 발견하게 된 것이다.

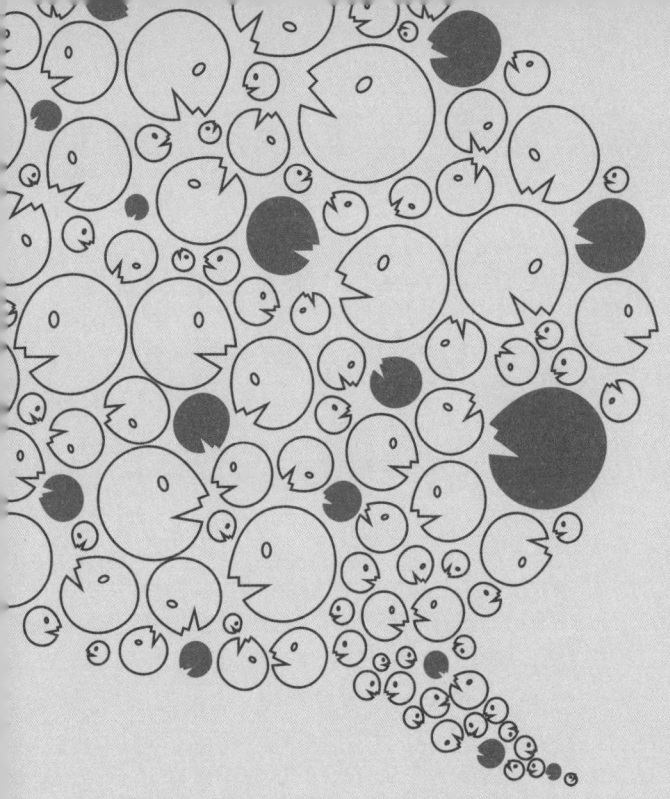

CHAPTER 16

14번 뇌기술: 사르크(Sark, 육신)를 멈추라

거짓된 "영안"이 당장에는 사실인 것처럼 보일 수 있지만 결국엔 비난, 고발, 정죄, 험담, 분노, 율법주의, 자기 정당화 및 독선으로 이어진다. 육신의 소욕은 적극적으로 제압할 필요가 있다.

"왜 이 기술이 당신에게 중요합니까?"라고 하나님께 여쭤보았을 때 내 마음속에 이런 생각이 떠오르는 것을 발견했다.

"14번 뇌기술은 양들을 가해자로부터 보호하고 절벽에 떨어지거나 구덩이에 빠지지 않도록 하는 목자들의 막대기와도 같다. 아담과 이브의 씨앗이 나의 백성들을 독에 빠지게 했고, 나는 그 포로들을 자유케 하기 위해 왔다. 14번 뇌기술은 나의 백성들에게 안전망을 제공함으로써 그들의 마음을 사로잡고 있는 파괴적인 세력에 길을 잃지 않고 내 편에 머물러 있게 한다."

　13번 뇌기술이 하나님의 관점으로 세상과 사람들을 바라보면서 평화로운 목적지로 안내하는 것과 마찬가지로 14번 뇌기술은 길을 잃었을 때 우리를 돌아서게 하는 기술이다. 때때로 우리는 잘못된 길을 가고 있으면서도 바른 방향으로 가고 있다고 생각할 때가 있다. 헬라어 사르크(sark, sarx)는 사람이 어떤 존재이며 어떻게 살아가야 하는지와 관련해 인간적인 관점으로 삶을 바라보는 것을 의미한다. 내가 해야 할 옳은 일이 무엇인지 알거나 그것을 결정할 수 있다는 이러한 확신은 13번 뇌기술인 하나님이 보시는 대로 바라보는 것과 반대이다. 사르크의 입장에서 보면 사람들은 자신들이 행동한 (실수의 합)대로 거두든지 아니면 그들이 우리를 위해 어떤 존재가 되었으면 하고 바라는 대로 된다. 비난, 고발, 정죄, 험담, 분노, 율법주의, 자기 정당화 및 독선은 모든 육신의 표징이다. 하나님이 우리를 보시는 것처럼 다른 사람들이 우리를 보지 않으면 우리는 판단 받고, 외로워하며, 오해 받은 듯한 느낌을 받는다.

14번 뇌기술은 파괴적이고 고통스러운 행동을 중단시킴으로써 영적 공동체에 기쁨을 유지하게 해 준다. 우리 모두는 사막과 같은 이 땅을 걸어갈 때 환각에 빠지거나 신기루를 보기 쉽다. 필사적으로 물을 찾다가 모래를 먹는 일이 없도록 우리는 현실과 환상을 구별하는 법을 배워야 한다. 분명히 현실을 보고 있다고 우리는 생각하지만, 실제로는 우리가 생각한 그 현실이 하나님이 보시는 관점을 반영하지 못하는 경우가 있다. 우리의 뇌가 좋고 나쁨을 평가할 때 오래된 정보만을 사용했을 수 있다. 과거에 하나님의 평안(shalom)을 경험한 적이 없다면, 우리는 잘못된 과거의 정보를 사용하여 미래를 예측하게 된다. 즉, 과거의 잘못된 정보가 들어와 미래에 대한 예측과 결론에 영향을 미치게 된다. "다른 사람들처럼 당신도 내게 상처를 줄 줄 알았어." 우리는 육신의 생각으로부터 이러한 소리를 듣는다. 본래 의도했던 목적지에서 멀어질수록 우리의 자기 충족적 예언은 현실화 되기 쉽다.

예수님을 가장 열렬히 고발했던 사람들 중 일부는 누구보다도 율법서를 많이 연구하고 암송했던 독실한 교사들이었다. 육신의 생각인 사르크는 옳은 말이 무엇이고, 옳은 행동이 무엇인지 알고 있다고 말한다. 사르크는 목숨을 잃은 병사들의 장례식을 지키는 것이 그리스도의 제자라면 마땅히 해야 할 일이라고 말한다. 관계를 온전히 유지하는 것보다 바른 것을 선택하는 것이 더 중요하다고 말한다. 미래에 대해 헛된 희망을 제시한다. "이것만 바뀐다면 나는 행복할 거야!" 사르크는 우리가 사랑하고 관계를 유지하기 원하는 바로 그 사람과 연결된 다리에 불을 질러 버린다. 14번 뇌기술이 없으면 처리되지 않은 고통, 두려움, 경멸이 인생을 압도하고 방향을 제시하게 된다.

성경으로 잘 훈련된 사르크는 자신의 행동을 정당화하기 위해 성경을 사용하므로 더욱 위험하다. 나는 한 교회 지도자 그룹에서 "성경적으로 훈련된 사르크"와 마주쳤던 때를 기억한다.

사르크의 공격

아내 젠과 나는 우리가 좋은 기회라 여긴 어떤 만남을 위해 한 시간 이상을 운전해서 갔다. 우리는 자기 교회에서 기쁨을 시작하는 일에 관심 있는 한 팀의 영향력 있는 지도자들을 만나게 되어 있었다. 우리는 레스토랑에서 음식을 주문했고, 그 팀은 폭력적인 결혼생활에 갇혀 있는 어떤 여성과 관련된 특정한 시나리오에 대해 몇 가지 질문을 던졌다. 나는 이 여성에 대한 긍휼한 마음을 느끼면서 공동체에 소속감을 가지고 있는 결혼한 커플들의 중요성에 대해 강조했다. 나는 위험이 발생할 때 보호와 쉼터가 얼마나 필요한지에 대해서도 주의를 상기시켰고, 이어서 비슷한 상황을 이겨낸 성공 사례를 소개했다.

그 시점에서 한 리더가 이혼에 관한 나의 "신학"을 듣기를 원한다고 했다. 나는 그 말에 놀랐지만 위기의 부부가 기쁨으로 회복되는 것을 보고 싶은 마음으로 답변을 했다. 나는 그러한 상황 속에 폭력이 개입되어 있다면 회복이 일어나지 않을 수도 있다고 말했다. 또한 그녀의 상황에 대한 보호와 적절한 개입을 위해 그들이 취할 수 있는 구체적인 단계들을 제시했다. 그러자 얼굴이 토마토처럼 붉게 변한 그 리더는 강력한 도전을 받은 듯 성경에 이혼이 허용되어 있는지, 그것이 죄에 해당되는지에 대한 여부를 물었다. 그는 목소리를 높여서 "당신은 하나님이 별거를 권장하신다고 믿습니까?" 하고 날카롭게 질문했다. 그는 귀에 거슬리는 말을 이어갔고 나는 위가 꼬이는 것만 같았다. 긴장감이 고조되었고 팀들은 불편한 모습으로 간신히 자리를 지키고 앉아 있었다. 나는 물 한 잔을 마시며 18번 기술을 사용했고, 그의 조절센터의 빠른 경로를 주관하는 장치가 격렬한 감정을 마주하자 붕괴되기 시작했다고 결론 지었다. 우리의 말과 반응이 과민한 그를 더욱 자극했던 것이다. 그는 성경 구절을 인용하고서는 안전핀이 뽑힌 수류탄처럼 그 말씀들을 투척하기 시작했다. 그는 인간으로서 관계 맺기를 포기하고 우리를 공격하기 시작했다. 그의 태도는 매우 파괴적이었고 접근법은 매우 고압적이었다. 몇 분이 더 지나서 모임은 끝장이 났다.

"그게 다 뭐였지요?" 젠은 집으로 돌아오는 길에 내게 물었다. 우리는 대형 트럭의 보이지 않는 사각지대로 달리다가 그 트럭에 치인 듯한 느낌이 들었다.

신학을 논하고 싶어 하는 리더의 흥분된 마음과 위험에 처한 여성이 선택할 수 있는 대안을 찾고자 했던 사람들의 마음 사이에 불균형이 존재하는 것처럼 느껴졌다. 젠과 나는 그녀와 그녀가 처한 상황에 긍휼한 마음이 들었다. 우리는 그 만남이, 눈앞에서 사람이 허우적대며 물에 빠져가고 있는데 최선의 구출 기술이 무엇인지 토론하고 있는 해수욕장의 인명구조원들과 비슷했다고 결론지었다. 우리는 13번 뇌기술을 연습하고 기도하기 위해 잠시 시간을 가지며 상황을 파악하고자 했다. 그 순간 안식일에 꼬부라져 조금도 펴지 못하는 여인을 고치신 예수님께 분노하며 그분을 책망했던 회당장이 생각났다.[1] 우리는 점심을 먹는 동안 사르크의 공격을 받았던 것이다. 슬프게도 내게 도전했던 사람만큼 나도 예민한 사람임을 알게 되었다. 신학에 관해 토론하는 것은 좋은 일이었지만 그 타이밍은 바람직하지 않았다. 하나님의 영이 말씀하시는 것을 듣지 않았기 때문에 우리는 그 순간에 더 중요한 일을 놓쳐 버린 듯 했다.

지혜로운 왕 솔로몬은 해 아래 모든 것이 때가 있다고 말했다. 찾을 때, 포기할 때, 지킬 때, 버릴 때가 있다고 했다.[2] 임마누엘 하나님께 단단히 고정되어 늘 그분과 교류하지 않는다면 우리가 어떻게 때를 분별할 수 있겠는가?

---

1 누가복음 13장
2 전도서 3:1-8

올바른 일을 하고 있다고 굳게 믿고 있을 때, 우리 안의 사르크는 활동적으로 움직여서 결국 죽음으로 나아가게 만든다. 신약에서만 150곳 넘게 발견되는 이 사르크의 개념을 우리는 흔히 지성과 혼동한다. 사르크가 육욕, 탐욕을 가리키는 것으로 쓰인 세 가지 경우를 제외하고, 사르크가 사용되는 모든 경우에 이 단어는 "타락한 인간"을 지칭한다. 사르크는 아직 구속되지 않은 인간의 한 부분이라고 말해도 무방하다. 고린도전서 15장은 우리에게 이렇게 말한다.

> "사망이 한 사람으로 말미암았으니 죽은 자의 부활도 한 사람으로 말미암는도다 아담 안에서 모든 사람이 죽은 것 같이 그리스도 안에서 모든 사람이 삶을 얻으리라 그러나 각각 자기 차례대로 되리니 먼저는 첫 열매인 그리스도요 다음에는 그가 강림하실 때에 그리스도에게 속한 자요."[3]

우리는 모두 아담이 남긴 "독약의 희생자"이기 때문에 예수 그리스도와의 진정한 관계 가운데에서만 발견되는 해독제를 필요로 한다. 우리 모두는 영광으로부터 추락했으며 우리가 누구였는지에 대한 왜곡된 상만을 보여 주는 깨진 거울을 보고 있다. 성경을 보면 자신은 올바른 일을 하고 있다고 생각하지만 결국 참담한 결과를 가져왔던 많은 사례가 있다. 어떠한 이들은 위대한 사도 바울의 말을 인용해 노예제도와 학대를 정당화했다. 그리스도의 시대 이후, 많은 유

---

[3] 고린도전서 15:21-23

대인들이 "그리스도를 죽인 자들"이라는 죄명으로 살해 당하고 불의한 대우를 받았다. 최초의 순교자인 스데반조차도 스스로를 정당화하기 위해 성경을 사용했던 지도자들에 의해 돌로 쳐 죽임을 당했다. 성숙함 없는 영성(8번 뇌기술)은 아이들에게 포뮬라 1 경주용 자동차 열쇠를 내주는 것과 비슷하다. 그들은 정말로 운전해서는 안 되는 것을 가지고 있는 것이다. 만약 차를 운전한다면 결국 거대한 흙 무더기에 부딪혀 운전사와 무고한 구경꾼을 다치게 할 것이다.

14번 뇌기술은 우리 주변에서 일어나는 일, 특히 다른 사람들의 마음속에서 일어나는 일을 정확하게 측정하기 위해 우리 눈에서 들보를 제거하는데 도움이 된다. 우리는 성경이 "육체" 또는 "욕망"이라고 부르는 것에 브레이크를 밟음으로써 파국을 막고 영적 학대를 예방할 수 있다. 언젠가 자신이 옳은 일을 하고 있다고 확신하며 한 번씩은 이렇게 말한 적이 있을 것이다. "내 말만 들으면 좋은 결과가 있을 거야!" 지혜자는 "어떤 길은 사람이 보기에 바르나 필경은 사망의 길이니라"고 말했다(잠 14:12). 때론 "옳은 것처럼 보이는 길"이 반드시 멈추어야 할 사르크일 때가 있다.

로데오 경기에서 완고한 황소에 올가미를 씌워 끌어내는 카우보이처럼 우리는 하나님을 만나, 생명을 주고 있다고 착각하지만 실상은 죽음을 가져오고 있는 사르크의 시도가 무엇인지 성령께서 보여주시도록 언제나 요청해야 한다. 우리는 자신이 기쁨을 가져오는 사람이라고 생각하지만 실제로는 자기 만족과 영성이라는 이름으로 사람들의 기쁨을 빼앗고, 자기 정당화를 통해 주변 사람들을 영적으로

"걷어 차고" 있는 사람일 수 있다.[4]

14번 뇌기술은 보통 어떻게 획득되고 연습되며 전파되는가?

14번 뇌기술은 13번 뇌기술과 한 쌍을 이룬다. 우리가 하나님이 보시는 대로 사물을 보는 것을 배울 때, 우리는 사람들이 하나님의 영향력과 그분의 마음을 떠나 육체나 자신의 지혜 혹은 사르크를 사용하는 것을 더 잘 분별할 수 있게 된다.

14번 뇌기술은 진리와 관계 모두를 소중히 여기는 가족과 교회에서 가장 잘 전수받을 수 있다. 우리는 자신의 삶과 방향을 인도하는 임마누엘과 상호관계를 맺고 있는 개인 및 그 관계로부터 진리를 가장 잘 배울 수 있다. 14번 뇌기술은 두 가지 기본 방법으로 발전한다. 첫째, 우리는 다른 사람들이 사르크를 길들이며 겸손히 살아가는 모습을 보는 것이다. 이들은 교정이 가능한 사람들이며 자신들이 "사르크의 공격"을 받았음을 깨달았을 때 우리와 함께 그것을 고칠 수 있는 사람들이다. 둘째, 14번 뇌기술은 경험이 있는 성숙하고 신뢰할 수 있는 사람들로부터 지침과 피드백을 받는 것이다. 그들은 우리의 의도를 확인하고, 사각 지대를 발견하며, 우리의 왜곡을 교정하도록 도와준다.

14번 뇌기술은 무언가 하나님의 평강의 신호가 나타날 때와 종교적으로 들리지만 사르크의 신호가 나타날 때 분별력 있게 기도하고 "직관적으로 경청"함으로써 더욱 강화된다. 이것은 우리가 성장함에

---

[4] JIMTalks 오디오 교재 Vol. 24-25를 참고하라

따라 코이노니아 그룹이 우리를 안내해 주고, 바로잡고, 함께 걷는 헤세드 공동체 안에서만 일어날 수 있는 것이다. 어두운 방에 손전등을 들고 다니는 것처럼 우리는 잃어버린 다른 사람들을 안내하면서 14번 뇌기술을 전파하기 시작한다.

14번 뇌기술은 어떻게 추가적으로 획득되고 연습되며 전파되는가?

이제 관계·코이노니아를 변화시키는 것이 어떻게 사르크를 멈추는 기술을 복원시킬 수 있는지 살펴보자. 아담과 이브는 선악을 알게 하는 열매를 먹은 바로 그 순간부터 14번 뇌기술을 필요로 하게 되었다. 그들의 눈은 열리게 되었고, 죽음과 "육체"는 전 인류가 감내해야 할 가시가 되었다. 성경은 육체의 자손은 육이지만 영의 자손은 영이라고 말한다.[5] 이 맥락에서 우리는 성령은 생명을 주지만 육체는 아무것도 줄 수 없으며[6] 하나님의 나라를 상속받을 수도 없음을 배우게 된다.[7] 성경이 "육체"를 높이 평가하지 않는 데에는 그만한 이유가 있다. 우리의 육체와 영혼 사이에는 실질적인 전투가 벌어지고 있는데 갈라디아인들은 이 두 군대가 상대방과 더불어 얼마나 치열하게 주도권 싸움을 벌이고 있는지에 대한 통찰력을 제공해 준다.

"내가 이르노니 너희는 성령을 따라 행하라 그리하면 육체의 욕심을 이루지 아니하리라 육체의 소욕은 성령을 거스르고 성령은 육

---

5 요한복음 3:6
6 요한복음 6:63
7 고린도전서 15:50

체를 거스르나니 이 둘이 서로 대적함으로 너희가 원하는 것을 하지 못하게 하려 함이니라 너희가 만일 성령의 인도하시는 바가 되면 율법 아래에 있지 아니하리라 육체의 일은 분명하니 곧 음행과 더러운 것과 호색과 우상 숭배와 주술과 원수 맺는 것과 분쟁과 시기와 분냄과 당 짓는 것과 분열함과 이단과 투기와 술 취함과 방탕함과 또 그와 같은 것들이라 전에 너희에게 경계한 것 같이 경계하노니 이런 일을 하는 자들은 하나님의 나라를 유업으로 받지 못할 것이요 오직 성령의 열매는 사랑과 희락과 화평과 오래 참음과 자비와 양선과 충성과 온유와 절제니 이 같은 것을 금지할 법이 없느니라 그리스도 예수의 사람들은 육체와 함께 그 정욕과 탐심을 십자가에 못 박았느니라 만일 우리가 성령으로 살면 또한 성령으로 행할지니 헛된 영광을 구하여 서로 노엽게 하거나 서로 투기하지 말지니라"(갈 5:16-26).

육체와 성령 사이에는 강한 대조가 나타나는데 우리는 성령이 이끄는 삶을 극대화시키고 육체를 따라 사는 삶을 최소화시키기 위해 노력함으로써 하나님의 영광을 나타내야 한다. 14번 뇌기술은 우리 몸의 필요를 극단적으로 무시하는 금욕주의가 아니라, 오히려 성령 안에 사는 삶을 발전시키는 기술이라고 할 수 있다. 우리는 자연스러운 과정을 거쳐 치유적인 방법으로 14번 뇌기술을 배우는데, 그 과정에서 우리를 안내할 기술이 있는 사람들을 주로 의존하게 된다. 우리는 이처럼 신뢰할 수 있는 친구나 가족과 함께 우리의 결정과 관계에서 "증인" 역할을 해 줄 수 있는 가로등을 향해 나아간다. 예수께서 하신 다음 말씀에서 우리는 14번 뇌기술에 대한 지혜를 발견한다.

"진실로 다시 너희에게 이르노니 너희 중의 두 사람이 땅에서 합심하여 무엇이든지 구하면 하늘에 계신 내 아버지께서 그들을 위하여 이루게 하시리라 두세 사람이 내 이름으로 모인 곳에는 나도 그들 중에 있느니라"(마 18:19-20).

이 말씀은 당신의 의견에 동의하는 사람들을 찾아서 당신이 원하는 것을 얻으라는 단순한 구절이 아니다. 이것은 살아 계신 하나님과 "동일한 마음을 품은" 사람들 사이에 나타나게 되는 사고 공유 상태에 대해 예를 들어 주신 것이다. 이것은 살아 계신 하나님을 만나려는 동일한 마음을 가진 사람들이 헤세드 공동체로 모일 때 나타나는 자연스러운 결과이다. 이런 식으로 우리는 아버지의 뜻을 따르고 예수님이 우리에게 주신 마음으로 살겠다는 가치관을 공유하는 안전한 관계 가운데에서 14번 뇌기술을 실천한다. 우리는 또한 서로의 현실과 의도를 확인한다. 우리는 다른 사람들의 조언에 개방되어 있으며 또한 우리가 보지 못하는 사각지대를 식별할 수 있도록 그들에게 도움을 청한다.

하나님이 우리에게 넌지시 권하실 때 겸손함으로 반응하여 14번 뇌기술을 실천하면 그 능력이 강화될 수 있다. 우리는 같은 학습 곡선 상에 있는 다른 사람들과 함께 걷기를 시작했다. 14번 뇌기술은 우리가 함께 걸어 가며 영과 진리로 왕되신 주님을 예배할 때 바람에 날려 새로운 목적지로 향해 가는 단풍나무 씨앗처럼 펼쳐지게 될 것이다.[8] 성숙 훈련은 각 트레이닝 트랙에 14번 뇌기술 연습을 포함하여 참가자들이 이 소중한 기술을 익히고 전파할 수 있게 하고 있다.

14번 뇌기술 – 행동 단계

다음 질문에 답해 보라.

누군가가 당신에게 좋은 일이 무엇인지 안다고 말하지만, 그 말을 들을 때 오해 받고 있다는 느낌을 주는 사람이 있는가? 그 사람과 교제할 때 어떤 느낌이 드는지 설명해 보라.

성경을 보면 자신은 올바른 일을 하고 있다고 생각하지만 결국 하나님이 의도하신 바를 놓친 사람들의 이야기가 있다. 그 예를 하나 들어 보라.

---

8 요한복음 4:24

당신은 자신의 삶의 어떤 부분에서 사르크가 나타나고 있다고 생각하는가?

_____

_____

_____

14번 뇌기술 – 다음 단계

「예수님을 생각하라: 하나님 나라의 삶에 대한 대화」의 8번을 듣고 마음과 사르크에 대해 더 많이 배울 수 있기를 바란다. 성숙 기술 가이드를 실습하고 성숙 훈련에 참석해서 14번 뇌기술을 연습해 보라. 성숙 강의들을 시청하고 집에서 배우는 성숙 온라인 커리큘럼에도 참여하여 14번 뇌기술에 대해 자세히 배우라.

결론

14번 뇌기술은 하나님의 영과 뜻을 떠나 있으면서도 옳은 일을 하고 있다고 여길 때 나타나는 해악으로부터 교회 공동체를 보호한다. 14번 뇌기술은 사람들이 하나님의 마음과 뜻을 잃어버리고 자신만의 이해를 추구하고자 할 때 그것을 분별할 수 있는 능력을 준다. 헤세드 공동체는 14번 뇌기술에 의지하는데, 이 공동체는 약자와 강자가 상호작용하며 임마누엘과 하나님의 교제로 평안을 누리는 성숙한 사랑에 단단히 뿌리내리고 있다.[9] 코이노니아 공동체는 교제와 관

---

9 「기쁨은 여기서 시작된다」.

계, 그리고 예배 인도를 위해 4번 뇌기술을 사용할 때면 차분함과 분명함을 선물로 얻게 된다. 일단 사르크가 활동을 멈추면 그 결과 반드시 변화가 찾아온다. 사르크를 적극적으로 반대하면 마치 아나니아가 사울을 위해 기도한 것처럼 눈에서 비늘이 떨어져나가 다시 보는 놀라운 변화를 겪을 것이다.[10] 분명한 비전을 확보하면 사르크의 활동을 제거할 수 있고, 치유가 일어나며 기쁨의 수준이 계속 증가하게 될 것이다.

14번 뇌기술을 갖게 되면: 사람들은 내가 듣기는 빨리 하지만 말하기는 더디다고 말한다. 나는 사람들의 말을 잘 믿어 준다. 나에게는 옳은 것보다 관계가 더욱 소중하다. 나는 내가 틀릴 수도 있다는 것을 알기 때문에 남을 판단할 때 주의를 기울인다. 내가 실수했다는 것을 깨달으면 즉시 사과를 한다.

14번 뇌기술이 없거나 부족하면: 사람들과 관계를 유지하는 것보다 옳은 일을 하는 것이 더욱 중요하다. 나는 사람들이 교정될 필요가 있다고 믿는다. 또한 사람들이 더 나은 삶을 살기 위해 어떻게 해야 하는지에 대한 내 생각을 밝히는 것이 어렵지 않다. 나는 대부분의 사람들보다 성경을 더 잘 안다.

---

10 사도행전 9:17-19

14번 뇌기술 적용 단계 - 프랭크의 수난

프랭크는 하나님을 사랑하고 상처받은 이들을 긍휼히 여기는, 그리고 교회에서 기둥과 같은 역할을 하는 사람이다. 그는 교회에서 목사들의 축복을 받으며 제자 훈련과 치유 프로그램을 시작했다. 그것은 몇 개월 간 성공적으로 이어졌으며 좋은 열매를 맺었다. 그런데 일부 교인들이 프로그램에 성경 말씀이 충분히 포함되어 있지 않으니 이를 계속 유지하기 어렵다고 주장했다. 그들은 자신들이 프로그램을 진행하지도 않으면서 목사들에게 찾아가 그 사역을 중단하도록 압력을 가했다. 몇 주간 힘든 갈등을 겪은 후 목사들은 프로그램을 잠시 멈추게 했다. 이러한 상황은 프랭크를 비롯한 성도들을 혼란스럽게 만들었다. 성도들은 프랭크에게 사랑하는 교회를 떠날 거냐고 물었다.

이 기간 동안 프랭크는 관계 기술에 대해 알게 되었고, 특히 14번 뇌기술을 통해 어떻게 사르크의 활동을 식별하며 무장해제시킬 수 있는지에 대해 배웠다. 이제 프랭크는 자신의 상황을 새로운 시각으로 바라볼 수 있게 되었다. 기도 후에 프랭크는 예수님이 그와 함께 계셨음을 깨달았고, 또한 사르크가 얼마나 큰 불길을 만들어 낼 수 있는지에 대해서도 통찰력을 얻었다. 그리고 그는 예수님도 잘못을 저질렀다고 고소 당하시고, 심지어 귀신의 왕으로 귀신들을 내어 쫓았다며 고소 당하신 사례를 떠올렸다. 프랭크는 임마누엘 하나님이 그와 그의 공동체를 예수님께로 더 가까이 이끌기 위해 이번 기회를 사용하셨음을, 그리고 여기에는 더 많은 이야기가 있음을 알려 주시기 위해 이 방법을 사용하셨음을 깨달았다. 그래서 프랭크는 목사들과 고발자들을 연민의 눈으로 바라볼 수 있게 되었다.

프랭크는 문제보다 관계를 더 중요하게 여기며 사역을 했다. 그래서 그는 자신이 가르친 성도들에게 간증을 하도록 권유했고, 그 훈련이 얼마나 성경적이며 교인 간의 교제에 얼마나 도움을 주는지 알 수 있도록 성도들과 대화를 나누었다. 프랭크는 여전히 그 교회에 출석하면서 온유한 보호자의 기술과 임마누엘 생활 방식을 유지하며 살아가는 법을 가르치고 있다. 그의 사역은 목사들의 축복을 받으며 다시 열렸고, 이를 통해 지금도 많은 사람들이 변화되고 있다.

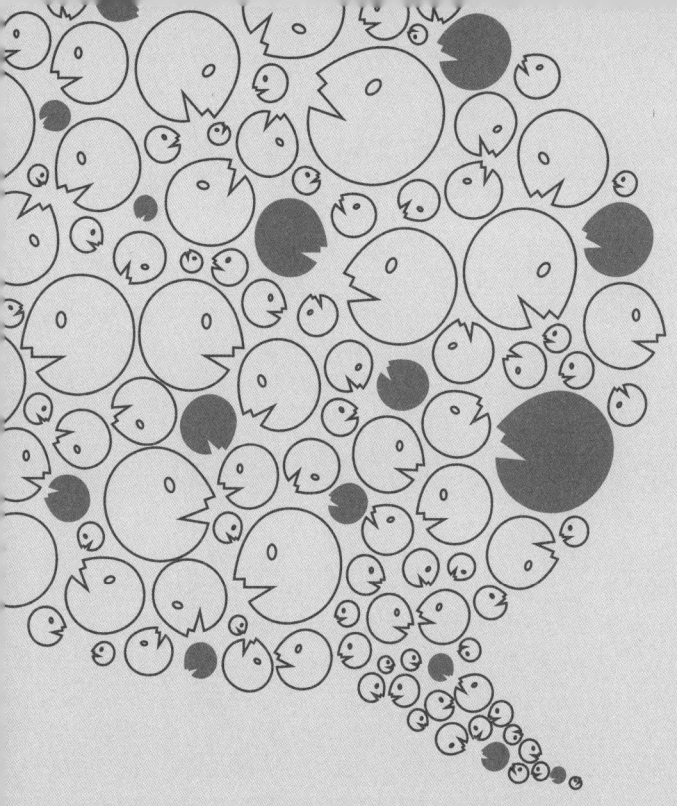

CHAPTER 17

15번 뇌기술:
교류를 지속하면서 자신을
진정시키라

타인의 표정에 나타난 신호를 숙련되게 읽으면 우리 자신이나
다른 사람을 해치지 않으면서도 높은 에너지 수준으로 일할 수 있고
자신의 충동을 관리할 수 있다.

> "왜 이 기술이 당신에게 중요합니까?"라고 하나님께 여쭤보았을 때 내 마음속에 이런 생각이 떠오르는 것을 발견했다.
>
> "나는 양들과 교제하기를 좋아하는 선한 목자이다. 나는 너무 지나치지 않도록 주의하면서 그들이 감당할 수 있는 수준에서 함께 교제한다. 나는 내 모든 자녀가 자신의 힘을 알고 상호작용하는 동안 서로를 압도하지 않기를 원한다. 15번 뇌기술은 내 백성들을 폭풍우 치는 바다 위 배 안에서도 안전하게 지켜 준다."

부교감 신경계의 지성 신경과 함께 조절센터 레벨 4의 일부인 복내측 전전두피질을 사용하면 흥분 상태가 극단에 이르지 않도록 제어할 수 있다. 15번 뇌기술은 완전한 휴식과 달리 높은 에너지 수준으로 활동하면서도 상대방에게 위압감을 주지 않을 만큼으로 자신을 진정시키는 것이다. 이 방식을 사용하면 공격 충동, 성적 충동, 약탈 충동이 조절되어 해로운 행동을 피할 수 있다. 이것은 우리의 뇌가 높은 에너지 감정 상태를 제어하는 것을 배우면서 상호작용을 "정상 이상"으로 지나치지 않게 유지하는 것을 의미한다. 훈련이 없다면, 이 뇌 시스템은 정점 위로 무섭게 치고 올라갈 것이다. 누군가가 자신을 통제하지 못하고 한계를 넘어서는 것을 본 적이 있는가? 우리가 즐겨보는 슈퍼 히어로 영화에 나오는 악당들은 거의 다 15번 뇌기술이 부족한데, 문제는 착한 주인공도 그 기술이 없기는 마찬가지라는 사실이다.

15번 뇌기술은 폭력적이고 공격적인 반응을 방지해 준다. 이 기술은 분노, 두려움, 흥분, 성관계 및 각성의 순간에 우리가 한계를 넘지 않도록 한다. 특히, 아이는 생후 12-18개월 사이에 아버지와의 경험을 토대로 두려움에 대한 반응을 조절하고 "덥고" "차가운" 반응으로 알려진 공격적인 두 종류의 감정을 통제하는 법을 배우게 된다. "잠잠히 상호 교류하기"는 우리로 하여금 "뜨겁고" 충동적인 반응에 저항할 수 있게 하고, 미리 계획된 "냉담한" 보복의 반응을 피할 수 있게 해 준다. 15번 뇌기술이 없어서 폭력으로 문제를 해결하려는 사람들로 인해, 이 세상에 얼마나 많은 비극이 일어나고 있는가. 15번 뇌기술이 사회에서 퇴출되면서, 우리 학교와 직장은 이러한 기술의 부족이 현실로 나타나는 민감한 상황을 맞게 되었다. 그리고 앞으로 자기애적인 방식으로 다른 사람을 처벌하는 폭력의 증가를 더욱 보게 될 것이다. 특히, 어릴 때 15번 뇌기술을 배우지 못하면, 신경계에 경고를 줄 수 있는 메커니즘이 존재하지 않게 되므로 이제라도 지나친 상호작용이 일어나지 않도록 멈춤을 연습해야 한다.

커피숍의 재앙

우리 모두는 언젠가 한 번쯤은 지나치게 행동한 적이 있거나 누군가가 그렇게 행동하는 것을 목격한 적이 있다. 물론 그 결과는 아름답지 않다. 어느 날 나는 젠과 함께 커피숍에 앉아 있다가 지인이 들어오는 것을 보았다. 그녀가 전에 생긴 오해로 인해 우리와 함께 있는 것을 좋아하지 않는다는 것을 나는 알고 있었다. 그녀의 표정은 우리를 만나서 싫은 기색이 역력했다. 그녀는 우리를 발견한 뒤에 곧장 우리가 있는 방향으로 돌진해오더니 우리 테이블에서 의자를 빼내 그 위에 한 발을 얹었다. 그러고는 우리 얼굴에서 한 뼘 정도 떨어진 곳까지 몸을 숙였다. 나는 그녀가 과연 어디까지 행동할지에 대해 생각해 보았다.

이내 그녀는 비명을 질렀고 최근 젠으로부터 받은 모욕에 대한 분노를 쏟아붓기 시작했다. 커피숍의 고객들과 종업원들이 모두 하던 일을 멈추고 이 소동을 구경했다. 그녀의 얼굴과 목소리의 강도는 가히 압도적이었다. 나는 아내가 두려움에 얼어붙어 있는 것을 보았고 내 몸도 긴장하는 것을 느꼈다. 공포의 화살은 계속 날아왔다. "네가 뭐 대단한 사람이라도 되는 줄 아나 보지?" "어떻게 네가 감히 나한테 그럴 수 있어?" 나는 재빨리 개입하여 그녀의 시선을 분산시켰다. 나는 타임아웃 제스처를 취하며 그녀의 시선을 돌렸고 차분하면서도 강한 어조로 말했다. "이건 매우 중요한 말인데, 당신은 지금 화가 나 있습니다. 진정하십시오." 그러고 나서 우리는 잠시 숨을 골랐다. 그녀가 몇 차례 더 분노를 폭발한 후, 나는 그녀에게 다시 진정하고 잠시 쉴 것을 부탁했고, 그녀는 곧 떠나갔다. 그 사건은 정말이지 강렬했다!

그녀는 15번 뇌기술을 전혀 가지고 있지 않았다. 그 기술을 가졌더라면 우리는 높은 수준의 에너지를 분출하더라도 한계를 넘어서지 않을 것이다. 많은 경우에 사람들은 "뜨거운 분노"를 쏟아부으면서 폭력적으로 변하거나 어떻게 복수할지를 계산하며 "냉담한 분노" 가운데 자리를 뜬다. "복수는 차갑게 제공될 때 가장 맛있는 요리이다"는 말은 15번 뇌기술의 부재가 어떤 결과를 낳는지에 대해 잘 보여준다. 그러나 15번 뇌기술을 가진 사람들은 문제를 해결하기 위해 복수할 필요를 느끼지 못한다. 그들은 분노를 쉽게 이기고 그들이 사랑하는 사람들과 계속 관계를 유지하기 위해 최선을 다한다.

9번 뇌기술에서 언급했듯이 간지럼을 태우는 것은 고통으로 변하고 있다는 신호가 존중되기만 하면 재미있는 경험이 될 수 있다. 그러나 감정이 관리할 수 있는 수준을 넘어서면, 레벨 2의 뇌에 있는 평가 센터는 신속하게 "나쁘고 무서운" 모드로 전환한다. 그러면 뇌는 이전에 살 소율되고 이해 받고 있다는 느낌, 즉 사고 공유 상태가 사라진 빈자리를 메우기 위해 최고 수준의 뇌 사고 처리 시스템을 가동시킨다. 재미는 빠르게 사라지고, 압도된 마음 상태를 가지게 된다.[1]

15번 뇌기술은 아빠와 씨름을 할 때, 간지럼을 태울 때, 잡기 놀이를 할 때, 가장 잘 학습할 수 있다. 아빠는 아이의 얼굴에 나타나는 두려움의 신호를 인식하는 즉시 자극을 멈추어야 한다. 또한 이 기술은 캠핑 및 배낭여행 같은 극한의 모험을 떠날 때 실습할 수 있다. 15번

---

[1] 고통을 처리하는 경로에 대해 더 배우기 원하면 칼 레이먼 박사의 웹사이트, www.kclehman.com을 참고하라.

뇌기술을 효과적으로 훈련할 수 있도록 성숙 훈련에서는 신중하게 설계된 실습 과제를 사용한다. 이 훈련은 영향력 있고 섬세하며 균형 잡혀 있어서 사람들은 안전한 환경에서 이 기술을 연습할 수 있다. 그러나 그 과정에서 고통스런 기억들이 되살아날 수 있기 때문에 가능한 천천히, 그리고 조직적으로 훈련해야 한다.

　15번 뇌기술을 담당하는 뇌 영역은 실시간 업데이트를 감독하며 부정적인 결과를 예측하는 조절센터의 레벨 4이다. 커피숍에서 마주쳤던 그녀는 이러한 기능을 갖고 있지 못했기 때문에 당황한 우리들이 보인 신호를 읽지 못했고, 그래서 그에 따라 자신의 반응을 조정할 수도 없었다. 그녀는 문제 해결을 위한 그녀의 접근 방식에 우리가 어떻게 느낄지 입장을 바꾸어 생각하지 못했다. 그래서 자신을 진정시키지 못했던 것이다. 레벨 4에 해당하는 뇌의 이 부분은 레벨 2에서의 싸우거나 달아나거나 얼어버리는 반응을 진정시키기 때문에 긴장된 부분이 녹으면 다시 관계적인 자신으로 되돌아가게 된다. 올바르게 작동하기만 하면 우리는 "실시간으로" 상황을 파악하여 정도를 넘지 않게 된다. 우리는 재미에서 두려움으로 상대방의 표정이 바뀌는 것이 관찰되면 이에 따라 우리의 반응을 바꾸어야 한다. 이 회로가 손상되거나 훈련이 부족하면 단서를 인식할 수 없기에 즉시 문제가 발생한다. 그것은 브레이크가 고장 난 차가 언덕 아래로 빠르게 질주하는 것과 같다. 관계로 인한 사상자가 곧 속출하게 될 것이다.

　경험과 유전자도 중요한 역할을 하지만, 생후 1년 동안 15번 뇌기술이 뇌의 발달 과정에서 획득되지 못하면 심각한 인격 장애가 발생하게 된다. 우리는 경계성 인격 장애 문제로부터 반사회적 인격 장애자, 그리고 폭력적인 성격을 가진 자까지 모두 볼 수 있다. 희소식은 15번 뇌기술을 우리가 배울 수 있다는 것이다. 그것은 올바른 조건 하에서 훈련이 가능한 기술이다. 이제 전 세계 교도소와 조직이 15번 뇌기술의 필요성을 파악하기 시작했다. 사람들이 감정의 흥분 상태에서도 관계를 유지하는 법을 알게 될 때, 이 세상이 어떻게 바뀔지 상상해 보라.

15번 뇌기술은 보통 어떻게 획득되고 연습되며 전파되는가?

앞서 언급한 바와 같이 우리 가족과 가까운 공동체 멤버에게 15번 뇌기술이 나타나면 우리는 그 기술을 배우게 된다. 가족과 친구들은 15번 뇌기술을 사용하여 상호작용을 안전하고 관리 가능한 상태로 유지하므로 우리는 에너지 강도가 높아지는 순간에도 보호받는다는 느낌을 받게 된다. 15번 뇌기술을 아이들에게 훈련시킬 때, 특히 아버지의 역할이 중요하다. 아버지는 자녀를 심하게 밀어붙이지 않는 한도 내에서 높은 에너지 상태로 아이들과 놀아 주어야 한다. 짧은 일시 정지는 15번 뇌기술의 핵심 열쇠이며 이는 서로를 부드럽게 깨무는 강아지의 행동과 흡사하다. 우리는 놀이를 하면서 에너지가 정점을 지나고 있는지 아닌지를 측정하고, 그것에 따라 우리의 행동을 조절해야 한다. 청소년기 때는 15번 뇌기술이 더욱 강화되어 부모, 조부모, 형제 자매, 친구들, 심지어는 낯선 사람과 상호작용할 때도 이 기술을 퍼뜨리게 된다. 15번 뇌기술의 성장을 경험하면 그것은 성품의 일부가 되며 다른 사람들이 정도를 지나친 행동을 할 때 당황하게 된다.

우리는 개인적인 만남 가운데 우리가 보여 주는 예를 통해 15번 뇌기술을 다른 이들에게 전파할 수 있다. 그 기술이 없거나 부족한 사람들을 지도할 수도 있다. 장난을 치다가 너무 세게 물면 짖는 개처럼 우리도 교류가 격렬해질 때 상대방이 멈춰서 "한숨 돌리도록" 경고의 소리를 발해야 한다.

15번 뇌기술은 어떻게 추가적으로 획득되고 연습되며 전파되는가?

이제 관계·코이노니아를 변화시키는 것이 어떻게 교류를 지속하며 자신을 잠잠하게 하는 기술을 복원시킬 수 있는지 살펴보자.

마가복음 3장에서 예수님은 안식일에 회당에서 손 마른 자와 그분을 고소할 기회를 찾는 바리새인들과 함께 하셨다. 가해자가 그러하듯이 바리새인들은 예수님이 손 마른 자를 어떻게 하실지 보려고 "그분을 가까이서 지켜 보았다". 그의 마른 손은 치료가 불가능한 절망적인 상태였다. 지혜자들은 안식일에 의사들이 일하지 못하도록 규정을 만들었지만, 안식일에 누군가를 치유하는 것은 하나님에게 아무 문제가 되지 않았다. 당시 율법을 극단적으로 해석했던 바리새인들은 안식일에 병자를 위해 기도해도 좋은지를 놓고서도 치열한 논쟁을 벌였다고 한다.[2] 이들은 문젯거리를 찾고 있었고 예수님은 그

---

2 IVP 성경배경 주석:신약

것을 다 알고 계셨다. 이어서 펼쳐지는, 할리우드 영화에나 나올 법한 장면을 살펴보자.

> "예수께서 손 마른 사람에게 이르시되 한 가운데에 일어서라 하시고 그들에게 이르시되 안식일에 선을 행하는 것과 악을 행하는 것, 생명을 구하는 것과 죽이는 것, 어느 것이 옳으냐 하시니 그들이 잠잠하거늘 그들의 마음이 완악함을 탄식하사 노하심으로(orge) 그들을 둘러 보시고 그 사람에게 이르시되 네 손을 내밀라 하시니 내밀매 그 손이 회복되었더라 바리새인들이 나가서 곧 헤롯당과 함께 어떻게 하여 예수를 죽일까 의논하니라"(막 3:3-6).

랍비들에게 보이는 존중의 표시로 예수님은 바리새인들에게 대답할 기회를 주셨다. 예수님은 그들의 완고함 혹은 그들의 마음을 감싸고 있는 "두껍게 굳은 살"에 화가 나셨고 슬픔을 금할 수 없으셨다. 예수님의 반응 뒤에 있는 헬라어 단어를 볼 때 우리는 격렬한 감정이 녹아 있음을 본다. 분노에 해당하는 헬라어 오르게(Orge)[3]는 폭력적인 열정, 정당한 혐오, 분노, 의분, 복수 등을 암시한다. 오르게는 단순히 좌절하거나 불만스러운 것만 뜻하는 것이 아니라, "적대적인 복수"의 상태로 누군가를 죽이고 싶을 정도로 강렬한 감정을 느낀다는 뜻이다. 오르게는 그것이 초래할 결과 때문에 "떨쳐 버려야 할" 감정이었고 에베소서 4장 31-32절에서도 똑같이 사용되고 있다.

---

[3] strong 3709, 발음에 따른 철자는 or-gay이다.

"너희는 모든 악독과 노함(orge)과 분냄과 떠드는 것과 비방하는 것을 모든 악의와 함께 버리고, 서로 친절하게 하며 불쌍히 여기며 서로 용서하기를 하나님이 그리스도 안에서 너희를 용서하심과 같이 하라"

우리는 오르게를 "없애버리고", "풀어버리고", "떠나야" 한다. 우리는 골로새서 3장 5-8절에서 이 단어가 다시 등장하는 것을 본다.

"그러므로 땅에 있는 지체를 죽이라 곧 음란과 부정과 사욕과 악한 정욕과 탐심이니 탐심은 우상 숭배니라. 이것들로 말미암아 하나님의 진노(orge)가 임하느니라 너희도 전에 그 가운데 살 때에는 그 가운데서 행하였으나 이제는 너희가 이 모든 것을 벗어 버리라 곧 분함(orge)과 노여움과 악의와 비방과 너희 입의 부끄러운 말이라."

오르게는 우리가 키우거나 부패하도록 자라기를 원하는 그런 것이 아니다. 오히려 이 본문에서 암시하는 바와 같이, 죄에 가까이 있기 때문에 이러한 강렬한 감정으로부터 떠나야만 하는 것이다. 또한 우리는 예수님이 죄가 없으신 분임을 안다. 그러나 본문을 보면 예수님의 격노하심이 임할 것이라고 한다. 전에 누군가 격분하는 걸 본 적이 있는가? 어떤 모습이던가? 어떻게 들리던가?

예수님의 몸, 얼굴, 반응은 강렬한 감정을 전달했지만, 그분은 여전히 사람들과 관계를 유지하고 계셨고, 그분 자신이 누구인지와 무엇이 중요한지에 대해 잘 알고 계셨다(12번 뇌기술). 그분은 높은 수준의 에너지로 계속해서 상호작용하셨는데, 이것은 15번 뇌기술을 사용할 때 우리가 기대할 수 있는 결과이다. 예수님은 15번 뇌기술을 사용하심으로 치유를 가져오셨고 생명을 불어 넣으셨다.[4] 동생 아벨이 하나님을 기쁘시게 하는 희생제물을 바쳤다는 이유로 격노했던[5] 가인을 기억하는가? 그는 15번 뇌기술이 부족했다. 그래서 분노를 다스리지 못한 나머지 자기 형제를 죽이고 말았다.[6]

15번 뇌기술의 존재는 생명을 가져왔고, 그 기술의 부재는 죽음으로 이어졌다. 교사, 부모, 경찰, 상담자, 정기적으로 봉사하는 사람들은 개인에게 관계 기술이 부족할 때 어떤 일이 발생하는지 잘 알고 있다.

사실 15번 뇌기술은 훈련하기 대단히 어려운 기술이다. 높은 수준의 에너지가 유지되는 가운데 훈련생이 격렬한 감정으로 넘어가는 신호를 놓칠 때 관찰자가 개입할 수 있는 이상적인 조건에서 훈련을 해야 하기 때문이다. 15번 뇌기술은 9번 뇌기술을 더 높은 수준으로 향상시킨다. 왜냐하면 9번 뇌기술은 우리가 처음으로 자신이 압도당하는 징후를 나타냈을 때 단순히 하던 행동을 멈추는 것이지만 15번 뇌기술은 높은 에너지 수준에서 상호작용을 하면서도 정도를 지나치는 일이 없도록 짧게 멈추어 주는 것이기 때문이다.

---

4 나는 이러한 가르침을 짐 와일더 박사에게서 처음 들었다.
5 구약: 2734 카라(Charah)는 "빛나다, 불타오르다, 열중하다, 질투하다, 격노하다"라는 뜻을 가지고 있다.
6 창세기 4:4-8

상호작용을 하다가 15번 뇌기술을 잊어버리게 되면 매우 고통스런 순간을 맞이하게 된다. 따라서 필요하다면 언제든지 잠잠함으로 돌아갈 수 있는 관계 속에 머물면서 이 기술을 연마하는 미묘한 균형감각이 필요하다.

　성숙 훈련의 각 훈련 트랙에서 15번 뇌기술을 관리 가능한 만큼만 훈련시키기 위해 고안된 일련의 연습이 있다. 참가자가 언어적, 비언어적 이야기를 나누며 상대방에게 가까이 다가가는 동안 다양한 감정을 표현하며 15번 뇌기술을 연습하는 것이다. 이 연습은 참가자들이 지나치게 흥분하지 않도록 개입할 수 있는 4-6명의 관찰자를 필요로 한다. 이야기를 하는 사람은 적절한 시간에 멈춰야 하는데 그렇지 않으면 관찰자가 개입하게 된다. 강사 및 관찰자의 피드백과 안내를 통해 훈련을 거듭하게 되면 15번 뇌기술은 향상되게 된다.

　각각의 훈련 트랙은 복잡해지고 참석자는 이러한 연습이 얼마나 의미가 있었는지를 자주 표현한다. 참가자가 격렬한 감정에 압도 당할 경우, 그 신호를 관찰자들이 볼 수 있도록 안전한 환경에서 연습하는 것은 의미가 있다. 트랙 1에서 참가자들은 보다 쉬운 15번 뇌기술 연습을 하고, 트랙 2 참가자는 잠잠하게 돌아가는 능력이 강화되도록 연습한다. 트랙 3의 연습은 복잡함과 강도가 더해져서, 참가자들은 다른 트랙에 있는 회원들을 훈련시키면서 이 기술을 확대시켜 나가는 데에 초점을 맞춘다.

　성숙 훈련의 세 트랙을 마치게 되면, 사람들은 15번 뇌기술을 배우고, 강화하고, 그것을 전파하는 연습을 마쳤기 때문에 공동체를 훈련시킬 준비를 갖추게 된다.

간지럼 태우기, 씨름, 잡기놀이, 야영 및 배낭 훈련에서 생존 훈련까지의 극단적인 활동에서 15번 뇌기술을 활용할 수 있다. 어린아이의 경우, 특정 표정에 대한 두려움을 없애는 훈련과 높이뛰기나 제자리뛰기 같은 높은 에너지 활동을 하다가 잠시 멈추는 놀이를 함으로써 15번 뇌기술이 사용하는 신경계의 지성 신경을 자극하는 효과를 볼 수 있다.

15번 뇌기술 – 행동 단계

지난 며칠 동안 누군가 다른 사람에게 일방적으로 감정을 "폭발"시키는 것을 관찰하거나 경험한 적이 있는가? 이 상호작용은 두 사람에게 어떤 결과를 가져왔는가? 다시 말해, 이 비 관계적인 순간으로 인해 그들이 지불할 수밖에 없게 된 관계적 비용은 얼마인가? 다른 사람과 격렬한 상호작용을 주고받을 때 당신에게 어떤 일이 발생하는가?

최근에 있었던 격렬한 상호작용의 사례:

....

....

....

지불해야 했던 관계적 비용:

_____

_____

_____

다른 사람과 격렬한 상호작용을 할 때 당신에게 어떤 일이 발생하는가?

_____

_____

_____

15번 뇌기술 – 다음 단계

유대관계를 맺고 있는 파트너와 함께 15번 뇌기술을 배울 수 있는 이상적인 훈련 여건을 원한다면 성숙 훈련에 참여하라.

성장 기술 안내서로 기술 연습을 강화하라. 15번 뇌기술을 더 잘 이해할 수 있도록 성숙 강의들을 시청하고 집에서 배우는 성숙 온라인 커리큘럼에도 참여해 보라.

우리 부부가 15번 뇌기술을 아들과 함께 시연해 보이는 영상을 유투브 채널(Chris Coursey- THRIVE)에서 만나보라.

결론

높은 수준의 에너지에서 상호작용을 유지하는 법을 알지 못하면 모든 관계는 고통스러운 결과를 맞게 된다. 신뢰가 떨어지고 머지않아 학대와 폭력이 그 뒤를 따르게 된다. 15번 뇌기술이 사라지면, 사람들 사이의 신뢰와 친밀감도 사라지게 된다. 이러한 이유로 헤세드 공동체는 15번 뇌기술을 활용하여 친밀감을 높이며, 상호작용을 하는 동안 상대방의 한계를 인식하고 보호하고자 애쓴다. 15번 뇌기술을 사용하는 사람들은 사람들을 하나로 모으며 헤세드 공동체의 발전을 촉진시킨다. 자신이 속한 코이노니아 공동체 사람들이 15번 뇌기술을 익히고 사용하는 것은 매우 중요하다. 왜냐하면 그들을 관찰하여 공격하려는 사람들에게 격렬한 감정 중에도 제자리를 지키는 법을 보여 줄 수 있기 때문이다. 이것은 "우리는 갈등을 이렇게 해소했다"라고 보여 줄 수 있는 표준이 된다.

진정한 변화가 일어나 관계 가운데, 또 세대 간에 고통과 외상을 전수하는 일이 없기 위해서는 15번 뇌기술을 반드시 익혀야만 한다. 열방 가운데 그리스도를 온전히 나타내고자 하는 사람이라면 누구나 15번 뇌기술을 익혀야 한다.

15번 뇌기술을 갖게 되면: 나는 화를 잘 내는 사람들과도 계속 관계를 유지한다. 화가 난 사람들을 진정시키는 일을 잘한다. 내가 그들과 상호작용을 하면 사람들은 쉼을 얻는다. 내가 화가 난 경우에는 사람들을 나 자신으로부터 보호하도록 애쓴다.

15번 뇌기술이 없거나 부족하면: 나는 화를 잘 내는 사람들을 피한다. 크게 화를 내는 사람과 대면할 때면 압도 당하는 느낌을 받는다.

사람들이 나를 화나게 하면 "발끈해서" 분노를 폭발시킨다. 내가 화를 내면 사람들이 내 밑에 깔리는 듯한 느낌을 받는다.

15번 뇌기술 적용 단계 – 여동생의 분노

몇 년 전 나는 사촌으로부터 그들 부부가 크루즈를 타는 동안 자녀인 초등학생 두 명을 돌봐달라는 요청을 받았다. 나는 스스로를 애 보는 사람이라고 생각하지 않았지만 당시 독신이었고 책을 준비하는 중에 있어서 비교적 일정이 자유로웠기 때문에 그러겠노라 대답했다. 나는 속으로 '애들 보는 일이 뭐가 힘들겠어?', '나는 목회 상담자고 사람들에게 뇌기술을 훈련시키는 데 이까짓 일이야 식은 죽 먹기지!'라고 생각했다.

나는 사촌 집에 도착했고, 그들 부부는 다음 날 아침 일찍 떠났다. 그들은 작별인사를 하려고 아이들을 깨웠다. 엄마 아빠가 휴가를 떠나는 것은 큰 일이었지만, 덕분에 아이들은 학교에 가기 오래부터 잠에서 깨어 있게 되었다. 이것은 매우 긴 하루를 예고하는 일이었다.

저녁식사 후 아이들은 말다툼을 하며 싸우기 시작했고, 나는 곧 화산이 폭발하겠구나 싶었는데 아닌 게 아니라 곧 그렇게 되었다. 어느 순간 오빠가 여동생에게 무슨 말을 했는데 그것이 여동생을 폭발시킨 것이다. 여동생은 비명을 지르고 발로 차며 모든 것을 조목조목 반박하면서 바닥에 주저앉았다. 나는 어떻게

든 아이의 고민을 해결할 수 있으리라 희망하면서 "네가 너무 지친 것 같구나. 이제 그만 가서 자자!"라고 말했다. 그런데 그 말은 상황을 더 악화시켰고, 아이는 내 말에 격렬하게 반박했다. "싫어! 나 절대 침대에 안 갈 거야. 나를 억지로 자게 하지 못할 거야!"

아이가 지쳤다는 것을 알았기에, 나는 침대로 데리고 가서 옆에 앉았다. 아이는 여전히 때리고 발로 차면서 비명을 질렀다. 나는 어떻게 해야 할지 몰라 난감했다. 그 순간 어렸을 때 나를 가르쳤던 유치원 교사 쉼(Sheem)이 떠올랐다. 그녀는 교실이 너무 시끄럽거나 혼란스러우면 참을성 있게 노래를 부르곤 했다. 그녀는 교실이 조용해질 때까지 "나는 조용한 소리를 듣네~"라는 코러스를 반복적으로 부르곤 했다. 놀랍게도 이 노래는 언제나 학생들을 차분하게 만들어서 수업 받을 준비가 되게 했다.

이 위기를 모면하고 싶은 간절한 마음에 나는 그대로 따라해 보았다. 먼저 아이의 비명 소리에 필적할 만한 높은 에너지로 "나는 조용한 소리를 듣네~"라는 코러스 부분을 반복적으로 부르기 시작했다. 그리고 나서 목소리 톤과 에너지 수준을 조금씩 낮추어 갔다. 나는 적당한 때에 노래를 멈추었다가 2분 안에 다시 속삭이듯 그 노래를 불렀다. 그러자 아이도 속삭이듯 칭얼거리는 것이 아닌가! 그것은 놀라운 광경이었다. 아이는 잠들기 직전이었지만, 눈을 감은 채 가끔씩 다리를 걷어차면서 "나는 잠들지 않을 거야!"라고 말했다. 그러나 몇 초도 되지 않아 아이는 잠이 들고 말았다. 이제는 성장하여 대학생이 된 아이와 나는 아직도 그때 일을 이야기하곤 한다.

쉼 선생님의 노래와 나의 예가 효과적이었던 것은 15번 뇌기술과 관련이 있다. 쉼 선생님은 교실 안의 소음 수준에 필적할 만큼 높은 에너지로 노래를 시작했고, 잠시 멈춘 후에 에너지와 목소리톤을 낮추어서 학생들이 진정할 때까지 계속 노래하곤 했다.

우리 뇌의 빠른 경로 처리기는 일단 훈련을 받게 되면 무엇을 해야 할지 잘 알게 되며, 15번 뇌기술은 평안을 가져오고 새로운 결심을 독려하기 때문에 세대 간에 전수될 수 있다. 노래는 뇌의 반구를 동기화시켜서 힘든 시기에도 유대관계를 유지할 수 있게 해 주는 실용적인 방법이다. 나는 자녀들을 키울 때 이 노래를 부르며 동일한 단계를 거쳤고, 격렬한 감정이 오갈 때 15번 뇌기술을 사용함으로써 유대관계를 아름답게 지켜내었다.

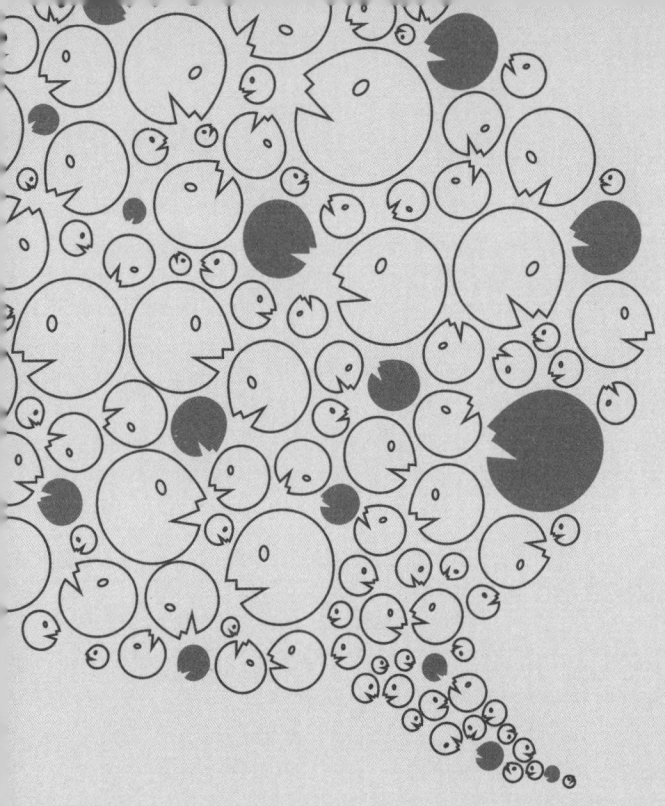

CHAPTER 18

16번 뇌기술: 고(高)에너지 반응과 저(低)에너지 반응을 인식하라

교감 신경과 부교감 신경 – 어떤 사람은 활동 중일 때, 어떤 사람은 홀로 있을 때 최고의 모습을 보인다. 자신의 스타일과 필요를 알면 모든 상호작용에서 최고의 열매를 맺을 수 있다.

"왜 이 기술이 당신에게 중요합니까?"라고 하나님께 여쭤보았을 때 내 마음속에 이런 생각이 떠오르는 것을 발견했다.

"내 백성에 대해 말할 때 '한 가지로 모두를' 설명할 수 없다. 나는 내 형상대로 내 성품과 본성을 반영하는 독특한 특징을 가진 자로서 너희 하나 하나를 창조했다. 그래서 어떤 양은 놀면서 돌아다니는 것을 좋아하고, 어떤 양은 조용한 물가에 앉아 쉬기를 좋아한다. 하지만 둘 다 내 목소리를 듣는다."

우리는 감정을 느낄 수 있을 뿐만 아니라 그 감정을 고에너지와 저에너지 반응으로 나누어 배분할 수 있다. 기쁨, 분노, 공포는 자율 신경계의 "가속기", 즉 교감 신경계에서 나오는 감정을 만들어내는 에너지이다. 슬픔, 혐오, 수치, 절망은 우리의 에너지 수준을 감소시킨다. 에너지 감속기는 우리가 차분히 쉴 수 있도록 "브레이크" 역할을 하는 신경계에 속한 부교감 신경의 반응이다. 활성화되어 적극 참여하는 경향성이나 폐쇄적인 경향성은 서로 리듬감 있게 움직이면서 건강하고 기쁨에 기초한 관계를 맺는 대신, 종종 "추적과 철수" 혹은 "분노와 눈물"이라는 반응으로 이어지기도 한다. 연습을 통해 우리는 감정을 조절하고 다른 사람들의 에너지 수준에 자신을 맞추는 법을 배울 수 있다. 16번 뇌기술은 우리가 고에너지로 반응하는 자인지, 아니면 저에너지로 반응하는 자인지를 인식할 수 있게 해서 우리 신경계의 필요를 가장 잘 채워 줄 수 있는 것이 무엇인지 발견하도록 도와준다.

하루 종일 신경계는 고에너지 상태와 저에너지 상태 사이를 순환하지만 사람들은 자신들을 끌어당기는 지배적인 반응으로 치우치게 된다. 우리 중 어떤 이들은 아드레날린이 방출되는 활동을 즐기는 고에너지 반응자이고, 어떤 이들은 조용하고 "절제된" 활동을 정상으로 여기는 저에너지 반응자이다. 친구 쥴리와 나는 이러한 대조의 좋은 예이다. 예를 들어, 나는 하나님과 교제하고 싶을 때면 소음과 산만함을 피할 수 있는 조용한 곳을 찾아 창 밖을 내다보며 기도하거나 일기를 쓴다. (난폭한 두 아들과 함께 있다 보면 매우 도전이 되는 일이기도 하다!) 반면 친구 쥴리는 헤드폰을 끼고 큰 소리로 찬양을 들으면서 집 근처 산을 뛰어올라 가기를 좋아한다. 만약 쥴리가 내 방법을 시도한다면 금방 지루해지거나 산만해지고, 반대로 내가 그녀의 방법을 사용한다면 금방 지치고 압도 당하는 듯한 느낌을 받을 것이다. 우리는 각각 다르다. 그 다름은 옳고 그름의 문제는 아니다.

16번 뇌기술의 많은 예들을 살펴보면서 일종의 리트머스 테스트를 통해 누가 고에너지 반응자이고, 누가 저에너지 반응자인지 인식해 보도록 하자. 두려운 감정을 느끼거나 "나는 당신과 함께 있는 게 기쁘지 않다"라는 말을 들을 때 부교감 신경에 주로 영향을 받는 저에너지 반응자는 자기 자신을 비하하는 공격에 나설 가능성이 크다. 「기쁨은 여기서 시작된다」에서 우리는 이것을 "피해자의 행동"이라고 불렀는데, 이때 피해자는 "나는 정말 바보야!", "나는 제대로 할 줄 아는 게 없어!", "나는 아무 쓸모없어!" 하면서 스스로를 자책한다. 저에너지 반응자들은 문제와 감정을 모두 자신의 탓으로 돌리면서 자신의 중요성이나 고유한 가치를 부인한다. 부교감 신경에 반응하는 자들은 자신을 매일 밟히는 문 앞의 매트 같이 느끼면서 절망과 무기력감을 경험하곤 한다. 이러한 반응은 심지어 그들의 성격을 결정할 수도 있다.

저에너지 반응자들은 피해자로서 감추고 공감하는 것을 잘하는 반면, 고에너지 반응자들은 "가해자 반응"을 일으키며 공격적인 성향을 드러낸다. 가해자의 역할을 하는 동안, 고에너지 반응자들은 두려움과 수치를 만나면 각성과 분노로 반응한다. 그들은 일반적으로 분노를 통해 사람들의 반응을 만들어 냄으로써 저에너지의 감정, 특히 수치심을 피하려 한다. 그들은 또한 자신이 원하는 바를 얻기 위해 통제적이 되거나 심지어 징벌적인 태도를 보이기도 한다.[1] 비난, 고소 및 자기 정당화가 이에 해당하는 일반적인 예이다. 우리는 이런 사람들에게서 "도대체 당신이 뭔데 그래?", "당신이 무슨 상관이야?"라는 말을 들을 수 있다. 자신의 인생, 인간 관계 및 조직을 이런 식으로 운영하는 사람 밑에서 일해야 하거나 그런 사람을 지적하고자 할

---

[1] 더 자세히 알고 싶으면 짐 와일더의 「사역으로 인한 소송 피하기」(Keeping your Ministry Out of Court)를 참고하라.

때 우리는 속이 뒤틀리는 것을 경험하게 된다. 비판적인 태도는 고에너지로 반응하는 사람을 사로잡아서 어떻게 살아가며 어떻게 가족 및 동료와 상호작용 할지를 결정하게 한다. 사람들이 건강한 수치심에 대해 어떻게 반응하는지를 보면 "함께 있는 것이 기쁘지" 않은 상태를 처리하는 능력에 대해 많은 것을 알 수 있다.[2]

고에너지 반응자는 뜨거운 감정을 선호하고 에너지를 소모하게 만드는 감정을 피한다. 반면 저에너지 반응자는 분노나 두려움에 비해 일반적으로 슬픈 감정을 더 자주 느낀다. 원치 않는 패턴을 수정하기 위해서는 16번 뇌기술이 필요한데, 이 기술을 통해 우리는 하나님이 주신 각자의 차이를 서로 이해하게 된다. 우리는 각자가 독특하게 창조되었음을 발견하는 기쁨을 통해 은혜를 나눈다. 어떤 사람들은 예배, 운동, 음악, 연극, 극한 스포츠, 취미 등의 고에너지 활동을 선호하지만, 어떤 사람들은 저에너지 활동을 추구한다. 저에너지 반응자들은 편안한 음악, 목욕, 조용한 순간, 자극이 적은 환경에 더 끌린다. 그러나 고에너지 응답자에게는 그러한 활동이 지루하게 느껴질 수 있다. 마찬가지로 고에너지 반응자들에게 활력을 주는 활동이 저에너지 반응자들을 압도해 버릴 수도 있다.

스타일에 옳고 그른 것은 없다. 그래서 누군가에게 스타일을 바꾸거나 자기 방식을 따르도록 강요하면 상대방은 분노하게 된다. 그렇

---

[2] 해로운 수치심이 삶과 관계를 해치고 도움이 되지 않는 반면, 건강한 수치심은 잘못된 행동을 교정할 수 있는 기회를 제공해 준다. 더 자세히 배우기 원하면 JIMTalk Vol. 24와 25번을 참고하라.

다면 누가 고에너지 반응자이고 저에너지 반응자인지 어떻게 알 수 있겠는가?

리더가 16번 뇌기술을 익히면 고에너지 반응자와 저에너지 반응자를 인식할 수 있기 때문에 그들에게 가장 적합한 역할과 기회를 줄 수 있다. 그러면 보다 즐겁고 효율적인 공동체를 만들 수 있다. 목사는 교감신경에 영향을 받는 사람들에게 고에너지 예배를 제공할 수 있고, 부교감 신경에 영향을 받는 사람들에게 저에너지 예배를 제공할 수 있다. 감독관들은 근로자들에게 가장 잘 맞는 노동 환경을 만들어 줄 수 있고, 고객들의 요구에 더 잘 부응할 수 있다. 부부가 서로의 에너지 반응 스타일을 인식하면 서로를 더 잘 이해하게 되고, 이에 가장 부합하는 가정 환경을 만들어 갈 수 있다. 우리가 16번 뇌기술을 인식하지 못하면 우리는 다른 사람들이 드러내는 차이점과 그들의 선호도에 대해 분노할 수 있다. 심지어 사람들이 "당신이 만약 나 같은 사람이었다면 우리는 훨씬 더 잘 지낼 수 있었을 것"이라고 하는 말을 들을 수도 있다.

어떤 사람들은 방이 조용하고 불빛은 흐릿하며 차분한 음악이 흐를 때(만약 음악이 있다면) 기도하기를 좋아한다. 또 어떤 사람들은 하나님과 교제하기 원할 때, 밖으로 나가 조깅을 하고, 자전거를 타고, 운동하고, 춤을 추고, 놀면서 기도를 한다. 이러한 차이점을 볼 때 우리는 생각과 관계의 가장 중심에 16번 뇌기술을 놓아야 함을 알게 된다. 또한 이 기술은 수용과 상호 만족으로 우리를 이끈다. 우리는 16번 뇌기술을 통해 이러한 차이점들을 찾아내고, 자녀 각각에게 하나님이 주신 것에 감사함으로 반응할 수 있다.

16번 뇌기술은 보통 어떻게 획득되고 연습되며 전파되는가?

가족은 상대방과 다른 반응 스타일을 인식하게 될 때 16번 뇌기술을 개발하게 되며 부모는 자녀의 신경계에 가장 잘 맞는 방식으로 놀 수 있는 기회를 제공할 수 있다. 고에너지 아이들은 밖에 나가 놀거나 뛰고 자전거를 타면서 "에너지를 태워버릴 수 있다." 반면 저에너지 아이들은 책을 읽거나 퍼즐을 맞추고 색칠하기 등을 하면서 에너지를 적게 사용하는 활동을 한다.

교사, 상담가, 코치, 목사가 자녀들의 응답 스타일에 따라 가장 잘 맞는 학습과 놀이의 대안을 제공해 줄 때 16번 뇌기술은 강화된다. 아이들은 자신과 반응 스타일이 비슷한 친구들에게 끌리는 경향이 있다. 그러나 시간이 지남에 따라 자신의 신경계에 따라 하고픈 다양한 활동을 "주고받을" 수 있는 능력을 개발한다. 그리고 친구들의 반응에 맞추어 놀아 줄 수 있게 된다. 예를 들면 이렇다. "지금은 너하고 같이 잡기 놀이를 하겠지만(고에너지) 그것을 마치고 나면 내 새로운 퍼즐을 같이 맞춰 보자(저에너지)!" 16번 뇌기술은 당사자들이 성숙할수록 더 잘 전파된다(8번 뇌기술). 성숙한 사람들은 관계된 모든 사람이 만족을 느끼고, 인정 받고, 안정감을 누릴 수 있도록 노력하기 때문이다. 그러면 두 가지 스타일 모두에게 만족을 주는 활동이 주로 선택된다. 이러한 선택들을 논의하고 적합한 결정을 내림으로써 서로의 차이점이 수치를 당하거나 비난 받아야 할 잘못이 아니라 존중 받아 마땅한 선물임을 직관적으로 인식하게 된다.

16번 뇌기술은 어떻게 추가적으로 획득되고 연습되며 전파되는가?

이제 관계·코이노니아를 변화시키는 것이 어떻게 고에너지 반응과 저에너지 반응을 인식하는 기술을 복원시킬 수 있는지 살펴보자.

사람들은 고에너지 반응과 저에너지 반응을 모두 지니지만, 대게 둘 중 하나가 지배적이다. 먼저 느헤미야로부터 시작해 몇 사람의 예를 살펴보도록 하자.

느헤미야는 자신의 백성이 처한 상황에 큰 고통을 느꼈다. 그래서 목숨을 잃을 수도 있음에도 불구하고 아닥사스다 왕의 면전에서 슬픈 표정을 지었다. 왕은 느헤미야의 상태를 알아차리고 그에게 왜 그리 슬픈 표정을 짓고 있냐고 물었다. 느헤미야의 삶에 종언을 고하든지 아니면 자기 백성을 돕든지 하는 기회의 순간이 찾아온 것이다. 다행히 왕은 느헤미야에게 호의적으로 응답했고 그가 예루살렘 성벽을 재건할 수 있도록 했다.[3]

예루살렘에 머무는 동안 느헤미야와 에스라, 레위인들은 백성들을 모아 하나님의 말씀을 가르쳤다. 그때 이스라엘 백성은 처음으로 하나님의 율법을 들었기에 그 율법이 어떻게 깨졌는지, 말씀을 무시한 결과가 얼마나 고통스런 결과를 가져왔는지에 대해 깨닫고 슬퍼했다. 이때 느헤미야는 울고 있는 백성들에게 이 날이 거룩하고 신성한 날임을 상기시켰다. 바로 그날은 장막절(Feast of Tabernacle)이 시작

---

3 느헤미야 2장

되는 날로 백성들은 그날에 마땅히 기억하고 축하하고 기뻐해야 했기 때문이다. 느헤미야는 백성들에게 명령했다.

> "느헤미야가 또 그들에게 이르기를 너희는 가서 살진 것을 먹고 단 것을 마시되 준비하지 못한 자에게는 나누어 주라 이 날은 우리 주의 성일이니 근심하지 말라 여호와로 인하여 기뻐하는 것이 너희의 힘이니라 하고 레위 사람들도 모든 백성을 정숙하게 하여 이르기를 오늘은 성일이니 마땅히 조용하고 근심하지 말라 하니 모든 백성이 곧 가서 먹고 마시며 나누어 주고 크게 즐거워하니 이는 그들이 그 읽어 들려 준 말을 밝히 앎이라"(느 8:10–12).

이때 지도자들의 인도에 따라 백성들은 애통에서 기쁨으로 전환하기 위해 16번 뇌기술을 사용했다. 이것이 쉽게 들릴지 모르겠지만 오직 훈련된 뇌만이 에너지 레벨을 동기화하고 고에너지에서 저에너지로, 다시 고에너지로 전환할 수 있다. 이러한 훈련이 없으면 우리는 감정적인 상태에 머물러 있을 수밖에 없게 된다. 당신 주변에 고에너지 수준 또는 저에너지 수준을 유지하는 사람을 알고 있는가?

우리는 성경에서 끊임없이 변화하는 상황에 대처하기 위해 16번 뇌기술을 사용해야만 했던 또 다른 예를 볼 수 있다. 사무엘하 6장을 보면, 다윗은 언약궤 앞에서 뛰어 춤추고 찬양하면서 성읍으로 들어왔다. 나팔 소리와 외치는 소리가 하늘을 가득 채우는 동안 사울의 딸이자 다윗의 아내인 미갈은 창문에서 그 고에너지의 소동을 지켜보고 있었다. 그때 그녀는 무리들과 같이 축제에 참석해 다윗처럼 하나님을 찬양하지 않았고, 대신 "마음속으로 다윗을 멸시"했다. 그리고 자신은 그런 남편과 함께 하지 않겠노라고 말했다. 그녀는 기뻐하고 축하하는 대신 무관심으로 일관하며 관계를 끊어 버렸다. 여기서 우리는 두 반응이 일치되거나 공유되지 않는 것을 볼 수 있다. 만약 미갈이 16번 뇌기술을 사용했더라면 다윗과 함께 고에너지의 기쁨을 누렸을 것이다. 그러나 안타깝게도 미갈은 가장 고통스럽고 유감스러운 시련을 맞아야 했다.

얼마 지나지 않아 사무엘하 12장을 보면, 다윗이 갓 태어난 아들이 죽어가는 것을 밧세바와 함께 슬퍼하면서 하나님의 긍휼을 바라는 마음으로 금식하고 간청하며 바닥에 누워 있는 모습이 나온다. 이때 다윗은 먹지도, 움직이지도 않았다. 저에너지 상태로 절망에 사로잡혀 있었다. 그러나 아들이 죽자, 다윗은 곧 일어나 씻은 후 새 옷을 입고 식사를 하기 시작했다.[4] 이 반응에 신하들을 혼란스러워했지만 우리도 때때로 누군가가 저에너지에서 고에너지 상태로 되돌아가는 모습을 보곤 한다. 시편은 하나님을 경배하고 찬양하는 사람들의 다양한 에너지 레벨로 가득 차 있다. 때로는 주님 앞에서 박수 치고 춤추며 기뻐함으로 고에너지를 표현하고, 때로는 저에너지로 하나님의 말씀을 묵상하며 안식한다.

---

4 사무엘하 12:20

"너희 만민들아 손바닥을 치고 즐거운 소리로 하나님께 외칠지어다"(시 47:1).

"할렐루야 새 노래로 여호와께 노래하며 성도의 모임 가운데에서 찬양할지어다 이스라엘은 자기를 지으신 이로 말미암아 즐거워하며 시온의 주민은 그들의 왕으로 말미암아 즐거워할지어다 춤 추며 그의 이름을 찬양하며 소고와 수금으로 그를 찬양할지어다"(시 149:1–3).

"여호와 앞에 잠잠하고 참고 기다리라 자기 길이 형통하며 악한 꾀를 이루는 자 때문에 불평하지 말지어다"(시 37:7).

"내가 주께 부르짖었사오니 나를 구원하소서 내가 주의 증거들을 지키리이다"(시 119:146).

16번 뇌기술을 통해 우리는 "울 때가 있고 웃을 때가 있으며 슬퍼할 때가 있고 춤출 때"(전 3:4)가 있음을 알고 그 사이를 전환해 갈 수 있다. 우리는 우리의 신경계에 가장 이상적인 에너지 상태를 얻을 수 있도록 임마누엘과 교제하며 16번 뇌기술을 사용할 수 있다. 공동체는 서로 다른 감정의 상태와 에너지 수준을 조화롭고 리듬감 있게 넘나들 수 있도록 16번 뇌기술을 연습해야 한다. 특히 젊고 약한 회원들을 만나는 경우가 많은데, 그들의 감정 상태가 어떠하든지 그들의 상태에 맞게 우리를 조율할 수 있다. 우리는 예측 불가능한 의사소통이 어떻게 느껴지는지 주목하는데, 이때 16번 뇌기술을 사용하지 못하면 결과는 매우 명확해져서 모두가 배우고 성장할 수 있도록 교훈을 얻는 기회가 된다.

우리는 성숙 훈련에서 의도적으로 16번 뇌기술을 연습하고, 고에너지 활동에서 저에너지 활동으로 전환하는 연습을 한다. 이러한 흐름은 기쁨과 휴식의 상쾌한 조합을 제공하지만, 한 걸음 더 나아가 자신의 반응 방식을 인식하고, 자신의 필요에 가장 적합한 방식으로 임마누엘과 상호작용하는 것을 연습한다.

매일매일의 훈련은 모든 트랙을 위한 활동 기회를 제공하기에, 다른 사람들과 함께 연습하면 이 기술을 익히고 강화시킬 수 있다. 그런 다음, 그들의 신경계에 가장 잘 맞는 활동을 시도한 후 그들이 어떻게 느끼며 무엇에 주목하는지 주의를 기울이도록 한다. 5일 동안 강도 높은 연습을 마치고 나면, 집으로 돌아가서 연습을 계속하면서 자신이 발견한 것을 친구들이나 가족들과 나누는 일이 어렵지 않게 느껴질 것이다.

16번 뇌기술 – 행동 단계

우리 몸의 부교감 신경계를 이루는 주요 구성 요소인 미주 신경을 자극하면 신경전달 물질인 아세틸콜린(acetylecholine)이 방출되면서 진정 효과가 나타나고 우리 몸은 이완된다.[5] 아랫배로 심호흡을 하여서 이 전달 물질을 활성화시킬 때 어떤 느낌이 드는지 알아보라.

다음으로, 내 마음에 평안을 끼치는 운동(Shalom My Body)을 실시하여 미주 신경을 잠잠하게 해 보라. 유투브 채널(Chris Coursey–

---

5 http://www.psychologytoday.com/blog/the-athletes-way/201607/vagus-nerve-stimulation-dramatically-reduces-inflammation

THRIVE)을 보면 짐 와일더가 이 운동을 시연하는 것을 볼 수 있다. 마지막으로 다음 질문에 답해 보라.

당신은 큰 목소리로 찬양을 드리는 고에너지 예배를 좋아하는가, 아니면 부드럽고 잔잔한 찬양을 드리는 저에너지 예배를 좋아하는가?

_____

_____

_____

긴장을 풀고 쉬어야 할 때 당신은 어떤 활동을 하는가?

_____

_____

_____

친한 친구나 가족 중에 누가 고에너지 반응자이며 누가 저에너지 반응자인지 체크해 보라.

고에너지 반응자	저에너지 반응자

친구나 가족에게 16번 뇌기술에 관해 배운 것을 말해 주고 그들 자신의 응답 스타일을 인식하도록 도와주라.

_____

_____

_____

16번 뇌기술 – 다음 단계

온라인 JOYQ 평가서를 사용하여 16번 뇌기술을 비롯한 다른 기술들을 측정해 보고 성숙 훈련에도 참석해 보라. 또한 성장 기술 안내서를 사용해서 당신 자신과 공동체의 반응 방식을 파악할 수 있는 빠른 경로 능력을 향상시키도록 하라.

결론

표면적으로 보면 16번 뇌기술은 그다지 어려운 기술로 보이지 않는다. 하지만 그것을 바쁜 일상에 적용하려면 능력의 한계로 인해 어려움에 부딪히게 된다. 일단 우리가 자신의 반응 방식을 확인하기만 하면 개인이나 기업의 필요에 맞게 기도, 예배, 연구, 일, 운동의 루틴을 조정해 나갈 수 있다. 만약 우리 자신과 다른 사람들에게 희생자나 가해자의 반응이 발견되면, 우리는 반드시 관계형 뇌기술을 받아들여 예수님이 우리에게 주신 마음과 맞지 않는 삶의 패턴을 바꿔나가야 한다.

16번 뇌기술은 고에너지 활동에 끌리는 사람이든 저에너지 활동에 끌리는 사람이든 상관없이 모두의 요구를 충족시켜 준다. 또한 이것은 다양한 교제가 일어나는 헤세드 공동체 내의 자연스러운 흐름의 일부이다. 관계는 다른 사람의 한계를 존중해 주는 것이며 16번 뇌기술을 가진 사람들은 코이노니아의 보물과 같은 존재들이다. 이 코이노니아에서 사람들은 한계를 존중 받으며, 자신들만의 "관계적 언어"를 따라 상호작용할 수 있고 성장하며 치유받고 더 나아가 임마누엘 하나님을 만나는 깊은 변화까지도 체험하게 된다.

16번 뇌기술을 갖게 되면: 나는 다른 사람들의 필요를 채워 주는데 가장 적합한 활동을 능숙하게 해낸다. 나는 사람들이 자신만의 독특한 반응을 가질 수 있다는 것을 이해한다. 나는 다른 사람들이 선호하는 것을 수용할 수 있어서 기쁘다.

16번 뇌기술이 없거나 부족하면: 나는 사람들이 내 필요를 채워 주길 기대한다. 나는 모든 사람이 내가 하는 것처럼 하나님을 예배하고 그 음성을 들을 수 있어야 한다고 생각한다. 나는 다른 사람들이 선호하는 독특한 것들을 수용하기 어렵다. 나는 사람들이 마주치는 상황이나 처한 환경에 대해 나와 같은 반응을 보이지 않을 때 종종 당황한다.

> **16번 뇌기술 적용 단계 – 가족을 향한 리사의 요구**

16번 뇌기술을 알게 되었을 때, 리사의 마음은 가족에게로 향했다. 그녀는 가족들을 부지런히 움직이게 하고 재미있는 일을 찾아 하도록 무조건 자신이 좋아하는 고에너지로 몰아갔음을 인정했다.

극한 스포츠와 운동을 좋아하는 리사와 달리 남편 롭은 독서에 심취하고 TV 보기를 좋아했다. 과거에 리사는 그녀의 취미와 활동에 대해 무관심한 롭에게 분개했지만, 16번 뇌기술은 둘 사이의 관계와 자녀들 사이의 차이점에 대해 생각해 볼 수 있는 기회를 제공해 주었다.

그녀가 16번 뇌기술에 관해 배운 것을 공유한 후, 리사와 롭은 고에너지 반응자와 저에너지 반응자 모두가 만족할 수 있는 가족 활동을 발견했다. 이 변화로 인해 온 가족이 훨씬 더 만족스러움과 보람을 느끼게 되었다.

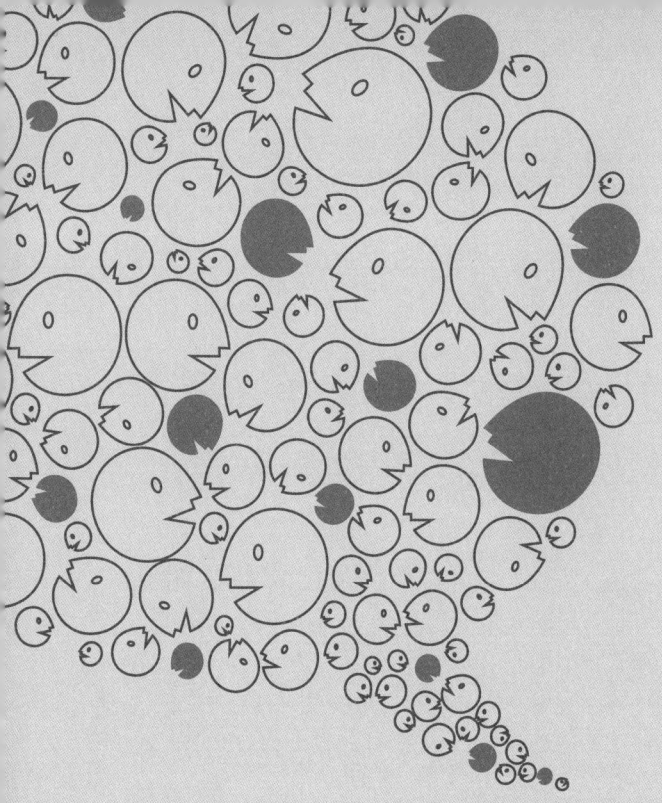

CHAPTER 19

17번 뇌기술:
애착의 유형을 파악하라

우리의 삶과 현실은 안정적인 사랑에 기반을 두어야 한다.
두려움, 상처, 정서적 거리는 불안정한 관계 유형을 만들고
이러한 관계는 일생 동안 우리에게 영향을 준다.

"왜 이 기술이 당신에게 중요합니까?"라고 하나님께 여쭤보았을 때 내 마음속에 이런 생각이 떠오르는 것을 발견했다.

"나는 내 자녀들이 기쁨으로 좋은 것을 기대하면서 나에게 나아오기 바란다. 내가 사랑으로 부드럽게 응답할 것을 기대하면서 말이다. 죄와 죽음이 가져오는 비극적인 결과 중 하나는 두려움이다. 나의 자녀들은 두려움 때문에 숨고, 나로부터 멀어지려 한다. 아담과 하와의 타락의 결과는 내 마음을 슬프게 했지만, 나의 아들이 이 땅에 와서 나의 자녀들에게 생명의 선물을 주고 악한 영에게 묶여 있던 두려움의 역병으로부터 그들을 자유하게 했다. 17번 뇌기술은 나의 자녀들을 내게로 나아오게 하고 서로 사랑할 수 있게 돕는 선물이다."

아내 젠과 처음 데이트를 시작하던 당시, 우리는 서로의 관계를 어떻게 맺어가야 할지에 대해 밀당을 하고 있었다. 젠은 굉장히 적극적이어서 자주 만나 데이트를 하기 원했고 자주 연락했다. 젠과 만나는 것은 즐겁고 기대되는 일이었지만, 자주 연락해 주길 바라는 그녀의 마음은 내게 큰 부담이 되었다. 어떤 때는 데이트를 마치고 집에 돌아가는 차 안에서부터 젠은 다음 데이트를 계획하곤 했다.

젠은 나와 연결됨으로써 안정감을 찾는 타입이었고, 나는 자유로움으로써 안정감을 찾는 타입이었다. 우리의 관계를 드라이브하면서 듣는 카오디오와 비교하면 나는 볼륨을 줄이는 타입이었고, 젠은 볼륨을 높이는 타입이었다. 나의 무덤덤함은 젠을 불안하게 만들었고, 젠의 적극성은 나를 방어적으로 만들었다. "무엇이 문제일까?" 나는 고민했다. 우리 둘 다 이 관계에 만족하지 못했다. 젠이 쫓아오면 나는 달아났고, 젠이 멈추면 나는 뒤돌아서 그녀에게 달려갔다. 우리는 점차 우리의 불안정하고 비틀비틀한 관계에 이 17번 뇌기술이 얼마나 필요한지 알게 되었다. 우리는 아기로서 첫발을 내딛기도 전부터 오랫동안 두려움에 기초해 움직이고 있었던 것이다. 우리의 관계 속에 나타나는 이 이슈는 심리학에서 아동 발달과 관련해 많이 연구되고 있는 것들이다.

태어난 순간부터 우리는 계속 변화하는 우리의 필요를 채워 줄 빠르고 예측 가능하고 일관된 반응을 원한다. 우리의 양육자와 가족들이 분 단위로 표출하는 우리의 요구에 얼마나 잘 반응하는지에 따라 우리 스스로에 대한 자아상과 세계관의 토대가 놓여진다. 이러한 반응은 우리의 감정의 집의 기초를 이룬다. 우리의 유대가 기쁘고 일관적이며 예측 가능하다면, 우리는 삶의 폭풍 가운데에서도 안전한 토대와 강한 기반을 가질 수 있다. 우리의 유대가 두렵고 불안정하다면, 우리는 왜곡된 렌즈를 통해 세상을 보게 된다. 깨지기 쉬운 기초 위에 세워진 집은 불어오는 한 줄기 바람에도 쉽사리 흔들린다. 그리고 우리는 경직되어 감정을 조절하는데 어려움을 경험한다.

17번 뇌기술은 우리의 주의를 어디에 집중시키느냐와 관련이 있다. 대뇌 변연계 깊숙이 위치한 유대관계의 센터는 우리의 현실이 형성되는 곳이다. 이 말은 우리가 유대를 느끼는 사람들이 우리에게 무엇이 중요한 지를 말해 주고, 우리의 현실을 형성하고 만든다는 것이다. 이 단계에서 일어나는 모든 일은 이것이 인간으로서의 자신의 일부인 것처럼 느껴지게 한다. 사람들은 "하나님이 나를 이렇게 창조하셨어" 또는 "이게 바로 나야"라고 말하면서 애착 왜곡과 기형적 관계를 정당화한다. 하지만 우리는 내면 깊은 곳으로부터 이것이 하나님이 창조하신 내가 아니라는 것을 알고 있다. 17번 뇌기술은 기쁨의 변화에 대한 원동력이 된다.

우리는 다른 사람들이 나를 어떻게 생각하는지, 타인의 눈에 비쳐진 내 모습을 통해 나 자신을 본다. 1번 뇌기술에 등장하는 것처럼, 누군가가 나를 바라볼 때 그 얼굴이 밝아지는 것은 내 안에 무언가 소중한 것이 있음에 대한 비언어적인 확증이 된다. 누군가가 나를 보았을 때 기뻐하지 않는다면 내게 무언가 잘못되었거나 내가 나쁜 존재임을 암시하게 된다.

시간이 지나면 이 기쁨의 존재 혹은 부재는 내재화 된다. 뇌의 발달과 연관되어 이 패턴은 우리의 성격과 정체성 발달에 영향을 미친다. 유대의 유형은 우리가 우리 자신과 세상을 보는 시각에 영향을 줄 뿐 아니라 하나님을 해석하고 이해하는 데에도 영향을 미친다. 당신은 하나님이 당신을 볼 때 만면에 미소를 가득 띄고 바라보신다고 느끼는가? 아니면 화가 나셨거나 심지어 당신을 돌보지 않으시고 당신과 연결되어 있지 않다고 느끼는가?

애착 패턴

안정 애착은 우리의 요구가 적절한 시기에 충족되는 것을 의미하며 우리의 성격에 기쁨, 평화, 회복 탄력성 및 유연성을 발달시킨다. 그리고 이러한 자질들은 관계적으로 표현된다. 때때로 우리는 자신감의 문제를 경험한다. 고통의 순간에 우리는 자신이 누구인지를 기억하고 자신에게 중요한 것을 붙잡는다. 우리는 관계 가운데 우리의 가장 깊은 곳에 있는 가치를 표현할 수 있다. 화가 나거나 긴장될 때, 또는 압도 당하는 순간에 자신의 가치를 표현하기 어려운 사람들은 어떤 사람들일까? 당신도 그 중 한 명일 확률이 높다. 모든 사람이 이 분야에 있어서 노력해야 할 필요성이 있기 때문이다.

우리는 안정 애착이나 불안정 애착을 형성할 수 있다. 불안정 애착은 세 가지로 분류되는데 관계 가운데 세 가지 패턴 모두가 나타날 수도 있다. 하지만 대개 하나의 지배적인 패턴이 나타난다. 첫 번째는 회피 애착(Dismissive attachment style)으로 다른 사람의 감정과 관계의 중요성을 과소평가하는 유대 패턴이다. 앞에서 언급했듯이, 이 그룹은 카오디오의 볼륨을 낮추고 모든 것이 괜찮으며 문제가 생겨도 "별거" 아니라고 생각한다. 회피 애착은 모든 관계적인 중요성을 과소평가하며 다른 사람들의 요구를 힘들어 한다. 당신이 어떤 문제를 가지고 그러한 사람을 찾아간다면, 그들은 아마도 피하거나 "너무 예민하신 것 같아요!" "잊어버리세요!" "괜찮아요!"라고 하면서 당신의 감정을 축소시킬 것이다. 슬프게도 그들의 인생 경험이 그들에게 가르쳐 준 것은 "어차피 아무도 내 필요를 채워 주지 못할 텐데 뭘 바라겠어?"라는 태도이다.

아이들의 뇌는 12세가 되면 "집 청소"(House-cleaning)라는 시기를 지난다. 이 시기에는 복잡한 재배치 과정이 일어난다. 아이들은 자신의 애착 신호를 알아차리기가 더욱 어려워져 자신이 다른 사람과의 애착을 원하고 필요로 한다는 것을 알려 주는 신호를 알아차리지 못한다. 아이들은 자라면서 자신의 감정을 숨기게 되고 자신이 다른 사람과 연결되지 못함으로써 오는 고통을 숨기는 적응 기제를 개발한다. 기쁨과 평화의 관계적 리듬을 상호 간에 제대로 조율하지 못하면 이는 중독이나 강박으로 이어진다. 회피 애착은 엄마나 주 양육자가 지속적으로 떨어져 있거나 아이의 필요에 잘 반응하지 못할 때 형성된다. 이러한 경험이 계속되면 아이는 "필요 자체를 느낄 필요가 있을까? 어차피 채워지지 않을 텐데"라고 결론짓는다.

두 번째는 산만 애착(Distracted attachment style)이다. 산만 애착은 나와 다른 사람의 감정에 대해 극도의 강렬함과 긴장을 느끼며 과도하게 유대를 갖는 패턴이다. 산만하게 느끼는 사람들은 끊임없이 다른 사람들이 자신들에게 화내는 것에 대해 상처받거나 걱정한다. 그들은 사람들에게 늘 도움을 청하는 사람처럼 보인다. 젠과 내 경험을 생각해 보면, 젠은 때때로 우리가 "괜찮은지" 알아보기 위해 연락을 하곤 했고 조금이라도 오해가 있으면 "대단한 일이 벌어졌다는 듯이" 행동했다. 그에 비해 나는 중요한 문제인데도 무시하곤 했다. 나의 회피적인 반응은 대개 "당신, 너무 과민한 거 아니에요? 진정해요"였고 그녀의 반응은 "당신은 너무 미지근해요. 제발 정신차리고 집중 좀 해요!"였다. 젠이 흥분하기 시작하면 나는 관계의 라디오를 껐다.

산만 애착은 부모가 일관성 없이 아이들에게 반응할 때 생기며 이때 아이들은 부모에게 무엇을 기대해야 할지 알지 못하게 된다. 무슨 일이 일어날지 모르기 때문에 긴장한 아이들은 바짝 경계하면서 끊임없이 부모와 상호작용할 준비를 한다. 또한 부모는 아이와의 유대에 있어 자신의 바람을 집어넣고 자신만의 용어로 자신이 원하는 타이밍에 상호작용을 시도한다. 이것은 아이들의 놀이를 방해한다. 이러한 지시는 순수하고 좋은 의도를 가진 것처럼 보이지만 아이의 필요에 맞춘 것이 아니라 부모의 필요에 맞춘 것이다.[1]

마지막은 혼란 애착(Disorganized attachment style)이다. 혼란 애착은 관계의 예측 불가능성에 근거한다. 이것을 갖고 있는 아이들은 부모에게 가까이 가는 것을 두려워한다. 부모가 두렵거나 부모의 극단적이고 무서운 반응 때문이다. 부모는 공포의 근원이면서 동시에 사랑과 애정의 원천이다.[2] 이렇게 해로운 패턴은(toxic pattern) 가장 교정하기 어렵다. 아이는 부모와 가까워지고 싶으면서도 두려움으로 인해 가까이 가는 것을 두려워한다. 차에서 액셀과 브레이크를 함께 밟았을 때의 결과를 상상해 보라. 아이의 신경계에 바로 이 같은 반응이 일어난다. 혼란 애착의 반응은 성장 후 아이에게 가장 높은 정신 질

---

[1] 부모의 개입과 애착 스타일에 대해 더 알기 원하면 「내면에서 본 발달하는 마음과 자녀 양육」(The Developing Mind and Parenting From The Inside Out)을 참고하라.
[2] 「남성과 살아가기 위한 완벽한 안내서」

환 발현율을 가지고 있다.

혼란스러운 반응의 징후는 이전 반응 스타일보다 좀 더 심리적이며 외상 후 스트레스의 양태로 나타난다.[3] 혼란스러운 반응은 삶을 탐색하려는 능력을 방해한다. 관계의 극단적인 성향으로 인해 아이들은 결국 우울해지고 쉽게 화를 내고 절망적으로 바뀌어 간다. 아이들은 가까워지고 싶지만 너무 가까워져서 "사랑으로 인한 상처"를 받을까 봐 두려워하게 된다. 대부분의 사람들은 소통하기 어려운 상사나 화를 잘 내는 동료와 대화해야 할 때 자신의 혼란 애착 반응을 알아차린다. 그들로부터 비난이나 수치를 당할 것을 상상하면 심장이 조이는 듯한 느낌을 받는다. 혼란 애착을 가진 부모의 자녀 또한 혼란 애착을 갖게 된다.

그래서 17번 뇌기술이 필요하다. 각각의 불안정 애착은 불안에 기초한다. 예수님의 제자 요한은 다음과 같이 말했다.

> "사랑 안에 두려움이 없고 온전한 사랑이 두려움을 내쫓나니 두려움에는 형벌이 있음이라 두려워하는 자는 사랑 안에서 온전히 이루지 못하였느니라"(요일 4:18).

사랑은 두려움보다 위대하고 선호되는 동기이다. 우리는 두려움의 패턴을 바로잡을 때 안정 애착을 개발하게 된다. 그리고 안정 애착 안에서 사랑과 기쁨의 관계를 형성하고 충족시킨다. 우리는 안정

---

3 「내면에서 본 발달하는 마음과 자녀 양육」, p 119

된 기지를 기반으로 기능하게 된다. 단지 두려움을 없애는 것뿐 아니라 불안정한 애착 스타일 뒤에 있는 고통을 처리한다. 이 고통, 즉 상실의 고통은 애착 고통으로 알려져 있다. 애착 고통은 뇌의 조절 센터에서 처리되는 다섯 가지 고통 중에서 가장 힘든 고통이다. 우리는 원치 않는 애착 패턴을 해결하기 위해 17번 뇌기술을 사용하여 고통을 확인하고 18번 뇌기술을 통해 해결책을 가져온다. 우리는 임마누엘 생활방식을 배워 상호작용하는 하나님의 임재를 인식하고 살아가며, 예수님이 평화가 없는 우리의 삶에 오셔서 우리를 만나주시도록 초대한다. 이후 점차로 우리는 즐거운 유대관계를 만들기 시작한다. 우리의 요구를 조율하고 우리의 약함에 부드러움으로 반응하는 사람들은 우리가 성장하도록 돕는다. 다른 사람들과 연결되기 위한 조율, 인정, 위로, 반응의 타이밍은 우리가 인정 받고 소중히 여김 받고 만족을 느끼는 데 도움이 된다.

우리의 애착이 안정되고 동기화되면 삶과 관계에 있어 큰 보상을 받게 된다. 우리는 17번 뇌기술을 통해 우리의 생각과 결정과 관계를 이끄는 의지와 두려움을 깨닫게 된다. 우리는 또한 BEEPS에 의지하게 만드는 깊은 열망의 이유를 탐색한다. BEEPS는 우리의 감정을 정상화하고 관계적인 기쁨을 인위적으로 통제하기 위해 사용할 수 있는 모든 것이다. 17번 뇌기술은 우리가 어디에 주의를 기울이는지를 조명하여 우리가 사랑하는 사람들에게 관계의 패턴을 적응시키도록 한다. 대부분의 경우, 이 패턴은 우리가 누구인지 알려주는 핵심과도 같은 것이다. 하나님이 우리를 어떤 존재로 창조하셨는지를 받아들일 때 우리는 깊이 숨겨진 보석들을 발견해낼 수 있다. 우리는 선한 목자이신 하나님과 그분의 자녀의 관계로 창조되어 그 관계 안에서 사랑하고 감정을 느끼고 기뻐하고 슬퍼하며 축하하도록 창조되었다.

17번 뇌기술은 보통 어떻게 획득되고 연습되며 전파되는가?

가장 이상적인 것은 부모가 자녀에게 주의를 기울이고 예측 가능하고 일관성 있게 행동하며 자녀의 모든 필요를 적절한 시기에 채워주는 것이다. 기쁨과 안식은 안정감을 세우기 위한 관계적 환경 안에서 제공된다. 이 기초가 잘 세워지면 우리는 이 세상이 안전한 곳이며 어떤 일이 일어나더라도 결국 모든 것이 잘될 것이라는 생각을 갖게 된다. 안정적인 유대는 일관적으로 우리의 필요를 채워 주고 잘못된 것을 바로잡아 주는 양육자에 의해 개발된다. 좋은 부모는 부모의 역할을 완벽하게 하는 사람들을 말하는 것이 아니다. 좋은 부모란 자녀들이 자신의 실수를 깨달을 때 함께 바로잡아 주며 자신이 저지른 잘못으로 인한 고통을 책임감을 갖고 받아들이도록 돕는 사람이다.

이러한 방법을 통해 우리는 자라면서 안정적인 유대를 향해 나아가게 되고, 사람들은 우리를 확신 있고 안정감 있는 사람으로 여기게 된다. 이러한 사람은 때로 지루한 사람처럼 보일 수 있는데 그 이유는 스스로에게 관심을 집중시키려는 시도를 별로 하지 않기 때문이다. 또한 상호관계 속에서 인정 받고 존중 받는다고 느낀다. 그리고 사람들이 두려움을 사용하더라도 쉽게 두려움을 느끼지 않는다.

사람들은 이 방법이 잘 훈련된 사람과 함께 있는 것을 좋아한다. 함께 있을 때 차분해지고 긴장되지 않는 느낌을 받기 때문이다. 이 예는 17번 뇌기술이 무엇인지에 대해 잘 보여 준다. 또한 사람들이 자신을 이끄는 두려움을 인식하도록 돕는다. 이렇듯 안정적인 애착을 형성할 뿐 아니라 사람들이 자신의 행동과 관계를 이끄는 두려움을 알아차림으로써 자신의 불안정적인 애착 스타일을 인식하도록 돕는다.

우리는 이 예를 예수님께 영원한 생명을 얻기 위해 무엇을 해야 할지 물은 부유한 청년에게 주신 예수님의 말씀에서 찾아볼 수 있다. 예수님은 그에게 먼저 하나님의 명령에 따르라고 하신 뒤에, 자신의 소유물을 모두 팔아 가난한 사람에게 준 뒤, 주님을 따르라고 말씀하심으로써 그 사람의 두려움의 근원을 지적하셨다.[4]

17번 뇌기술을 안정적으로 사용할 수 있게 되면 우리는 반석처럼 단단해져서 긴장이나 스트레스에 쉽게 흔들리지 않게 된다. 우리는 17번 뇌기술을 전파하면서 관계 안에 나타나는 안정적인 사랑이 어떤 모습인지를 보여 주고 다른 사람들이 자신의 동기를 발견하도록 돕는다. 또한 잘못된 것들을 바로잡고 애착을 강화시키고 삶과 관계를 지배하는 두려움을 줄이는 기본적인 기술을 어떻게 사용하는지 보여 준다.

---

4 누가복음 18:18-23

17번 뇌기술은 어떻게 추가적으로 획득되고 연습되며 전파되는가?

이제 관계·코이노니아를 변화시키는 것이 어떻게 애착의 방식을 파악하는 기술을 복원시킬 수 있는지 살펴보자. 우리 선조들의 삶이 어땠을지 생각해 보자. 아담과 하와는 모든 것을 자신의 뜻대로 사용할 수 있었다. 그들은 에덴동산을 다스렸고 필요한 모든 먹을 것을 가지고 있었으며 창조자와 친밀감을 느끼며 함께 있는 것을 즐겼다. 그곳의 나무들, 꽃들, 그리고 동물들이 완벽한 상태의 평온 속에서 얼마나 아름다웠을지 상상해 보라!

타락 이전의 하나님의 자녀들은 수치와 두려움을 알지 못했다. 기쁨이 그들의 동기이자 현실이었다. 안전에 대한 두려움이 없었고 청구서를 납부하거나 전쟁 또는 폭력에 대한 걱정도 없었다. 삶은 즐겁고 놀라웠다. 그러나 상상할 수 없는 일이 일어나면서 모든 것이 변해 버렸다. 하나님의 자녀들은 악한 일을 행했다. 그리고 아담과 하와는 숨고 서로를 기피했으며 비난하고 회피했다. 이것은 모두 두려움이 불러일으키는 반응들이다. 아담과 하와는 그들의 눈이 열리기 전까지[5] 하나님과 안전한 유대를 즐겼으나 이후에는 그들을 도와주려는 분으로부터 도망쳤다. 우리는 이 회피가 불안정한 두려움의 유대라는 것을 알고 있다. 이후로 인류는 하나님으로부터 여러 방법으로 도망쳐 왔다. 좋은 부모가 그렇듯이, 하나님은 우리를 따라오시며 우리의 필요를 공급하셨고 우리를 보호하셨다. 인류의 행동으로 인

---

5 창세기 3:7

한 파문에도 불구하고 말이다. 이 이야기는 끔찍한 결말을 맞게 되지만, 하나님은 관계를 문제보다 더 중요시 하셨다. 성경의 나머지 이야기는 그 사실을 확증해 준다.

연구에 따르면 자녀들이 부모와 혼란 애착을 보일 때, 부모를 회피하고 때리며 몸을 웅크리거나 눈을 마주치지 않은 채 부모에게 거꾸로 기어간다고 한다. 어떤 경우에는 바닥에 머리를 부딪치면서 부모에게 똑바로 기어가기도 한다.[6] 우리는 관계에서 두려움을 갖도록 창조되지 않았다. 40년 뒤 티투스 장군이 예루살렘을 포위하고 파괴해 버리는 끔찍한 사건이 역사의 지평선 위로 떠오르는 모습을 보셨던 예수님은 자신의 백성을 보듬기 원하시며 이렇게 말씀하셨다.

> "예루살렘아 예루살렘아 선지자들을 죽이고 네게 파송된 자들을 돌로 치는 자여 암탉이 그 새끼를 날개 아래에 모음 같이 내가 네 자녀를 모으려 한 일이 몇 번이더냐 그러나 너희가 원치 아니하였도다" (마 23:37).

우리는 이 말씀을 하시면서 예수님이 느끼셨을 슬픔을 단지 짐작할 뿐이다. 안정적인 부모가 그렇듯, 예수님은 그분의 백성들과 관계하기를 원하셨다. 예수님은 그들에게 간청하시는데, 그분을 십자가에 오르게 한 열망도 바로 관계 때문이었다.

---

6 「내면에서 본 발달하는 마음과 자녀 양육」, p74

"하나님이 그 아들을 세상에 보내신 것은 세상을 심판하려 하심이 아니요 그로 말미암아 세상이 구원을 받게 하려 하심이라"(요 3:17).

하나님은 그분의 영원하신 사랑의 마음으로 우리를 따라다니시며 우리의 필요를 공급하시고 우리를 보호하신다. 징계[7]를 포함한 하나님의 이러한 반응은 사랑에 기초하고 있다. 요한일서 4장은 사랑에 대해 다음과 같이 기록한다.

"사랑 안에 두려움이 없고 온전한 사랑이 두려움을 내쫓나니 두려움에는 형벌이 있음이라 두려워하는 자는 사랑 안에서 온전히 이루지 못하였느니라 우리가 사랑함은 그가 먼저 우리를 사랑하셨음이라"(18-19).

완벽함, 성숙함, 안정감, 그리고 완벽한 사랑은 두려움으로부터 자유롭다. 사랑장으로 불리는 고린도전서 13장은 사랑이 모든 것이며 사랑은 언제나 승리한다고 말한다. 아담과 하와의 타락 전 모습을 기억하는가? 그들은 완벽한 조화와 무한한 기쁨을 누렸고 두려움에서부터 자유로웠다. 하나님이나 하나님의 사자가 종종 그분의 백성들에게 나타나 종종 "두려워하지 말라"고 말씀하신 것은 우연이 아니다. 생각해 보라. 우리는 제멋대로 사는 사람들이다. 그렇지 않은가? 그런데 우리 선조의 타락으로 인해 두려움이 우리의 자연적인

---

7 잠언 3:12, 히브리서 12:6

성향이 되고 말았다. 두려움에 대한 하나님의 해결책은 하나님이 함께 하신다는 것을 우리가 기억하게 하는 것이다. 사도행전 18장에서 하나님은 어느 날 밤 환상 가운데 바울에게 나타나 고린도 사역에 대해 다음과 같이 말씀하신다.

> "밤에 주께서 환상 가운데 바울에게 말씀하시되 두려워하지 말며 침묵하지 말고 말하라 내가 너와 함께 있으매 어떤 사람도 너를 대적하여 해롭게 할 자가 없을 것이니 이는 이 성중에 내 백성이 많음이라 하시더라 일 년 육 개월을 머물며 그들 가운데서 하나님의 말씀을 가르치니라"(행 18:9-11).

안정적인 사랑은 바울의 두려움을 내쫓았다. 하나님은 바울이 두려움이 아닌 사랑에서 동기를 찾도록 도우셨다. 이처럼 지도자들은 사랑의 유대 안에서 기쁨을 누릴 있도록 기회를 주고 인도해야 한다. 그런데 이것은 두려움이 우리의 관계 가운데 날뛰고 우리의 결정을 이끈다는 것을 깨달을 때에야 비로소 시작될 수 있다. 우리는 묻는다. "우리 가운데 누가 자기 자신을 정당화하려 하는가?" "누가 회유하려 하는가?" "누가 갈등을 회피하려 하는가?" 17번 뇌기술은 두려움이 지배하고 있는 영역들을 임마누엘 하나님이 치유하시도록 초청한다.

우리는 안정적인 관계 안에서 새로운 기술을 가장 잘 배울 수 있다. 불안정한 애착에 관한 책과 자료, 방법이 이미 많이 소개되어 있지만, 17번 뇌기술은 성숙 훈련에 처음부터 끝까지 녹아 있는 중요한 기술이다. 우리는 사람들과 관계할 때에 불안정한 애착 스타일과 두려움을 지속시키는 방해물을 알게 됨으로써 17번 뇌기술을 배운다. 그리고 임마누엘 하나님과 함께 기쁨을 나누며 감정의 수용력을 높이고 기쁨을 앗아가는 건강하지 않은 방해물들에 대해 임마누엘 하나님과 함께 상호작용한다.

성숙 훈련은 다른 사람들과의 구조화 된 연습을 통해 안정감을 세우는 방법을 제공하며 이것은 17번 뇌기술을 강화시킨다. 트랙 3을 통해 우리는 자신의 애착 스타일과 같은 공동체 내 사람들의 애착 스타일을 인식하게 된다. 그리고 18번 뇌기술을 사용해 불안정한 애착과 열망을 이끄는 고통에 대해 이야기를 나누게 된다. 우리는 다른 사람들이 그들의 관계 안에서 두려움과 사랑의 차이를 깨닫도록 돕고 그들의 유대 유형이 기쁨과 평화 안에서 안전하고 안정적일 수 있도록 조율함으로써 17번 뇌기술을 전파한다.

17번 뇌기술 – 행동 단계

다음 애착 스타일 표를 보고 당신이 다른 사람들과 관계를 맺을 때 기초로 삼는 유대관계의 기반이 무엇인지 생각해 보라. 하나 이상의 패턴을 가질 수 있지만 지배적이고 일관된 패턴이 무엇인지 생각해 보라. 또한 자신의 개인적 필요와 두려움, 믿음을 구분할 수 있는지 생각해 보라. 모두 마치고 나면 다른 사람들과 당신이 배운 것에 대해 함께 나누고 당신의 애착 스타일에 대한 그들의 의견을 들어보라.

애착 스타일	아이의 신호	부모의 신호(반응)
안정 애착 (안정형 아이)	+ (켜짐)	+ (켜짐)
	- (꺼짐)	- (꺼짐)
회피 애착 (회피형 아이)	+ (켜짐) 숨겨짐	- (꺼짐)
	- (꺼짐)	- (꺼짐)
산만 애착(산만한 아이)	+++ (켜짐)	-+-+-+ (일관성 없음)
	- (꺼짐)	-+-+-+ (일관성 없음)
혼란 애착 (혼란형 아이)	+- (두려움)	(화/두려움)

애착 신호 요약

나는 짐 와일더 박사의 애착 신호를 사용해 뇌의 애착 센터, 그리고 다른 사람과 연결되고 쉬고 싶어하는 뇌의 움직임에 대해 전하는 것을 좋아한다. 아래 내용은 애착 스타일에 따라 자녀의 애착 신호에 반응하는 방법들의 예이다. 애착 신호가 켜져 있으면 우리는 다른 사람과 함께 하고 상호작용하기를 원하고, 반면 꺼져 있으면 쉬기를 원한다. 목표는 우리 삶에서 이 신호를 연결시키고 조율하는 것이다.

- **안정형**: 내 애착 신호는 필요에 따라 켜지고 꺼진다. 세상은 안전한 곳이다. 필요와 원하는 바를 배우자에게 이야기하는데 어려움이 없다. 사람들은 가끔씩 나를 지루한 사람이라고 말하기도 한다. 관계에서 특별한 일이 생기지 않기 때문이다.
- **회피형**: 내 애착 신호는 주로 꺼져 있거나 숨겨져 있어서 배우자나 친구들이 주로 나를 찾는다. 나는 혼자 있는 것을 좋아한

다. 세상으로부터 나 스스로를 보호한다. 배우자는 나와 좀 더 친밀해지기 원한다. 그러나 나는 배우자에게 의존하는 것이 어렵다.

- **산만형**: 내 애착 신호는 주로 켜져 있고, 내가 먼저 배우자나 친구들을 찾는다. 나는 내 필요가 모두 채워지지 않을까 봐 두렵다. 그래서 사람들과 더 관계하기 위해 열심히 노력한다. 나는 자주 사람들이 나에게 귀 기울이지 않고 나를 이해하지 않는다고 느낀다. 배우자와 떨어져 있으면 나는 내 배우자가 다른 사람에게 관심을 갖게 될까 봐 두렵다. 나는 배우자가 나를 사랑하지 않게 될까 봐 걱정한다.[8]

- **혼란형**: 내 애착 신호는 산발적이며 나는 다른 사람과 너무 빈번히 관계하는 것을 불편하게 느낀다. 나는 사람들과 함께 하고 싶지만 종종 부담을 느끼고 쉽게 상처를 받는다.

17번 뇌기술 – 다음 단계

우리는 유대감 있는 커플을 위한 성숙 훈련과 공동체를 위한 Connexus 프로그램과 함께 17번 뇌기술을 연습함으로써 우리의 유대를 기쁨으로 바꿀 수 있다. "다시 빛나는 기쁨" 주말 결혼 세미나는 커플이 실천할 수 있는 활동을 제공해 줌으로써 그들의 잘못된 애착 패턴을 바로잡고 기쁨을 다시 시작할 수 있도록 돕는다. 성장 기술 안내서 세 권에는 각각 52주 동안 상호작용을 연습할 수 있는 연

---

8 정기 간행물 Scientific American Mind, Jan/Feb 2011 . 애착을 형성하라

습 과제들이 수록되어 있다. 성숙 강의들을 시청하고 집에서 배우는 성숙 온라인 커리큘럼에도 참여함으로써 17번 뇌기술을 보다 다양하게 이해할 수 있도록 하라.

결론

애착의 방식을 파악하는 17번 뇌기술은 우리가 사람 및 하나님과 관계 맺는 방식을 바꾸어 놓는다. 우리의 뇌는 미래를 예측하기 위해 과거를 사용하므로 자신을 "경험과 관계의 총합"이라고 결론짓는다. 그러나 이것이 이야기의 끝은 아니다. 하나님은 함께 기뻐하며 즐거운 관계를 맺도록 우리를 창조하셨다. 우리는 서로의 필요에 주목하면서 함께 만족을 얻는 법을 배운다. 우리의 관계에서 발생하는 상처와 왜곡이 우리의 정체성과 성격을 결정할 수는 없다. 우리는 두려움이 기쁨과 사랑 넘치는 유대관계로 대체될 때 획득하게 되는 안정 애착을 새로 "업데이트"하고 개발할 수 있다. 이 과정을 글로 쓰면 쉽게 보이지만 실제로는 작은 일이 아니다.

그것을 위해서 변화가 일어나는 깊은 코이노니아 그룹이 있는 헤세드 공동체가 필요하다. 왜냐하면 사람들은 선한 목자와 교제하며 자신들의 관계 기술을 연마하고, 자신들의 불안정한 애착 뒤에 있는 고통을 처리하기 때문이다.

관계를 소중히 여기고 삶과 상호작용에 대한 불안하지 않은 접근법을 강조하기 때문에, 헤세드 공동체는 17번 뇌기술을 활용한다. 안전한 관계는 헤세드 공동체의 기초이다. 좋은 상황이나 나쁜 상황에서 안전한 유대관계가 어떻게 보이며 느껴지는지 보여 주기 위해서는 코이노니아를 나누는 사람들이 꼭 필요하다. 안전한 유대관계는 안정되고 적절하게 훈련된 조절센터를 반영하기 때문에 17번 뇌기술이 왜곡을 식별하고 수정하는 것을 도와주면 변화가 일어날 수 있다. 사랑은 바로 이곳에서 우리의 상호작용을 이끌어 주고 우리의 관계를 지켜 준다.

17번 뇌기술을 갖게 되면: 나는 두려움이 내 결정과 관계에 영향을 주는 순간을 알고 있다. 나는 관계를 매우 소중히 여긴다. 사람들은 내가 그들을 잘 이해한다고 말한다. 두려움은 내 삶과 관계 및 결정에 거의 영향을 미치지 않는다. 어떤 때는 내가 친구들에게 연락을 하고, 다른 때는 친구들이 내게 연락을 한다.

17번 뇌기술이 없거나 부족하면: 나는 사람들이 내 문제의 원천인 것처럼 느껴진다. 나는 자주 오해 받고 홀로 남겨졌다고 느낀다. 나는 나의 필요가 충족될 것이라는 희망을 갖지 않는다. 나는 항상 내가 먼저 친구에게 연락하거나 또는 절대로 연락하지 않고 연락을 기다린다. 나는 두려움과 고통이 내 결정과 관계에 영향을 미치는 순간을 인식하지 못한다.

17번 뇌기술 적용 단계 – 사이먼의 변화된 삶

데이트를 하는 동안 아드리안은 외로운 늑대 같은 사이먼에게 끌렸다. 사이먼의 독립적인 마인드는 아드리안을 자석처럼 끌어당겼다. 사이먼은 혼자 사는 삶이 만족스러웠지만 아드리안에게 받는 관심도 좋았다. 그의 카리스마와 관심은 아드리안으로 하여금 자신을 특별하게 느끼게 해 주었다. 만남의 시간은 짧았지만 그들은 곧 결혼했다. 친구들은 그들의 만남이 하늘이 맺어 준 인연 같다고 말했다. 그때만 해도 그들의 관계가 무너지리라곤 아무도 상상하지 못했다.

시간이 지나면서 아드리안이 끌렸던 사이먼의 모습은 그녀가 가장 경멸하는 것으로 바뀌었다. 사이먼은 일, 체육관, 친구에 온통 관심이 가 있었고 집에 있을 때는 텔레비전만 봤다. 이에 아드리안은 상처를 입었고 버림받은 것처럼 느꼈다. 매력 넘치던 그에게 도대체 무슨 일이 일어난 것인가?

이러한 단절은 아드리안에게 자신을 버리고 떠난 아버지를 떠올리게 했다. 그녀는 남편을 바꿔 보려고 압력을 가해 보았지만 그럴수록 사이먼은 더 멀리 숨었다. 곧 두 사람은 상대방이 자신들의 고통과 불행의 근원이라고 믿게 되었다. 무언가가 바뀌지 않으면 그들의 결혼생활은 막을 내리게 될 것임을 그들은 알고 있었다.

사이먼의 친구 중 한 명이 그에게 기쁨으로 사는 법을 가르쳐 주는 세미나에 대해 알려 주었다. 그때 사이먼이 처음 든 생각은 "기쁨이 도대체 뭔데?"였다. 그러나 이내 "그것을 어떻게 얻을 수 있을까?" 하고 갈망하게 되었다. 그날 저녁 사이먼은 아드리안에게 이 세미나에 대해 이야기하고 그녀에게 함께 가겠는지 물었다. 그녀도 함께 가기로 동의했다. 그들은 함께 Connexus 프로그램에 참여해 깊은 영향을 받았다. 물론 그 여정이 쉽지 않았지만 기쁨과 안식, 애착의 방식, 17번 뇌기술에 대한 배움은 그들의 결혼생활을 송두리째 바꾸어 놓았다. 사이먼은 관계를 유지하고 기쁨과 휴식을 아드리안과 함께 누리기 위해 노력했다. 아드리안은 자신이 왜 사이먼을 몰아세워 왔는지, 또 자신이 어떻게 사이먼을 힘들게 해 왔는지 발견하게 되었다.

그들은 가족의 애착 유형과 치료되지 않은 고통이 어떻게 상호 간의 만족스럽고 즐거운 관계를 방해해 왔는지를 보게 되었다. 아직 넘어야 할 산이 많지만, 17번 뇌기술은 그들의 결혼생활에 필요한 언어, 훈련 및 이해를 가져와 그들 사이에 다시 즐거운 변화의 불꽃이 피어나게 해 주었다. 이제 이 가정의 미래는 밝다.

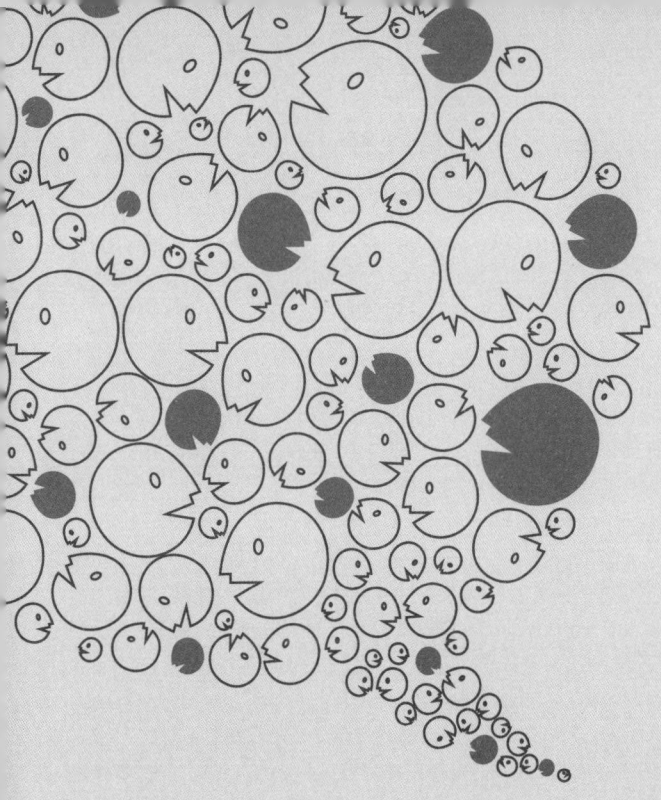

CHAPTER 20

18번 뇌기술: 다섯 가지 레벨의 고통을 분별하고, 뇌가 정체되어 있는 부분에 개입하라

뇌 처리 장치의 다섯 가지 레벨은 각각 다른 종류의 자극에 반응한다.
그 신호를 알게 되면 해결책도 알 수 있다.

"왜 이 기술이 당신에게 중요합니까?"라고 하나님께 여쭤보았을 때 내 마음속에 이런 생각이 떠오르는 것을 발견했다.

"선한 목자는 자기의 양을 안다. 양이 상처를 입게 되면 목자는 주의 깊게 반응하며 부러진 뼈를 고쳐 주거나 두려워 떠는 양들을 위로해 준다. 목자는 무엇을 해야 할지 알기에 그의 반응과 존재는 양에게 안정감을 준다. 18번 뇌기술은 내 백성을 훈련시켜서 시험에 들고 화난 상처 입은 사람들 사이에서 평화의 사도가 되게 한다."

우반구 조절 센터에서 넷을, 그리고 거기에 다섯 번째로 좌반구를 추가하면 뇌에는 모두 다섯 레벨이 있다고 볼 수 있다. 각자의 특성을 알게 되면, 한 레벨이 고착될 때 어떤 종류의 개입이 필요한지 알 수 있다. 예를 들어, 좌뇌가 관장하는 "설명"의 영역은 레벨 5를 도와줄 수 있지만, 우뇌의 레벨 2가 느끼는 고소공포증과 같은 두려움을 멈추게 하지는 못한다. 18번 뇌기술은 우리가 고통과 문제에 대한 올바른 해결책을 적용할 수 있도록 도와준다.

대형 쓰레기통 뒤지기

결혼 초기에 나는 젠이 집에 있는 동안 몇 가지 잔무를 처리하려고 잠시 사무실에 다녀오기로 했다. 사무실에 도착했을 때 처분해야 할 서류가 잔뜩 들어 있는 종이 상자를 발견하고는 건물 뒤 쓰레기통에 버리려고 했다. 그런데 그 많은 서류 중에 은행 계좌와 신용카드 번호 같은 중요한 정보들이 포함되어 있음을 깨닫고 쓰레기통에서 종이를 태우기로 했다. 좋은 생각 같지 않은가?

나는 쓰레기 수거함에 빈 곳이 있는 것을 발견하고, 그곳이 불을 피우기에 완벽한 장소라 생각했다. 여기라면 서류들을 한번에 제거할 수 있을 것 같았다. 나는 서류들을 대형 쓰레기통에 던져 넣은 후 불을 붙인 다음 태울 것을 더 가져오려고 사무실 쪽으로 걸어갔다.

잠시 후 나는 쓰레기통에서 솟아오르는 불길을 발견하게 되었다! 나는 공포로 가득 차 소리 질렀다. "오, 안 돼! 내가 무슨 짓을 한 거지?"

대형 쓰레기 수거함 전체가 화염에 휩싸여 있었다. 내가 피운 작은 불이 통제할 수 없을 만큼 번진 것이다. 그곳 주변에는 숲이 있었고, 몇 미터 떨어진 곳에는 가솔린이 가득 채워진 창고도 있었다. 순간 나는 이 화재가 사무실 건물뿐 아니라 수천 평의 대지까지 모두 태워 버릴까 겁이 났다. 나는 해결책이 필요했다. 그것도 빨리!

나는 수도꼭지를 찾아보았지만 그 넓은 곳에서 하나도 찾을 수 없었다. 나는 재빨리 건물 주변을 돌았으나 어디에서도 그것들을 발견할 수 없었다. "도대체 누가 수도꼭지 하나 없는 건물을 지은 거야?" 나는 속으로 투덜거렸다. 다음으로 생각할 수 있는 것은 물통을 찾는 일이었다. 나는 사무실 건물 안쪽 가장 가까운 곳에 있는 수도꼭지로 달려 가 물통에 물을 채웠다. 그리고 그 물통이 다 채워지면 쓰레기통으로 달려가 불타는 화염 위에 쏟아 부었다. 처음 몇 차례 시도할 때는 효과가 없는 것 같았지만 2시간 동안 쉬지 않고 물을 붓자 마침내 화염이 가라 앉았다. 나는 나중에 쓰레기통 바닥에 페인트, 페인트 희석제, 심지어 마른 목재들이 깔려 있음을 발견했다. 불길이 이 물건들에 닿자마자 내가 피운 작은 불이 격렬한 지옥이 되었던 것이다. 말할 필요도 없이 나는 땀으로 뒤범벅 되어 있었고 완전히 파김치가 되어 있었다. 나는 탄내 나는 흐트러진 옷을 입고 집으로 돌아왔다. 내가 늦어서 걱정하고 있던 아내에게 자초지종을 설명했다. 그 다음부터 나는 종이를 폐기할 때 분쇄기를 사용하기로 결심했다.

나는 문제를 해결할 수 있게 해 준 물이 참 고마웠다. 물이 없었다면 심각한 문제에 빠졌을 것이다. 우리 모두는 가솔린을 사용해 불을 끄는 것이 어리석고 위험하다는 것을 잘 알고 있다. 이처럼 고통을 해결하기 위해 잘못된 해결책을 사용하면 작은 불꽃이 산불로 변할 수 있다. 우리 대부분은 귀 기울여야 할 때 말하고, 조율하고 인정해 주어야 할 때 상대방을 고치려고 든다. 18번 뇌기술은 지혜와 전문 지식을 통해 문제를 효과적으로 해결함으로써 평화에 도달하고, 관계를 문제보다 중요하게 유지할 수 있는 기술이다.

18번 뇌기술은 관계라는 공구 벨트에 전략적 솔루션을 추가한 것이다. 이것은 타인들과의 연결 상태를 유지해 주며, 고통을 처리하고, 관계를 보호해 준다. 18번 뇌기술이 누락되면 우리는 문제가 생겼을 때 계속해서 관계를 유지하기 위해 잘못된 반응에 의지하게 된다. 이것은 고통을 더욱 악화시키는 방법일 뿐이다. 예를 들어, 말과 정보에만 의존해 문제를 해결하려는 것인데, 그것은 고통의 다섯 가지 단계 중 한 부분의 문제만 해결하는 것에 불과하다. 누군가가 당신에게 더 많은 정보를 주려고 했으나 오히려 그 "해결책" 때문에 오해 받은 듯이 느껴지고, 더 외로워진 것을 경험한 적이 있는가? 18번 뇌기술은 필요 이상으로 불을 키우는 것과는 대조적으로 작동하는 솔루션을 통해 자유와 유연성을 제공해 준다.

짐 와일더는 꽃을 죽이는 두 가지 방법에 대해 말했다. 하나는 꽃을 밟아버리거나 다른 하나는 꽃으로부터 물이나 햇빛 같은 필수 영양소를 차단해 버리는 것이다.

인생모델은 부정적인 경험을 A형, B형 외상이라 부른다. A형은 고통스러운 부재를 의미하고, B형은 결코 일어나지 말았어야 했던 나쁜 일들을 의미한다. 밝혀지지 않고 처리되지 않은 고통은 우리 각자에게 주어진 잠재력에 온전히 도달하지 못하도록 방해한다. 고통은 성장 과정을 멈추게 하고, 하나님이 창조하신 모습 그대로의 인간이 되는 것을 방해한다. 우리의 발달 과정이나 관계에서 어떤 것이 잘못되면 그 결과는 파국적일 수 있다. 강렬한 고통은 사람들이 우리의 상처나 분투, 혹은 시련 안으로 들어와 우리와 함께 공감할 수 없을 때 발생한다. 우리는 앞에서 언급한 욥에게서 고전적인 사례를 본다. 욥은 모든 것을 잃었다.

욥이 자녀와 재산, 건강을 잃었을 때, 그의 친구들은 그 비극적인 소식을 듣고 신속하게 모여 동정과 위로를 표현했다. 참 좋은 친구들 아닌가? 그의 친구들 역시 큰 충격을 받았다. 욥의 건강은 나빠졌고, 동네 사람들은 모두 그에 대해 이야기하기 바빴다.

욥의 친구들은 7일 동안 욥과 함께 앉아 있었다. 13번 뇌기술에서 언급했듯이 유대교에서는 애도할 때 7일을 함께 보낸다. 이 기간을 의미하는 시바(Shiva)는 "seven"(7)을 의미한다. 친구들은 침묵 속에 앉아 있었다. 7일 후 그 친구들은 죄가 있는 사람에게 나쁜 일이 일어나기 때문에 욥이 죄를 범한 것이 틀림없다는 자신들의 신학을 밝혔다. 그들이 하는 말을 모두 들은 뒤, 욥은 자신의 형편을 공감하지 못하는 그들의 태도와 인간적인 생각으로 가득 찬 반응에 대해 이렇게 대답했다.

"이런 말은 내가 많이 들었나니 너희는 다 재난을 주는 위로자들이로구나 헛된 말이 어찌 끝이 있으랴 네가 무엇에 자극을 받아 이같이 대답하는가 나도 너희처럼 말할 수 있나니 가령 너희 마음이 내 마음 자리에 있다 하자 나도 그럴 듯한 말로 너희를 치며 너희를 향하여 머리를 흔들 수 있느니라 그래도 입으로 너희를 강하게 하며 입술의 위로로 너희의 근심을 풀었으리라"(욥 16:2-5).

욥은 그들의 비난과 설명이 자신에게 전혀 도움이 되지 않는다고 알렸다. 다시 말해, 그들은 잘못된 해결책을 사용하고 있었다. 욥은 만약 자신이 친구의 입장이었다면 더 나은 방법으로 고통 받는 자에게 평안을 주었을 것이라고 주장했다. 18번 뇌기술은 누군가가 애착으로 인한 고통을 겪고 있다면 말과 정보 이상을 필요로 한다고 말한다. 그들은 혼자 외로움을 감내하는 대신에 다른 누군가와 연결되어 있다는 것을 느낄 필요가 있다. 욥의 친구들은 차라리 침묵하고 있었어야 했다. 누군가가 상처를 입었을 때 인정과 위로를 주는 대신 더 많은 정보를 제공하려 하는 것은 불난 데 기름을 붓는 것이나 다름없다.

이 점을 염두에 두고, 해결하기 가장 쉬운 고통부터 시작해 그 고통과 함께 뇌의 5 레벨에 대한 간략한 개요를 살펴보고자 한다. 각 레벨 다섯 가지 행동은 말하기, 행동하기, 조율하기, 평가하기 및 밀착하기이다.[1] 다음에 나오는 우반구 도표 안에 각 레벨에 해당하는 계층적 뇌의 영역을 볼 수 있다.

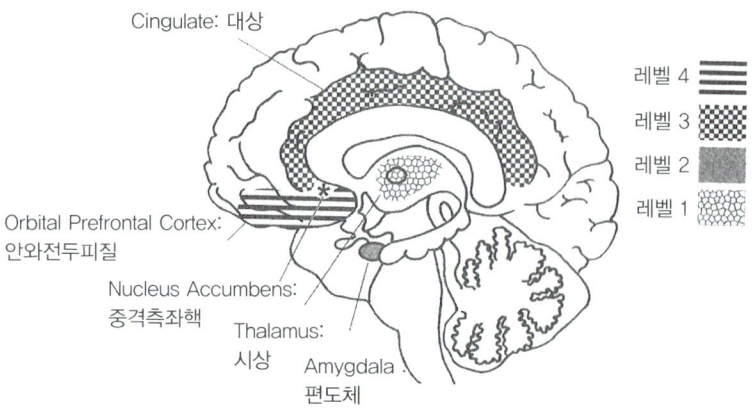

짐 와일더의 허락 하에 사용함

---

[1] 다섯 가지 행동 중 네 가지는 왈너 박사와 와일더 박사의 책 「드문 리더십」에서 가져왔다. 귀에 쏙 들어오는 머리글자와 아크로스틱스(acrostics)에 대해 왈너 박사에게 감사한다.

레벨 5 – 말하기

레벨 5는 좌반구와 우반구가 하나의 전체적인 뇌로 함께 작동할 때 반응한다. 인간의 뇌는 일관된 이야기를 만들고 개인적인 경험으로부터 의미를 창출해 내는 놀라운 능력을 가지고 있다. 우리는 이러한 이야기를 서술할 때 일하는 뇌가 필요하기 때문에 이것을 레벨 5 또는 4+(7번 뇌기술인 "4+ 이야기"의 바로 그 "4+"를 가리킴)라고 부른다. 우반구 조절 센터의 네 가지 비언어적 수준이 동기화되어 함께 작동하면 좌반구가 그 흥미로운 과정에 동참한다. 이때 좌반구는 자세한 내용을 모으고 뇌를 동기화시켜 듣는 이들을 사로잡을 만한 일관된 이야기를 만드는데, 이때 주로 우뇌가 주는 감정적인 내용에 의존한다. 이것은 우리의 우뇌에 있는 감정과 좌뇌에 있는 설명이 서로 맞아 떨어질 때 일관된 이야기가 탄생한다는 뜻이다.[2] 그러므로 레벨 5의 고통은 우리의 잘못이나 행동이 우리에게 가장 중요한 것이 되는 상황 속에서 우리의 이야기가 무너져 내릴 때 느끼는 감정이다. 이것은 레벨 5의 뇌 처리과정이 공격받았음을 보여주는 최초의 신호이다. 스스로 하는 설명과 느끼는 감정이 일치하지 않기 때문에 내부적인 갈등이 나타나는 것이다.

예를 들어, 하나님은 선하시고 나를 늘 돌보아 주신다는 말을 좌뇌를 통해 듣지만 하나님이 나를 잊어버리신 듯한 위기에 봉착하게 되면 레벨 5가 붕괴하는 것을 보게 된다. 이것은 시편에 자주 등장하

---

[2] "스토리텔링이 어떻게 기쁨으로 가득 찬 생활방식에 핵심을 이루는가?" 크리스 M. 코시의 블로그. lifemodelworks.org

는 고통으로 시편 기자는 자신이 혼자 남겨지고 잊혀져 버린 듯이 느낀다.[3] 레벨 5의 고통은 정보의 일부가 누락된 내부적 충돌이다. 즉, 정보를 새로 업데이트하고 간격을 메울 때가 되었지만 정확한 정보가 없어서 혼란과 불확실함에 빠지게 되는 것이다. 평화가 사라져 버린 우리 삶의 모든 장소와 순간은 임마누엘 하나님이 상호 교류적인 임재와 사랑의 위로를 통해 우리를 만나 주실 수 있는 기회가 된다. 뇌의 경우, 조절 센터에서 더 낮은 단계로 떨어질수록 모든 것은 힘들어지고, 그 해결책은 더 많은 자원을 필요로 하게 된다.

레벨 4 - 행동하기

레벨 4는 우반구의 앞쪽에 있는 우측 전두엽 피질이며 오른쪽 눈 바로 뒤에 있다. 이것은 뇌 중 가장 복잡한 영역 중 하나이며 의사들이 조현병, 양극성 장애, 조울증, 신경 장애 등을 완화하기 위해 잘라 내었던 뇌의 부분이기도 하다. 고맙게도 이제 우리는 더 나은 해결책을 가지고 있다.

레벨 4는 대인 관계 훈련이 필요한 뇌의 실행 시스템이다. 뇌의 이 영역은 비언어적이며 행동 및 성격과 관련된 역할을 하는 것으로 알려져 있다. 이곳은 우리 개인의 정체성과 창의성, 개인적 취향을 관장할 뿐 아니라 감정을 조절하고 부정적인 결과를 예측하며 가장 피해가 적은 해결책을 찾아내는 능력을 가지고 있는 핵심 허브이다. 레벨 4는 여러 필수 기능을 담당하지만, 우리가 매우 중요한 상황에

---

[3] 예를 들어 시편 13편

처해 있음에도 무엇을 해야 할지 알지 못할 때 고통이 찾아온다. 우리는 자신의 정체성을 잃어버리고, 최선을 다해 노력함에도 불구하고 우리의 느낌을 관리하는 그 정도 만큼만 관계적으로 남게 되는 것이다. 이것은 우리 뇌가 고통을 잘 감당하고, 또 내부와 외부 모두 동기화 상태를 유지하도록 훈련 받은 그 수준만큼 우리가 성숙하다는 것을 의미한다.

이 말이 그다지 영적으로 들리지 않을 수도 있다. 그러나 이 땅에서 하나님은 우리에게 한계가 있는 뇌와 몸을 주셨다.[4] 한계는 우리 쪽에 있기에 우리는 하나님께서 우리에게 주신 몸과 뇌를 올바르게 사용하는 법을 배워야 한다. 레벨 4에서 생겨나는 문제점은 완고함과 다른 사람의 관점에서 보지 못하는 데서 생겨난다. 우리는 다른 무엇인가에 관심을 빼앗겨 버린다.

한계에 대한 말이 나와서 말인데 예수님과 걷고 이야기했던 제자들도 한계를 지니고 있었기에 예수님은 그들에게 "내가 아직도 너희에게 이를 것이 많으나 지금은 너희가 감당하지 못하리라"(요 16:12)고 말씀하셨다. 이 본문에 대한 내 번역은 "제자들아, 내가 지금 알고 있는 것을 너희가 모두 다 들었다면, 내일 너희는 침대에서 일어나지도 못하게 될 것이다"이다. 우리의 레벨 4는 매우 까다로운 상황 속에서도 자신이 누구인지를 잊지 않는 사람들로부터 가장 잘 배울 수 있다. 우리의 인격이 고난과 긴장 가운데 오히려 빛날지, 아니면 침몰

---

[4] 레벨 4에 대해 더 배우려면 「남성과 살아가기 위한 완벽한 안내서」, 「드문 리더십」, 성숙 강의를 참고하라.

해 버릴 지의 여부는 레벨 4가 얼마나 잘 훈련 받았는가에 달려 있다. 예수님께서는 많은 시간을 함께 보냈던 제자들에게 선물을 주시듯 고난 가운데서도 견디는 좋은 예를 많이 보여 주셨다. 이것은 우리를 중요한 포인트로 인도한다. 예수님을 따르던 모든 사람이 자신이 누구인지 기억하고, 예수님처럼 행하는 최고로 훈련 받은 레벨 4를 가지고 있었다면 어떤 일이 벌어졌겠는가?

우리가 감정을 진정시키지 못하고 사람들과의 관계를 유지할 수 없을 때 레벨 4는 흔들리기 시작한다. 우리는 질투심 많은 베드로가 레벨 4의 붕괴를 경험하는 것을 본다. 베드로는 다른 사람들은 그렇게 해도 자신만은 절대로 예수님을 부인하지 않을 것이라 확신했다. 그러나 성숙한 안내자이신 예수님은 베드로의 능력과 한계를 아셨기에 곧 그가 예수님을 세 번 부인할 것이라 알려 주셨다.[5] 뇌가 완전히 훈련되지 않았거나 일이 내가 관리할 수 있는 능력보다 커지면, 두려움이 우리를 끌고 가는 경향이 있는데, 베드로도 그러했다. 우리는 예수님을 부인하고 난 뒤, 베드로가 자신의 행동을 얼마나 깊이 후회했는지 말씀을 통해 알 수 있다. 말씀은 베드로가 "심히 울었다"고 전하는데 그것은 "심하게 큰소리로 울부짖었다"라고 해석할 수 있다.[6] 베드로는 그냥 입술을 삐죽인 것이 아니었다. 그는 완전히 황폐해져 있었던 것이다.

레벨 4가 고난을 헤쳐나갈 준비가 되어 있지 않으면 우리는 자신

---

[5] 누가복음 22:34
[6] strong 2799 klaio, 2090 pikros.

감을 상실한다. 주어진 상황에서 어떻게 행동해야 할지, 예수님이라면 어떻게 하실지 전혀 알지 못한다. 우리에게는 모범이 필요하다. 혹자가 말하듯 "예수님처럼 행하는 사람"(Jesus with skin on)이 필요한 것이다. 우리의 레벨 4는 우리가 누구인지, 우리가 무엇인지(우리의 정체성)에 대해 강한 느낌을 주기 때문에 다른 사람들이 비슷한 상황에서 어떻게 반응하는지를 관찰한 후 그것을 효과적으로 학습한다. 새롭고 익숙하지 않은 상황과 환경에 직면했을 때, 레벨 4는 과거의 경험에 의지해 문제를 풀 수 있도록 "파일"을 찾으려고 한다. 그러나 신뢰할 만한 파일이 없으면 초점과 방향을 잃어버린다. 그때 허둥대거나 수동적으로 반응할 수 있고 명백한 미성숙의 신호를 경험할 수도 있다. 그러나 외부에서 보면 쉽게 발견할 수 있기에 자신보다 주변 사람들에게 더 분명히 보인다. 레벨 4는 항상 앞길을 보여 줄 수 있는 "위대한 마음"을 찾는다. 우리와 항상 함께 계시고, 앞으로도 절대로 떠나지 않으실 그분을 우리가 잘 안다면 얼마나 좋겠는가?

레벨 3 - 조율하기(Attune)

레벨 3의 뇌 영역은 대상피질이며 앞면(anterior)과 뒷면(posterior)이 있어 각각 중요한 역할을 감당한다.[7] 우리는 레벨 3을 "정신의 바나나"라고 부른다. 컬럼비아 안데스 산맥 근처에서 자란 짐 와일더가 3단계의 SPECT[8] 사진을 관찰했는데 뇌 속 이 부분의 모양이 그곳에

---

7 「남성과 살아가기 위한 완벽한 안내서」와 성숙 강의를 참고하라.
8 SPECT, 단일광자방출단층촬영의 약자로 뇌의 활동을 보여 준다.

서 나오는 바나나처럼 생겼다 하여 붙여진 이름이다. 레벨 3은 부정적인 감정에서 기쁨으로 돌아오는 법을 배워야 한다. 레벨 3은 우리가 이해 받고 연결되어 있음을 느낄 수 있도록 부정적인 감정을 탐색할 때 조율이 필요한 곳이다. 우리는 기쁨과 안식을 누리다가 무언가 일이 잘못되면 신속히 다시 기쁨으로 돌아간다. 이러한 기술은 우리를 서로 연결지어 주며 서로 만족스러운 방식으로 "동일한 생각"을 유지할 수 있게 도와준다. 레벨 3에 대한 훈련은 교류하는 상대와 모든 것에 동의하지 않아도 관계를 유지하고, 문제보다 관계를 더 중요시 여기면서 상호작용 중에 나타나는 부정적인 감정을 잠잠히 하도록 한다. 세상의 모든 관계, 결혼 및 조직이 서로의 관계를 지키면서 부정적인 감정으로부터 기쁨으로 돌아가는 방법을 알고 있다면 어떤 변화가 일어날까? 종이 위에 써놓으면 쉽게 들리지만 레벨 3이 이러한 기술을 익히는 것은 쉬운 일이 아니다. 생후 2개월에서 9개월 사이에 레벨 3은 모성의 뇌에서 아기의 뇌로 복사되고 다운로드 된다. 아기가 생후 2년 동안 배우는 것이 우리가 관계를 유지하고 부정적인 감정으로부터 기쁨으로 돌아갈 수 있는 능력을 결정한다. 자신의 감정에 갇혀서 진정되지 않을 때 우리는 레벨 3에서 고통을 경험한다. 11번 뇌기술이 등장하는 곳이 바로 이곳이다. 11번 뇌기술이 없다면 우리는 부정적인 감정에 빠져서 기쁨으로 돌아가지 못한다. 이상적인 경우라면, 우리는 중간 정도로 화난 상태에서 90초 이내면 즐거운 마음 상태로 돌아갈 수 있다. 우리의 레벨 3은 여섯 가지 부정적인 감정을 느끼더라도 우리가 사랑하는 사람들과 관계를 유지하면서 그 감정을 진정시키는 법을 배워야 한다. "빅 6"(Big Six) 감정은 두려움, 분노, 혐오, 절망, 슬픔, 수치이다. 우리는 이러한 감정들이 서로 결합될 때 어떤 일이 일어날지 19번 뇌기술을 다루는 다음 장에서 살펴볼 것이다.

레벨 3이 고통을 경험한다는 것은 우리가 고통스러운 감정에 빠져서 그 감정으로부터 헤어나오지 못한다는 것을 의미한다. 레벨 3에서 처리되지 않은 고통은 우리의 초점을 흐리게 하고, 우리의 에너지를 소모시키며, 우리의 주의를 흐트러뜨린다. 엘리야와 요나는 죽기를 원했다. 그래서 하나님이 자신들의 소원을 들어주시기를 간구했고, 욥과 예레미야는 자신들이 태어난 날을 저주했다.[9] 큰 감정에 빠져 주저앉아 있는 것은 피곤하고 비참한 일이다. 당신은 너무 수치스러워 누군가를 다시 대면할 수 없거나 너무 걱정되어서 잠을 이루지 못한 적이 있는가? 이것이 레벨 3의 고통이다. 하지만 우리는 오랫동안 거기에 주저앉아 있도록 설계되지 않았다. 이 문제의 해결책은 부정적인 감정에서 기쁨으로 돌아가는 동안, 내가 느낀 바를 나누며 스스로를 진정시키는 것이다. 그렇게 하는 법을 아는 사람이라면 누구나 그 길을 보여 줄 것이다.

레벨 2 – 평가하기(Assess)

우리 뇌의 생존회로는 레벨 2를 구성하는데, 뇌의 이 부분을 편도체라고 부른다. 뇌의 양쪽에는 편도체가 있지만 오른쪽에 있는

---

[9] 열왕기상 19장, 요나 4장, 욥기 3장, 예레미야 20장

편도체는 감정 조절 센터의 핵심 부분이다. 편도체는 작지만 강한 뇌의 영역이어서 우리를 살려 준다. 즉, 문제가 생겨서 죽고 싶은 마음이 들 때 우리를 지켜 준다. 하나님은 우리의 삶을 위협으로부터 지켜 주시고 유지시켜 주시기 위해 이러한 생존회로를 우리 뇌의 깊은 곳에 만들어 두셨다. 제대로 작동하기만 하면 또다시 뜨거운 오븐을 만지는 일이 없게 되고, 산책로에서 뱀을 만나면 피하게 된다.

레벨 2는 우리 뇌에 있는 경비 초소로 위협을 만나면 도망가야 할지, 맞서 싸워야 할지, 아니면 그대로 멈춰서 죽은 척 해야 할지를 알려줘 위기를 면하게 한다. 레벨 2는 피질 하부, 즉 뇌 속 깊은 곳에 위치해 있으므로 비언어적 레벨 2는 토론이나 대화에는 열리지 않는다. 레벨 2는 반응을 보이기 전에 우리의 허락을 요청하지 않으며, 단지 세 가지 의견만을 가지고 있다. 그에 따르면 모든 것은 좋거나 나쁘거나 무서운 것이다. 편도체는 배운 것을 결코 잊어버리지 않는다.[10]

배운 것을 결코 잊어버지 않는 것에 대해 나는 할 말이 또 있다. 불행히도 나는 아주 어릴 적에 수영하는 사람들과 어부들을 공격하는 식인 상어에 관한 영화를 본 적이 있다. 이 인기 있는 상어 영화가 얼마나 강렬했던지 내 어린 뇌는 "상어는 무섭다. 상어가 살기 때문에 바다는 나쁘다"는 레벨 2의 의견을 갖게 되었다. 상어에 대한 그러한 생각은 변하지 않았다. 그래서 스노클링이나 수상스키, 수영을

---

10 더 배우기 원하면 짐 와일더의 성숙 강의를 참고하라.

즐길 때마다 나는 커다랗고 지능적인 식인 상어가 몰래 나타나 나를 공격하는 것을 상상해야만 했다! 나의 레벨 2는 식인상어가 나타날 때 나오는 무시무시한 배경음악을 아직도 기억하고 있다. 할리우드 영화도 이렇게 뇌에 영향을 미치는데, 이 세상을 살아가면서 겪는 실제 삶의 공포는 얼마나 큰 외상을 남길 수 있겠는가. 우리는 어릴수록 고통스러운 레벨 2의 반응을 더 잘 받아들인다.

　감사하게도 우리는 이러한 반응을 잠재울 수 있다. 왜냐하면 하나님께서 우리 뇌에 온전히 기능하는 잘 훈련된 레벨 4가 레벨 2의 두려움을 업데이트하고 무시할 수 있게 해 주셨기 때문이다. 그렇지 않으면 우리는 강렬한 레벨 2의 반응에 머물러 있게 되고 말 것이다. 만약 레벨 2를 무효화 시킬 수 있는 능력이 없다면, 나는 절대로 바다에 들어가지 않을 것이고 안전지대 안에서만 발붙이고 살 것이며, 이러한 마음을 바꾸려고 시도조차 하려 들지 않을 것이다.

　우리는 고층 건물 창문에서 아래를 내려다볼 때 나타나는 반응을 통해 레벨 2의 고통을 이해할 수 있다. 그 광경에 압도 당해 다리가 후들거리지 않는가. 레벨 2의 고통은 다양한 방식으로 나타난다. 고통은 종종 강렬한 비관계적 반응의 형태로 오기 때문이다. 레벨 2의 고통은 계속적으로 과민한 경고 상태를 유지하게 하고, 결국 위협으로부터 물러나는 반응으로 이어지게 할 수 있다. 우리는 우리가 느끼는 바에 의해 지배 받게 되고 왜곡된 렌즈를 통해 세상을 해석하게 된다. 레벨 2는 자신이 내어놓는 의견에 대해 몇 가지 중요한 반응을 보인다. 레벨 2의 고통이 적극적으로 영향을 미치면, 우리는 현실을 극도로 두려워하게 되고, 우리의 반응은 격렬해지게 된다. 외상 후 스트레스 장애와 여러 정신 질환은 뇌의 이 레벨에서 발생한 문제에 기인한다. 생각을 바꾸고 의지를 사용하며 더 나은 선택을 하려는 시도는 모두 과잉 반응하는 레벨 2를 무력화시키려는 쓸데없는 시도이다. 우리에게 필요한 것은 강렬한 감정을 경험하는 동안에도 우리와 계속 관계를 맺을 수 있을 만큼 큰 정신적 용량을 가진 사람이며 우리는 그런 사람들로부터 자신을 진정시키고 잠잠히 하는 법을 배울 수 있다.

레벨 1 - 애착하기(Attatch)

우리는 17번 뇌기술, 애착의 방식을 파악하라에 대해 나눌 때 레벨 1에 대해 자세히 살펴보았다. 그래서 이번에는 우리의 필요가 시기적절하고 예측 가능한 방식으로 충족되지 않을 때 발생하는 고통에 대해 집중적으로 살펴보려 한다. 기쁨이 충만하고 잘 조율된 엄마의 시선을 느낄 때, 아기는 삶의 큰 환희를 경험한다. 아기는 "세상의 정상에" 서 있는 것처럼 느끼고, 몸에 방출되는 엔돌핀으로 인해 가장 높은 만족감을 경험한다. 그러나 엄마나 아빠가 연결을 끊어 버리면 아기의 뇌는 최고의 고통, 즉 애착의 고통을 느끼게 된다. 이때 아기는 마치 버려져서 죽은 것처럼 느끼는 것이다. 레벨 2는 이 레벨 1의 단절 상태에 대해 매우 나쁘며 두렵다는 의견으로 반응한다. 여기서 우리는 과민하게 집중하든지 고통스럽게 분리하든지 하게 된다.

우리는 거절감, 외로움, 버려진 듯한 느낌을 받을 때 그것을 레벨

1의 통증으로 인식한다. 모든 것이 다 상처를 준다. 우리는 자신의 생존에 필수적이라 생각하는 것을 얻지 못하면 죽을지도 모른다는 강렬한 감정을 느낄 때 그것을 레벨 1의 고통으로 인식한다. 당신은 향수병을 앓거나 공허한 느낌이 들거나 거절 당하거나 버림 받은 듯한 느낌을 받은 적이 있는가? 그렇다면 레벨 1의 고통이 어떤 것인지 알 것이다. 그것은 결코 재미있는 일이 아니다. 레벨 1의 고통은 매우 교활해서 문제를 밝히지 않으면 관계, 결혼, 가족, 공동체, 조직을 신속하게 파괴해 버린다. 레벨 1의 고통은 많은 "관계의 선박"을 가라앉히는 숨겨진 빙산이다. 중독은 종종 이 고통이 처리되지 않을 때 생겨나는 결과이다.

18번 뇌기술은 우리의 관계를 잘 유지해 주는 관계의 생명 유지 장치가 된다. 18번 뇌기술은 사람들과 관계를 유지하고, 파열된 부분을 수리하며, 관계가 끊어져 버린 이들을 화해시키는 데에 필요한 훈련을 제공해 준다. 여기서 우리는 무언가가 잘못되었을 때 무엇을 해야 할지를 안다. 다음 표는 레벨 각각의 고통의 수준을 감정 및 해결책과 함께 보여 준다.

고통의 수준	느낌	해결책
레벨 5-말하기	혼란스럽다	더 많은 정보
레벨 4-행동하기	부적절하다	사례
레벨 3-조율하기	압도 당하다	미러링(mirroring)
레벨 2-평가하기	단절되다	잠잠하기
레벨 1-애착하기	외롭다	내가 사랑하는 사람

18번 뇌기술은 보통 어떻게 획득되고 연습되며 전파되는가?

우리 가족은 갈등과 고통의 시기에 무엇이 평화를 가져오는지 배웠기에 18번 뇌기술을 갖추게 된다. 부모는 아기를 위로하고 진정시키며 제때 먹을 것을 주고 기저귀를 갈아 준다. 또한 아기가 언제 피곤해 하고 휴식을 필요로 하는지도 안다. 부모는 자녀의 요구에 효과적으로 부응하기 위해 여러 해결책을 사용한다.

아기가 성장함에 따라 부모는 언제 설명하고, 교훈하고, 듣고, 조율하고, 진정시키고, 인정하고, 위로하고, 관계를 맺을지를 안다. 왜냐하면 이러한 반응들이 각각 어떤 고통의 레벨로 연결되는지 자신의 경험을 통해 알고 있기 때문이다.

간단히 말해서, 그들은 자신의 부모나 보호자 혹은 공동체 구성원이 이러한 기술을 사용하는 것을 보았기 때문에 자신이 받은 위로를 자녀에게 전달하고 있는 것이다. 우리가 이러한 관계의 유산을 물려받았다면, 우리는 나이가 들어감에 따라 그 유산을 자신이 맺는 관계 가운데 자연스럽게 공유하게 될 것이다. 우리는 동료들과 상호작용하는 18번 뇌기술을 사용함으로써 모든 것이 올바른 방식으로 맞아떨어지는 샬롬을 가져오도록 다른 사람의 마음 및 현실과 조화를 이루기 위해 애쓴다. 많은 경우에 우리는 좋은 교사, 코치, 상담자와 직관적이고 감성 지능이 높은 친구로부터 18번 뇌기술의 여러 가지 면을 배우게 된다.

우리는 우리가 유대관계를 맺고 있는 사람들과 상호작용할 때 우리의 성품을 통해 18번 뇌기술을 전달한다. 그러나 18번 뇌기술은 배우기가 매우 까다로운 기술 중 하나이다.

18번 뇌기술은 어떻게 추가적으로 획득되고 연습되며 전파되는가?

이제 관계 · 코이노니아를 변화시키는 것이 어떻게 뇌가 정체된 곳에 개입하는 기술을 복원시킬 수 있는지 살펴보자. 18번 뇌기술은 사람들이 어디에 갇혀 있는지 식별하고 평화적 해결을 위해 무엇이 필요한지 신속하게 인식할 수 있는 명확함을 제공해 준다. 예수님은 누군가와 마주치실 때 문제의 근원을 파악하는 법을 알고 계셨다. 그분은 또한 사람들에게 평화의 선물, 즉, 샬롬을 전하기를 즐겨하셨다. 레벨 4에서 언급했듯이, 베드로는 예수님을 부인한 후 완전히 무너져 버리는 것을 경험했다. 우리는 그가 느꼈을 법한 수치심, 죄책감, 회한, 후회를 상상해 볼 수 있다. 성경은 여성들이 빈 무덤에서 천사 중 한 명을 만났을 당시, 베드로가 다른 제자들과 함께 있지 않고 분리되어 있었음을 암시한다. 그래서 우리는 그가 다른 그룹과 어느 정도 소원해졌음에 틀림없다고 생각한다.[11] 베드로는 예수님의 가까운 제자들과 함께 예수님에 대해 큰 애착의 고통(레벨 1의 고통)을 느꼈음에 틀림없다. 이러한 배경 속에서, 우리는 예수님께서 부활 후에 베드로와 상호작용하시는 장면을 발견한다.[12] 이 상호작용을 18번 뇌기

---

11 빈 무덤에서 그 천사가 여인에게 말하기를 "제자들과 베드로에게 전하라"고 하였는데 이것은 그가 주님을 부인한 이후에 제자들과 함께 있지 않았음을 추측하게 한다. 엘리자베스 미쉘, http://answersingenesis.org/jesus-christ/resurrection/the-sequence-of-christs-post-resurrection-appearances/
12 이것은 베드로가 부활하신 예수님을 처음 만나는 장면은 아니다.

술의 렌즈를 통해 살펴보자.[13]

밤새도록 애썼지만 베드로와 여섯 명의 제자들은 물고기 한 마리도 잡지 못했다. 그들은 피곤하고 화가 나고 어쩌면 패배감마저 느꼈을지 모른다. 우리는 화려한 하늘을 배경으로 태양이 떠오르는 것을 상상해 볼 수 있다. 그때 그들 귀에 한 목소리가 들려 온다. "친구들이여! 물고기 좀 잡았는가?" 해안가에 있는 누군가가 지친 이들에게 외치는 소리였다. "아니오"라는 대답을 듣고 낯선 사람은 계속해서 말한다.

> "그물을 배 오른편에 던지라 그리하면 잡으리라 하시니 이에 던졌더니 물고기가 많아 그물을 들 수 없더라"(요 21:6).

이 장면은 우리에게 매우 친숙하다. 요한은 해변에 있는 낯선 이의 신분을 재빨리 알아 차리고 "주님이시라!"고 외쳤다. 베드로는 본래 열정적인 스타일 대로 바로 물속에 뛰어 들어 헤엄쳐 갔다. 우리는 그가 예수님께 다가갈 때 마음속에 오만 가지 생각을 떠올리지 않았을까 상상해 볼 수 있다.

주님은 춥고, 젖었고, 피곤하고, 배고픈 이들에게 아침을 먹여 주셨다. 그분이 상처 입고 배고픈 사람들을 먹여 주신 것은 이번이 처음이 아니었다.[14] 베드로의 머릿속에는 음식을 다 먹고 난 뒤에

---

13 요한복음 21장
14 마태복음 8,14장, 마가복음 6,8장, 누가복음 9장, 요한복음 6장

예수님께 여쭤 볼 수 많은 질문들이 떠올랐을 것이다. 처음 물어 볼 질문 중 하나는 아마도 "우리 괜찮습니까?"였을 것이다(군인들이 두려워서 주님을 배신하고 떠나갔는데, 그래도 우리 관계가 괜찮느냐는 질문-역자주).

베드로의 마음은 큰 감정으로 소용돌이 치고 있었을 것이다. 다시 예수님을 뵈어 즐겁고 들떴지만 죄책감으로 인해 그 기분을 온전히 누릴 수 없었을 것이다. 이제 무슨 일이 일어나게 될 것인가? 베드로는 그의 배반 행위로 인해 책망 받을 것인가? 아니면 상황이 더 나빠져 그룹에서 추방 당하게 될 것인가?

우리가 추측할 수 있는 유일한 것은 예수님의 눈에 나타난 긍휼과 그분의 목소리에 묻어나는 온정이다. 예수님은 베드로에게 이렇게 말씀하신다.

"요한의 아들 시몬아 네가 이 사람들보다 나를 더 사랑하느냐 하시니 이르되 주님 그러하나이다 내가 주님을 사랑하는 줄 주님께서 아시나이다 이르시되 내 어린 양을 먹이라 하시고, 또 두 번째 이르시되 요한의 아들 시몬아 네가 나를 사랑하느냐 하시니 이르되 주님 그러하나이다 내가 주님을 사랑하는 줄 주님께서 아시나이다 이르시되 내 양을 치라 하시고, 세 번째 이르시되 요한의 아들 시몬아 네가 나를 사랑하느냐 하시니 주께서 세 번째 네가 나를 사랑하느냐 하시므로 베드로가 근심하여 이르되 주님 모든 것을 아시오매 내가 주님을 사랑하는 줄을 주님께서 아시나이다 예수께서 이르시되 내 양을 먹이라"(요 21:15b-17).

예수님은 베드로의 주의를 집중시키신 뒤에 그를 상대하신다. 예수님은 세 가지 질문으로 세 번의 부인을 무효화 시키신다. 베드로에게 "나는 아직 너와 끝나지 않았다"라고 하시며 베드로가 그분을 위해 살고 죽을 것이라고 말씀하신다. 베드로의 실수는 더 이상 그의 존재를 정의하지 못했다. 예수님은 관계를 문제보다 더 중요하게 여기셨다. 주님은 베드로를 회복시키셨고, 그는 남은 생애 동안 위대한 일을 행하다가 예수님이 말씀하시고 교회의 전통이 전하는 바와 같이 주를 위해 목숨을 내어놓게 된다.

18번 뇌기술을 통해 우리는 사람들을 만나는 동안 관계를 문제보다 더 크게 유지하며, 뇌의 감정 조절 센터의 레벨 5 각각에서 고통에 대한 해결책을 제시할 수 있다. 만약 18번 뇌기술을 가지고 고통에 처한 사람을 만난다면, 자신도 모르는 사이에 과거 자신에게 도움이 되었던 유용한 해결책으로 반응하게 될 것이다. 이와 같이 훈련 받은 뇌는 단순히 자신에게 행해진 일을 반복하는 것이다. 우리는 사람들이 도움을 베풀려 시도할 때 오히려 그 기술이 사라져 버린다는 것을 알고 있다. 그들의 접근 방식은 사람들로 하여금 더욱 외로움을 경험하게 하고, 오해 받고 있다는 느낌을 갖게 한다. 우리는 이 주제를 중심으로 먼저 대화를 시작한 후 상호작용을 할 때 듣기는 빨리 하고, 말하기는 더디 하며, 화 내기도 더디 하는 능력을 향상시킬 수 있다.[15]

우리의 구원 이야기는 18번 뇌기술을 배우고, 강화시키고, 공유

---

15 야고보서 1:19

할 수 있도록 도와준다. 당신은 자신의 삶의 어느 순간에 하나님이 치유하시고 회복시키시는 것을 경험했는가? 당신의 이야기를 공유해 보라!

헤세드 공동체에 속한 회원들에게 18번 뇌기술을 효과적으로 가르치기 위해서는 몇 가지 신중한 조치가 필요하다. 그래서 우리는 다음 세 가지 기본 요소가 포함된 전략을 마련하고자 한다. 첫째는 기쁨과 휴식이다. 1번 뇌기술과 2번 뇌기술로 감정적인 용량을 확보한다. 둘째는 11번 뇌기술을 활용하여 부정적인 감정에서 기쁨으로 돌아가고, 셋째는 임마누엘 생활방식을 배우는 13번 뇌기술로 견고한 기초를 만드는 것이다. 이것은 평강을 잃을 때마다 언제든지 되찾을 수 있는 예수님과의 상호 관계이다. 우리가 이러한 요소들을 연습하는 이유는 고통에 대한 해결책을 배우기 위해 다섯 개의 뇌 동기화 레벨에서 경험한 우리 삶의 고통의 순간들이 필요하기 때문이다. 우리는 평화와 기쁨으로 인도하는 해결책을 모색하기에 적합한 조건이 아니라면 고통의 기억을 활성화시키기 원치 않는다. 이러한 성분이 없다면 우리는 해결책도 없으면서 완전히 지저분하고 유해한 고통의 기억만을 촉발시키게 될 것이다. 기쁨과 감정의 용량을 무시하면서 고통에만 초점을 맞춘 회복은 불완전하다.[16]

성숙 훈련 동안 우리는 참가자들이 18번 뇌기술을 훈련하도록 트랙 1에서 시작하여 트랙 3까지 나아간다. 거기서 참가자들은 뇌가 아

---

16 더 배우기 원하면 「기쁨은 여기서 시작된다」와 칼 레이만 박사의 감정적 치유와 용량에 대한 자료(kclehman.com)를 참고하라.

는 가장 쉬운 레벨에서부터 가장 힘든 레벨까지 고통의 수준을 올려 가며 연습한다. 참가자들은 자신의 삶에서 해결책을 직접 경험함으로써 해결책을 배우고, 다양한 연습과 더불어 자기 간증과 임마누엘 경험을 포함한 주님과의 깊은 교제를 나눔으로써 18번 뇌기술을 트랙 1과 2 참가자에게 소개한다. 18번 뇌기술은 트랙 3 참가자가 이 기술을 성공적으로 습득하고 강화하면 이제 집으로 돌아가서 자신의 이야기와 사례 및 다른 사람들과의 기도로 충만한 상호작용을 통해 18번 뇌기술을 전파할 준비를 마치게 된다.

18번 뇌기술 - 행동 단계

다음 질문에 답하고 18번 뇌기술에 대해 배우고 있는 것을 친구와 공유하라.

당신이 화날 때 드러내는 즉각적인 반응을 요약해 보라.

좀 더 구체적으로 말해, 뇌 동기화의 각 단계마다 발생할 수 있는 다양한 종류의 고통에 대해 당신은 어떻게 대처하는가?

레벨 1의 고통 – 혼자 있는 느낌이 들 때 당신은 어떻게 하는가?

레벨 2의 고통 – 다른 이들로부터 단절된 느낌이 들 때 당신은 어떻게 하는가?

레벨 3의 고통 – 압도 당한 느낌이 들고 부정적인 감정에 빠지게 될 때 당신은 어떻게 하는가?

레벨 4의 고통 – 길을 잃었거나 부적절하다고 느낄 때 당신은 어떻게 하는가?

레벨 5의 고통 – 혼란스러울 때 당신은 어떻게 하는가?

친구나 가족 구성원이 고통 가운데 있을 때, 당신의 즉각적인 반응은 무엇인가? 누군가가 화가 나 있을 때 어떻게 반응하는가?

지금까지 고통의 레벨에 대해 배웠는데, 당신이 상처 입어 힘들어 할 때 도와주려 했지만 오히려 가장 힘들게 했던 사람이 누구였는지 기억하는가?

18번 뇌기술 – 다음 단계

18번 뇌기술은 오랜 연습을 통해 익혀야 하는 높은 수준의 기술이다. 그러나 우리는 용량을 키우고 임마누엘과 상호작용하는 능력을 향상시킴으로써 바로 오늘부터라도 시작할 수 있다.

「임마누엘 일기」로부터 시작해서 공동체를 위한 Conexus 프로그램 등 이 책에 언급된 수많은 자원을 사용하여 역량을 키우라. 성숙 강의들을 시청하고 집에서 배우는 성숙 온라인 커리큘럼에도 참여해 보라. 칼 레이만 박사의 자료, 특히 고통의 처리 경로를 다룬 이론을 www.kclehman.com에서 읽어 보라.

성장 기술 안내서와 함께 18번 뇌기술을 효과적으로 배우고 사용하기 위한 이상적인 단계로서 성숙 훈련에 참여하라.

결론

예수님은 죽은 나사로를 살리시기 전에 마리아와 그녀의 공동체가 나사로를 잃고 슬퍼하는 모습을 보시고 우셨다. 18번 뇌기술은 문제가 생겼을 때 무엇을 해야 할지 알기에 관계 가운데에서 기쁨을 유지할 수 있도록 허락해 준다. 우리는 뇌가 알고 있는 다섯 가지 레벨의 고통에 대한 해결책을 배운다. 또한 우리가 마주치는 상황과 필요에 적절하게 반응함으로써 불필요한 문제를 피하고 관계로 인한 피해를 최소화 하도록 한다.

우리는 바울이 고린도에 있는 교회에 편지를 쓸 때 18번 뇌기술의 예를 본다.

"찬송하리로다 그는 우리 주 예수 그리스도의 하나님이시요 자비의 아버지시요 모든 위로의 하나님이시며 우리의 모든 환난 중에서 우리를 위로 하사 우리로 하여금 하나님께 받는 위로로써 모든 환난 중에 있는 자들을 능히 위로하게 하시는 이시로다 그리스도의 고난이 우리에게 넘친 것 같이 우리가 받는 위로도 그리스도로 말미암아 넘치는도다"(고후 1:3-5).

바울과 그의 친구들은 하나님으로부터 위로를 받았기 때문에 이 선물을 다른 사람들에게도 나누어 줄 수 있었다. 18번 뇌기술은 하나님과 가족 및 공동체를 통하여 이런 식으로 학습되고 전달된다.

우리는 우리가 받은 것을 나눈다. 이러한 나눔은 관계를 통해 성장, 치유 및 번영을 위한 기술이 전수되는 교제가 풍성한 헤세드 공동체에서 발생한다. 비록 대부분의 사람들은 어째서 의미 있는 특정 조건 하에서만 변화가 일어나는지 정확히 이해하지 못하지만, 변화는 18번 뇌기술을 통해서 일어난다. 올바른 조건만 갖추어 진다면 사람들은 다양한 수준의 고통을 처리할 수 있다. 18번 뇌기술은 이러한 최적의 조건이 무엇인지 알려 주며, 그래서 고통이 더 이상 우리를 좌우하지 못하도록 최적의 조건을 만드는 하나님의 사역에 우리가 어떻게 동참할 수 있을지 밝혀 준다.

18번 뇌기술을 갖게 되면: 나는 고통 가운데 있는 사람들을 돕는 일에 자신감을 느낀다. 나는 아픈 사람을 만났을 때 내가 어느 정도 도움이 될 수 있어서 기쁘다.

18번 뇌기술이 없거나 부족하면: 나는 화난 사람들을 피한다. 나는 고뇌하거나 상처 입은 사람들을 만나면 어찌 할 줄 모른다.

18번 뇌기술 적용 단계 – 메리의 잘못된 해결책

메리는 힘든 가족 관계로 인해 슬퍼하는 친구 수잔과 함께 앉아 있었다. 메리는 수잔을 돕기 위해 그녀의 상황에 대해 조언하고 격려해 주었다. 메리는 자신이 가르쳐 주는 방법을 잘 따라가기만 하면 수잔이 잘 헤쳐나갈 수 있을 것이라 믿었다.

그러나 놀랍게도 메리가 조언을 시작하자 수잔의 고통은 더 가중되었다. 수잔을 돕고 있는 줄 알았는데 오히려 불난 데 기름을 붓고 있었던 것이다. 어느 순간 수잔은 메리에게로 돌아앉았다. "이제 그만 좀 말하고, 나하고 여기 그냥 앉아 있어 주면 안 돼? 내가 외롭지 않게. 그냥 여기 앉아 있어 주기만 하면 참 좋겠어." 메리는 수잔의 요청에 깜짝 놀랐다.

'내 도움이 필요하지 않나?' 메리는 혼자 생각했다. 친구의 요청을 존중하면서 조용히 앉아 수잔의 필요를 채워 주었다. 수잔은 자기의 슬픔을 메리와 나누었고 곧 진정되어 한결 평안해 보였다. 수잔은 자신이 얼마나 기분이 좋아졌는지 표현하고 그녀와 함께 있어 준 것에 대해 메리에게 감사했다. 또 자신이 화가 났을 때에도 계속해서 그 곁에 머물러 준 것이 얼마나 도움이 되었는지에 대해서도 언급했다. 일단 평정을 되찾게 되자, 수잔은 그녀의 가족에 대한 메리의 격려와 조언을 듣기 원했다.

이 일로 메리는 18번 뇌기술에 관한 소중한 교훈을 얻었다. 부정적인 감정이 일어날 때, 친구를 향한 그녀의 차분한 태도와 보살핌이 그 어떤 조언보다도 중요하다는 것을 말이다. 이것은 즐거운 성장의 시작이었다. 메리와 수잔은 18번 뇌기술을 배우고 난 뒤, 그들 자신과 다른 사람들, 그들의 공동체의 고통의 수준을 더 잘 이해하고 탐색할 수 있도록 이 소중한 훈련을 잘 이어갔다.

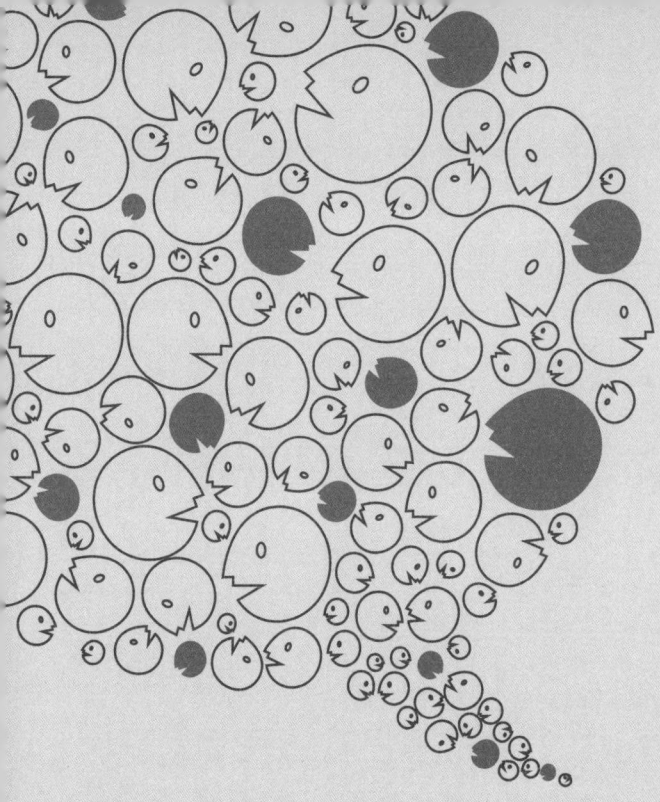

CHAPTER 21

19번 뇌기술: 복합적 감정을 처리하고 기쁨을 회복하라

살면서 겪는 복합적인 상처들은 다양한 방법으로 우리에게 상처를 남긴다. 여러 뇌기술을 조합하여 조화롭게 사용하면 우리는 그 아픔으로부터 회복될 수 있다.

"왜 이 기술이 당신에게 중요합니까?"라고 하나님께 여쭤보았을 때 내 마음속에 이런 생각이 떠오르는 것을 발견했다.

"무거운 짐들은 내 자녀들을 지치게 한다. 내 자녀들이 깊은 감정에 빠지게 되면 그들은 지치고, 낙심하게 된다. 수고하고 무거운 짐 진 자들아 다 내게로 오라. 내가 너희를 쉬게 하리라. 19번 뇌기술은 내 자녀들이 나와 그리고 다른 사람들과의 관계 가운데 쉴 수 있도록 그들 모두에게 주는 나의 선물이다."

젊었을 때 친구들이 나를 스키여행에 초대했다. 그런데 작은 문제가 하나 있었다. 그들은 전문가였지만 나는 초보였던 것이다. 하지만 어렸을 때부터 수상스키를 많이 탄 터라 그 둘이 크게 다르지 않으리라 생각했다. 말이야 바른 말이지, 눈이 별거인가? 물이 얼어서 된 것이지 않은가? 완벽한 논리는 아니었지만 나는 친구들과의 신나는 하루를 즐길 수 있도록 내 계획을 그렇게 합리화시켰다.

"어려워 봤자 얼마나 어렵겠어?"

도착해서 내가 부츠, 스키, 폴을 빌리는 동안 친구들은 모두 자기 장비를 착용했다. 나는 발에 부츠를 신고 똑바로 서서 동시에 앞으로 움직이는 것이 어렵다는 것을 그제야 깨달았다. 하지만 어쩔 수 없었다. 첫 번째 언덕으로 올라갈 때까지 견뎌야만 했다. 나는 모험을 앞두고 흥분해 있었고, 사람들이 폼 나게 언덕 아래로 미끄러져 내려가는 모습을 지켜보았다. 남들처럼 하려고 앞으로 몸을 구부리던 순간, 나는 "검은 다이아몬드"라고 쓰여 있는 표지판을 보게 되었다. 나는 그것이 무엇인지 궁금했으나 이곳이 나 같은 초보자가 탈 수 있는 곳이 아니라는 표시임을 그때는 미처 알지 못했다.

가파른 언덕에서 하강하기 시작하자마자, 나는 돌아서거나 멈출 수 없다는 것을 깨달았다. 당황스러웠다. 속도는 점점 빨라졌지만 다른 선택의 여지가 없었기에 사람들에게 큰 소리로 경고하기 시작했다. "저리 비켜요!" "조심해요!" "머리 들어요!" "뒤에 있어요!" 사람들은 내 소리를 듣고 재빨리 피했다. 그들은 통제력을 잃은 누군가가 안간힘을 쓰며 내려가는 것을 바라보았다. 내 속도는 훨씬 더 빨라졌다.

나는 내 앞에 장애물이 있는지 고개를 들어보았다. 언덕 밑에서 스키 리프트를 기다리는 한 줄의 사람들이 서 있었다. 그리고 그 뒤에는 매우 큰 울타리가 있었는데, 나는 이 고난이 무사히 끝나지 않을 것임을 직감했다.

그때 나는 스노모빌이 불빛을 깜박이며 옆으로 다가오는 것을 보았다. 그들은 스키장 경비원들이었는데 내게 큰 소리로 외쳤다, "넘어져요!" "넘어져요!" 나는 대답했다, "할 수 없어요! 속도가 너무 빨라요!" 그러나 그들은 이전보다 더 단호한 목소리로 "지금 당장 넘어져요!"라고 외쳤다. 그들의 소리 때문에 나는 더 이상 똑바로 서 있어서는 안 되겠다는 생각을 하게 되었다.

    나는 그들의 제안이 좋은 생각 같지 않았지만 다른 선택의 여지가 없었다. 나는 오른쪽으로 몸을 기울였다. 그러자 왼쪽 스키가 공중에 높이 떠올랐고, 내 몸은 중력을 따라 언덕 밑으로 굴러 내려갔다. 모든 것이 희미해 보였다. 일어나자 스키와 폴은 온데 간데 없이 사라져 보이지 않았고 눈보라가 공중을 가득 채우고 있는 광경만이 눈에 들어왔다. 스키장 경비원 중 한 명이 나를 일으키며 말했다. "여기서 내려가 버니 힐(Bunny Hill)로 가시오! 당신을 다시는 여기서 보고 싶지 않으니까"라고 소리쳤다. 그것은 나도 동의하는 바였다. 나는 사방을 얻어맞은 사람처럼 멍이 든 채로 절뚝거리며 스키 리프트 쪽으로 갔고 힘들게 버니 힐로 이동했다.

    버니 힐에 도착해서 나는 스키 강사의 도움을 받아 매우 기본적인 기술을 익히기 시작했다. 첫째로는 멈추는 법을 배웠고, 둘째로는 방향 전환하는 법을 배웠다. 그 다음으로는 아래만 쳐다보지 않고 주변을 돌아보며 멈추거나 방향 전환하는 법을 연습했다. 이 기본적인 기술은 스키를 성공적으로 타기 위해 거의 반사적으로 수행해야 하는 기술들이었다. 배운 기술들을 조합하는 것은 연습을 통해서만 가능했다. 특히 내가 하고 있는 일을 아는 누군가와 함께 연습하는 것이 필요했다. 하루가 끝나 갈 무렵, 나는 초보자 코스를 타도 될 만큼 충분한 자신감과 전문 지식을 얻었다. 전문가와 많은 시간을 들여 노력하고 연습하며 상호작용을 한 덕분에, 오늘날 나는 블랙 다이아몬드 경사면을 안전하게 내려올 수 있게 되었다. 관계적 뇌기술, 특히 15, 18, 19번 같은 고급 기술, 즉 블랙 다이아몬드 기술을 익히는 것도 마찬가지이다.

19번 뇌기술은 1번 뇌기술인 기쁨 나누기, 2번 뇌기술인 잠잠하기, 그리고 11번 뇌기술인 여섯 가지 큰 감정으로부터 기쁨으로 돌아오기와 같은 기본적인 기술들을 필요로 한다. 내 스키 경험과 유사하게 아무런 기초도 없이 갑자기 뛰어들어 19번 뇌기술을 배우려 하면 낭패를 당하기 십상이다. 이런 이유 때문에 트랙 1은 용량을 키울 수 있도록 기쁨과 안식으로부터 시작된다. 그러면 사람들은 좀 더 진일보한 훈련인 트랙 3의 적용된 전략에 적합하게 준비가 되는 것이다. 이때 우리는 뇌가 알고 있는 고통의 다섯 가지 레벨을 파악하고 해결하는 법을 배우게 된다(18번 뇌기술).「성숙: 진정한 정체성」은 훈련 순서 중에서 기쁨의 기술을 배우고 싶은 개인이 언제든지 시작할 수 있는 좋은 교재이다. 각 훈련 트랙은 기술을 배우고 전파할 수 있는 교육 방법을 소개하므로 참가자는 공동체에서 가족과 친구들을 훈련시킬 수 있다. 이를 위해서는 시간, 에너지, 실천에 대한 헌신과 함께 전문성이 필요하다.

우리가 즐거움을 느끼고 자신을 진정시키는 일에 편안함을 느끼며, 기쁨으로 돌아가는 기술을 어느 정도 익히게 되면, 우리는 19번 뇌기술 훈련을 시작할 준비를 마치게 된다. 여섯 가지 큰 감정이 결합되어 복잡한 감정으로 알려져 있는 것들과 합쳐지면, 이러한 감정은 관리하기가 더욱 어려워진다. 수치와 분노가 결합되면 굴욕감이 형성되는 반면, 두려움과 절망감(혹은 다른 감정과 함께)이 결합되면 공포감을 형성한다. 이러한 결합된 감정은 우리를 매우 무기력하게 하고, 진정시키기 어렵다. 왜냐하면 이 감정들은 16번 뇌기술, "고에너지와 저에너지 레벨을 파악하라"에서 설명했던 신경계의 양쪽을 모두 사용하고 있기 때문이다. 액셀과 브레이크를 동시에 밟으면, 엔진에 무리가 가게 된다.

수치는 에너지가 적은 감정이고 분노는 에너지가 많은 감정임을 기억할 것이다. 수치는 우리가 물러나 숨기를 원하지만, 분노는 무엇인가를 멈추게 하려 한다. 우리의 신경 시스템이 복잡한 감정을 느낄 때에도 사람들과의 관계를 유지하게 하려면 더 많은 훈련과 더 큰 용량이 필요하다.

우리는 11번 뇌기술을 배우는 것과 비슷한 방법으로 19번 뇌기술을 배운다. 우리는 관계를 유지하고 큰 감정들을 가라앉히는 법을 보여 주는 훈련 받은 뇌를 가지고 4+ 이야기를 사용하여 기쁨의 이야기로 돌아가는 연습을 한다. 우리 모두는 두려움에 사로잡혀 있을 때 절망에 빠져 아무것도 하지 못하던 순간을 기억한다. 우리의 뇌는 학습한 감정만을 관리할 수 있기에 공포에서 기쁨으로 돌아오는 것은 결코 작은 일이 아니다. 위협을 사라지게 하고 싶지만 문제를 해결할 시간과 자원이 부족하다. 상황과 감정은 큰 반면 우리는 작게 느껴진다. 이스라엘 백성은 애굽 군대와 홍해 사이에서 궁지에 몰렸을 때 큰 공포를 느꼈을 것이다. 기쁨으로 돌아가는 것은 단순히 문제를 제거하는 것만이 아니다. 오히려 문제의 한가운데서 서로 간의 관계를 유지하며 감정들을 진정시키는 것이다.

감사하게도 우리는 감정을 더 잘 관리하고 진정시키는 법을 배울 수 있다. 우리는 자기 자신과 하나님, 그리고 주변 사람들과 관계를 지속적으로 유지하는 가운데 훈련된 뇌들이 우리 감정에 동참하고 우리가 느끼는 감정을 어떻게 진정시킬 수 있을지 보여 주는 코이노니아의 선발된 자원들과 함께 연습한다.

기쁨 가운데 혹은 부정적인 감정 가운데서도 임마누엘 하나님과 연결되어 있는 것은 임마누엘 생활방식에 필수적이다. 고통의 시간에 어떻게 할지에 대해 훈련 받지 못했다면, 우리의 조절 센터는 큰 감정을 관리할 수 없으며 비관계적 반응으로 되돌아가게 된다. 우리는 좌뇌로 분석하는 전략을 사용해 말로 위기를 면해 보려 하지만, 결국 외로움을 느끼고 화난 감정을 뒤로 한 채 "떠나 버린다". 이 비관계적 반응은 우리의 뇌가 더 이상 효과적으로 경험을 처리할 수 없다는 신호이다. 서문에서 언급한 공항에서 만난 친구처럼 우리는 다른 누군가의 마음이 녹아 내리는 것을 보게 될 때 이것을 잘 기억하게 된다. 고통이 처리되지 않으면 우리는 이러한 순간들을 다시 상기시켜 주는 유사한 사람들이나 상황들을 자꾸만 피하게 된다. 복잡한 감정을 연습할 기회는 우리에게 넘쳐난다. 19번 뇌기술은 감정의 난기류가 우리의 삶과 관계를 침범할 때 우리를 단단히 붙잡아 주며, 관계를 유지하고, 또한 맑은 정신을 지키게 해 준다. 19번 뇌기술을 사용하면 격한 감정을 느낄 때에도 관계적 기쁨으로 빠르게 되돌아갈 수 있다. 주변 사람들 가운데 격한 감정을 느낄 때에도 관계를 유지하는 사람을 알고 있는가?

19번 뇌기술은 보통 어떻게 획득되고 연습되며 전파되는가?

우리는 생애 첫 해(11번 뇌기술) 이후에 여섯 가지 기본적인 감정에서 기쁨으로 돌아오는 법을 배운다. 그런 다음 이러한 감정들의 결합을 준비한다. 부모, 보호자, 가족, 공동체는 이미 19번 뇌기술이 있기 때문에 복잡한 감정을 관리하는 방법을 보여 준다. 그들은 무엇을 해야 할지를 잘 알고 있으므로, 우리가 큰 감정을 겪고 있는 동안에도 계속 관계를 유지하며 우리에게 주의를 기울인다. 그들은 우리가 감정을 진정시킬 수 있도록 도와준다. 우리의 "훈련된 뇌"는 소용돌이치는 감정을 느낄 때 우리를 인정해 주고 위로하며 달래준다. 이것은 우리의 신경계가 감당하기에 힘든 운동이므로 피로, 처리되지 않은 고통, 애착의 고통(17, 18번 뇌기술), 굶주림은 어려움을 증가시킬 수 있다. 그러나 우리의 뇌는 격한 감정이 우리를 죽이지는 않는다는 것을 안다. 우리는 "빅 6" 감정이 결합된 상호작용을 하는 동안 19번 뇌기술을 연습할 수 있는 수많은 기회를 갖게 될 것이다.

기쁨으로 돌아가는 모든 연습은 신경학적인 경로를 강화시키므로 우리의 수고는 어느 것도 헛되지 않는다. 일단 기술을 배우고 그것이 강화되면, 우리는 이제 무엇을 해야 할지 알기 때문에 복잡한 감정에서 기쁨으로 돌아오는 법을 다른 사람들에게 보여 주기 시작한다. 고통 중에 있는 사람 곁에서 그들이 진정할 수 있도록 도와주고 그들의 감정을 조절할 수 있게 해 줄 때, 그리고 정체되었다가 기쁨으로 돌아왔던 시절의 기쁨의 이야기를 나눌 때, 우리는 19번 뇌기술을 전파하게 된다.

19번 뇌기술은 어떻게 추가적으로 획득되고 연습되며 전파되는가?

이제 관계 · 코이노니아를 변화시키는 것이 어떻게 복잡한 감정으로부터 회복되는 기술을 복원시킬 수 있는지 살펴보자. 복잡한 감정은 탐색하기가 매우 어렵다. 왜냐하면 그것들은 복잡하기 때문이다! 상상해 보라. 벤치프레스에 100파운드짜리 원판을 끼웠는데 누군가가 와서 바벨에 100파운드 원판을 추가하는 것이다. 그러면 훨씬 더 들기 어렵다. 우리의 감정도 마찬가지이다. 둘 이상의 감정이 합쳐지면 그것을 관리하고 잠재우며 기쁨으로 되돌아가기 위해서는 더 많은 자원이 필요하게 된다.

우리는 강렬한 감정에 사로잡혀 있는 사람들의 예를 성경에서 볼 수 있다. 아브라함은 자신의 안전을 염려한 나머지 사실을 왜곡하여 그의 아내를 누이라고 속였다. 그것도 두 번이나 말이다.[1] 모세는 하나님께 자신을 죽여 달라고 간청했다.[2] 욥과 예레미야는 그들이 태어난 날을 저주했다.[3] 요나와 엘리야는 죽을 수 있게 해 달라고 간청했

---

1 창세기 12:13, 20:2. 아브라함은 20장 12절에서 "또 그는 정말로 나의 이복 누이로서 내 아내가 되었음이니라"라는 구절이 나온다. 아브라함은 그녀의 여동생과 결혼한 것이 맞지만 이복 누이였다. 아버지의 딸이지 엄마의 딸은 아니었다.
2 민수기 11:11-15
3 욥기 3:1-14, 예레미야 20:14-18

다.⁴ 다윗은 미친 척 했고,⁵ 예수님의 어떤 젊은 제자는 알몸으로 달아났다.⁶ 베드로는 세 번이나 예수님을 배신했다.⁷ 가룟 유다는 목 매달아 죽었다.⁸ 로마 간수는 두려움으로 얼어붙었다.⁹ 이들은 모두 성경 속 실제 인물들로 그 중 몇 가지만 예를 들었다. 우리 모두는 자신의 감정에 압도되었던 경험이 있다.

우리 뇌가 19번 뇌기술을 배우면 큰 감정이 일어날 때 무엇을 해야 할지 알게 된다. 우리는 공동체에서 약점을 인식할 때 19번 뇌기술을 배운다. 그리고 우리 가운데 가용한 자원 즉, 다양한 수준의 19번 뇌기술을 가진 사람들을 확인한다. 우리는 이렇게 훈련된 뇌를 가진 이들을 초대해서 복잡한 감정으로부터 기쁨으로 돌아간 이야기를 들을 수 있다. 우리는 함께 부정적인 감정을 공유하고, 함께 울고 기뻐함으로써¹⁰ 또 VCR 상호작용(VCR 인정해 주기(Validate), 위로하기(Comfort), 그리고 본 모습으로 돌아가기(Repattern)을 함으로써 기쁨으로 돌아가는 모습을 보여 줄 수 있다.¹¹

이것은 우리가 감정을 나누고, 이렇게 말함으로 그 사람의 감정을 인정해 주는 것이다. "당신이 정말로 화가 난 것이 보여요. 당신 정말

---

4 요나 4:8, 열왕기상 19:1-14
5 사무엘상 21:13
6 마가복음 14:51-52
7 마태복음 26:69-74
8 마태복음 27:5
9 마태복음 28:4
10 로마서 12:15
11 「드문 리더십」

로 힘들겠네요." 그런 다음 우리는 위로를 전한다. "여기 당신과 함께 있을 수 있어서 다행이에요. 제가 어떻게 도와주면 될까요? 당신을 위해서 기도해 드릴까요, 아니면 뭐 마실 거라도 가져다 드릴까요?" 인정과 위로는 사람들이 나를 보았고 이해했다고 느끼도록 도와줌으로써 우리의 뇌가 자신이 더 이상 혼자가 아니라는 것을 인식하게 한다. 이 과정은 우리의 고통을 처리하는 데도 도움이 된다.

시편 23편은 다윗이 모든 필요를 채우시며, 두려울 때 함께 하시고, 위로를 주시는 목자로서 하나님을 인정하는 VCR이 적용된 아름다운 그림이다. 그는 더 이상 혼자가 아니기에 두려워 할 필요가 없었다.

> "여호와는 나의 목자시니 내게 부족함이 없으리로다 그가 나를 푸른 풀밭에 누이시며 쉴 만한 물 가로 인도하시는도다 내 영혼을 소생시키시고 자기 이름을 위하여 의의 길로 인도하시는도다 내가 사망의 음침한 골짜기로 다닐지라도 해를 두려워하지 않을 것은 주께서 나와 함께 하심이라 주의 지팡이와 막대기가 나를 안위하시나이다 주께서 내 원수의 목전에서 내게 상을 차려 주시고 기름을 내 머리에 부으셨으니 내 잔이 넘치나이다 내 평생에 선하심과 인자하심이 반드시 나를 따르리니 내가 여호와의 집에 영원히 살리로다"(시 23).

헤세드 공동체가 함께 자원을 공유함에 따라 사람들은 잃어버린

기술을 인식하게 된다. 이는 우리가 회복을 위해 적극적으로 노력하는데 도움이 된다. 19번 뇌기술이 성장하게 하려면 무엇이 필요한지 살펴보자.

19번 뇌기술을 배우기 전에 우리는 먼저 기쁨을 나누고(1번 뇌기술), 자신을 진정시키고(2번 뇌기술), 4+ 이야기를 나누고(7번 뇌기술), 기쁨으로 돌아가야 한다(11번 뇌기술).

이러한 방식으로, 특히 굴욕과 공포에서 기쁨으로 돌아감으로써 우리는 관계의 집을 지을 수 있는 견고한 토대를 확보하게 된다.

성숙 훈련은 트랙 1과 2에서 위의 기술들에 초점을 맞추고 트랙 2가 끝나고 트랙 3을 시작할 때쯤에 굴욕과 공포로부터 기쁨의 이야기로 돌아가는 것을 듣고 말하는 과정을 통해 19번 뇌기술을 연습하게 된다. 우리는 4+ 이야기 요소를 사용하여 감정의 이름을 짓고 모든 요소가 포함되어 있는지 확인하기 위해 이야기를 다시 검토한다. 비록 연습이 많이 필요하고 다양한 과제를 사용하지만, 트랙 3 참가자는 개인적이고 진솔하며 정확한 이야기를 통해 19번 뇌기술을 전파하게 된다. 효과적으로 기쁨으로 돌아갈 수 있게 되면 우리 모두는 그 기술을 전파할 수 있는데, 성숙 훈련 밖에서도 우리들의 이야기, 특히 고통의 이야기를 공유함으로써 듣는 이들을 진정시키고 기쁨으로 돌아가게 할 수 있다. 이 또한 19번 뇌기술을 전파하는 방법이다. 19번 뇌기술을 통해 사람들과 관계를 계속해서 유지할 수 있을 때 많은 위기, 갈등 및 고통스러운 만남의 문제는 해결될 수 있다.

19번 뇌기술 – 행동 단계

감정이 충돌할 때 당신은 얼마나 관계를 잘 유지하는가? 아래에 자신의 생각을 적고 답변을 공유해 보라. 친구에게 당신의 19번 뇌기술 사용 능력이 얼마나 되는지 관찰해 보고 알려 주도록 부탁하라. 그리고 당신이 속한 공동체 내에서 19번 뇌기술에 대해 가르쳐 줄 안내자를 찾을 수 있다면 그에게 굴욕감과 두려움을 느꼈다가 평안과 기쁨을 회복하게 된 이야기를 나누어 주도록 부탁하라.

나는 굴욕감을 느낄 때(수치와 분노) 이렇게 반응한다(어떻게 반응하고 싶은 지도 포함한다).

....
....
....

나는 공포감(두려움, 절망 등 여섯 가지 큰 감정의 조합)을 느낄 때 이렇게 반응한다 (어떻게 반응하고 싶은 지도 포함한다).

....
....
....

19번 뇌기술 – 다음 단계

성숙 훈련의 트랙 1에 참여하여 기쁨을 나누고 자신을 진정시키는 기술을 향상시키고, 트랙 2와 3을 통해 19번 뇌기술을 경험해 보라. "기쁨으로 돌아오는 법 숙달하기"(Mastering Returning to Joy)와 "적용된 전략 기술 숙달하기"(Mastering Applied Strategy Skill)는 추가적인 연습을 제공해 줄 것이다. 이론적 배경을 위해서 성숙 강의를 시청하고 19번 뇌기술 및 열아홉 가지 뇌기술 모두를 적용할 수 있도록 집에서 배우는 성숙 온라인 커리큘럼에도 참여해 보라.

결론

19번 뇌기술은 11번 뇌기술, 기쁨으로 돌아가기와 코이노니아 그룹이 있는 헤세드 공동체의 기본적인 내용물과 관련이 있다. 이곳에서 사람들은 각자에게 쌓인 커다란 감정을 어떻게 처리 할 지를 알며 약한 자들을 온유와 인애, 위로로 받아 줌으로써 굴욕과 공포 같은 그들의 고통스러운 감정을 잠재울 수 있도록 도와준다.

19번 뇌기술이 없으면 우리는 깨어진 관계, 폭력, 거절, 버림 받음 등의 많은 문제들을 보게 될 것이다. 여섯 가지 감정 중 하나가 결합될 때, 특히 높고 낮은 에너지 감정이 결합될 때 더욱 가속도가 붙기 때문에 이러한 상황에서는 19번 뇌기술의 숙달이 매우 중요하다.

변화는 19번 뇌기술를 포함한다. 왜냐하면 레벨 3의 고통을 치료하는 것은 화가 난 상대가 기뻐하는 사고의 공유 상태를 통해 기쁨으로 돌아오는 것이기 때문이다. 우리는 기뻐하는 사람들과 함께 기뻐하고 슬퍼하는 사람들과 함께 슬퍼한다.[12] 상호 간의 연습을 통해서

---

12) 로마서 12:15

우리는 더 효과적으로 기뻐하는 자, 그리고 슬퍼하는 자가 될 수 있다. 예수님처럼 말이다. 19번 뇌기술은 변화를 가져온다. 왜냐하면 우리는 고통을 처리하고 하나님께서 본래 설계한 사람들이 되는 일에 더 집중할 수 있기 때문입니다.

19번 뇌기술을 갖게 되면: 누군가가 큰 감정과 씨름할 때, 그는 내게 자신을 매우 잘 위로해 준다고 말한다. 나는 다른 사람이 공포심과 굴욕감을 느낄 때 무엇을 해야 할지 잘 안다.

19번 뇌기술이 없거나 부족하면: 나는 큰 감정을 회피한다. 나 또는 다른 누군가가 공포나 굴욕감을 느끼면 나는 도망치거나 다른 사람들을 채찍질한다.

19번 뇌기술 적용 단계 – 호세가 기쁨으로 돌아오다

호세는 가르침과 저술로 존경 받는 성공적인 지도자였다. 그에게 사람들을 예수님께로 인도하는 것은 매우 가치 있는 일이었기에 그는 "이야기를 나눌" 뿐 아니라 그의 가족과 공동체, 사역자들과 함께 기도하는 마음으로 말씀을 "실천하고자" 애썼다.
어느 날 저녁 세미나의 질의응답 시간에 청중 가운데 한 여성이 손을 들었다. 호세는 그녀를 지명하자 그녀는 일어나 그를 질책하기 시작했다. "당신의 사역이 성경을 이용해 사람들을 끌어들이고 있지만 예수님을 제대로 소개하지는 못하고 있어요. 그러니 당신은 부끄러운 줄 아세요. 하지만 당신을 위해서 기도하도록 하죠." 순식간에 세미나실은 잠잠해졌다. 호세는 가슴을 후비는 그녀의 말과 행동에 충격을 받았고, 자신이 오해 받고 있다고 느꼈다. 그의 얼굴은 수치심으로 붉어졌고 화가 치밀어 올랐다. 청중들 앞에서 모욕을 당하는 것은 정말 참을 수가 없었다. 호세는 깊이 숨을 들이마시며 자신을 진정시킨 뒤, 그녀에게 감사를 전하며 모임이 끝나고 그 문제에 대해 더 나누자고 청했다. 그러면 그녀의 믿음에 대해 좀 더 분명히 알아볼 수 있을 것 같다고 말했다.

몇 개의 질문을 더 받은 후에 호세는 모임을 마치고 그녀에게 다가갔다. 걱정과 호기심을 동시에 느끼며 그녀의 불만스러운 감정의 원인이 무엇인지, 그 문제를 해결하기 위해 자신이 할 수 있는 일은 무엇인지 물어보았다. 왜냐하면 그는 그녀가 자신의 사역에 대해 오해하고 있다고 생각했기 때문이다. 그들은 서로 몇 분 동안 의견을 교환했고, 호세는 그녀가 감정을 누그러뜨리는 동안 계속해서 그녀와 관계를 유지했다. 그는 그녀의 감정에 초점을 맞추며 그녀의 분노에 대해 인정해 주었고, 그녀의 두려움을 완화시켜 주었다.

얼마 시간이 지나지 않아 그녀는 자신의 행동에 대해 사과했다. 호세는 그녀를 위해 함께 기도해도 좋은지 물었고 그녀는 동의했다. 두 사람의 만남은 기쁨 가운데 부드럽게 마무리 되었다. 19번 뇌기술이 아니었더라면 호세는 자신을 정당화하고 방어하느라 굴욕감 가운데 빠져 있었을 것이고, 아마도 역으로 그녀를 비난하며 수치심을 주었을 것이다. 이처럼 19번 뇌기술이 관계를 문제보다 더 크게 유지할 수 있도록 해 주었다.

나가는 글

관계를 새롭게 하는 변화를 일으키라

성숙한 가이드의 부족과 함께 관계 기술의 상실은 서구 교회의 현장성과 신뢰성을 계속해서 약화시켜 왔다. 잃어버린 신뢰를 회복하기 위해 우리는 자신과 상대방의 약점을 온유하게 받아들여야만 한다. 우리는 늘 관계를 문제보다 더 중요하게 여기며 관계적 뇌기술을 습득하고 전파함으로써 변화를 받아들이고 또한 나누어야 한다. 상호 교류적인 임마누엘 생활 방식의 개발과 함께 이러한 요소들은 "즐거운 관계의 바람"에 의해 우리 공동체의 구조 전체로 퍼져나가는 성장의 씨앗들을 키우게 될 것이다.

잠시 우발드 신부의 이야기를 나누고자 한다. 우발드 신부는 르완다 대학살의 생존자로, 그는 가족을 포함해 성도 80만 명이 학살된 그때에 용서를 통해 대량 학살의 희생자와 가해자를 회복시키는데 헌신한 인물이다. 자신의 사역에 대한 그의 결론은 다음과 같았다. "우리는 사람들에게 사랑하는 법을 가르쳐야 합니다." 우발드의 삶과 사역은 그의 사명을 잘 보여 주었다.

여러 면에서 이 책은 하나님이 우리를 사랑하시듯 우리도 하나님을 사랑하고 서로를 사랑할 수 있는 기본적인 관계 기술을 회복시켜 주고자 애썼다. 이 책을 읽으면서 왜 열아홉 가지 온유한 보호자의 기술을 습득하고 연습하고 키워야 하는지, 왜 그 기술을 코이노니아의 자원들이 모여 있는 헤세드 공동체, 곧 선한 목자의 모습으로 변화되어 가는 사람들의 공동체에 전수해야 하는지 명확해졌기를 바란다.

의지나 선한 의도가 아무리 커도 그리스도와 같은 인격을 하룻밤 만에 닮아갈 수는 없다. 그러나 하나님은 우리를 서로 함께 할 때 행복한 존재로 창조하셨다. 우리는 임마누엘 하나님과 상호작용하면서 관계를 통해 삶을 표현하는 기술을 개발하고, 헤세드 공동체에 뿌리를 둔 새로운 삶의 방식을 받아들여야 한다. 이것이 바로 우리를 자라게 하고 배우게 하며 고난을 잘 견뎌내게 하는 토양, 즉 하나님의 기쁨을 잘 전파할 수 있게 하는 토양이다.

이 책에 언급된 모든 기술은 우리가 관계를 유지하면서 끊임없이 변화하는 상황 속에 최선을 다해 자신을 표현할 수 있도록 도와준다. 예수님을 따르는 이들이 삶과 관계에서 일관되고 좋은 성품으로 살기에 지금보다 더 좋은 시간은 없다. 우리는 언제든지 평강을 잃어버리면 임마누엘의 샬롬으로 돌아가야 한다. 이를 통해 우리는 항상 함께 하시는 하나님을 적극적으로 의식하면서 살아가는 법을 발견할 수 있다.

나는 당신이 관계 속에서 기쁨의 기술을 연습할 기회를 발견하고 지속적으로 연습해 나갈 수 있기를 바란다. 그리고 당신의 성취뿐 아니라 당신이 자신의 성품과 관계 위에 세워 놓고 떠나게 될 유산을 위해서도 기도드린다.

약하든 강하든 관계없이 우리 모두에게는 기쁨의 용량을 키우고, 관계에 목말라하는 공동체와 함께 임마누엘의 생활 방식을 나눌 수 있는 기회가 주어져 있다. 부디 하나님께서 당신을 축복하시고 인도해 주시기를, 그리고 그분의 얼굴빛을 당신 위에 비춰 주시기를 기도한다.

부록

열아홉 가지 뇌기술 요약
관계를 위한 온유한 보호자 기술

1번 뇌기술 기쁨을 나누라

비언어적인 얼굴 표정과 말투로 서로의 기쁨을 증폭시키고 "함께해서 즐겁다"는 메시지를 전한다. 이를 통해 관계가 맺어질 뿐 아니라 뇌도 강해진다.
- 전문적 설명: 인간이 가장 간절히 바라는 긍정적 감정 상태를 우뇌 대 우뇌로 소통한다.

2번 뇌기술 자신을 진정시키라

기쁜 감정이든 혼란스러운 감정이든 그 감정 이후에 자신을 진정시키는 역량(샬롬)이야말로 평생의 정신 건강을 예측할 수 있는 가장 확실한 지표이다. 자신을 잘 진정시키는 사람은 스스로 에너지의 수위를 낮추고 필요한 휴식을 취하며 곧 안정감을 되찾는다.
- 전문적 설명: 부교감 신경계의 자율신경에서 세로토닌이 요구에 따라 분비된다. 그래서 긍정적 감정 상태와 괴로운 감정 상태를 둘 다 가라앉힌다.

3번 뇌기술 둘 사이에 유대를 형성하고 애착을 동기화 하라

사고 공유 상태를 통해 두 사람이 더 가까워지짐과 동시에 독립적으로 움직일 수 있다. 둘 다 만족감을 얻는다. 안정된 유대를 이룬 사람들은 서로의 조절 센터를 동기화할 수 있다. 그래서 둘 다 만족을 얻는 순간, 더 가까이 다가갈 수도 있고 더 멀리 떨어질 수도 있다. 둘의 조절 센터가 동기화되면 이를 기반으로 뇌기술과 그동안 학습된 특성을 원활하게 전수할 수 있다.
- 전문적 설명: 양방향의 유대가 이루어지면 두 사람의 조절 센터가 동시에 활성화 된다(조절 센터 제 1단계). 그 활성화에 힘입어 대상피질에 사고 공유 상태가 형성된다(조절 센터 제 3단계). 사고 공유 상태는 한 번에 한 사람과의 직접적인 대면 접촉을 통해서만 유지될 수 있다.

4번 뇌기술 감사를 표현하라

감사의 수위가 높은 감정 상태는 뇌와 신경계가 건강하게 균형 잡힌 상태와 거의 일치한다. 자신이나 타인 안에 감사의 감정을 강하게 불러일으키면 불쾌한 상태와 스트레스가 해소된다. 수유할 때 엄마와 아기 모두 만족감을 경험하는 것을 '모유 사출 반사'라고 하는데 감사는 이와 매우 비슷하다.

5번 뇌기술 가족 간의 유대를 형성하라

사랑하는 사람들끼리 관계가 좋을 때 우리는 가족 같은 유대를 통해 기쁨을 느낀다. 세 방향의 유대를 통해 그들의 감정을 경험하고, 그들이 우리의 관계를 어떻게 보는지도 알 수 있다. 공동체에 기쁨을 넘치게 하려면 세 사람 이상의 유대가 필요하다.

- **전문적 설명**: 전전두피질은 세 가지 관점을 동시에 보유할 수 있는 역량이 있다(조절 센터 제 4단계).

6번 뇌기술 고통으로부터 마음의 핵심가치를 파악하라

애정이 깊으면 상처도 깊을 수 있다. 우리는 누구나 유난히 아프거나 껄끄러운 이슈들이 있다. 거기에만 걸리면 늘 상처를 입기 쉽다. 이런 평생의 이슈들을 보면 각 개인의 독특한 정체성에 필요한 핵심 가치를 파악할 수 있다. 가장 가치 있게 여기는 것일수록 많은 고통을 유발한다. 그래서 대부분의 사람들은 그런 특성을 보물로 보지 않고 짐으로 여긴다.

7번 뇌기술 이야기를 동기화 하라

뇌가 잘 훈련되어 있고 역량이 높고 과거에 끌려 다니지 않으면, 뇌 전체가 협력한다. 간단한 시험 기준이자 뇌를 훈련하는 방법은 이야기를 하되 뇌 전체의 협력을 요하는 방식으로 하는 것이다.

- 전문적 설명: 우뇌 조절 센터의 총 네 단계가 협력하면 덤으로 좌뇌의 언어까지 우리의 경험과 조화를 이룬다. 정서적, 영적으로 막혔던 곳이 뚫리면서 뇌 전체가 동기화 된 방식으로 작동한다. 이야기를 잘 선택하여 뇌를 시험하고 훈련하면 삶과 관계의 특정한 면들을 처리할 수 있다.

8번 뇌기술 성숙의 수준을 파악하라

성숙의 이상적 기준을 알아야 자신의 발달 상태에 결손이 있는지 알 수 있다. 전반적이고 기본적인 성숙의 기준을 알면 다음 발달 단계의 과제가 무엇인지 알 수 있다. 매순간 당면한 상황에서의 성숙의 기준을 알면 내가 방금 발생한 일에 자극되어 반사적으로 반응했는지 알 수 있다. 즉, 내 발달 상태에 "구멍"이 있어 보충이 필요한지 알 수 있다. 자신의 성숙의 수준이 언제 떨어지는지도 잘 봐야 한다. 그러면 자신이나 타인의 정서적 역량이 언제 고갈되는지 알 수 있다.

`9번 뇌기술` 한숨을 돌리라

신뢰와 친밀한 관계를 유지하려면 상대가 짓눌리기 전에 또는 피곤해 할 때 내 쪽에서 잠시 멈추어 쉬어야 한다. 잠시 멈추어 숨을 고르고 재충전하는 시간은 몇 초밖에 걸리지 않는다. 비언어적 단서를 읽고 사람들을 쉬게 해 주는 사람은 신뢰와 사랑을 보상으로 얻는다.

- 전문적 설명: 뇌를 훈련하고 관계를 가꾸면 이해와 사고 공유 상태가 생겨난다. 하지만 그것이 가능하려면 둘 중 한쪽이 피곤하거나 짓눌려 있거나 격하게 흥분되어 있을 때, 둘 다 사고를 잠시 멈추어야 한다.

`10번 뇌기술` 비언어적 이야기를 나누라

관계를 강화하고 갈등을 해결하고 세대나 문화 사이에 다리를 놓으려면 이야기의 비언어적 부분이 말보다 훨씬 효과가 좋다.

- 전문적 설명: 우뇌의 비언어적 조절 센터를 훈련하면 모든 타이밍 기술과 표현력을 기를 수 있다. 이를 통해 정서적, 관계적 역량을 잘 가꿀 수 있다.

`11번 뇌기술` 여섯 가지 감정에서 기쁨으로 돌아가라

우리는 삶의 대부분을 기쁨과 평안 속에 살아가기를 원한다. 하지만 일이 틀어질 때도 관계를 유지하며 고통을 가라앉히는 법을 배워야

한다. 혼란스러울 때도 관계를 잘 돌보면 혼란이 오래가거나 사람들을 몰아내지 않는다. "함께 해서 즐겁지 않은" 순간이 금방 해결된다.
- 전문적 설명: 우리 뇌는 여섯 가지 불쾌한 감정을 느끼도록 되어 있다. 분노, 두려움, 슬픔, 수치심, 혐오감, 절망감은 뭔가 일이 잘못되고 있다는 신호이다. 우리는 관계를 유지하는 가운데 그런 감정을 진정시키는 법을 배워야 한다. 다만 회로가 각기 다르기 때문에 감정별로 따로따로 배워야 한다. 이 여섯 가지 감정에 대해 훈련을 받으면 인간이 경험하는 정서적 괴로움의 대부분을 대처할 수 있다.

12번 뇌기술 여섯 가지 큰 감정 가운데서도 자기답게 행동하라

관계를 유지하려면 혼란스러울 때도 즐거울 때처럼 자기답게 행동할 줄 알아야 한다. 분노, 두려움, 슬픔, 수치심, 혐오감, 절망감이 들 때 우리는 자칫 소중한 관계에 손상을 입히거나 관계를 회피할 수 있다. 훈련받지 못했거나 나쁜 본보기를 보았다면 그럴 수 있다.

13번 뇌기술 영안(靈眼)으로 하나님이 보시는 것을 보라

희망과 나아갈 방향을 찾으려면 상황과 자신, 그리고 타인을 볼 때 잘못된 모습만 보지 말고 본연의 모습을 보아야 한다. 이런 영적 시각은 훈련과 회복의 길잡이가 된다. 용서 역시 사람들의 역기능보다 그들의 목적을 더 중요하게 봐야 가능하다. 용서할 때 비로소 우리는 비방의 공동체가 아니라 회복의 공동체가 될 수 있다. 하나님이 보시는 영적 요소는 영안으로만 볼 수 있다.

14번 뇌기술   사르크(Sark, 육신)를 멈추라

잘못된 "하나님의 시각"은 그 순간 옳게 보일 수 있으나 결국 비난, 탓, 정죄, 험담, 원한, 율법주의, 자기 정당화, 독선을 낳는다. 헬라어로 사르크는 삶과 사람, 상황을 인간적 관점에서 본다는 뜻이다. 올바른 행위나 올바른 존재 양식을 내가 알고 있거나 규정할 수 있다는 이 확신은 13번 뇌기술에 나오는 영안과 정반대의 개념이다. 육신대로만 보면 인간은 자신의 행위, 즉 실수의 총합이 되거나 남들의 기준에 맞추어지고 만다.

15번 뇌기술   교류를 지속하면서 자신을 진정시키라

얼굴에 나타나는 단서, 특히 두려움을 보면 내가 언제 사람들을 심하게 몰아붙이고 있는지 알 수 있다. 우리는 "한도를 넘어서지" 않으면서 고에너지 상태를 유지하고 싶을 때가 있다. 꼭 그래야만 할 때도 있다. 이는 간지럼을 태우다가도 멈출 때를 알아야 재미가 지속되는 것과 같다. 얼굴의 단서를 빨리 인식하고 반응하면 최적의 교류와 에너지를 유지할 수 있다.
- **전문적 설명**: 복내측 전전두피질의 사용은 레벨 4의 일부인데, 여기에 부교감 신경계의 지성신경을 함께 사용하면 흥분 상태가 극단으로 가지 않게 조절할 수 있다. 이것은 자신을 완전히 가라앉히는 휴식과는 다르며 높은 수준의 에너지로 활동하면서도 상대에게 위압감을 주지 않을 만큼만 자신을 진정시키는 것이다. 이런 방식을 쓰면 공격 충동, 성적 충동, 약탈 충동이 조절되어 해로운 행동을 피할 수 있다.

16번 뇌기술 고(高)에너지 반응과 저(低)에너지 반응을 인식하라

사람마다 고에너지 반응 아니면 저에너지 반응을 보인다. 그 성향이 감정과 관계에 많은 특징적 반응을 좌우한다. 고에너지(감정에 기초한 아드레날린)로 반응하는 성향이 있는 사람이 누구이고 자꾸 뒤로 물러나려는 저에너지 사람이 누구인지 알면, 내 사고를 상대와 더 잘 일치시킬 수 있다. 또한 나 자신의 반응 성향이 다양해져 유익을 끼칠 수 있다.

17번 뇌기술 애착의 유형을 파악하라

어렸을 때 애착을 얼마나 잘 동기화했는가(3번 뇌기술)가 우리의 성격에 지속적인 습성을 남긴다. 이런 습성은 현실을 경험하는 방식을 바꾸어 놓는다. 한쪽 극단으로 우리는 감정이나 관계를 거의 중시하지 않을 수 있다. 반면 반대쪽 극단으로 항상 상처를 받으며 오로지 감정과 사람들만 생각할 수 있다. 심지어 자신에게 필요한 바로 그 사람들을 두려워할 수도 있다. 이런 모든 요인이 우리의 현실을 왜곡하지만, 그 순간에는 그것이 현실로 느껴진다. 이런 왜곡된 부분들을 짚어낼 줄 알면 그것을 더 잘 보충할 수 있다.

18번 뇌기술 다섯 가지 레벨의 고통을 분별하고, 뇌가 정체되어 있는 부분에 개입하라

뇌의 다섯 가지 레벨 중 각 단계의 특징적 고통을 알고 있으면, 누군가가 정체되어 있을 때 문제를 정확히 짚어내 해법을 모색할 수 있다. 고통의 유형을 보면 어떤 해법이 필요한지 잘 알 수 있다. 사람이 흐트러져 있거나 무너지는 중이거나 정체되어 있을 때를 가리켜 흔히 "동기화의 상실"이라 한다.

- **전문적 설명**: 뇌의 고통에는 다섯 단계가 있는데 그중 네 단계는 우뇌의 조절중추에서 이루어지고 다섯 번째 단계는 좌뇌에서 이루어진다. 각 단계의 특징을 알면 그중 한 단계에 정체되어 있는 때를 알 수 있다. 또한 어떤 종류의 개입이 도움이 될지도 알 수 있다. 예컨대 설명은 다섯 번째 단계에는 도움이 되지만 고소공포증 같은 두 번째 단계의 두려움은 막아 주지 못한다.

`19번 뇌기술` 복합적 감정을 처리하고 기쁨을 회복하라

각각의 여섯 가지 부정적 감정 중으로부터 기쁨을 회복하고 나답게 행동할 수 있게 되었다면, 이제부터 여섯 가지 감정이 다양한 조합으로 섞여 있을 때도 기쁨을 회복하고 나답게 행동하는 법을 배울 수 있게 된다. 수치심에 분노가 섞이면 굴욕감이 싹튼다. 두려움에 절망감(그 밖의 거의 모든 감정도 마찬가지)이 섞이면 공포가 싹튼다. 이런 복합적 감정은 사람을 고갈시킬 수 있고, 진정시키기 어려울 수 있다.

관계의 변화를 일으키는 뇌기술
관계의 기술

1판 1쇄	2017년 8월 25일
1판 4쇄	2023년 10월 30일

지은이	크리스 코시
옮긴이	손정훈
발행인	조애신
편집	이소연
디자인	임은미
마케팅	전필영, 권희정
경영지원	전두표

발행처	도서출판 토기장이
주소	서울시 마포구 동교로 71-1 신광빌딩 2F
출판등록	1998년 5월 29일 제1998-000070호
전화	02-3143-0400
팩스	0505-300-0646
이메일	tletter77@naver.com
인스타그램	togijangi_books_

ISBN	978-89-7782-383-9

- 이 책은 저작권 법에 따라 보호를 받는 저작물이므로 무단 전재와 무단 복제를 금합니다.
- 이 책의 전부 또는 일부를 이용하려면 반드시 저자와 도서출판 토기장이의 동의를 받아야 합니다.

도서출판 토기장이는 생명 있는 책만 만듭니다.
"우리는 진흙이요 주는 토기장이시니 우리는 다 주의 손으로 지으신 것이니이다" (이사야 64:8)